La invasión consentida

La invasión consentida

DIEGO G. MALDONADO

La invasión consentida

Primera edición: octubre, 2019

D. R. © 2019, Diego G. Maldonado

D. R. © 2019, derechos de edición mundiales en lengua castellana:
Penguin Random House Grupo Editorial, S. A. de C. V.
Blvd. Miguel de Cervantes Saavedra núm. 301, 1er piso,
colonia Granada, alcaldía Miguel Hidalgo, C. P. 11520,
Ciudad de México

www.megustaleer.mx

ISBN: 978-607-317-820-4

Impreso en México – *Printed in Mexico*

El papel utilizado para la impresión de este libro ha sido fabricado a partir de madera
procedente de bosques y plantaciones gestionadas con los más altos estándares ambientales,
garantizando una explotación de los recursos sostenible con el medio ambiente y beneficiosa para las personas.

Penguin
Random House
Grupo Editorial

Índice

I

1

"Por Cuba lloramos"

Por Cuba estamos dispuestos a morir.
Hugo Chávez, 1 de enero de 2009

AÑO 10 DE LA REVOLUCIÓN BOLIVARIANA

Los fuegos artificiales han iluminado el cielo de Caracas hasta el amanecer. La estela de pólvora en la atmósfera y las calles desiertas, el eco menguante de algún reggaetón, dan a la ciudad cierto aire fantasmal. El verde intenso de El Ávila, la imponente montaña que se alza entre la capital venezolana y el mar Caribe, parece irreal. Muchos no han terminado de salir de la resaca de Año Nuevo cuando Hugo Chávez celebra los 50 años del triunfo de la Revolución cubana.

Todavía está fresco el recuerdo de la reciente visita de Raúl Castro al país. Dos semanas antes, el dirigente cubano concretó acuerdos por más de 2 mil millones de dólares, en su mayoría favorables a La Habana. Entre ellos, uno que convierte a la isla en copropietaria de una nueva empresa que se encargará de diseñar y manejar los programas informáticos de la industria petrolera venezolana.

El jueves 1 de enero de 2009, Chávez ordena izar la bandera cubana en el Panteón Nacional "antes de que se oculte el sol" y para siempre. "Cuba es parte de esta patria, de esta unión […] la Cuba infinita que amamos. Por Cuba lloramos, por Cuba peleamos, y por Cuba estamos dispuestos a morir peleando…" Por Cuba ha velado desde que llegó al poder en 1999. El presidente venezolano ha ido a la isla, oficialmente, 24 veces en 10 años.

Al otro lado del sarcófago de Simón Bolívar lo acompaña un hombre mayor con una barbita gris de fauno. El oficial pequeño y delgado lleva el uniforme de gala marrón con botones dorados del ejército cubano. Es el comandante Ramiro Valdés, de 76 años, "Héroe de la República de Cuba", en mayúsculas, y procónsul de La Habana, uno de los principales operadores de la penetración castrista en Venezuela.

"Nuestros pueblos se aman, Ramiro, nuestros pueblos ya son uno solo, nuestras revoluciones ya son una sola", proclama el mandatario, a pesar de que, en realidad, el gobierno cubano prohíbe a sus trabajadores en Venezuela entablar amistad con quienes llama, de manera displicente, "los nacionales". La bandera de la isla, diseñada en 1849 por el militar venezolano Narciso López, permanece en el Panteón Nacional como una paradoja, el símbolo de un sometimiento voluntario.

Un mes más tarde, cuando el comandante Hugo Chávez celebra el décimo aniversario de su ascenso al poder, lo escolta otro veterano de la Revolución cubana: el vicepresidente José Ramón Machado Ventura, segundo secretario del Comité Central, el funcionario más importante del Partido Comunista después de Raúl Castro. Es un lunes de fiesta nacional, de júbilo obligatorio. El gobierno impone el asueto, mediante un decreto presidencial que prohíbe trabajar el 2 de febrero.

Los militares hacen que todos obedezcan, aunque la ley permite a los comerciantes abrir los días feriados si pagan el doble a los empleados. Un par de soldados de la Guardia Nacional presionan al encargado de Rey David, en Los Palos Grandes, para que cierre el restaurante. Llueve a cántaros y no hay dónde tomar un café. Silenciosa, sin tráfico y con El Ávila oculto entre las nubes, Caracas luce mutilada. Ese día, sólo parece haber vida en un rincón de la capital.

Hugo Chávez festeja en el amplio patio de la Academia Militar junto a varios presidentes del circuito izquierdista latinoamericano que acaban de participar en una cumbre de la Alianza Bolivariana para los Pueblos de Nuestra América (Alba). Los mandatarios se empapan en la enorme tribuna instalada al aire libre. Es época de sequía y nadie pensó en instalar un toldo, ni siquiera en llevar sombrillas. Las ropas arrugadas de Evo Morales, Rafael Correa, Daniel Ortega y Rosario Murillo, las de los escoltas y el público que ha esperado durante horas, gotean bajo el diluvio tropical.

La naturaleza, imprevisible y contrarrevolucionaria, ha arruinado la impecable guayabera blanca de Machado Ventura, de 78 años, que resiste el chaparrón de pie, pestañeando constantemente, a la izquierda del anfitrión. "La Revolución bolivariana, que hoy cumple 10 años, cumplirá también 50 años, porque será el mandato de ustedes, del pueblo bolivariano", sostiene Machado, anticipándose a la voluntad de los venezolanos como si pudiera predecir o manipular el futuro.

El presidente, que termina el acto con la casaca empapada, invita a todos a volver a celebrar con él dentro de 10 años. Chávez se vislumbra allí, en el mismo lugar, una tarde soleada de 2019. "Haremos los preparativos y las coordinaciones que no se hicieron hoy para que no llueva tanto como hoy llovió", asegura con la mayor naturalidad.[1] En esa ciudad empantanada y sucia, de calles muertas y puertas cerradas, la delirante promesa retumba como un pasaje de *El otoño del patriarca*, la novela de García Márquez.

El 15 de febrero el mandatario cumplirá su mayor deseo: la reelección indefinida. Ese día, en una consulta popular, se aprueba una enmienda que le permitirá competir por la presidencia ilimitadamente.[2] Dos años antes, ese cambio había sido rechazado cuando lo planteó junto a un paquete de reformas. Cinco días después del referendo, Chávez viaja a Cuba por quinta vez en el último año. Según la prensa oficial, se trata de "una sorpresiva visita de trabajo", que aprovecha para celebrar el triunfo electoral que le abre las puertas a la perpetuación.

El líder de la autodenominada Revolución bolivariana tiene 54 años y sueña con gobernar hasta 2021, hasta 2030, o más. "Hasta que el cuerpo aguante", ha dicho en una ocasión. Cautivado por los espejismos del Caribe, persigue la utopía de la aclamación popular sin fin y del poder sin límites. Al llegar al aeropuerto de La Habana, en traje de campaña y boina roja, como si viniera de ganar una difícil batalla, levanta el brazo del presidente cubano mientras grita: "¡Viva Fidel, Viva Cuba, Viva Raúl!" Los hace partícipes y beneficiarios de su victoria.

Hugo Chávez ha completado un ciclo y los Castro tienen mucho que celebrar. Sus hombres están presentes en toda Venezuela. En el palacio presidencial de Miraflores, siempre al lado del mandatario; en los ministerios, institutos y empresas estatales. Comparten la administración de los puertos, tienen su propia plataforma de aterrizaje en la rampa presidencial del aeropuerto internacional Simón Bolívar y han penetrado los cuarteles y las bases navales, gracias a un convenio militar secreto, firmado en 2008. Además, están desplegados en todo el territorio nacional, al frente de los principales programas sociales.

El gobierno cubano conoce toda la base de datos de los venezolanos. Tiene pleno acceso a la oficina de identificación y migración. Está al tanto de cada transacción civil y mercantil que hacen los venezolanos en los registros y notarías; maneja los softwares de la administración pública y redes de fibra óptica. Por si fuera poco, tiene un panorama detallado del sistema eléctrico nacional, de la industria petrolera y un "mapa muy muy completo" —lo ha dicho Chávez en su informe anual de 2009— de las reservas minerales del país.

La "integración" entre la potencia petrolera y la mayor de las Antillas significa un verdadero éxito para el viejo proyecto castrista de expansión en América Latina. Se trata de una integración asimétrica. El gobierno de Chávez no tiene ninguna influencia política real en Cuba, más allá de la importante ayuda económica que le ofrece. Una cosa es que le rindan homenaje y le tiendan la alfombra roja cada vez que pisa la isla. Otra, su conocimiento de la administración y el aparato estatal cubano. La relación entre ambos países es tan fluida como desigual.

Para la Revolución bolivariana, la fortaleza de los Castro es inexpugnable. Cuba recibe la ayuda venezolana casi como un tributo. La ascendencia chavista en las decisiones de su gobierno es nula. Los cubanos no comparten sus bases de datos, ni el acceso a información estratégica. No aceptan funcionarios venezolanos en su administración pública y tampoco permiten, bajo ningún concepto, que se inmiscuyan en sus asuntos. El peso de Venezuela se restringe al campo económico. Nada más.

Hugo Chávez subvenciona a Cuba con el envío de más de 100 mil barriles de petróleo diarios en condiciones preferenciales, centenares de proyectos, créditos, donaciones y la compra de productos y servicios. Su administración paga cada año aproximadamente 5 mil millones de dólares por miles de trabajadores cubanos, que manejan programas de salud, educación, cultura, deporte y formación política en Venezuela. El principal benefactor de La Habana, el único, es paradójicamente su mejor cliente, el más agradecido, uno que se comporta como si estuviera en deuda.

Los venezolanos son testigos de un fenómeno único, uno de los más peculiares en la historia de América Latina y de la geopolítica mundial: el de la sumisión voluntaria de una nación rica, de más de 900 mil kilómetros cuadrados y 30 millones de habitantes, a otra ocho veces más pequeña y tres veces menos poblada. Nunca antes habían visto un apego similar a un gobierno extranjero. Jamás, semejante fervor. El Estado con las mayores reservas petroleras del planeta (296 mil 500 millones de barriles) gira, espontáneamente, como un satélite en la órbita de una isla pobre, con una economía fosilizada y parasitaria. Cada año, Hugo Chávez festeja puntualmente el comienzo de esa historia.

"Fidel me hizo el honor, gracias, mi Comandante, de convertirme en hijo suyo y yo así me siento", afirma con orgullo el 14 de diciembre de 2009 cuando se cumplen 15 años de su primer encuentro con el máximo líder de la Revolución cubana.[3] El día anterior, al llegar a La Habana, Castro le entregó una carta, que le pidió leer en la clausura de la VIII Cumbre del Alba. "Nunca te solicité nada [...] El apoyo tuyo a Cuba fue espontáneo." Por algún motivo, Fidel quiere enfatizarlo públicamente. Ciertamente, nada ha sido forzado. La entrega ha sido espontánea. Sus palabras recuerdan la promesa realizada por el militar venezolano cuando se conocieron.

★ ★ ★

El teniente coronel aparece en la puerta del avión y comienza a descender la escalerilla sin mirar hacia abajo. Se diría que es capaz de levitar si no fuera por el pesado maletín negro que lleva en la mano izquierda y lo mantiene sujeto a la tierra. La sonrisa amplia, los ojos brillantes como un espejo en el que se refleja la figura del Comandante mirándolo a él descender. Aturdido por la sorpresa, da un ligero traspié en el último peldaño y se inclina con torpeza. Tras la reverencia accidental, que lo hace desaparecer de escena por un instante, se endereza y abraza a Fidel Castro por primera vez. Su mejilla roza levemente la legendaria barba gris. Sus manos se apoyan, todavía incrédulas, en la espalda del líder cubano con delicadeza, como si temiera despertar de un sueño.

Pero no es una jugada de su mundo onírico. Allí están los dos, frente a frente, en la pista del aeropuerto José Martí. Ambos vestidos de verde, contemplándose muy de cerca, sin reparar en la gente que los rodea, ni en el flash de un fotógrafo oficial que los ilumina de pronto con un destello. Uno de 40 años. El otro, de 68, a una generación de distancia. Así se inicia esa larga noche de diciembre de 1994, que marcará el destino de Venezuela.

Es un martes 13 de diciembre, una sincronía que algunos consideran de mala suerte. Vista en retrospectiva, la escena parece un presagio exacto. Hugo Chávez habla sin perder la sonrisa. Fijas sus pupilas en las de Castro. "No sabe el honor que usted me hace y el sueño que me hace vivir el día de hoy. Un gran honor conocerlo después de tantos años. Me siento feliz en esta tierra libre de América". Libre. Una tierra gobernada por el mismo hombre desde hace 36 años.

"Yo no merezco este honor, aspiro a merecerlo algún día en los meses y en los años por venir", continúa Chávez, todavía ruborizado por la inesperada bienvenida, antes de subirse al Mercedes Benz negro de Fidel y dirigirse con él al Palacio de la Revolución. La noche se dilata y juntos transitan la madrugada dentro de la fortaleza. "Conversamos como desde las diez de la noche hasta que el sol estaba levantándose", recordará el venezolano años más tarde.[4]

Cuando el ex militar tomó el vuelo comercial a Cuba para una visita de menos de 48 horas no imaginaba la acogida que lo esperaba.

El historiador oficial de La Habana Eusebio Leal, a quien conoció unos meses antes en el Ateneo de Caracas durante una charla sobre el prócer cubano José Martí, lo había invitado a dar un par de conferencias en la isla. "A él le había interesado mucho el tema de José Martí. Y, según me dijo, lo que quería era, a través de mí, hacer llegar, por una vía más, un mensaje a Cuba de su admiración por el jefe de la Revolución, de su cariño por la Revolución cubana", relataría años después el funcionario en una entrevista radial.

Al regresar a la isla, Castro le preguntó a Leal qué le había parecido el teniente coronel venezolano.

Le transmití cómo era: delgado, alto, la fuerza que había en su mirada, la convicción con que hablaba, el cariño que demostraba hacia Cuba; y pasó el tiempo. Un día el Comandante me pide que a nombre de la Casa Simón Bolívar le transmita la invitación para impartir unas conferencias en Cuba.[5]

Luis Miquilena, uno de los más cercanos asesores de Chávez, tenía otra versión: aseguraba que la intención del dictador era vengarse del presidente venezolano Rafael Caldera por haber recibido, "con bombos y platillos" en Caracas, al dirigente del exilio cubano Jorge Mas Canosa.[6]

El propio Fidel planificó cada detalle de la agenda: la visita al Museo Casa Natal de José Martí, la enorme ofrenda floral ante la estatua del Libertador de Venezuela y el baño de multitudes cuando cruzan juntos la calle Mercaderes hacia la Casa Simón Bolívar, en La Habana Vieja. Cientos de cubanos, que días antes se habrían sentado al lado de Chávez sin saber quién era, lo aplauden y gritan su nombre, como si fuera una celebridad. El venezolano extiende los brazos asombrado de su fama en la isla mientras Castro, en un segundo plano, presencia con satisfacción el tumulto planificado.

El acto principal se realiza el 14 de diciembre en el Aula Magna de la Universidad de la capital cubana. "Ante ustedes esta noche nuestro homenajeado…". Las cámaras de la televisión estatal enfocan al militar venezolano. Delgado y altivo, viste un liquiliqui negro, el traje tradicional de Los Llanos venezolanos. Profesores y estudiantes lo reciben con aplausos, de pie. Su voz de locutor se multiplica a través de cinco grandes micrófonos dispuestos en hilera. "Primera vez que vengo físicamente, porque en sueños, a Cuba, vinimos muchas veces los jóvenes latinoamericanos…"

Hugo Chávez expresa su admiración con la misma vehemencia con la que renegará de Castro cuando sea candidato en la campaña presidencial de 1998. "Algún día esperamos venir a Cuba en condiciones de extender los brazos y en condiciones de mutuamente alimentarnos en un proyecto revolucionario latinoamericano…", señala como si estuviera prediciendo el destino. "Cuba es un bastión de la dignidad latinoamericana y como tal hay que verla, como tal hay que seguirla y como tal hay que alimentarla." Lo hará cuando asuma la presidencia en 1999. Gracias a Chávez, la isla obtendrá petróleo financiado, a manos llenas. Tanto que se podrá dar el lujo de revender crudo en el mercado internacional.

Pero además, el teniente coronel convertirá a Venezuela en el mayor empleador de cubanos en el exterior. A través de acuerdos confidenciales gobierno a gobierno, contratará un ejército de más de 220 mil trabajadores, de acuerdo con datos oficiales.[7] La "exportación de servicios profesionales", que incluye técnicos en diversos oficios, profesionales y asesores de seguridad, se convertirá en una mina para Cuba y en su mayor fuente de ingresos.

La plusvalía será fabulosa. La petrolera estatal llegará a pagar hasta 13 mil dólares mensuales por el trabajo de un médico cubano que apenas recibirá 300 dólares como salario. La ganancia supera los 150 mil dólares anuales por cabeza. El gobierno chavista será el cliente ideal. Rico y desaprensivo. Estará dispuesto a pagar por cualquier asesoría y comprar cualquier mercancía cubana, incluso viejos centrales azucareros, desmantelados en la isla.

Hugo Chávez endeudará a Venezuela para financiar grandes proyectos en la isla: refinerías, fábricas, laboratorios, cables submarinos… Comprará a Cuba bienes y equipos que los cubanos no producen y le asignará directamente múltiples contratos para proyectos en el país, aunque no tenga la experiencia ni la capacidad tecnológica para desarrollarlos. No importa que la isla esté rezagada años luz frente a otros aliados políticos como Argentina y Brasil.

Durante su primer año en el gobierno, Venezuela desplazará a España como primer socio comercial de la isla, con un intercambio de 912 millones de dólares y que en 2010, el intercambio se multiplicará a 13 mil millones de dólares —"en mercancía, suministro de petróleo en términos preferenciales, la compra de servicios profesionales cubanos y la inversión directa"—, según estimaciones del economista cubano Carmelo Mesa-Lago, profesor emérito de la Universidad de Pittsburgh.

Probablemente, Fidel Castro llegó a pensar que lo merecía, que no era sólo cuestión de suerte. En ningún otro país de América Latina había invertido tanto —dinero, armas, combatientes, y tiempo— para exportar la Revolución como en Venezuela. En ningún otro había cifrado tantas esperanzas.

* * *

"Los cubanos tienen y tendrían mucho que aportar, mucho que discutir con nosotros en un proyecto de un horizonte de 20 a 40 años...", prosigue Hugo Chávez en el video de 1994 en el Aula Magna de la Universidad de La Habana. Los aplausos interrumpen ocho veces su discurso de 36 minutos. Treinta y seis minutos de gloria insospechada. Si los asistentes al homenaje hubieran presentido que aquel hombre iba a convertirse en el mayor benefactor de la isla, que los salvaría de vivir un segundo "periodo especial", de la escasez y el hambre que sufrieron tras la pérdida del subsidio de la Unión Soviética, lo habrían interrumpido mil veces. Pero sólo Fidel Castro parece intuirlo.

Cuando Chávez concluye, el líder cubano lo mira con el rabo del ojo y sonríe con picardía, antes de tomar la palabra para cubrirlo de elogios.

Hombre modesto, muy modesto, verdaderamente modesto, considera de que no es acreedor a ninguna de las atenciones recibidas y que, en todo caso, él espera ganárselas con su conducta en el futuro. Pero quien se pasó 10 años educando a oficiales jóvenes, educando a soldados venezolanos en las ideas bolivarianas podemos decir que es acreedor a éstos y a muchos mayores honores.

Robusto y aún rebosante de energía, Fidel celebra las ideas expuestas por su invitado —"ése es el antimperialismo de nuestra época y eso nos hace sentir en la necesidad de Bolívar y Martí más que nunca"— y exalta al oficial expulsado del ejército venezolano, colmándolo de rangos militares: "Nos sentimos muy honrados con su presencia esta noche, Comandante y Teniente Coronel, Comandante en Jefe del Movimiento Bolivariano Revolucionario". Llueven más aplausos. Chávez se ruboriza y sonríe en éxtasis. "Puede decirse que la historia de Venezuela comenzó a cambiar", sentencia Fidel como si tuviera plena conciencia de que su actuación será determinante en ese cambio.

El líder cubano miente ahora al comentar su reacción ante el intento de golpe protagonizado por Chávez dos años antes: "Era imposible que no viésemos con simpatía y con admiración lo que habían hecho". O mintió antes. En realidad, el 4 de febrero de 1992, Castro fue de los primeros líderes del mundo en condenar la asonada militar contra el presidente socialdemócrata Carlos Andrés Pérez, a cuya juramentación había asistido de muy buen humor en 1989, con una enorme delegación que ocupó todo un piso del nuevo hotel Eurobuilding Caracas, sin más huéspedes que los cubanos.

Estimado Carlos Andrés: Desde primeras horas del día de hoy cuando conocimos las informaciones sobre el pronunciamiento militar nos ha embargado una profunda preocupación. En este momento amargo y crítico, recordamos con gratitud todo lo que has contribuido al desarrollo de las relaciones bilaterales entre nuestros países y tu sostenida posición de comprensión y respeto hacia Cuba.

Pérez fue quien restableció, al final de su primera presidencia (1973-1978), los lazos diplomáticos con La Habana, rotos en 1961 por el respaldo cubano a la guerrilla izquierdista venezolana. Fidel Castro lo había visto por última vez en 1991 durante una reunión informal en la isla venezolana La Orchila, a la que asistió el jefe del gobierno español Felipe González. Pero en 1994, el socialdemócrata había sido destituido de la Presidencia y estaba bajo arresto domiciliario por acusaciones de malversación de fondos públicos. El estimado Carlos Andrés ya no tenía nada que ofrecer. Su gran apuesta estaba ahora dentro de aquel liquiliqui negro. Al terminar su discurso, el líder cubano regresa a la tribuna donde el ex golpista lo recibe con el saludo militar y se abrazan enérgicamente.

La Revolución cubana había formado parte de las ensoñaciones políticas de Hugo Chávez en su juventud. Y Fidel Castro lo deslumbró. ¿Qué ego no se habría embriagado con semejantes honores? Más aún, uno como el suyo, ávido de reconocimiento. Pero el venezolano no es un joven cándido seducido por un zorro viejo. Dos años antes, el teniente coronel había sacado tanques a la calle. Había ordenado disparar y bombardear el palacio presidencial. Había derramado sangre para tomar el poder. Es un hombre ambicioso, que está decidido a trascender y a inscribir su nombre en la Historia. Ese primer intercambio es, en realidad un cortejo mutuo.

* * *

1959

Venezuela fue el primer país que visitó Fidel Castro tras el triunfo de la Revolución cubana en 1959. Apenas tres semanas después de la caída del dictador Fulgencio Batista partió para Caracas junto a una numerosa delegación. El "Comandante en Jefe de las Fuerzas de Tierra, Mar y Aire de Cuba" estaba en la cúspide de su popularidad y entonces los venezolanos lo aclamaron en las calles como no volverían a hacerlo jamás.

Castro viajó en un avión venezolano junto a Celia Sánchez y otros colaboradores como Luis Orlando Rodríguez, primer ministro de Interior del gobierno revolucionario y ex director de Radio Rebelde; el comandante Pedro Miret, quien se convertiría en la mano derecha de Raúl Castro; y el comandante Francisco "Paco" Cabrera, jefe de sus escoltas. Otros dos aviones trasladaron al resto de la comitiva, en la que también estaba el escritor Guillermo Cabrera Infante, director del suplemento literario *Lunes de Revolución*.

La causa cubana era muy popular en Venezuela, que venía de librar su propia lucha contra la dictadura del general Marcos Pérez Jiménez, derrocada un año antes, y acababa de celebrar elecciones libres en diciembre de 1958. La presencia de Fidel Castro en la celebración del primer aniversario de la democracia desató una auténtica euforia. A su llegada al aeropuerto internacional Simón Bolívar el 23 de enero de 1959, centenares de admiradores se vuelcan desordenadamente en la pista y rodean el avión.

Como si acabara de bajar de la Sierra Maestra, Fidel desciende la escalerilla con un uniforme de combate arrugado y el fusil al hombro, convertido ya en parte de su indumentaria. Miles de venezolanos lo aplauden durante todo el trayecto hacia Caracas a bordo de un vehículo descubierto. Miles más lo esperan apretados en la plaza O'Leary de El Silencio. Allí, el líder de 32 años da un primer discurso, con la emoción de la victoria todavía fresca.

> Vine a Venezuela, en primer lugar, por un sentimiento de gratitud; en segundo lugar, por un deber elemental de reciprocidad para todas las instituciones que tan generosamente me invitaron a participar de la alegría de Venezuela este día glorioso del 23 de enero pero también por otra razón: porque el pueblo de Cuba necesita la ayuda de Venezuela, porque el pueblo de Cuba en este minuto difícil, aunque glorioso de su historia, necesita el respaldo moral del pueblo de Venezuela.[8]

Castro espera obtener mucho más que apoyo moral del "país más rico de América", como lo llama en su discurso. De hecho, el verdadero objetivo de su visita es solicitar ayuda económica. Pero no es apropiado mencionar cosas tan terrenales ante aquella audiencia. Interrumpido constantemente por vítores y aplausos, se muestra generoso y ofrece luchar por la libertad del país en caso de que sea necesario.

Si alguna vez Venezuela se volviese a ver bajo la bota de un tirano, cuenten con los cubanos, cuenten con los combatientes de la Sierra Maestra, cuenten con nuestros hombres y nuestras armas, que aquí en Venezuela hay muchas más montañas que en Cuba, que aquí en Venezuela hay cordilleras tres veces más altas que la Sierra Maestra.

Castro no demorará mucho en enviar combatientes cubanos y armas al país, aunque no precisamente para enfrentar a un tirano sino a un presidente elegido democráticamente.

Al final de su discurso, el ídolo del momento se despide con un halago desproporcionado que hace rugir a la candorosa multitud: "Fue para mí más emocionante la entrada en Caracas que la entrada en La Habana, porque aquí lo he recibido todo de quienes nada han recibido de mí". Sus palabras tendrán otras resonancias para los venezolanos a comienzos del siglo XXI.

La visita de cuatro días es triunfal y fallida a la vez. Todos los sectores políticos del país lo agasajan. Es declarado huésped de honor de Caracas y los líderes de los partidos lo reciben en el Congreso Nacional. Allí, con una prepotencia amortiguada por su carisma, el líder cubano compadece a sus anfitriones. "En Cuba tenemos condiciones objetivas más favorables en estos instantes. No es que en Venezuela sean menos revolucionarios sino que no se les han presentado las mismas condiciones objetivas favorables para hacer una revolución, para hacer una limpieza como la que hemos hecho nosotros", sostiene en alusión a los fusilamientos contra funcionarios del régimen de Batista.

Ante ese parlamento plural, en el que están representadas todas las tendencias políticas, apunta a un destino común y cree ver en la simpatía entre ambos pueblos "las bases de una misma patria". Castro alberga ilusiones desmesuradas. A pesar de su olfato político, obvia las diferencias entre los procesos en uno y otro país. Y, sobre todo, es incapaz de percibir el enamoramiento de los venezolanos con la palabra democracia. Sólo ve similitudes, magnificadas por sus deseos. Ni siquiera parece tener claro qué ven en él los venezolanos, por qué lo aplauden.

Para la gran mayoría, el joven líder encarna la lucha por la libertad de los cubanos. Pocos intuyen que la naturaleza de su proyecto va en sentido contrario. Fidel Castro todavía no revela sus intenciones reales. Aún no se ha declarado comunista ni se ha pronunciado en contra de realizar elecciones. Nadie sospecha que, dentro de poco tiempo, liquidará los partidos políticos y la prensa libre, que la Revolución cubana degenerará en otra dictadura militar, la más prolongada en América Latina.

En la tarde, el visitante vive en Caracas otro momento extraordinario. Bajo las nubes del artista estadounidense Alexander Calder, que brindan una acústica impecable al Aula Magna de la Universidad Central de Venezuela (UCV), el poeta chileno Pablo Neruda lee en su honor el poema "Un canto para Bolívar" y el orfeón universitario le regala la boina azul de la UCV, con la que se dirige al público, siempre vestido de combate.

Allí y a propósito de la dictadura del dominicano Leónidas Trujillo, Castro hace referencia a una medida que planteó al parlamento venezolano. "Propuse que se reunieran los delegados de los países democráticos en la Organización de los Estados Americanos y propusieran la expulsión de los representantes de los dictadores". Irónicamente, su sugerencia es un búmeran que se volverá contra Cuba en pocos años.

La noche cierra con una espléndida fiesta en la embajada cubana. Al día siguiente, Fidel sube en teleférico al hotel Humboldt, enclavado en una cumbre del cerro El Ávila. El cubano luce fuera de lugar cuando posa para los fotógrafos uniformado, con el fusil al hombro, mientras observa con detenimiento la hoja de una planta con interés de botánico o intenta divisar el paisaje en medio de la neblina. El arma siempre presente no deja de ser un presagio.

* * *

Fidel Castro pone finalmente los pies en la tierra el último día de la visita. En su libro *Cuerpos divinos*, el escritor Guillermo Cabrera Infante recuerda la expectativa del líder cubano antes de ver al presidente electo.

Reunidos en la embajada [de Cuba en Caracas], lo oí cuando se preparaba para visitar a Rómulo Betancourt, lleno de esperanza, casi diciendo a sus íntimos (entre los que me hallaba forzosamente) que de esa entrevista dependía el futuro de Cuba. Pero otra fue la historia cuando regresó a la misma embajada: venía furioso.[9]

Hijo de un inmigrante español, Betancourt como Fidel, también estudió derecho, aunque no concluyó la carrera, conocía bien el marxismo-leninismo. Ésas eran sus únicas afinidades con el líder cubano. Lo demás era un abismo. A sus 50 años, el nuevo presidente era un político curtido que venía de regreso de la izquierda recalcitrante. El historiador venezolano Manuel Caballero lo retrata en su biografía como un hombre opuesto al personalismo y a la perpetuación en el poder.

Periodista y miembro fundador del partido Acción Democrática (AD) en 1941, Betancourt había vivido en el exilio durante la larga dictadura del general Juan Vicente Gómez (1908-1935) y la de Pérez Jiménez (1953-1958). El 7 de diciembre de 1958, ganó las elecciones con 49% de los votos y AD obtuvo la mayoría en el Congreso. Unas semanas antes, había firmado con los partidos Unión Republicana Democrática y COPEI un acuerdo para enfrentar cualquier amenaza golpista y realizar un gobierno de coalición. La reunión con el mandatario electo, solicitada por Castro a la directiva de AD, se realiza la tarde del 26 de enero.

Fidel llega de buen ánimo, con su atuendo militar, a la casa de Betancourt. El presidente lo espera de traje y corbata. Joven y apuesto, de 1.87 metros de altura, el cubano le lleva más de una cabeza al líder venezolano. Las primeras fotografías de ambos podrían ilustrar una clase de antónimos para niños. Fidel, blanco, y Rómulo, trigueño. Uno de barba rizada y el otro perfectamente afeitado. Uno de abundante cabello negro, el otro de entradas pronunciadas con una aureola de canas. Betancourt con su pipa en la mano. Castro ya sin el fusil que exhibió por toda Caracas.

La pequeña casa en el sureste de la ciudad está llena de gente: comandantes cubanos, colaboradores del mandatario venezolano y periodistas. La conversación entre Betancourt y Castro tiene lugar aparte, en una pequeña terraza, alrededor de una mesa rectangular con dos tazas de café y una azucarera. Los acompaña el historiador antillano Francisco Pividal como único testigo. El anfitrión observa con interés a Fidel, a través de sus lentes de gruesa montura negra. Los dos cubanos inclinan el torso hacia el presidente venezolano.

Cuando terminan de hablar —un par de horas más tarde— y entran a la sala, queda claro que no ha habido ninguna empatía. Por el contrario, la animadversión entre Betancourt y Castro es evidente. Ninguno revela el contenido de la plática en sus declaraciones a los reporteros presentes. El historiador Simón Alberto Consalvi, que estuvo allí esa tarde, señaló en una entrevista:

> Yo creo que ellos no tuvieron un minuto de afinidad. Desde el momento en que conversaron Betancourt como que comprendió lo que Fidel se proponía y qué clase de revolución llevaría adelante. Betancourt es el único venezolano que no cayó en la adoración a Fidel. Conocía bien Cuba, había vivido allí y tenía muchas relaciones con políticos cubanos,

El mandatario venezolano relató después a sus compañeros de partido que Castro le pidió petróleo en condiciones especiales además de un préstamo de 300 millones de dólares. La respuesta a ambas peticiones fue un no rotundo y sin matices. No era posible. En ese momento, el país atravesaba una crisis económica y eran frecuentes las protestas por demandas laborales. La solicitud demostraba además el desconocimiento del cubano sobre la actividad petrolera nacional.

> El petróleo lo manejaban entonces las compañías petroleras [extranjeras] y si Betancourt hubiera querido complacer a Fidel y darle petróleo, como él quería, Venezuela habría tenido que comprarle el petróleo a las compañías petroleras para fiárselo a Cuba. Simple y llanamente, Betancourt no podía complacerlo. Eso no lo comprendió Fidel nunca.

El ex ministro José Manzo González recordó lo que comentó entonces el presidente sobre el cubano,

> Betancourt se reunió con nosotros para cambiar impresiones sobre Castro y después que todos hablamos y comentamos que su discurso en El Silencio había sido parcializado hacia el Partido Comunista, nos dijo: "Para mí ese hombre no tiene nada que ver con nosotros ni con la democracia, no me inspiró ninguna confianza",

A la negativa de Rómulo Betancourt se sumará otro golpe. Después de un recibimiento tan triunfal es imposible imaginar una peor despedida. Pasada la medianoche, cuando el avión en el que los cubanos regresarán a La Habana ha encendido los motores y todos se enuentran a bordo, el comandante Paco Cabrera se devuelve a buscar un arma que ha olvidado. En la prisa, no ve la hélice que golpea su cabeza y lo tira al suelo. El jefe de escoltas de Fidel Castro queda tendido allí, en la pista, muerto, a sus 34 años.

* * *

Por coincidencia, el mismo día que Rómulo Betancourt asume la Presidencia por un periodo de cinco años, Fidel Castro toma las riendas del poder en Cuba como primer ministro y se entronizaría en el poder por 47 años.[10] Durante su discurso de juramentación ese 13 de febrero de 1959, Betancourt advierte que el Partido Comunista —que obtuvo nueve escaños en el Congreso (6.23%)— fue excluido de la coalición de gobierno porque "la filosofía comunista no se compagina con la estructura democrática del Estado venezolano".

Durante su gobierno, el nuevo mandatario enfrentará todo tipo de amenazas. Rebeliones de militares de derecha y de izquierda. Un atentado con coche bomba, organizado por el dictador Leónidas Trujillo, en el que resultó herido y murieron tres personas: su jefe de seguridad, su chofer y un joven transeúnte. Y, un desafío constante: el combate sin tregua de grupos rebeldes, respaldados por La Habana.

En ningún otro país de la región, los intentos de exportar la revolución castrista cobraron mayor fuerza que en Venezuela, tanto por las riquezas del país como por el resentimiento personal de Fidel. Aunque la subversión izquierdista surgió espontáneamente por la tremenda influencia de la Revolución cubana, ésta se desarrolló con el apoyo decidido de Castro, que envió dinero, toneladas de armas y combatientes para fortalecer las guerrillas del Partido Comunista y del Movimiento de Izquierda Revolucionaria (MIR), formado por jóvenes disidentes de AD. "Lo primero que hicimos fue buscar respaldo en Cuba, respaldo logístico, armas y recursos", recordó Teodoro Petkoff, ex guerrillero y dirigente histórico de la izquierda venezolana, durante una entrevista en 2011.

Estábamos deslumbrados, enceguecidos por el proceso revolucionario cubano. Nos alzamos creyendo que aquí era posible repetir un proceso igual. No hicimos ningún examen crítico del proceso cubano, no comparamos las dos sociedades. No comparamos la pequeña pendejada de que los guerrilleros cubanos estaban luchando contra una dictadura militar y nosotros nos habíamos alzado contra el primer gobierno democrático, apoyado por 96% de los votantes del país.

El Partido Comunista decidió emprender la lucha armada en 1961. En noviembre de ese año, el gobierno venezolano rompió relaciones con La Habana por su apoyo a los subversivos, que realizaban ataques con explosivos, coqueteaban con militares para derrocar a Betancourt, asesinaban policías y mantenían un clima de agitación en el país.

Los atentados tenían impacto pero el presidente no estaba en jaque. Tenía la situación lo suficientemente controlada como para recibir, en un mes, la visita del presidente John F. Kennedy y su esposa Jackie. Tanto, que ambos dirigentes pudieron recorrer sin peligro las calles de Caracas en la limusina Lincoln descapotada del norteamericano. Washington desarrollaba entonces la Alianza para el Progreso, un programa de ayuda económica a América Latina para frenar el comunismo, en el marco de la Guerra Fría.

Venezuela no era el único blanco de los intentos de expansión castrista. La Organización de los Estados Americanos excluyó a Cuba de la organización en enero de 1962, tras concluir que el gobierno cubano, ya identificado oficialmente con el marxismo-leninismo, era "incompatible con los principios y propósitos del Sistema Interamericano".[11] Protegido por la Unión de Repúblicas Socialistas Soviéticas (URSS), Castro continuría brindando apoyo y entrenamiento a los subversivos de todo el continente.

Aunque el ejército venezolano era tradicionalmente anticomunista, la izquierda decidió tomar el viejo atajo del golpe militar para abreviar el largo camino de la guerra de guerrillas. Aliados con los rebeldes, oficiales contrarios al gobierno intentaron derrocar a Betancourt dos veces en 1962. Primero con un alzamiento conocido como "El Carupanazo" y, luego, con otro más cruento, "El Porteñazo", que ocasionó 400 muertos y centenares de heridos.

Los guerrilleros dieron grandes golpes con fines propagandísticos como el secuestro por tres días del famoso futbolista argentino Alfredo Di Stefano y el robo de cuadros de Van Gogh, Cezánne, Picasso y Gauguin de una exposición de arte francés en el Museo de Bellas Artes. Atacaron la embajada de Estados Unidos y, también, secuestraron brevemente a oficiales de su agregaduría militar para internacionalizar "la causa".

En ese país comienza a saborearse la democracia, los subversivos se meten autogoles con atentados que provocan el rechazo de la gran mayoría de los venezolanos. El más repudiado de todos es un sangriento ataque, en septiembre de 1963, al tren turístico *El Encanto*, en el que un grupo de guerrilleros asesina a cinco guardias nacionales frente a los pasajeros.

El gobierno cubano también comete graves errores que ayudaron involuntariamente al presidente Betancourt. El 11 de noviembre de ese año, un mes antes de las elecciones presidenciales y legislativas, el ejército venezolano descubre en la costa del estado Falcón tres toneladas de armas enviadas por Cuba. El arsenal estaba destinado a las Fuerzas Armadas de Liberación Nacional (FALN), formadas por el Partido Comunista y el MIR. La organización subversiva, que había llamado a la abstención, pensaba usarlas en un plan para boicotear las elecciones.

Veinte años después, durante una visita a La Habana en 1984, Teodoro Petkoff y Fidel Castro recordarán el episodio durante una conversación sobre la lucha armada en Venezuela:

> Fidel, que tiene una visión militar del asunto, me dijo:
> —Hubo algunos errores militares.
> —Claro —le respondí —. Muchos. Uno de ellos fue que nosotros te dijimos a ti dónde debían depositarnos unas armas pero, como tú sabías más que nosotros, mandaste a desviar el barco y las depositaron en Paraguaná, al lado del cuartel de la Guardia Nacional. Y cuando se levantaron los guardias en la mañana encontraron los cajones en la playa, los abrieron y tú ni siquiera te habías molestado en mandar a quitarles el sello de las fuerzas armadas cubanas a los fusiles. Y, con eso, te jodió Betancourt en la OEA.[12]

Esa equivocación le costaría muy caro a Fidel Castro. El presidente venezolano tenía ahora tres toneladas de pruebas para demostrar la injerencia cubana en el país. Al terminar su mandato de cinco años, contra viento y marea, Rómulo Betancourt dejó en marcha el proceso para la aplicación de sanciones regionales contra la isla.

El 1 de diciembre de 1963, el pueblo venezolano tiene la oportunidad de opinar sobre la lucha armada. Y lo hace de manera elocuente. Más de 92% de los electores participa en los comicios, a pesar de los disturbios provocados por la izquierda la semana anterior. Y eligen a Raúl Leoni, candidato de AD, el partido de gobierno. En tres meses, tendrá lugar un acontecimiento histórico: el primer traspaso de poder entre dos civiles en una nación largamente dominada por los militares.

El caso del arsenal enviado por Fidel a Venezuela provocó el aislamiento regional y el embargo contra la isla. En julio de 1964, la OEA condena al gobierno de Cuba "por sus actos de agresión e intervención contra la inviolabilidad territorial, la soberanía y la independencia de Venezuela".[13] La organización decide la ruptura de las relaciones diplomáticas y el cese del intercambio comercial —con excepción de alimentos, medicinas y equipo médico.

El día en que todos los países del sistema interamericano aprueban las medidas, con la única abstención de México, Castro celebra el décimo primer aniversario del asalto al Cuartel Moncada y no piensa cambiar de actitud. El hombre que se presenta como el paladín de la libertad y la autodeterminación de los pueblos, seguirá dando apoyo a la guerrilla venezolana intentando dinamitar a otros gobiernos de la región.

Teodoro Petkoff sostenía que la lucha armada no significó un fenómeno marginal en Venezuela.

> Fue, de hecho, con excepción de la colombiana, el proceso armado más importante que se vivió en América Latina en los sesenta. Por eso fue que los cubanos quisieron meter al Che aquí, no en Bolivia, pero el Partido Comunista, que ya estaba en otro plan, le dijo a Fidel que no era conveniente.

El propio Castro confirmaría a Chávez las intenciones de enviar al Che al país petrolero. "Fidel ayer me lo relataba y me contó otros detalles más en la reunión de anteayer, el Che estaba pensando en irse primero a Venezuela, el 64, 65, antes de pensar en el viaje a Bolivia." El mandatario venezolano contó la anécdota durante una visita a Cuba el 15 de octubre de 2007.[14]

Los resultados de las elecciones de 1963 provocaron un profundo debate sobre la lucha armada dentro del Partido Comunista, que en 1965 ordenó a los guerrilleros el repliegue militar. Aun así, el líder cubano no se dio por vencido. Siguió conspirando con el MIR y disidentes del PCV para derrocar al gobierno elegido democráticamente. Venezuela se había convertido en una obsesión y Castro dirigió personalmente dos expediciones armadas desde Cuba.

La primera desembarcó en las playas de Tucacas, en el estado Falcón, en julio de 1966, con 14 combatientes cubanos y guerrilleros comunistas, encabezados por Luben Petkoff, hermano de Teodoro.

Uno de los hombres más preparados del ejército cubano, el general Arnaldo Ochoa (ejecutado en 1989 por acusaciones de tráfico de drogas) participó en esa incursión y permaneció en el país aproximadamente un año.

Poco después, Castro comenzó a organizar otra operación con rebeldes del MIR. "Fidel prácticamente a diario se aparecía en la madrugada en el sitio donde estábamos entrenando, por Pinar del Río. Era raro que pasaran dos días y no viniera", relató el ex guerrillero y dirigente del MIR, Héctor Pérez Marcano.[15] En el grupo había 20 venezolanos y varios cubanos, entre ellos Raúl Menéndez Tomassevich, jefe del combate contra los campesinos que se alzaron contra Castro en El Escambray, y Ulises Rosales del Toro.

"Fidel daba instrucciones, chequeaba las botas, el fusil... La seguridad era tal que nosotros mismos no sabíamos cuándo era la operación ni el lugar del desembarco", recordó Pérez Marcano. Tampoco lo sabía la cúpula del MIR en Venezuela. El 7 de mayo de 1967, Fidel se presentó con dos comandantes en el lugar que eligió para la partida: el muelle de una mansión confiscada a los dueños de Ron Bacardí en Santiago de Cuba. "Llegaron a mediodía y pasamos toda la noche despiertos, oyéndolo hablar y dándonos instrucciones. Embarcamos al día siguiente, a las seis de la mañana. Fidel nos acompañó, se subió al barco y nos entregó a cada uno un Rolex."

La expedición desembarcó en El Cocal de los Muertos, una playa cercana a Machurucuto, en el estado Miranda. La mayoría logró integrarse a un frente del MIR en la montaña. Pero cuatro de los cubanos enviados por Castro no corrieron con suerte. Uno murió ahogado cuando la embarcación naufragó por el fuerte oleaje, otro falleció en manos del ejército venezolano, que patrullaba la zona, y dos fueron arrestados mientras huían.

Lo que se conoce en Venezuela como La Invasión de Machurucuto, de alguna manera, fue un revés para La Habana. Durante una entrevista en 2011, el ex dirigente del MIR, Américo Martín, señaló que la influencia de Castro sobre la guerrilla venezolana llegó a ser tan grande "que imponía sus políticas". Según Martín, el líder cubano presionó para que el MIR y el grupo de disidentes del Partido Comunista firmaran una alianza, con una directiva seleccionada por él. "Yo estaba en la montaña y me produjo una indignación muy grande porque era una forma de imponer sus puntos de vista muy irrespetuosa. Le contestamos que no aceptábamos. Ahí vino mi rompimiento con Castro".

A pesar del respaldo constante de La Habana, la guerrilla venezolana no tenía futuro. Acorralada por el ejército y carente de apoyo popular, estaba destinada a desaparecer. Cuando se realizaron las terceras elecciones presidenciales en diciembre de 1968, con una participación de más de 96 % de los votantes, estaba claro quién había ganado la partida. Fidel Castro fracasó en Venezuela como fracasó en todos los países de la región donde intentó exportar la Revolución cubana. Pero treinta años más tarde, todavía estaría allí, con la mirada fija en el blanco. Ya sin el fusil al hombro, pero con la mira en el blanco.

NOTAS

[1] "Hugo Chávez en décimo aniversario de gobierno bolivariano", Caracas, 2 de febrero de 2009, https://www.youtube.com/watch?v=9WxHgBQ jBVk.

[2] De acuerdo con los resultados oficiales, votaron a favor 6 millones 319 mil 636 venezolanos, 54.86% del total de votos válidos (37.68% del total de 16 millones 767 mil 511 de electores inscritos) y se opusieron 5 millones 198 mil 006 (45.13%). La abstención fue de 30.08 por ciento. La constitución de 1999 establecía una sola reelección. La enmienda de cinco artículos eliminó el límite y permitió la reelección de todos los cargos de elección popular.

[3] "Fidel me hizo el honor de hacerme hijo suyo, y así me siento", *Cubadebate*, 14 de diciembre de 2009, http://www.cubadebate.cu/noticias/2009/ 12/14/fidel-me-hizo-el-honor-de-hacerme-hijo-suyo-afirmo-chavez/#.W1jhqC9y_GI.

[4] *Aló Presidente* N° 49, Carabobo, Venezuela, 29 de octubre de 2000, *Todo Chávez en la web*, http://www.todochavezenlaweb.gob.ve/todochavez/3836-alo-presidente-n-49.

[5] "Eusebio Leal evoca primera visita de Chávez a Cuba", *Radio Cadena Agramonte*, 12 de marzo de 2013, http://www.cadenagramonte.cu/articulos/ver/31023:eusebio-leal-evoca-primera-visita-de-chavez-a-cuba.

[6] Marcano C. y Barrera, A. (2005). *Hugo Chávez sin uniforme*. Barcelona: Debate.

[7] Milanés León, E., "Cuba orgullosa de sus colaboradores", *Juventud Rebelde*, 31 de julio de 2018, http://www.juventudrebelde.cu/internacionales/2018-07-31/cuba-orgullosa-de-sus-colaboradores.

[8] Discurso pronunciado por el Comandante Fidel Castro Ruz, primer ministro del Gobierno Revolucionario en la plaza El Silencio, Caracas, Venezuela, 23 de enero de 1959, Versiones taquigráficas, Consejo de Estado, Cuba, http://www.cuba.cu/gobierno/discursos/1959/esp/f230159e.html.

[9] Cabrera Infante, G. (2010). *Cuerpos divinos*. Barcelona: Galaxia Gutenberg.

[10] Fidel Castro fue primer ministro hasta 1976, cuando cambió el cargo por el de presidente del Consejo de Estado y de Ministros que ocupó hasta 2006.

[11] VIII Reunión de Consulta de Ministros de Relaciones Exteriores de la OEA, Punta del Este, Uruguay, 22 al 31 de enero de 1962.

[12] Entrevista a Teodoro Petkoff

[13] Acta Final Novena Reunión de Consulta de Ministros de Relaciones Exteriores para servir de consulta en la Aplicación del Tratado Interamericano de Asistencia Recíproca, Sede de la OEA, Washington, 21 al 26 de julio de 1964, http://www.oas.org/columbus/docs/MeetingofMinisters9a1S pa.pdf

[14] Firma de proyectos entre Venezuela y Cuba, La Habana, 15 de octubre de 2007, *Todo Chávez en la web*, http://www.todochavez.gob.ve/todochavez/2191-firma-de-proyectos-entre-la-republica-bolivariana-de-venezuela-y-la-republica-de-cuba.

[15] Entrevista a Héctor Pérez Marcano, Caracas, 2015.

2

El sometimiento voluntario

Hay cosas que para lograrlas han de andar ocultas.
José Martí, citado por Fidel Castro
Caracas, 3 de febrero de 1999

A sus 72 años, Fidel Castro es otro y el mismo. Han pasado 40 años desde el triunfo de la Revolución cubana. Su figura de espaldas anchas sigue siendo imponente. La mente, ágil. La voz, desgastada. Y la retórica, previsible. Sus elogios de tribuna todavía se clavan como flechas en los corazones dispuestos. "Bolívar, Venezuela, su pueblo y sus hazañas inspiraron siempre mis sueños de revolucionario...", dice al llegar a Venezuela el 1 de febrero de 1999.

El uniforme militar está perfectamente almidonado, a diferencia de aquel traje de campaña arrugado que usaba cuando vino en 1959. Pequeños puntos negros salpican su frente blanca. Son verrugas que la prensa oficial llama pecas. La barba y el cabello encanecidos parecen cubiertos de polvo volcánico. El planeta ha rotado miles y miles de veces, desdibujando la imagen fresca del joven rebelde, sepultadas sus promesas de construir un paraíso de libertad.

Ahora, el *establishment* cubano desciende con cuidado del avión, apoyándose en el pasamanos de la escalerilla. El paisaje es el mismo y es, también, otro. Los jóvenes venezolanos que hace cuatro décadas le dieron la más gloriosa bienvenida en el aeropuerto internacional Simón Bolívar son abuelos. En la pista donde una multitud gritaba su nombre mientras rodeaba el avión como un hormiguero, ahora hay orden y solemnidad; burócratas del gobierno saliente y del entrante, militares, una alfombra roja y una sensación de vacío.

Perdida toda espontaneidad y todo misterio; entronizado e inamovible, Fidel Castro es ahora la antítesis de la rebeldía. Dirige la dictadura más antigua de América Latina, la única del hemisferio occidental. Así es y así lo ven la mayoría de los venezolanos. Eso ha dicho incluso Hugo Chávez durante la campaña electoral de 1998 al periodista mexicano Jorge Ramos:

—¿Para usted Cuba es una dictadura o no es una dictadura?

—Es una dictadura.

—¿Es una dictadura?

—Sí, pero no puedo yo condenar a Cuba, hay un principio de derecho internacional que es la autodeterminación de los pueblos, los pueblos deben darse sus gobiernos o deben hacer sus propias historias.

La escena en el aeropuerto Simón Bolívar, el juego de contraluces, es engañosoy lo que, a simple vista, parece un ocaso, es un nuevo amanecer. Fidel Castro no es cualquier dictador. No es el nicaragüense Anastasio Somoza ni el chileno Augusto Pinochet. Tiene otra historia, otro pedigrí, otro discurso. Es un ícono al que muchos izquierdistas en el mundo, alérgicos a Washington, todavía veneran, justifican, o no se atreven a criticar públicamente. La visita protocolar de esa vieja estrella marca en realidad el comienzo de un increíble triunfo.

Sus viejas intenciones hacia Venezuela, sus antiguos deseos, siempre latentes, se cumplirán en el siglo XXI. Más allá, mucho más allá, de sus propias expectativas. El líder cubano no necesita miles de admiradores agitando banderitas de Cuba. Le basta con uno, el hombre que al día siguiente estrechará sus manos de uñas largas antes de recibir la banda presidencial. Le basta con el ex comandante del ejército que dentro de un año dirá que "Cuba es el mar de la felicidad". Una frase que se queda gravitando sobre el país como una espesa nube negra.

"Es una obligación que los pueblos latinoamericanos y caribeños naveguemos los mismos mares, tengamos el mismo norte de la justicia, la felicidad, el trabajo que el pueblo cubano."[1] Ésa es la frase que el timonel de Venezuela pronuncia en marzo de 2000, al despedir a un grupo de médicos de la isla que participaron en la ayuda a las víctimas de un deslave en las costas del estado Vargas.

Fidel Castro había enviado a Venezuela toneladas de armamentos y algunos de sus mejores combatientes; había financiado movimientos subversivos y entrenado guerrilleros venezolanos en la isla. Había fracasado estrepitosamente, y he ahí, 40 años después, a este teniente coronel que le permitiría colonizar el único petroestado de América Latina sin disparar un solo tiro. Ahora las cosas serían distintas.

* * *

Fidel Castro escucha con satisfacción las palabras de Hugo Chávez el 2 de febrero de 1999, durante su inusual juramentación como presidente para un periodo de cinco años: "Juro delante de Dios, juro delante de la patria, juro delante de mi pueblo que, sobre esta moribunda Constitución, haré cumplir, impulsaré, las transformaciones democráticas necesarias para que la república nueva tenga una Carta Magna adecuada a los nuevos tiempos".

Unas horas más tarde, ya entrada la noche, su barba gris destaca en la tribuna del Paseo Los Próceres, desde donde observa al nuevo mandatario avanzar a pie entre un mar de gente que busca tocarlo y entregarle peticiones. Cuando finalmente Chávez termina de subir los escalones y llega al final de la alfombra roja, se dan un apretón de manos. El líder cubano se mantiene a su lado mientras el nuevo presidente venezolano saluda a sus miles de seguidores.

Un par de semanas antes, ambos se habían reunido en La Habana, donde conversaron con el presidente Andrés Pastrana sobre el proceso de paz en Colombia. Fidel aprovechó la ocasión para llevarlo a visitar un hospital donde estaban internados tres niños venezolanos. Chávez también, habría asistido a otras reuniones. "En Cuba le prepararon una serie de conferencias políticas pronunciadas por un grupo selecto y secreto del Estado Mayor del Ejército cubano", aseguró un ex viceministro cubano que se exilió en 2002 al periodista cubano Carlos Alberto Montaner.[2]

Durante la campaña electoral, Chávez había propuesto modificar la Constitución de Venezuela. El ex funcionario aseguró a Montaner haber estado presente cuando Castro le recomendó desahuciarla de una vez en su discurso inaugural. "Hugo, en el momento mismo de jurar, la calificas de 'moribunda' y a partir de ahí comienzas a enterrarla", habría dicho el líder cubano.

Más allá de la veracidad de la anécdota, todavía en aquel momento la influencia de Fidel Castro sobre Hugo Chávez, su identificación con el líder cubano, no está clara. Es una sospecha que el militar venezolano niega de la misma manera que rechaza cualquier inclinación hacia el socialismo, a pesar de que entre sus colaboradores más cercanos destacan varios ex guerrilleros y políticos de la izquierda más ortodoxa.

Adán Chávez, su hermano mayor y el más cercano, fue miembro del Partido de la Revolución Venezolana (PRV), fundado por el ex guerrillero comunista Douglas Bravo, durante un tiempo el favorito de Fidel. El propio Hugo también estuvo asociado al PRV clandestinamente en los años ochenta. Durante una entrevista en 2011, Bravo dijo que se trató de una vinculación irregular pero, aseguró que "fue militante estando en las fuerzas armadas".

Camuflajeado en la ambigüedad del "bolivarianismo", Hugo había sepultado su pasado izquierdoso. Nadie podía demostrar ningún vínculo con Cuba, más allá de su visita a la isla en 1994. Enfrentado a partidos desprestigiados en esa Venezuela de fin de siglo, nada parecía hacer mella a su popularidad. El caballo al que Fidel Castro había apostado cuatro años antes, cuando lo invitó a La Habana, ganó la carrera. Los vientos cambiaban de dirección.

Tiempo después se habló del apoyo encubierto de La Habana a la campaña presidencial de Chávez. Según el general Antonio Rivero, ex colaborador del mandatario, en 1997 Castro envió 29 hombes a Margarita, una isla en el Caribe venezolano. "Esos agentes lo ayudaron durante su campaña en 1998 en el área de inteligencia, seguridad e informática", afirmó Rivero en una entrevista en 2014. El líder cubano había viajado a Margarita en 1997 para asistir a la VII Cumbre Iberoamericana.

* * *

"En silencio ha tenido que ser y como indirectamente, porque hay cosas que para lograrlas han de andar ocultas, y de proclamarse en lo que son, levantarían dificultades demasiado recias para alcanzar sobre ellas el fin". No parece casual que Castro haya incluido esa cita de José Martí en su discurso en Caracas el 3 de febrero de 1999. Nada en el líder cubano lo es.

Fidel recuerda que esa frase fue uno de los principios que siguieron en "la concepción y desarrollo de la Revolución cubana". Una revolución que exhibe como ejemplo ese día en el Aula Magna de la Universidad Central de Venezuela (UCV), un día después de haber asistido a la juramentación de Hugo Chávez como presidente.

Castro luce espontáneo y bromea a menudo. Para variar, se refiere al demonio del capitalismo y a las bondades de la Revolución cubana, "donde no ha habido jamás un torturado", ni desaparecidos, "ni un solo asesinato político", y promociona la misión humana de los médicos cubanos en el mundo como si anticipara que encontrarán su mejor mercado en Venezuela. Habla también, como siempre, de sí mismo y de su visión sobre el momento que vive el país suramericano.

"¿Qué cosas nos preocupan? Me parece ver en este momento una situación excepcional en la historia de Venezuela. He visto dos momentos singulares: primeramente aquel 23 de enero de 1959, y he visto 40 años después la extraordinaria efervescencia popular del 2 de febrero de 1999. He visto un pueblo que renace." Es entonces cuando advierte: "Hay cosas que han de andar ocultas…", citando a Martí.

Castro explica cómo, al principio de la Revolución, decidieron mantener a Carlos Marx dentro del clóset, esconder sus inclinaciones ideológicas al pueblo cubano. "Nosotros explicando lo que éramos: martianos, era la verdad, que no teníamos nada que ver con aquel gobierno corrompido que habían desalojado del poder [la dictadura de Fulgencio Batista], que nos proponíamos tales y más cuales objetivos. Eso sí, de marxismo-leninismo no les hablamos ni una palabra, ni teníamos por qué decirles nada." La lección es clara y directa.

"Les voy a decir algo más —con la misma franqueza—. Ustedes no pueden hacer lo que hicimos nosotros en 1959. Ustedes tendrán que tener mucha más paciencia que nosotros, y me estoy refiriendo a aquella parte de la población que esté deseosa de cambios sociales y económicos radicales inmediatos en el país." Fidel da por sentado que, con Hugo Chávez en el poder, el país tomará un rumbo similar a la dictadura cubana. "Nosotros pudimos crear eso en mucho tiempo de trabajo. Ustedes, los venezolanos, no podrán crearlo en unos días, ni en unos meses."

Desde las cómodas butacas, los 3 mil asistentes a la conferencia vibran con el sonido de su voz ronca, amplificada por la acústica que crean las nubes de Calder en la hermosa bóveda del Aula Magna. Vibran y lo aplauden largamente cuando transmite histriónicamente, como si fuera un médium en una sesión de espiritismo, lo que diría Simón Bolívar si estuviera vivo en ese momento: "¡Salven este proceso! ¡Salven esta oportunidad!"

"Tengan la seguridad —se regodea Castro— de que nuestros vecinitos del Norte no se sienten nada felices con este proceso que está teniendo lugar en Venezuela." Y ofrece a la audiencia oficialista una recomendación final: "Tienen que ser ustedes hábiles políticos; tienen que ser, incluso, hábiles diplomáticos; no pueden asustar a mucha gente. Más por viejo que por diablo les sugiero que resten lo menos posible".

El público celebra la picardía con carcajadas y atronadores aplausos. Con el mismo furor que otros venezolanos celebraron, 40 años y 10 días antes, su primer discurso en la Universidad Central bajo las mismas nubes de Calder. El propio Castro, siempre pródigo en números y estadísticas, ha llevado la cuenta. El escenario es el mismo pero las diferencias entre una y otra época son abismales. En 1959, Venezuela celebraba el primer aniversario del fin de la dictadura de Marcos Pérez Jiménez y el estreno de la democracia. Ahora, muchos festejan el cambio político, con grandes esperanzas, sin tener claro el proyecto de Hugo Chávez.

* * *

A mediados de noviembre de 1999, Fidel Castro y Hugo Chávez se reencuentran en La Habana. El nuevo presidente se queda para una visita oficial de dos días después de la IX Cumbre Iberoamericana, marcada por la informalidad. Los gobernantes capitanean un juego amistoso de béisbol con jugadores veteranos de los dos países. Eso es lo que creen los venezolanos que batean frente a 45 mil espectadores en el estadio Latinoamericano. Castro ha ordenado que los jóvenes jugadores profesionales locales se disfracen de veteranos. Así vencerán fácilmente al equipo invitado.

"Caballero, eso no se hace, pero son cosas de Fidel, que Fidel es una gente… ese día se quería divertir", comenta en un documental sobre el juego un viejo beisbolista cubano, que prefiere dejar el adjetivo en puntos suspensivos. Otro asegura que nunca había visto a Castro reír tanto. "Fidel estaba gozando ese día del juego con los venezolanos", señala un tercero.[3] Descubierta la trampa, el dictador cubre a Chávez de elogios —"tremendo bateador", "pitcher fenomenal"— y le entrega la orden al mérito deportivo que el perdedor se lleva en su equipaje junto a la orden José Martí. El divertimento seguirá.

Desde un principio, Cuba ha mostrado interés en el principal atractivo de Venezuela. Tres meses después de asumir el poder, Chávez envía una delegación de la petrolera estatal PDVSA a La Habana y al año siguiente incorpora la isla al Acuerdo Energético de Caracas. El pacto ofrece a países de Centroamérica y el Caribe la venta de crudo con un financiamiento de 15 años al 2% de interés. Pero eso no es suficiente para Fidel Castro, a quien pronto se le dará un trato privilegiado.

Pocas veces se había visto al líder cubano tan feliz como en la gira por el país que precede a la firma del Convenio Integral de Cooperación entre Venezuela y Cuba, el 30 de octubre del año 2000. Nunca los venezolanos han visto tantos y tan significativos homenajes hacia un visitante extranjero. Durante cinco días el presidente Hugo Chávez se dedica en cuerpo y alma a Fidel Castro.

El dictador caribeño llega el jueves 26 con una corte de noventa personas: parlamentarios, artistas, estudiantes y una barra infantil para animar al equipo cubano de béisbol durante el juego amistoso que sostendrán en el país. Mientras recorre el centro de Caracas guiado por su anfitrión, asegura que no había tenido la oportunidad de estudiar el convenio bilateral. "Eso es secundario. Lo importante son los contactos, el intercambio con la gente."

¿Quién puede creer que Castro no ha revisado cuidadosamente cada detalle de un acuerdo que garantiza a Cuba más petróleo en mejores condiciones y le permite pagar con productos y servicios? El trueque conviene a un gobierno siempre corto de efectivo, que se ha quedado sin subsidio desde la desintegración de la Unión Soviética en diciembre de 1991. Es tanta su satisfacción que exclama: "Estoy entre ustedes y me parece que estoy en Cuba. Tal vez mejor".

Venezuela es una fiesta, un campo despejado y sin obstáculos. Chávez preparó una agenda llena de simbolismos, con aires autobiográficos. Ha ordenado sacar la espada de Simón Bolívar de las bóvedas del Banco Central y mientras los dos la empuñan frente al sarcófago del Libertador, afuera las barras oficialistas gritan "Chávez y Fidel tienen el poder". También le muestra el Cuartel San Carlos, donde estuvo dos años preso por el intento de golpe de 1992. Castro recibe las llaves de Caracas y se vuelve a plantar en la tribuna de la Asamblea Nacional.

Allí sostiene que nunca ha pedido nada a Chávez. "Por el contrario, le ofrecí siempre la modesta cooperación de Cuba." Según Castro, la isla no necesitará ayuda por mucho tiempo. "Los enemigos y calumniadores parecen ignorar que Cuba eleva aceleradamente su producción petrolera y, en un periodo de tiempo relativamente breve, se autoabastecerá de petróleo y gas", afirma con una seguridad pasmosa.

El cubano presume de su intuición política ante el parlamento. "Adiviné quién era [Chávez] cuando aún estaba en la prisión." Uno de los colaboradores más cercanos del presidente venezolano en aquel momento asegura que, en realidad, el cubano tuvo más información que clarividencia. "Fidel para ese momento tenía perfectamente claro, a través de su servicio de inteligencia, que Chávez tenía la posibilidad real y verdadera de convertirse en presidente", señaló el coronel Luis Alfonso Dávila, ministro de Relaciones Interiores en el año 2000 y ex canciller (2001-2002), durante una entrevista. "Después se lo metió en el bolsillo con todo y petróleo."

El presidente venezolano quiere acercar a Fidel a su mundo, vincularlo a su paisaje personal, incorporar al ícono de la Revolución cubana a su propia historia, y lo invita a Sabaneta, el pueblo del estado Barinas en el que nació. Allí desayunan con sus padres y recorren la casa donde creció con su abuela. "A Chávez hay que multiplicarlo por mil, por 5 mil, por 10 mil, por 20 mil", exclama sin pudor Castro y sugiere convertir el lugar en un monumento histórico. ¿Cómo procesar tantos elogios, tanta adulación, del ícono de la Revolución cubana?

Después de conducir 80 kilómetros con Fidel de copiloto y jugar béisbol, protagonizan un programa desde un salón del Campo de Carabobo, donde en 1821 Bolívar comandó la batalla decisiva de la guerra de independencia de Venezuela. Allí se los ve bromear con soltura como si fueran viejos amigos. El soldado venezolano que en su juventud invocaba al Che Guevara en su diario, lleva la cuenta de las veces que ha salido el sol desde que conoció a Castro: cinco años, 10 meses y 12 días exactos, como si lo anotara en un calendario.

El programa de cuatro horas cierra con una interpretación inesperada. Los dos gobernantes, de uniforme militar, entonan a dúo una melodía venezolana. "Llevo tu luz y tu aroma en mi piel, y el cuatro en el corazón…" Castro no sabe la letra pero sigue con torpeza al anfitrión, que lo anima: "Venezuela se llama esa canción, dedicada para ti Fidel y para tu pueblo cubano, que es el mismo pueblo venezolano".[4] La forzada escena produce un inocultable embarazo en un hombre que se ha cuidado tanto del ridículo como Fidel.

* * *

Todo está listo para el gran desquite castrista con la Venezuela insumisa del pasado. El 30 de octubre de 2000, fecha que quedará inscrita en la historia de ambos países, Fidel Castro y Hugo Chávez firman el Convenio Integral de Cooperación. En principio, los dos gobiernos "se comprometen a elaborar, de común acuerdo, programas y proyectos de cooperación" para los dos países. Pero en la práctica, La Habana asumirá un rol activo y Caracas, pasivo.

El acuerdo establece que Cuba —una isla sometida a racionamientos de comida y electricidad, sin comercios y con escasas industrias— "prestará los servicios y suministrará las tecnologías y productos que estén a su alcance para apoyar el amplio programa de desarrollo económico y social" de Venezuela, que el país pagará con "petróleo y derivados" (Art. II).[5]

Chávez, por su parte, se compromete a enviar 53 mil barriles diarios de crudo, con un esquema de financiamiento mixto, de corto y largo plazo, y ofrece bienes y servicios así como "asistencia y asesorías técnicas provenientes de entes públicos y privados" (Art. III). No se habla, en ningún momento, de apoyar el desarrollo económico de la isla.[6]

De esta manera, el pacto sienta una dinámica en la que se invierten los roles. Se supone que la Cuba comunista detenida en los años cincuenta ayudará a un país petrolero ocho veces más grande, más moderno, industrializado y con miles de empresas, una nación a la que Castro llega a definir como "un continente".

En ese mundo al revés, la isla figura como palanca para el progreso. Y Venezuela como proveedora de materia prima. Castro ofrece gratuitamente los servicios de "médicos, especialistas y técnicos de salud para prestar servicios en los lugares donde no se disponga de ese personal". El gobierno de Chávez sólo tendrá que brindarles alojamiento, comida y transporte interno (Art. IV). La cortesía no durará demasiado.

Lo que se plantea entonces como un gesto de solidaridad y desprendimiento terminará siendo el inicio de un negocio de miles de millones de dólares, basado en la comercialización del trabajo de profesionales y técnicos cubanos, con enormes márgenes de ganancia para la isla. Pero, también y sobre todo, esa "disposición especial" es la punta de lanza para la penetración del castrismo en Venezuela.

Ambos países acuerdan establecer una Comisión Mixta que se reunirá cada año en Caracas y en La Habana (Art. V) y firmar un pacto migratorio en 30 días para facilitar la ejecución del convenio, que tiene una validez de cinco años prorrogables (Art. VI).

Cuba incorpora un anexo con una extensa lista de lo que ofrece exportar a Venezuela. Dividida en 10 renglones, incluye asesoría y maquinaria para la industria azucarera, adiestramiento en hotelería, venta de productos, paquetes educativos (software, videos, posgrados), medicinas y equipos médicos; servicios deportivos (hasta 3 mil entrenadores), de salud y educación. También, proyectos y asistencia en áreas donde la isla está en franca desventaja frente a Venezuela, como agricultura y alimentación.

Fidel Castro pudo haber sugerido muchas cosas que entonces parecen risibles, como "ayudar al desarrollo del sistema ferroviario en Venezuela" cuando el de la isla está destartalado, pero, en realidad, no impone nada. Ciertamente, despliega toda su experiencia y magnetismo, su astucia y su envolvente carisma, pero en realidad no tiene que hacer un gran esfuerzo para convencer al presidente venezolano, dispuesto a complacerlo.

El invitado regresa a La Habana el mismo día de la firma del acuerdo, con la valija repleta. Las cámaras no muestran su rostro cuando el presidente Hugo Chávez, emocionado, lanza besos con la mano al avión de Castro mientras recorre la pista aquella noche, en medio de la lluvia. La efusividad del ex militar de 46 años augura la más estrecha alianza.

El mandatario después, revelará en una entrevista con la televisión cubana que quería darle más petróleo a la isla. "Yo le propuse a Fidel aquí [en La Habana] enviar cerca de 100 mil barriles. Fidel me dijo: 'Chávez, yo no acepto eso, no puedo aceptarlo', a pesar de las necesidades inmensas que tenía Cuba. 'Ustedes están comenzando', dijo Fidel, y es cierto".[7] Los "pruritos" de Castro se desvanecerán más adelante.

A partir de 2004, con la ampliación del Convenio Integral de Cooperación, el líder cubano no sólo acepta que Chávez le envíe 90 mil barriles diarios sino que, años después, comenzará a recibir todavía más de lo que Cuba necesita: 115 mil barriles diarios. Eso permitirá a la isla algo inimaginable: exportar petróleo en el mercado internacional. El ministro de Planificación y Economía cubano, Marino Murillo, admitirá que en 2014 Cuba ganó 765 millones de dólares por concepto de reventa de crudo venezolano.[8]

Por lo demás, el Convenio Integral de Cooperación servirá como plataforma para todo tipo de intercambios y negocios, sin control ni supervisión del parlamento venezolano o la Contraloría Nacional. Todavía en 2019 se mantienen ocultos centenares de contratos confidenciales, blindados a cualquier auditoría, como el de la contratación de más de 220 mil trabajadores cubanos que La Habana registra bajo el renglón: "Exportación de servicios profesionales".

* * *

El presidente Hugo Chávez establecerá una relación única con Fidel Castro, como si deseara contagiarse de su magnetismo y dotar a su autodenominada Revolución bolivariana de la épica de la cubana. Mes y medio después de la firma del pacto, manda a más de 50 miembros de su gobierno a la isla para acelerar la cooperación.

Ya sea por afinidad ideológica o por pragmatismo, algunos burócratas forjan vínculos estrechos con sus pares cubanos sin sopesar demasiado los beneficios para Venezuela. La alianza política se antepone a los intereses económicos del país. Otros, críticos del castrismo y de sus resultados, marcan distancia y van apartándose de Chávez.

Guaicaipuro Lameda, presidente de Petróleos de Venezuela, PD-VSA (2000-2002) se encuentra entre los últimos. El general formó parte de la delegación que asistió a una reunión bilateral, entre el 11 y el 15 de diciembre de 2000. Lameda ha relatado que cuando el presidente ruso Vladimir Putin llegó a La Habana el 14 de diciembre de 2000, Fidel Castro no fue a recibirlo al aeropuerto porque estaba almorzando con él. La anécdota da una idea del tamaño de la apuesta del dictador cubano.

La relación bilateral adopta un aura afectiva. Gran parte de las reuniones de la Comisión Mixta cubano-venezolana coincidirán con el aniversario del primer encuentro entre Chávez y Castro en

1994. Rara vez la relación entre dos países ha estado tan marcada por la afinidad personal. Pocas veces, tal vez ninguna, se reúnen dos gobernantes con tanta frecuencia. En 2001, Chávez viaja en dos ocasiones a Cuba y Fidel Castro regresa a Venezuela en agosto para una visita de placer y trabajo.

Esta vez el presidente venezolano lleva al cubano al sur del país, al estado más rico en minería (oro, diamantes, coltán) donde el dictador cubano da un discurso y recibe otra condecoración. El motivo principal de la reunión es la firma de una modificación (*addéndum*) al Convenio Integral de Cooperación. Como el trueque por petróleo resulta complicado de ejecutar, debido a las variaciones en el precio de la materia prima, acuerdan que las "instituciones, organismos y empresas" venezolanas paguen directamente los servicios cubanos que soliciten.

El reencuentro coincide, no por casualidad, con el cumpleaños de Fidel Castro. A la medianoche, ambos líderes brindan por las dos revoluciones con la mejor champaña francesa. El invitado de traje azul oscuro y corbata color vino. Su anfitrión con un traje negro casual. "Jamás te defraudaré, Fidel, lo juro por este fusil que hoy te regalo, mi eterno fusil de soldado", promete el presidente venezolano.[9] Ciertamente, jamás lo defraudará.

Chávez lo pasea por uno de los paisajes más hermosos de Venezuela: el parque nacional Canaima, una espléndida extensión verde de 30 mil kilómetros cuadrados, donde se encuentra el Salto Ángel, la catarata más alta del mundo. Una postal los muestra ataviados con idénticos sombreros militares de campaña a bordo de una curiara, acompañados por las dos hijas mayores del venezolano y varios escoltas.

"Cumplir 75 años en la patria de Bolívar es como volver a nacer", comenta Castro más tarde, al intervenir en un acto oficial en Santa Elena de Uairén, cerca de la frontera con Brasil, donde Chávez y el presidente Fernando Henrique Cardoso inauguran un sistema de interconexión para llevar energía eléctrica desde Venezuela hacia el norte de ese país. En el otoño de su vida, la fortuna vuelve a estar del lado del patriarca cubano. Pero no todo es suerte.

Fidel cultiva la relación con constantes propuestas de ayuda, especialmente, en salud, educación y deporte. Siempre generoso, invita a la isla a más de 200 estudiantes venezolanos. También a más de 800 enfermos, junto a sus acompañantes, para que reciban tratamiento en La Habana. Ofrece capacitación a más de 300 entrenadores deportivos y enviar más de mil 500 médicos a zonas de difícil acceso en Venezuela. Todo gratis. Ningún otro gobernante se ha mostrado tan obsequioso. Pronto cosechará los frutos de su inversión.

En 2001, Venezuela comienza a contratar trabajadores cubanos. Primero llegan 591 instructores deportivos. Por cada uno, el gobierno de Chávez paga a La Habana entre 800 y mil dólares mensuales, según datos del Instituto Nacional de Deportes. Los entrenadores reciben un salario de 200 dólares y el gobierno cubano se queda con el resto. Más de 200 médicos comienzan a ejercer sin las revalidas que, por ley, se piden a todos los extranjeros, y 70 técnicos agrícolas vienen a participar en la preparación de tierras de cultivo. ¿Hacen falta esos técnicos en un país que produce muchos más alimentos y de mejor calidad que la isla?

Mientras la atención se centra en este intercambio, el gobierno cubano comienza más discretamente el acercamiento a un sector clave: las fuerzas armadas. Chávez y Castro avanzan con cautela en ese terreno como si caminaran sobre la superficie lunar. Saben que cualquier paso en falso puede ocasionar malestar entre los militares venezolanos, en su gran mayoría nacionalistas y de tradición anticomunista.

El 4 de septiembre de 2001, Raúl Castro, jefe de las Fuerzas Armadas Revolucionarias (FAR) recibe al inspector general del Ejército venezolano, Lucas Rincón, incondicional de Chávez. En el encuentro de cinco horas hablan de establecer vínculos e iniciar el entrenamiento de militares de ambos países. Oficialmente no se concreta nada.

En ese momento, el ministro de Defensa venezolano es un viejo amigo del presidente cubano. Contemporáneo de Fidel, el ex dirigente izquierdista José Vicente Rangel simpatizó en los años sesenta con la lucha armada desde la barrera del Congreso y denunció los excesos en la represión de la guerrilla. Abogado y periodista, tres veces candidato presidencial sin chance, es conocido como un hábil operador político.

Como primer canciller de Chávez (1999-2001), Rangel fue la ficha perfecta para secundar el cambio en la política exterior y el giro hacia la isla como principal aliado. Hijo de un gobernador afín a la larga dictadura de Juan Vicente Gómez (1908-1935), antimperialista visceral y fidelista hasta la médula, Rangel considera al líder cubano "el estadista más grande que ha producido la historia", como asegurará en 2016.

Tres semanas después de la reunión entre Raúl Castro y Lucas Rincón, el Círculo Militar de Caracas en Fuerte Tiuna, la principal base militar del país y sede del ministerio de Defensa, se llena de funcionarios del gobierno cubano. Durante tres días, los invitados comparten con decenas de burócratas locales en la II Reunión de la Comisión Mixta de seguimiento del Convenio Integral de Cooperación, presidida por Chávez. Unos días más tarde, el mismo lugar sirve de escenario para la primera ExpoCuba, con 135 compañías estatales de la isla.

El mandatario venezolano, que inicia el evento recordando al Che, interrumpe de pronto su discurso para atender, en público, una llamada sorpresa. Es Fidel, Fidel siempre pendiente. Las llamadas de Castro a los actos y programas del mandatario venezolano se convertirán en un guiño particular y una de sus rutinas mediáticas favoritas.

Pronto se verán en Margarita en la III Cumbre de la Asociación de Estados del Caribe (AEC).[10] Antes de inaugurar el evento, Chávez invita al líder cubano a la promulgación de la nueva Ley de Pesca, frente a las tranquilas aguas de la bahía de Pampatar. Hay más de 20 gobernantes invitados a la reunión pero ningún otro es requerido. Sólo Fidel Castro.

* * *

La cercanía entre ambos líderes, la admiración del presidente venezolano por el dictador cubano, inquieta a la oposición desde un principio a pesar de las diferencias entre Venezuela y Cuba. Hay un abismo en la manera como uno y otro conquistaron el poder. Hugo Chávez no luchó contra una dictadura. Como mucho, podría decirse que se alzó sin éxito contra lo que consideraba un mal gobierno. No libró ninguna batalla. Simplemente, había ganado unas elecciones, las séptimas elecciones democráticas desde 1958.

Venezuela no es Cuba. Una revolución como la cubana no parece posible en el país. Es factible otra cosa. ¿Tal vez una caricatura, la historia repetida como farsa? En todo caso, se producen señales inquietantes. El acercamiento a la dictadura caribeña despierta temores el sistema autoinmune de parte de la sociedad venezolana se pone en guardia.

Aún no resulta fácil armar el rompecabezas. Hugo Chávez va mostrando las piezas, poco a poco. La creación de los Círculos Bolivarianos (CB) —"para defender la revolución en la calle"— enciende las alarmas. ¿Comités de Defensa de la Revolución (CDR) a la venezolana? No hace falta que suenen trompetas. No se trata de estructuras iguales pero hay claras resonancias.

"Es como una célula, pues, un núcleo de la organización básica del pueblo bolivariano para activar y dirigir la participación de los individuos y comunidades en el proceso revolucionario", explica el presidente a mediados de 2001, cuando pide a sus seguidores formar grupos de siete a 11 personas: "Organícense en el salón de clases, en la universidad, en el campo, en las ciudades, en las posadas, en los hospitales, en las escuelas".[11]

El mandatario juramenta los primeros círculos el 17 de diciembre, durante un acto en la avenida Bolívar de Caracas. Entonces sostiene que se trata de un "mecanismo de participación popular y directa", pero proporciona a los interesados un número telefónico para que se registren en la Presidencia, que los organizará en redes. Desde entonces, la palabra "cubanización" se instala en el país como una magnífica promesa para unos y la más terrible amenaza para otros. Los exiliados de la isla radicados en el país no esperan demasiado para hacer las maletas.

Pronto, la oposición protesta contra un paquete de medio centenar de leyes decretadas por Chávez. Suenan las cacerolas y se activan marchas multitudinarias. La primera, el 23 de enero de 2002, en el 44 aniversario de la caída de la última dictadura, pretende demostrar que los venezolanos han perdido la costumbre de ser gobernados por un militar de manera autoritaria. Muchos, aunque no la mayoría que sigue encantada con Chávez, reaccionan contra el estilo beligerante del presidente. Y, también, contra la sombra castrista. Pero la historia apenas comienza. Pronto Fidel Castro tendrá una participación estelar en la vida de Hugo Chávez.

NOTAS

[1] "Presidente Chávez: 'Latinoamérica debe navegar el mar de justicia, felicidad y trabajo de Cuba", *El Universal*, Caracas, 9 de marzo de 2000.

[2] Montaner, Carlos A., "Cómo mataron a una Constitución 'moribunda'", *14ymedio*, 24 de julio de 2015, http://www.14ymedio.com/opinion/mataron-Constitucion-moribunda_0_1821417847.html.

[3] "Comandantes en el terreno", Cubacusa, 4 de marzo de 2005, https://www.youtube.com/watch?v=clUKDMyrI-Q.

[4] *Aló Presidente* N° 49, Campo de Carabobo, 29 de octubre de 2000, http://www.todochavez.gob.ve/todochavez/3836-alo-presidente-n-49.

[5] Convenio Integral de Cooperación, Caracas, 30 de octubre de 2000. Embajada de Cuba, http://www.embajadacuba.com.ve/cuba-venezuela/convenio-colaboracion/.

[6] El financiamiento de corto plazo se estableció a 90 días con una tasa de 2%, y el de largo plazo a 15 años con dos años de gracia y una tasa de 2% también.

[7] Alonso, R., "Chávez: 'Hemos construido una verdadera unión entre estos dos pueblos que son hoy uno solo'", *Cubavisión*, 7 de noviembre de 2010, https://www.youtube.com/watch?v=xYYBIfi86oQ.

[8] Frank, M., "Cuba avanza hacia la transparencia en busca de inversiones y créditos", Reuters, La Habana, 25 de diciembre de 2014, https://lta.reuters.com/article/businessNews/idLTAKBN0K30HM20141225.

[9] García, A., "… Y ustedes son mis hermanos, pues", *Radio Rebelde*, Holguín, 5 de marzo de 2014, http://www.radiorebelde.cu/noticia/y-uste des-son-mis-hermanos-pues-20140305/.

[10] "Fidel en Isla Margarita", *Granma*, La Habana, 11 de junio de 2001, http://www.granma.cu/granmad/2001/12/11/interna/articulo10.html.

[11] *Aló Presidente* N° 72, San Sebastián de los Reyes, Aragua, 17 de junio de 2001, http://www.todochavez.gob.ve/todochavez/3944-alo-presidente-n-72.

3

"Todo lleva tu nombre, Fidel"

> *Cuba y Venezuela pudiéramos conformar,*
> *en un futuro próximo, una confederación,*
> *dos repúblicas en una, dos países en uno.*
> HUGO CHÁVEZ, 16 de octubre de 2007

—¿Qué fuerzas tienes ahí?

—De 200 a 300 hombres muy agotados.

—¿Tanques tienes?

—No, había tanques y los retiraron a sus cuarteles.

—¿Con qué fuerzas cuentas?

—Hay otras que están lejanas pero no tengo comunicación con ellas.

—¿Me permites expresar una opinión?

—Sí.

—Pon las condiciones de un trato honorable y digno, y preserva las vidas de los hombres que tienes, que son los hombres más leales. No los sacrifiques ni te sacrifiques tú.

—¡Están dispuestos a morir todos aquí!

—Yo lo sé, pero creo que puedo pensar con más serenidad que tú en este momento. No renuncies, exige condiciones honorables y garantizadas para que no seas víctima de una felonía, porque pienso que debes preservarte. Además, tienes un deber con tus compañeros. ¡No te inmoles! ¡No dimitas! ¡No renuncies!

Ésas fueron las palabras que Fidel Castro y Hugo Chávez cruzaron la madrugada del jueves 12 de abril de 2002, de acuerdo con el embajador cubano en Venezuela, Germán Sánchez Otero.[1] El presidente venezolano se encontraba en el palacio de Miraflores.

Afuera, Caracas estaba en ebullición y un grupo de jefes militares exigía su renuncia. Todavía olía a pólvora, a gases lacrimógenos y no terminaba de secarse la sangre en el asfalto. Una enorme protesta antigubernamental había acabado violentamente, con 18 muertos y 69 heridos.

Cabe suponer menos cortesía y más nerviosismo en esa conversación. Chávez estaba al tanto de lo que sucedía y trataba de ganar tiempo. Tenía bastante experiencia en esos asuntos. Diez años antes, había estado del otro lado, al frente de un grupo de conspiradores, cuando intentó derrocar al presidente socialdemócrata Carlos Andrés Pérez. Entonces había demostrado que no era de los hombres que se inmolan y se entregó. Ahora, acorralado por las fuerzas armadas, volvió a rendirse.

Dos días más tarde, la situación ha cambiado completamente. El sábado 14 de abril de 2002, a las 7:01 de la mañana, Castro atiende en su cuarto el teléfono exclusivo para emergencias. Es Hugo Chávez. Ha vuelto a la Presidencia después de un fugaz golpe de Estado. Está eufórico y aturdido, como si acabara de bajar de una montaña rusa que estuvo girando más de 40 horas seguidas. Hablan largamente. La transcripción de la conversación, difundida en Cuba 12 años más tarde, da una idea de la cercanía entre ambos gobernantes.

—¡Esto no tiene nombre, Fidel!

—Yo ahora estaba meditando, no me podía dormir. Me iba a dormir y no me podía dormir cuando me suena un timbrecito ahí, y ya… ¡Qué cosa!

—¡Qué día, Fidel! Estoy que… ¡es una cosa increíble, increíble! Yo todavía estoy procesando cosas. Y los muchachos… Porque yo estaba aislado; me llevaron, cuando yo salí de aquí esa madrugada, como dos horas después que hablamos. Pues entonces, por fin, como lo hablamos, yo dije: "No, yo no voy a renunciar. Voy preso, pues".

El presidente venezolano le cuenta cómo varios militares amigos maniobraron para rescatarlo. La actuación del general Raúl Baduel, jefe de la 42 Brigada de Paracaidistas en Maracay, fue decisiva. Su compadre del ejército "se convirtió en el eje" de la operación.

—Yo estaba haciendo un plan después que hablé contigo. La única alternativa que me quedaba era irme a Maracay. Pero tú sabes que ésas son como casi dos horas por tierra. Y entonces, bueno, no teníamos la seguridad de que pudiéramos llegar allá.

—Era imposible, era imposible.

—No, no. Nos hubieran parado en la carretera, y a lo mejor se arma una batalla ahí, ¡quién sabe qué hubiera pasado! Así que, por eso, decidí entregarme. Me llevaron a cinco sitios. Me movieron de un lado para otro. Me presionaron para que firmara la renuncia. Yo dije: "No, yo no renuncio. Yo soy preso. Soy preso, y listo. Y enjuícienme". Me llevaron a medianoche por allá, a un apostadero naval, y resulta que a las dos horas ya tenía ganados a casi todos los sargentos, porque son comandos de éstos, paracaidistas y todo, ¿no?

Fidel Castro confunde las fechas y termina por confundir al presidente venezolano.

—Eso fue aquel día, eso fue el viernes [13] —dice Chávez.

—¿Eh?

—¿El viernes?

—No, eso fue antier, el jueves por la noche.

—El jueves. ¡Ah, eso fue...! Pero tú estabas en Palacio...

—No, eso fue el viernes, perdón.

—Sí, a las 03:50 fue que tú saliste, del viernes, antes del amanecer.

—Correcto.

Hugo Chávez salió a la fuerza de Miraflores la madrugada del jueves 12 hacia la sede de la Policía Militar, en Fuerte Tiuna. Desde allí, el mandatario depuesto se comunicó con sus familiares.

—En el Fuerte Tiuna me prestaron un teléfono y empecé a hacer algunas llamadas: a mis hijos, a María Isabel [su esposa]... Y les pedí que hablaran con el mundo, que yo no había renunciado. Ahí fue cuando María [una de sus hijas] te llama...

—A las diez y dos minutos me llama María. El viernes.

—En la noche.

—No, por la mañana.

—¡Ah!

—A las diez y dos minutos me llama. Y es cuando yo le propongo que si estaba dispuesta a hablar ella misma. Dice: "Sí, ¡qué no haría yo por mi padre!" Entonces le preparé inmediatamente para que hablara con Randy [Alonso] el periodista, y a las 12:40 lo disparamos al aire. Cuando lo disparamos al aire, se lo entregamos a las agencias y también a la CNN.

Castro confunde, de nuevo, las fechas. María Gabriela Chávez denunció que su padre era víctima de un golpe el jueves 12, a través de un contacto con la radio cubana retransmitido por la cadena de noticias CNN. Más adelante, comentan la protesta que hubo frente a la embajada de Cuba en Caracas, en la que participaron algunos exiliados cubanos. Castro asegura que los funcionarios diplomáticos estuvieron a punto de atacar a los manifestantes:

—Hubo un momento... Bueno, la orden tenía que ser, primero, disparos... Tenían que defenderse, porque los mataban a todos, y había cinco mujeres y un niño, y 17 compañeros allí. Fue muy tensa...

—Dicen que les quitaron hasta la luz y el agua.

—Fue muy tensa. Les quitaron la luz, les quitaron el agua, no se podían mover, y hasta, bueno, estuvieron a punto de asaltarla. Ése fue el momento más crítico. Habría perturbado eso terriblemente. Porque de abrir una balacera...

—Germán [Sánchez Otero, el embajador cubano] estaba ahí, ¿no?

—Germán se portó... ¡Y toda la gente se portó... pero como unos héroes de verdad! Allí. Porque estaban cercados. Una multitud. [Salvador] Romani [exiliado cubano] y toda la gusanera aquella. ¡Si tú ves qué discurso pronunciaba! Porque a aquéllos los transmitían. Las cadenas esas transmitían todo.

—Claro, lo transmitían todo.

—Y se pasaron todo el día calumniando y calumniando, y hablando de la renuncia, la renuncia y la renuncia. Entonces, ellos edificaron todo su andamiaje sobre la base de la renuncia. Ahí fue donde se embarcaron p'al diablo —dice Fidel.

La calumnia a la que se refiere fue, en realidad, un mensaje oficial del general Lucas Rincón, inspector general de las Fuerzas Armadas, transmitido por televisión la madrugada del 12: "Los miembros del Alto Mando Militar de la República Bolivariana de Venezuela deploran los lamentables acontecimientos sucedidos en la ciudad capital el día de ayer. Ante tales hechos, se le solicitó al señor presidente de la República la renuncia de su cargo, la cual aceptó".[2]

Esa noche Chávez fue trasladado al apostadero naval de Turiamo, a hora y media en helicóptero de Caracas. El venezolano relata cómo los oficiales leales comenzaron a mover sus fichas para rescatarlo desde Maracay. Castro le comenta entonces que él habló con los generales que coordinaban la operación: Raúl Baduel, Julio García Montoya y Lucas Rincón, el mismo oficial que había anunciado al país la renuncia del mandatario.

—Y entonces él [Montoya] pide también que ellos querían hacer una declaración pública. Entonces, hablando conmigo ahí, yo le puse para grabarle la conversación, y le dije que la hiciera: ¡pam! Y entonces hizo un discurso dirigido a la opinión pública mundial y todo. Inmediatamente la pasamos a la televisión y se la entregamos también a todas las estaciones aquí, un discurso que él hizo. ¡Figúrate!, tú no sabías lo que estaba pasando por acá, ¿no?

—No, yo no sabía nada de eso. Claro, yo intuía la reacción popular y militar, pero me preocupaba, porque eso podría haber generado hasta una guerra civil. Pero resulta que...

—No, Baduel y el otro tenían una posición muy clara, yo se la elogié, estaban indecisos de si salir o no. Y entonces, yo decía: no, no conviene que haya combate. Les di mi opinión, pero ya ellos tenían pensado precisamente eso. Entonces, sí, yo hablé...

Chávez se refiere a lo que sucedió en Miraflores durante su ausencia, a la instalación del brevísimo gobierno del empresario Pedro Carmona, presidente de Fedecámaras, la mayor patronal del país. Agrega que lo dejaron incomunicado, sin acceso a "su" canal de televisión. Y parece genuinamente sorprendido, aunque se trata de un clásico de los golpes de Estado. De hecho, él había ordenado hacer lo mismo durante la asonada de febrero de 1992.

—A mí me cortaron la señal del canal del Estado, y unos traidores militares entonces tomaron el canal mío allá en la estación, y yo no tenía cómo comunicarme con el pueblo.

—No, te dejaron incomunicado.

—Eso me indica que yo debo instalar en el Palacio un equipo de transmisión de una planta aquí mismo, aquí mismo en el Palacio. Son cosas de las que ahora yo estoy sacando conclusiones, voy a... Claro, estoy aquí todavía, como te dije, estupefacto, que todavía estoy evaluando esta cosa, este huracán y este *contrahuracán* así. Fue todo tan rápido, que yo no creía creer.

Luego, comenta su regreso a Miraflores el viernes 13 en la noche y Castro lo felicita por el mensaje que dio al país.

—Y después tú hablaste, que fue muy bueno el discurso tuyo, ¡excelente!

—¿Tú lo oíste?

—Sí, ¡cómo no!

—Ahí estuve...

—Estabas tú ecuánime, bien, reflexivo. Me pareció excelente. A todos los que estábamos ahí. Estuviste hablando una hora aproximadamente.

—Sí, más o menos. Correcto. Entonces, luego que terminé esa cadena, salí al balcón del pueblo. Estaba la gente concentrada afuera, y no se querían ir hasta que yo no saliera, pues.

—¡Ah!, ¿lograste saludar?

—¡Claro!, yo salí al balcón del pueblo, después de la alocución, y ahí estuve con ellos.

—¡Ah!, pues yo creía que se había acabado todo, y entonces...

Entonces pareciera que Castro apagó el televisor. En el momento cumbre tal vez se fue a dormir. Chávez abunda en las incidencias del rescate y vuelve a elogiar a Baduel, su amigo, el general que cinco años después denunciará la desviación castrista del "proyecto bolivariano" y terminará en la cárcel. El líder cubano alaba a los militares que se mantuvieron leales.

—Ahora, esos dos, Montoya y Baduel, actuaron con mucha inteligencia. Fueron inteligentes. Mucha inteligencia política.

—Ellos son muy inteligentes, de los más brillantes amigos, y hombres de aplomo, de inteligencia... Y ahora, bueno, han despuntado como líderes militares y políticos también...

Chávez hace un paréntesis que revela su familiaridad con el dictador cubano.

—Aquí está Huguito [su hijo menor], te manda saludos, pronto va para allá.

—Sí, sí, ya hablé con él.

—Va a estudiar. Hablaste con él ya.

—Sí, sí, le pregunté cuándo venía.

—Parece que va a ser ingeniero.

—Yo hablé con él y con Rosa [hija mayor de Chávez] —Castro ríe.

—Mira, aquí está Rosita, te manda un beso. Y Hugo dice que el plan sigue en pie. Así me dijo.

—Sí.

—Él hace muchos planes, lo que pasa es que casi ninguno funciona —ambos ríen.

—Pero parecía embullado [ilusionado]. Con este último parecía embullado —comenta Fidel.

—Éste parece que sí va a funcionar.

El tono en que siguen conversando es de íntimos amigos. Cuesta imaginar al comandante en jefe Fidel Castro exhortándolo como un muchacho impaciente:

—¡Cuéntame! Yo estoy desesperado por que tú me cuentes. ¡Cuéntame!

Y Chávez le cuenta. Como si no tuviera otra cosa que hacer. Apenas unas horas después de haber retomado el poder, se extiende en detalles sobre su paso por Turiamo y por la isla La Orchila. Comenta, también, el destino de Carmona.

—Allá adonde fuimos el día de la toma de posesión, allá en el patio grande aquel. Ésa es la Escuela Militar. Ahí tienen presos ahí al lado, cerca de ahí, en el Fuerte [Tiuna], al fulano presidente este y sus ministros.

—A Mussolini, un Mussolini —ríen—. Porque cuando habló (yo lo vi cuando tomó posesión) se parecía a Mussolini.

—Lanzaron un decreto eliminando la Asamblea, eliminando el Ministerio de Justicia, eliminando los...

—¡Oye, pero, qué barbaridad! Ellos ayudaron, ¿sabes? Ellos ayudaron también, porque hicieron unos disparates del *cará* —dice Fidel.

—Sí, no, ellos pusieron la cómica. Y además, teniéndome a mí preso sin renunciar. ¡Imagínate tú! Rompiendo con todo. ¿Cuál democracia? Decían que por rescatar la democracia. De esa manera, ¿quién les va a creer? Hasta los Estados Unidos tuvieron que rectificar hoy. Hoy en la tarde emitieron un comunicado rectificando la vaina.

Mientras lo mantenían prisionero en Turiamo, un emisario del nuevo gobierno informó al presidente venezolano que había instrucciones de trasladarlo a La Orchila, en el Caribe venezolano, para que firmara la renuncia y, luego, enviarlo a Cuba. Chávez asegura que se negó. Después de contar otros detalles de la negociación, recuerda su llegada.

—Fidel, un vuelo en helicóptero como de una hora [desde Turiamo], y al rato llega la Comisión.

—¿Quiénes fueron allí? ¿Quiénes fueron?

—El cardenal de la Iglesia católica [Ignacio Velasco] que fue uno de los firmantes del decreto napoleónico-mussoliniano ese ridículo que firmaron. Ellos pretendían que con ese decreto írrito iban a borrar de plano una lucha de años, sobre todo la constituyente, y querían eliminar las 48 leyes habilitantes de un solo plumazo, y que la República no se llamara más Bolivariana, y que no le vendieran más petróleo a Cuba.

—Eso tiene su historia a contar.

—Una vaina... ¡Eso es para la historia, chico! Esta oligarquía insensata, imbécil e ignorante, no se da cuenta. Ellos se creen su propia mentira, de tanto repetirla, y terminan despreciando la realidad. Entonces, vienen...

—¿Y quién más fue con el obispo?

—Llegó el cardenal este; un general, pero que es un fiscal militar, que no tiene ninguna autoridad ni mando...

—¿Del Fuerte Tiuna?

—Del Ejército, sí, del Fuerte Tiuna. Y un coronel, que es uno de los que impulsó esta conspiración, que es abogado, enviado, porque es muy amigo de los generales, compañero de ellos. Bueno, nos sentamos a conversar, pues. Llevaban la renuncia lista.

—¿Y qué propusieron?

—Bueno, que yo firmara la renuncia, imagínate, con fecha atrasada, con un membrete y como un decreto presidencial. Bueno, "en el día de hoy..."

—Aunque ya ni eso los salvaba ya. Ellos estaban derrotados a esa hora ya.

—Sí, no, ya estaban haciendo un esfuerzo supremo. Pero me estaban montando una trampa para sacarme del país. Porque me dijeron: "No, ahí está el avión listo. Y, bueno, te vas a Cuba, pues".

Asegura que ya en ese momento él sabía que la operación de rescate estaba en marcha y que el golpe no tenía futuro. Dice que se negó a viajar sin su familia y exigió hablar con sus colaboradores más cercanos. Conversan entonces sobre la posibilidad de que Washington haya sido cómplice del golpe.

—Allí ya tenían un avión, Fidel. Incluso, yo mandé a investigar lo siguiente, porque José Vicente [Rangel, ministro de Defensa] me dijo ahorita que había un avión norteamericano en La Orchila.

—Creo que hasta hablaron, tuvieron que hablar con [el embajador estadounidense Charles] Shapiro ahí. Investiga bien hasta donde puedas, porque había hasta la idea de llevarte a Estados Unidos. Corrió ese rumor también.

—Bueno, y entonces, allá en la pista, yo vi el avión, de siglas... Claro, un avión privado, pero de siglas norteamericanas.

—Era norteamericano.

—Entonces, fíjate todo lo que estaban planeando ahí, ¡quién sabe si hasta llevarme a Estados Unidos, o quién sabe a dónde!

—Ese rumor corrió con fuerza. El rumor. Y a nosotros no llegó nada, nada. Y lo que me pidieron de allí de Palacio, que ya estaba tomado, es que hiciéramos una declaración allí. Hicimos una declaración de inmediato y la divulgamos, de que eso era una mentira más, y que si te llevaban por la fuerza a Cuba, en el avión más rápido que tuviera nuestra línea aérea regresarías de inmediato a Caracas, que te estaba esperando el pueblo —ríen.

El gobernante reflexiona sobre los errores cometidos, sobre la necesidad de tomar "correctivos". Entre otras cosas, dice: "La Inteligencia nuestra, por ejemplo, es muy mala, vale, ¡muy mala!" Está hablando con un verdadero experto en la materia. La asesoría de Fidel a los servicios de inteligencia venezolanos será, de hecho, uno de sus mayores aportes, si no el mayor, al gobierno chavista.

En un momento, Castro admite que el 12 de abril llegó a pensar que todo estaba perdido, que su mejor aliado no volvería al poder.

—Oye, ¡tú no sabes! Yo pocas veces en mi vida he estado tan amargado como al otro día. Yo quería... Tú sabes que yo siempre he sido optimista y todo, y seguimos en la pelea, porque apenas me levanté al poco rato, me llamó al otro día... Yo estoy durmiendo dos o tres horas, y ese día me acosté también como a las seis; a las nueve me despierto y me pongo a hacer cosas, y a las diez y dos minutos me llamó María. Así fue.

—No, incluso, ¿sabes qué? Yo estaba pensando: "¡Cónchale!, si yo tengo que llegar a Cuba, ¿con qué cara llego yo allá?" —responde Chávez.

Con qué cara... Las palabras del presidente venezolano dejan entrever el tipo de relación que han ido forjando, su necesidad de aprobación, su manera de reafirmarse con el líder cubano. Fidel es el astro omnipresente que lo observa y estimula. El que lo protege, aconseja y reconforta. Cálido y cercano como un padre. Un arquetipo con quien compartir triunfos y no derrotas.

El viernes 13 de abril Carmona perdió el apoyo de los generales que lo habían respaldado y, en la noche, un grupo de helicópteros enviados por el general Baduel trasladó a Hugo Chávez de La Orchila a Miraflores, donde lo esperaban miles de seguidores.

—Bueno, hermano, ¡qué gusto haberte oído! —se despide Chávez minutos después.

—Oye, parece que una mano divina te lleva a ti.

—Bueno, el pueblo, chico. Dios y el pueblo y, ¿cómo es que tú dices?, ¡Ave María Purísima! [Castro ríe] ¡Ave María Purísima, cómo pasó esto!

—¡Tremendo!

—Pero ahora tenemos que fortalecernos. Saludos te mandan Rosita y Hugo, que está aquí, ya se durmió la nieta. Estamos todos aquí.

—¡Qué bien! ¡Qué sean muy felices!

—Dale un saludo a Felipe [Pérez Roque] y a todos.

—Ellos han estado todos, todos, todos, en esto.

—No, yo me imagino qué sufrimiento. Te prometo... Ahorita me llamó Gadafi por ahí, muy alegre también. Te prometo que haré todo lo que pueda para no darte otro susto y otra tristeza.

Así termina la conversación entre los dos jefes de Estado. Con ese eco de fragilidad, de vergüenza y sentimientos de culpa. ¿Sabía Hugo Chávez que cada palabra estaba siendo grabada en La Habana? Cuando Fidel Castro ordenó publicar la transcripción —supuestamente completa y sin edición— el 27 de marzo de 2014, el presidente venezolano ya había muerto.[3]

* * *

Superado el golpe de abril, purgado el ejército, el presidente venezolano enfrenta otro desafío: un paro en la industria petrolera. Apoyada con protestas masivas en Caracas y otras ciudades, la huelga trastorna el país durante dos meses, entre diciembre de 2002 y febrero de 2003. El gobierno resiste y el paro se extingue. La nueva crisis permitirá a Chávez tomar el control de Petróleos de Venezuela (PDVSA) y a Fidel Castro afianzar su influencia de manera definitiva.

En las semanas siguientes, el gobierno despide a más de 18 mil empleados, casi la mitad de la nómina de la empresa, a los que el ministro de Energía y Minas Rafael Ramírez, ferviente admirador de Castro, llega a comparar con terroristas, 18 mil terroristas. La PDVSA roja, presidida por Ramírez durante 12 años (2004-2014), será la principal fuente de subsidio a Cuba. Aparte de los envíos de petróleo, destinará millones de dólares a la isla en proyectos y en la compra de productos y servicios.

Chávez comienza a desarrollar con La Habana una serie de programas para consolidarse en los sectores populares. A partir de marzo de 2003, miles de trabajadores cubanos comienzan a desembarcar en Venezuela. "Después del golpe petrolero comenzó el río de nuestros colaboradores para los programas de educación y salud, y cooperaron con la Revolución bolivariana en uno de los más profundos y rápidos programas sociales que se hayan llevado a cabo en algún país del Tercer Mundo", presumirá Fidel Castro en 2009, en el *Granma*.

El río se extiende a otros terrenos. Chávez introducirá a los cubanos en el área deportiva y cultural; en los sectores agrícola, de alimentación, vivienda, energía eléctrica, informática, comunicación, ciencia y tecnología. Funcionarios castristas entran de lleno en la Oficina Nacional de Identificación, en el Sistema de Registros y Notarías, y en la mayoría de los ministerios.

Por sugerencia de Castro, se inicia también un programa de adoctrinamiento ideológico. Bajo el eufemístico término "Misión Esperanza Social", el gobierno de Chávez envía a miles de seguidores a formarse en la meca de la Revolución. En el primer año viajan 35 mil, según cifras oficiales. Los jóvenes integrarán la organización juvenil Frente Francisco de Miranda. Es la primera vez en la historia de Venezuela que un presidente encarga la formación de los cuadros de su partido a otro país.

Es un momento decisivo. Ya no hay vuelta atrás. La historiadora y doctora en Ciencias Sociales Margarita López Maya, cercana al chavismo durante los primeros años, sostiene que a partir de entonces se produce la vinculación definitiva del gobierno con el de la isla comunista.

La influencia cubana comenzó a ser más fuerte después del golpe de Estado de 2002 y, sobre todo, después del paro. En la medida en que pasa el tiempo, Chávez comienza a asumir el discurso antimperialista de Fidel Castro. Otro elemento importante es la Misión Barrio Adentro, desarrollada por una iniciativa directa de Castro.

Durante una entrevista en 2015, López Maya relata cómo el dirigente se involucró personalmente en el ambicioso programa de salud, diseñado, dirigido y ejecutado por cubanos.

Yo estuve en La Habana por un congreso del Clacso (Consejo Latinoamericano de Ciencias Sociales) en 2004 y Fidel Castro nos llamó a un grupo de venezolanos. Se reunió con nosotros y nos explicó lo de la Misión Barrio Adentro. Nos dijo que él despedía a los médicos en el aeropuerto y que tenía un mapa de Venezuela en el que ponía, permanentemente, a dónde iban esos médicos para tener un control de en qué parte del territorio estaban,

Los trabajadores cubanos se vuelven omnipresentes en los barrios pobres del país. No sólo se encargan de la atención primaria de salud, sino también de los programas de educación: desde la alfabetización hasta la universidad. Los isleños están en todas partes: enseñan oficios en el Instituto Nacional de Capacitación y Educación Socialista (INCES) y, también, a cultivar el campo como si en el país no hubiera nadie capaz de hacerlo. Pero, sobre todas las cosas, aleccionan a sus alumnos para que sean fieles a la Revolución bolivariana y a la cubana. Es parte esencial de una gran misión que algún *apparatchik* cubano habría podido llamar con sorna "Venezuela Adentro".

A través de las misiones, Hugo Chávez promueve la injerencia cubana.

La Misión Barrio Adentro y la Robinson [de alfabetización], que fueron las dos primeras de la alianza cubano-venezolana, están ligadas a la inminencia del referendo revocatorio [agosto 2004]. Esas misiones se hicieron justamente para empezar a registrar, a organizar y a tener unas políticas de impacto político, populistas y clientelares, incluso. Ahí comienza esa influencia [cubana], que con los años se va haciendo múltiple.

La alianza traspasa los límites de una relación bilateral basada en intereses comunes. Además de asesorar a Chávez, el gobierno de Castro se convierte prácticamente en su proveedor de recursos humanos, uno de los mayores *headhunters* del mundo, capaz de reclutar rápidamente en la isla un ejército de trabajadores disciplinados, con bajos salarios, sin horario ni derecho a huelga.

Cuba incluye todo en el paquete de los programas de salud, desde los médicos y enfermeras, hasta los administradores y choferes, además del equipamiento y los suministros de medicina. Pendiente hasta del más mínimo detalle, Castro se ocupa, también, de que Chávez tenga en la Presidencia una sala situacional con analistas cubanos, un primer anillo de seguridad con escoltas importados de la isla, y de que siempre haya a su lado un equipo de médicos cubanos dedicado exclusivamente a cuidar de su salud bajo el nombre de "Misión Martí".

No es lo que tenía en mente cuando financió el movimiento guerrillero en Venezuela en los sesenta. Es algo mucho mejor. Una incursión de seda, promovida por Hugo Chávez, que sobrepasa cualquier expectativa. La Habana no sólo obtiene grandes beneficios económicos, que van más allá del petróleo subsidiado y las ganancias por la "exportación de servicios profesionales": tiene la posibilidad de influir en las políticas del gobierno y entrar, por la puerta grande, en la administración pública venezolana.

Cuando el dictador de 77 años parecía estar en un segundo plano, el presidente del país con las mayores reservas de petróleo del planeta, lo resucita como líder en América Latina. ¿Por qué y a cambio de qué Venezuela se convertirá en un satélite voluntario de Cuba? Lo que para la oposición es un sometimiento inaceptable, para Hugo Chávez es, en cambio, la mejor alianza, una que lo fortalece y le garantiza ganancias políticas. Pocas veces en la historia la afinidad entre dos líderes ha coincidido en el plano político y en el personal de manera tan profunda.

Gracias a Castro —un espejo en el que le gusta reflejarse— el presidente venezolano aprende lecciones invalorables para neutralizar a sus enemigos, perpetuarse en el poder y mantener el control social. "Fidel es para mí un padre, un compañero, un maestro de estrategia perfecta", señala en 2005. Es un ejemplar de su misma especie: audaz y carismático, narcisista y autoritario, amante de la confrontación y los discursos interminables, mediático y machista. Chávez podía pasar en cuestión de segundos de la arrogancia a la humildad, y de la falsa modestia —"Yo soy un humilde soldado"— al mesianismo —"Yo no soy yo. Yo soy el pueblo".

* * *

A la vuelta de unos años, Hugo Chávez se ha consolidado en el poder y ya no parece necesario mantener nada oculto. En diciembre de 2006, gana la reelección presidencial con 62.84% de los votos (7 millones 309 mil 080). Aunque no logra alcanzar la meta de 10 millones que se había fijado, interpreta el resultado como una señal y proclama: "El pueblo votó por una propuesta concreta: el socialismo". Una semana antes había reconocido: "Las misiones han sido un verdadero mecanismo revolucionario, como motores, estos últimos tres años para dar un gran salto".

El mecanismo ha consumido enormes recursos. Ese año electoral, PDVSA destinó 8 mil millones de dólares a los programas diseñados por Cuba. Desde 2003, Venezuela ha invertido en total 12 mil 930 millones de dólares en las misiones, según datos de la Comisión de Finanzas de la Asamblea Nacional, dominada completamente por el partido de gobierno tras un boicot de la oposición a las elecciones parlamentarias de 2005.

Concluye una etapa. Pronto, los venezolanos sabrán de qué va la Revolución bolivariana. Hugo Chávez tiene ocho años en el poder. El ex militar que llegó a la Presidencia de Venezuela en 1998 montado en el potro del "bolivarianismo", es ahora un ferviente izquierdista que promete dedicar su vida a "la construcción del socialismo", a edificar las bases de un nuevo sistema político, social y económico en el sexenio 2007-2012.

El mandatario habla ya sin tapujos y termina su discurso de juramentación con el saludo castrista primero —¡Hasta la victoria siempre!— y luego con su nueva consigna: ¡Patria, socialismo o muerte! ¡Venceremos! Tres días después, cuando presenta ante el parlamento su informe anual, agradece a Cuba por los más de 26 mil trabajadores de salud que ha enviado al país. Chávez se refiere constantemente a la labor de los cubanos como si se tratara de una ayuda humanitaria y no de un servicio por el que La Habana cobra miles de millones de dólares.

En su discurso, el mandatario destaca con orgullo que, en 2006, Cuba ha logrado "un crecimiento más alto que Venezuela" —12.5%, según la Cepal, versus 10.3 del país— como si la isla fuera un norte, un modelo de desarrollo a seguir. No dice que sin el subsidio venezolano, la economía de la isla se habría hundido.

A finales de mes, el mandatario recibe en el palacio de Miraflores a Carlos Lage, vicepresidente del Consejo de Estado de Cuba, con una delegación de nueve ministros, entre ellos el comandante Ramiro Valdés. Tiene excelentes noticias para los antillanos: su gobierno ha pedido un crédito de 70 millones de dólares a China para construir un cable submarino desde Venezuela hasta la isla, que permitirá ampliar sus servicios de internet y telefonía. Castro le corresponde con un regalo: un antiguo ejemplar del *Granma* que reseñó su visita a Venezuela en 1959 bajo el titular "Fidel tomó a Caracas".

El "Comandante Presidente" —ahora el venezolano se hace llamar así— reafirma la compenetración que han alcanzado: "Cuando me nombran a mí están nombrando a Fidel y cuando nombran a Fidel me están nombrando a mí". Chávez llega al extremo de comparar al dictador cubano con el libertador de Venezuela, Colombia, Perú, Ecuador y Bolivia. "Fidel, digo yo, parafraseando al grande Martí, es también como Bolívar, más grande que César porque es el César de la dignidad, el César del socialismo."[4]

Lage destaca que el intercambio comercial pasó de 460 millones de dólares en 2001 a 2 mil 460 millones de dólares en 2006, "seis veces más que apenas cinco años antes". En 2007 saltará a 7 mil 100 millones de dólares. El funcionario asegura que los 26 mil 600 médicos y otros trabajadores de la salud cubanos realizan cada año 50 millones de consultas en este país de 26.8 millones de habitantes. A nombre de los dos pueblos —"que, en el fondo, somos uno"— y de los dos gobiernos —"que, en el fondo, somos también uno solo"— Chávez agradece a los ministros presentes "lo que han hecho para dar esos "saltos adelante".

En la primera reunión de la Comisión Mixta Intergubernamental en el año 2000 sesionaron 110 funcionarios en 10 grupos de trabajo; en ésta, 483 en 26 grupos. En la primera, aprobaron 31 proyectos por 28.5 millones de dólares; en ésta, 355 por mil 500 millones de dólares. Pocos países sostienen un intercambio tan intenso. Las delegaciones cubana y venezolana vuelven a reunirse en un mes en La Habana.[5] Los ministros se reencontrarán también en abril, mayo, octubre y diciembre. En total, seis veces en 2007. No hay una relación más fluida en toda la región.

* * *

La gran apuesta de Hugo Chávez es la creación de un Estado comunal. La Constitución de 1999, que promovió como la mejor del mundo y tiene apenas seis años de vigencia, ya no le basta. Plantea entonces una profunda reforma constitucional para desmontar la superestructura capitalista. Su propuesta es construir un Estado socialista, con un Poder Popular que estará, supuestamente, por encima de los demás. Como en Cuba.

El mandatario sostiene que el nuevo poder —formado por consejos comunales, obreros y estudiantiles, entre otros— será el componente más importante del Estado. "Todos los demás poderes deben estar sujetos al Poder Popular", afirma al explicar la reforma en el parlamento, en agosto de 2007. La base de ese poder serán las comunas, que define como el "núcleo especial básico del Estado socialista venezolano".

"El planteamiento presidencial está inspirado en la Constitución cubana, en las asambleas populares", asegura entonces el abogado constitucionalista Hermann Escarrá. "Hay que alertar al país, se trata del centralismo propio de los sistemas socialistas autoritarios", advierte el experto, uno de esos asesores que pasan con facilidad de una acera a la otra y que, en unos años, servirá al presidente Nicolás Maduro.

Chávez espera obtener amplias facultades para decretar ciudades comunales, hacer una redefinición político-administrativa del país y desarrollar una economía socialista donde prive la propiedad colectiva sobre la individual. Toda la reforma pasa por un punto central: eliminar los obstáculos para que el líder de la Revolución bolivariana pueda perpetuarse en el poder. Finalmente, ha puesto las cartas sobre la mesa.

La campaña contra la reforma ha recibido un espaldarazo inesperado del ministro de la Defensa, el general Raúl Baduel, nada menos que el héroe que comandó la operación de restauración de Chávez tras el golpe de 2002.

La mitad de la población se resiste al cambio de la Constitución y se prepara para dar la batalla. Los jóvenes juegan un rol fundamental. Meses antes, protagonizaron manifestaciones estudiantiles en protesta por la decisión del gobierno de cerrar definitivamente Radio Caracas Televisión (RCTV), el principal canal de televisión del país, por negarse a aceptar las presiones oficiales y autocensurarse, como otros canales.

Hugo Chávez aspira a ser el heredero del capital político de Fidel Castro en el imaginario de la Revolución en América Latina. Desde que el líder cubano cedió el poder de manera temporal a su hermano Raúl, a mediados de 2006, obligado por un padecimiento intestinal, lo visita con mayor frecuencia y el mundo está atento a sus partes sobre la recuperación del paciente.

Cuando Fidel cumple 80 años viaja a la isla y se comporta como el mejor de los hijos. ¿Qué se le puede regalar al Comandante en una fecha tan significativa? El mandatario elige objetos del patrimonio histórico venezolano como si fueran suyos: una taza de Napoleón que atesoraba Simón Bolívar y una daga del Libertador. La televisión cubana registra parte del encuentro en un video y muestra que nada ha sido dejado al azar.

Las guayaberas rojas que visten los dos son idénticas. En la habitación inmaculada y ascética, destaca como único adorno una figurilla de cerámica de ambos líderes, unidos en un abrazo, en una mesita lateral. Fidel exhibe su mejoría, reclinado en su cama clínica, y el visitante se deshace en elogios, en una muestra caribeña de la erótica del poder: "Ésta es la mejor de todas las visitas que he hecho en mi vida, ni siquiera cuando visitaba a mi primera novia", bromea el gobernante.[6]

Más allá de los chistes que circulan en Miami y Caracas por el comentario, la amistad de Chávez con Castro es una de las relaciones más completas y estables de su vida, tal vez la más plena, la que ha cultivado más, la que más lo enorgullece, una roca sólida e inamovible.

El presidente sigue adelante con sus demostraciones de amor a Cuba. Un par de semanas después, se reúne con un grupo de funcionarios de la isla. "Padre nuestro que estás en la tierra, en el agua y en el aire, todo lleva tu nombre, Fidel, en esta inmensa latitud que te quiere. ¡Cómo te queremos!" Castro no está en Venezuela cuando el presidente Hugo Chávez lo invoca, desde un pequeño pueblo en el estado Táchira, parafraseando el poema "Un canto para Bolívar" de Pablo Neruda.

Pero el mandatario sabe que lo escucha desde Cuba. Siempre lo hace. "Fidel, *how are you, my brother, my father?* Vamos a darle un aplauso a Fidel, ése nos está viendo allá", dice el 3 de agosto de 2007. El saludo se repite siempre en inglés. Usa el idioma, en son de burla, contra los yanquis. Ya para ese momento, los tentáculos del castrismo se han extendido como la hiedra a cada rincón del país, a cada centro de poder. El Comandante Fidel Castro no está en Venezuela pero están sus hombres. Miles de cubanos que toman decisiones, dirigen proyectos y los ejecutan.

Hombres como los que ese día velan por su seguridad y que se cuelan puntualmente, con los labios sellados, entre los periodistas que asisten a las conferencias de prensa en Miraflores. Hombres y mujeres como los que trabajan en las salas situacionales del palacio de gobierno y de los ministerios, monitoreando 24 horas los presuntos ataques de "la canalla mediática", las actividades siempre contrarrevolucionarias de la oposición y las amenazas internas.

El padre Fidel está presente en los revolucionarios que adoctrinan a los pequeños pioneros venezolanos, que cantan al Che, y en los jóvenes cuadros chavistas; en burócratas como su ministra de Agricultura, María del Carmen Pérez; su viceministro de Desarrollo, Francisco Galán; el presidente de la Asamblea Nacional cubana, Ricardo Alarcón; el jefe de los Comités de Defensa de la Revolución (CDR), José Rabilero, y el embajador Germán Sánchez Otero, que acompañan a Chávez en aquel pueblo tachirense cuando lo invoca.

Castro está en los "más de 30 mil cederistas cubanos" desperdigados por toda Venezuela, según asegura Rabilero, "todos chavistas igual que fidelistas".[7] Y, también, en centenares de funcionarios venezolanos de ADN castrista como el ministro de Agricultura Elías Jaua, quien agradece, desde Táchira, "el empeño, la dedicación, que le coloca el Comandante Fidel Castro a la cooperación agrícola en Venezuela".

"La participación de los cubanos y cubanas tendrá una página destacada en esta historia de renacer de la agricultura venezolana", afirma el sociólogo Jaua. Sin duda, la tendrá pero en términos de disminución de las cosechas. Basta ver los resultados. Pero las revoluciones no suelen medir sus éxitos en términos de productividad sino de control. El ministro se despide con el saludo castrista primero —¡Hasta la victoria siempre!— y, luego, con la versión chavista —¡Patria, socialismo o muerte! ¡Venceremos!— antes de devolverle la palabra al presidente.

"Hoy en día venezolanos y cubanos somos la misma nación. La unión nos ha hecho más fuertes y nos hará cada día más fuertes", sostiene Hugo Chávez, quien asegura que el gobierno de Castro paga cada barril de petróleo venezolano "con todo ese apoyo técnico, financiero y científico, médico, medicamentos, equipos médicos. Eso vale mucho más que el modesto petróleo que nosotros enviamos a la Cuba socialista, a la Cuba revolucionaria, a la Cuba hermana".[8]

Ha dicho "somos la misma nación", ha dicho "apoyo financiero", es decir, de Cuba a Venezuela. No es un error de la transcripción oficial. Ha dicho "modesto petróleo", refiriéndose a más de 100 mil barriles diarios, que le envía a la isla (equivalentes a 2 mil 379 millones de dólares al año).[9] Y, también, ha dicho "medicamentos, equipos médicos", que Venezuela paga y que, en su mayoría, La Habana importa de otros países. El benefactor del régimen cubano habla siempre como si tuviera una deuda permanente con los Castro. ¿Qué sería de los venezolanos sin la ayuda del padre nuestro Fidel?

* * *

Cuando Hugo Chávez visita la isla en octubre de 2007, los cubanos escuchan a Fidel Castro por primera vez en vivo desde que enfermó. Hasta entonces sólo han visto videos grabados. El máximo líder tiene un año fuera de circulación. Mientras el presidente venezolano rinde homenaje al Che Guevara en Santa Clara, junto al comandante Ramiro Valdés, recibe una llamada de Castro, con quien había conversado más de cuatro horas el día anterior. Hablan para el público. Entre otras cosas, de la lucha armada en los años 60 y de las vueltas del destino. "Creo que nos hemos enlazado para más nunca separarnos...", afirma Chávez.[10]

Un día después, realiza una visita a la refinería de Cienfuegos, que el gobierno venezolano reactiva a un costo de 136 millones de dólares y que, irónicamente, el gobierno cubano tomará en 2017, al quedarse con la participación venezolana como parte de pago por deudas. La confiscación se convierte en toda una metáfora de la relación entre los dos países. El caudillo ya no está vivo para impedir la estocada o justificarla con alguna de sus ocurrencias. Su sucesor, Nicolás Maduro, mantendrá un silencio obsecuente y el canciller venezolano, Jorge Arreaza, yerno de Chávez, dirá que no tiene información. Ningún funcionario da explicaciones al país. ¿Podía esperarse otra cosa de una alianza basada en la supremacía cubana?

Un día después, Chávez destaca "la calidad política", moral, cultural y "la conciencia del pueblo cubano", en contraste con el venezolano. "Estamos lejos aún de un nivel de solidez como el que ustedes tienen", señala en el Palacio de las Convenciones de La Habana, rodeado de una *troupe* de ministros fidelistas como el zar de PDVSA, Rafael Ramírez, el canciller Nicolás Maduro, y su antecesor Alí Rodríguez, que asienten y aplauden.[11]

"Cuba y Venezuela pudiéramos conformar en un futuro próximo una confederación, dos repúblicas en una, dos países en uno", plantea con entusiasmo el presidente venezolano tras la firma de una serie de acuerdos favorables a la isla. Las abrumadoras muestras de afecto contrastan con la parquedad de los antillanos, que no han permitido la entrada de un solo venezolano en su gobierno ni en sus programas.

"Es una bomba atómica ese amor que se ha sembrado entre nuestros pueblos", sostiene Chávez. Lo es y Venezuela sentirá sus efectos. En su euforia indetenible, el mandatario afirma que si Fidel y Raúl caminaran por las calles de Caracas, cosa que nunca se han atrevido a probar, la gente no los dejaría avanzar. "¡Fidel! Fidel es un padre para nuestro pueblo. Cuba es un ejemplo para nuestra revolución. Venezuela ama a Cuba...", prosigue, ya sin contención alguna.

Podrían llenarse volúmenes completos con halagos similares. En lo que probablemente sea uno de sus discursos más empalagosos, el presidente venezolano proclama: "La independencia plena necesitamos, no sólo la política y la cultura, la independencia económica, científica, tecnológica, independencia alimentaria, independencia energética. ¡Vamos por ella, Raúl! ¡Vamos por ella, Fidel! Juntos lo lograremos".

Fidel Castro descansa tranquilo en su lecho. La Venezuela chavista parece pan comido. El día anterior, Hugo Chávez ha prometido ofrecer el triunfo de su reforma constitucional, que será sometida a votación en mes y medio, a la isla. "Vamos a dedicarles, Nicolás [Maduro], la victoria del 2 de diciembre al *Granma* y al desembarco del *Granma*, aquí en Cuba en el 56, ahora en [Venezuela en] el 2007."[12] La fecha elegida para el referendo coincide con el 51 aniversario de la llegada de Fidel y un grupo de rebeldes cubanos a la isla para combatir la dictadura de Fulgencio Batista.

El ex guerrillero y dirigente izquierdista Teodoro Petkoff, buen conocedor del castrismo y crítico de la dictadura caribeña, había advertido en un editorial del diario *Tal Cual* el futuro que le esperaba a Venezuela si el proyecto era aprobado. "Lo que está en juego es que sigamos teniendo esta democracia precaria que tenemos hoy —autoritaria, autocrática, militarista— pero finalmente con algunas formalidades, o que nos encaminemos hacia un régimen de corte totalitario semejante al cubano."

Cuba no podrá recibir la ofrenda. La reforma naufragó el 2 de diciembre de 2007. Los venezolanos rechazaron la propuesta de convertir al país en un Estado comunal y la reelección presidencial indefinida. A pesar de que apenas un año antes había conservado el poder con más de 7.3 millones de votos, la reforma obtuvo 4.2 millones. Más del 44% de los electores ni siquiera acudió a votar. La similitud con Cuba los ahuyentó.

Esa noche, los resultados se conocen horas antes del primer boletín oficial. Frente al palacio de Miraflores, donde todo había sido dispuesto para una gran celebración desinflan un enorme globo con la figura del Comandante Presidente. Pasada la medianoche, Chávez admite la derrota aunque sin aceptar la voluntad popular. "Yo esa victoria pírrica no la hubiera querido", señala en alusión al estrecho margen de diferencia. "Esta propuesta no está muerta. Sigue viva y yo no la retiro", advierte desafiante. Pronto aparecerán en las calles carteles oficiales con la frase "Por ahora".

A la mañana siguiente recibe un raro mensaje desde Cuba. "Querido Hugo: Te felicito revolucionariamente por tu discurso en la madrugada de hoy. Fue un *veni, vidi, vinci* [*sic*] de dignidad y ética", escribió Fidel Castro, en un mensaje público, citando la frase de Julio César tras su triunfo en la batalla de Zela. ¿Llegué, vi y vencí?[13] El miércoles 5, el presidente da muestras de su talante al referirse al éxito de la oposición, rodeado de todo el alto mando militar.

"Sepan administrar su victoria porque ya la están llenando de mierda. Es una victoria de mierda", exclama, en un pronunciamiento televisado. En el mismo acto, el ministro de Defensa, Gustavo Rangel Briceño, desmiente que los militares hubieran obligado al mandatario a aceptar la derrota, como asegura una nota del diario *El Nacional*. "Al presidente no se le presionó porque él es impresionable [*sic*]", dice Rangel.

Hugo Chávez está decidido a concretar su proyecto a como dé lugar. Pero no contará con el consentimiento de la mayoría de los venezolanos. "Lanzamos la primera ofensiva para la gran reforma constitucional pero no crean que se acabó. Prepárense porque vendrá una segunda ofensiva rumbo a la reforma constitucional", advierte entonces. No hubo un segundo chance para la reforma. El mandatario no quiso arriesgarse a otra derrota. Terminó imponiendo gran parte de sus propuestas, a cuenta gotas, por la vía de decretos-ley.

Y sólo volverá a someter a votación la reelección indefinida como enmienda.

Entre los venezolanos, hay sentimientos encontrados hacia los cubanos. Una cosa son los miles de trabajadores de las misiones —más de 39 mil en 2007, según datos oficiales—, bien recibidos en los sectores populares, especialmente por su trabajo en los programas de salud, y otra los asesores que suelen mirar por encima del hombro a los empleados locales en la administración pública, ocasionando recelo incluso entre los chavistas más leales. La percepción sobre el gobierno de Cuba es bastante unánime.

La gran mayoría lo considera una dictadura indeseable. Fidel y Raúl no podían caminar tranquilamente por las calles de Venezuela y jamás lo intentarán. Aunque casi la mitad de la población (47%) no le teme a la palabra socialismo, ocho de cada diez venezolanos rechaza el castrismo. De acuerdo a una encuesta de la firma Datanálisis —divulgada en septiembre de 2007 y que coincide con otros estudios—, 83.6% de los venezolanos sostiene que el socialismo debe respetar la propiedad privada y 81% no quiere ni oír hablar del modelo cubano. Contra esa corriente luchó Chávez sin darse nunca por vencido. Contra ese río, cada vez más caudaloso, luchará su sucesor Nicolás Maduro.

NOTAS

1 Sánchez, G., "La llamada de Fidel a Chávez el 12 de abril de 2002", *Cubadebate*, 12 de abril de 2012, http://www.cubadebate.cu/especiales/2012/04/11/la-llamada-de-fidel-a-chavez-el-12-de-abril-de-2002/#.WxnFAS9y_GI.

2 "Renuncia de Chávez anunciada a Venezuela y al mundo por el Gral. Lucas Rincón Romero", Caracas, 12 de abril de 2002, https://www.youtube.com/watch?v=M8ZAWErmMyU.

3 "¿Eres o no eres?", *Granma*, La Habana, 28 de marzo de 2014, http://www.granma.cu/cuba/2014-03-28/eres-o-no-eres-fotos.

4 Acto de firma de acuerdos entre Venezuela y Cuba. Caracas, 24 de enero de 2007, http://todochavez.gob.ve/todochavez/2686-intervencion-del-comandante-presidente-hugo-chavez-durante-acto-de-firma-de-acuerdos-entre-la-republica-bolivariana-de-venezuela-y-la-republica-de-cuba.

5 VII Reunión de la Comisión Mixta Cuba-Venezuela, La Habana, 27 de febrero de 2007.

6 "Apareció Fidel: difunden un video junto a Chávez en su cumpleaños", *El Litoral*, Argentina, 14 de agosto de 2006, https://www.ellitoral.com/index.php/id_um/15353-.

7 Programa Especial desde Pueblo Hondo, Táchira, *Venezolana de Televisión (VTV)*, 3 de agosto de 2007.

8 Inauguración de la red de laboratorios nacionales de bioinsumos para la salud agrícola integral Cipriano Castro, Táchira, 3 de agosto de 2007, http://todocha vez.gob.ve/todochavez/2253-inauguracion-de-la-red-de-laboratorios-nacionales-de-bioinsumos-para-la-salud-agricola-integral-cipriano-castro.

9 De acuerdo con el precio promedio del petróleo venezolano en 2007, 65.20 dólares por barril, los envíos petroleros a Cuba equivalen a 2,379,800,000 dólares.

10 *Aló Presidente* N° 298, Santa Clara, Cuba, 14 de octubre de 2007, *Todo Chávez en la web*, http://www.todochavezenlaweb.gob.ve/todochavez/4094-alo-presidente-n-298.

11 "Sigamos adelante a marcha forzada", *Juventud Rebelde*, Cuba, 16 de octubre de 2007, http://www.juventudrebelde.cu/cuba/2007-10-16/sigamos-adelante-a-mar cha-forzada/.

12 *Aló Presidente* N° 298, Santa Clara, Cuba, 14 de octubre de 2007.

13 La frase original en latín es "*Veni, vidi, vici*".

II

4

El desembarco

Movimiento sólo nocturno, de día nada,
[...] ahí brillaba el genio de Fidel.
HUGO CHÁVEZ, 25 de agosto de 2009

Cuando Oddy Ginarte y sus compañeros llegaron al aeropuerto internacional Simón Bolívar no pudieron ver la gigantesca fotografía de Hugo Chávez, rodeado de niños, que flotaba como un altar en la sala de migración. Entraron directamente a Venezuela, sin tener que registrarse ante los funcionarios locales, como los demás pasajeros. Para ellos, no había fronteras.

La noche del 10 de julio de 2010, aterrizaron en el terminal, ubicado a media hora de Caracas, en un avión procedente de La Habana. "Éramos más de 200 personas, que llegamos en dos vuelos seguidos", recuerda el joven dentista, uno de los 140 mil trabajadores de salud cubanos que han pasado por el país en 15 años, de acuerdo a cifras oficiales.[1]

Los aviones de Cubana de Aviación no tienen que esperar, como los de las otras aerolíneas, que les asignen una puerta de desembarque en el área comercial. Aterrizan en Rampa 4, la plataforma presidencial, controlada por el ejército. Los trabajadores enviados por el gobierno castrista tienen un estatus especial. Eximidos de las leyes que se aplican a los demás mortales para ingresar al país, disfrutan de puerta franca.

"Los que nos recibieron eran cubanos, incluso los encargados de las maletas", señala Oddy Ginarte, natural de Vado del Yeso, al norte de la provincia Granma. Lo mismo recordaba Tania, una médica de Santiago de Cuba, que entró en 2015 y se casó con un venezolano.

"A mí me pidió el pasaporte un compañero y me lo devolvió ahí mismo." Era el procedimiento habitual. Janoi González, un técnico en ecografía de Pinar del Río, que arribó al país en 2013, tampoco fue sometido a los procedimientos de ingreso regulares. "No vi a ningún funcionario venezolano, allí todo el mundo es cubano", aseguró el joven de 31 años al diario *El País* en 2014.[2]

La Habana también tiene asignado un edificio, al lado de la estación de bomberos del aeropuerto, al que los antillanos llaman "el hotelito" y donde descansan antes de que los trasladen a distintas zonas del país. Fue allí donde Oddy vio por primera vez a un venezolano. "Era uno de seguridad que estaba en la parte de afuera."

El odontólogo de 28 años, que venía a trabajar en la Misión Barrio Adentro, tuvo que correr para tomar una cama. "Yo la primera vez alcancé a agarrar una. Las otras dos veces, cuando regresé de vacaciones, tuve que dormir en un asiento de hierro. Muchos de mis compañeros tenían que dormir en el piso la noche entera", comenta una semana después de haber llegado a Miami, en la sede de la organización Solidaridad Sin Fronteras, en Hialeah.

"No hacen ningún chequeo de migración. Uno va a un salón grande y te dan unas palabras de bienvenida —vivas a Chávez, a la Revolución—, te recogen el pasaporte uno por uno y le ponen un cuño (sello)", relató Janoi, quien llegó a Venezuela el 19 de diciembre de 2013. En el hotelito había un venezolano que "se dedicaba a atender el *pantry* [comedor] y la limpieza. Esa estructura está completamente dirigida por cubanos".

Desde que el presidente Hugo Chávez inició en 2003 la contratación de cubanos para sus programas de gobierno, centenares de miles han pasado por "el hotelito". No sólo médicos, enfermeras, dentistas y personal de salud. También alfabetizadores, profesores y entrenadores deportivos; técnicos agrícolas y de electricidad; informáticos, estadísticos, instructores de arte y animadores; arquitectos, ingenieros, administradores, geólogos, secretarias y choferes; "maestros" de pesca y hasta pintores de grafiti revolucionarios.

En 15 años, 219 mil 321 trabajadores cubanos habían desembarcado en el país, de acuerdo con el balance ofrecido por el jefe de las misiones cubanas en Venezuela, Julio César García Rodríguez, a mediados de 2018.[3] Un ejército procedente de todos los rincones de la isla: de Matanzas, Cienfuegos, Bayamo, Santiago, Pinar del Río, Las Tunas, Santa Clara, Ciego de Ávila, Baracoa, Villa Clara, La Habana, Camagüey y pueblos rurales como Vado del Yeso.

La cifra se refiere a quienes han venido a trabajar en los programas denominados misiones. Una masa disciplinada, sujeta al régimen laboral de la isla y dispuesta a vivir en duras condiciones. Gracias a los petrodólares venezolanos, la plusvalía obtenida por su trabajo se convirtió, a partir de 2005, en la principal fuente de ingresos de Cuba, muy por encima de lo que recibe por las remesas de los exiliados o el turismo.

Los datos oficiales no incluyen a los miembros de la nomenclatura castrista, a los viceministros que se radicaron en el país como si fueran parte del gobierno venezolano, a los asesores de alto nivel como el comandante Ramiro Valdés; a los militares, escoltas y agentes de inteligencia. Tampoco a los funcionarios de las empresas mixtas cubano-venezolanas como la que administra todos los puertos del país.

Unos y otros, involuntaria o intencionalmente, han asegurado la perpetuación de lo que Hugo Chávez llamaba "socialismo del siglo xxi", la paradoja de un caudillismo nacionalista subyugado por otro gobierno. Como un virus que entra por la epidermis, atraviesa la dermis y termina incrustado en el sistema nervioso central, la incursión cubana impulsada por el presidente venezolano se desarrolló simultáneamente en tres dimensiones.

Una, a través de las "misiones sociales", en apariencia incuestionables y dirigidas a brindar asistencia al pueblo venezolano. Otra, más específica, centrada en el adoctrinamiento político de los simpatizantes del gobierno para fortalecer el tejido chavista. Y, una tercera, en el centro mismo del poder y la administración pública, mediante proyectos de "cooperación", que permitieron a Cuba colocar sus fichas en todo el aparato estatal, incluidas las fuerzas armadas.

* * *

Oficialmente, los primeros cubanos comenzaron a llegar cuando estaba por culminar el siglo XX, durante el diciembre más triste y oscuro que se recuerde en Venezuela. Pero el desembarco, en grandes contingentes, comenzó en 2003 para apuntalar al gobierno de Hugo Chávez a través de nuevos programas sociales que tuvieran un rápido impacto político.

Fidel Castro se encargó personalmente de enviar las primeras avanzadas de médicos para un plan de atención en las comunidades pobres. Una tras otra, salieron de La Habana en vuelos nocturnos. Nunca antes había habido tanto tráfico aéreo entre Caracas y la capital cubana. En siete meses, arribó al país una verdadera tropa: más de 10 mil médicos, enfermeras y técnicos de salud. Luego, llegaron brigadas de alfabetizadores, maestros y entrenadores deportivos.

Por sugerencia suya, los planes sociales se denominaron "misiones", como si se tratara de una empresa religiosa para evangelizar a los infieles venezolanos. Y, de alguna manera lo fue. En 2003, el gobierno de Chávez anunció la creación de seis misiones sociales, todas con jefes y trabajadores cubanos: una de salud (Barrio Adentro), cuatro educativas (Robinson I y II, Ribas y Sucre) y una deportiva, a las que se les dio gran publicidad.

Paralela y discretamente, Castro había echado a andar en la isla un programa para formar cuadros políticos llamados a convertirse en la vanguardia de la Revolución bolivariana. Ese año, Cuba también desarrolló una operación dirigida al corazón del poder en Venezuela, que ningún otro gobierno, excepto el venezolano, habría aceptado.

Fidel Castro tomó la iniciativa de enviar a Caracas —sin previo aviso— un equipo médico dedicado exclusivamente a atender a Hugo Chávez. Desde entonces y hasta su muerte, la salud del mandatario fue un asunto del gobierno cubano. La "Misión Martí", que se enquistó dentro de Miraflores y se mantuvo en secreto durante años, se extendería a toda la familia presidencial.

Las misiones avanzaron aceleradamente, en cascada. En 2004, se crearon cinco programas más de atención social con la participación de cubanos. La Habana tendría influencia en la venta de alimentos subsidiados (Misión Alimentación), en la capacitación laboral para cooperativas (Vuelvan Caracas); en la construcción y remodelación de viviendas (Hábitat); en la atención a indígenas en las comunidades más lejanas del país (Guaicaipuro) y en la asesoría a pequeños mineros (Piar).

Además, el gobierno venezolano introdujo a los cubanos en un plan especial para la emisión masiva de documentos de cara al referendo revocatorio presidencial de 2004, activado con las firmas de opositores. Bajo el término de "Misión Identidad", el Ministerio de Interior trabajó con un equipo de informáticos cubanos, dirigidos por el comandante Ramiro Valdés, entonces presidente de la estatal Copextel.

No se trató de una asesoría puntual. Los hombres de Valdés llegaron entre 2003 y 2004 para quedarse en Venezuela. Sin licitación alguna, Chávez encargó a Copextel la modernización de la Oficina de Identificación, los contratos para los nuevos documentos de los venezolanos (cédulas de identidad y pasaportes) y la reestructuración del Sistema de Registros y Notarías, a pesar de que Cuba no contaba con la tecnología necesaria.

La Habana se convirtió en una factoría de misiones con los petrodólares venezolanos. En un par de años ya había en Venezuela 11 programas de sello cubano. Los planes sociales rindieron indudables beneficios a los venezolanos más pobres y millonarios ingresos económicos a la isla, además de dividendos políticos inmediatos al chavismo. El presidente Chávez logró superar un bajón de popularidad y ganar el referendo revocatorio del 15 de agosto de 2004.

A partir de entonces, no han dejado de llover cubanos en Venezuela. Antes de cada evento electoral —y en Venezuela había comicios prácticamente cada año— surgían nuevas misiones. Se crearon más versiones de Barrio Adentro (II, III y IV), la Misión Cultura Corazón Adentro, para rescatar la identidad nacional; Madres del Barrio, Sonrisa, Ciencia, Revolución Energética, Che Guevara, Alma Máter, José Gregorio Hernández, Campo Adentro, Niños del Barrio y otras.

De pronto, en Venezuela no sólo se necesitaban médicos, enfermeras, entrenadores deportivos, alfabetizadores y maestros. Hacían falta técnicos agrícolas, obreros, estadísticos, trabajadores de electricidad, ingenieros, especialistas en informática, arquitectos, instructores de arte, choferes de tractor... Ese país petrolero con abundantes recursos humanos parecía necesitar justamente todo lo que La Habana podía ofrecer.

La franquicia cubana resultó tan exitosa que el gobierno venezolano la replicó hasta llegar a medio centenar de misiones. En 12 años, entre 2003 y 2015, se crearon 49. "Para enero de 2014, se mantenían activas 35", según datos del Ministerio de Economía y Finanzas, citados por el diario venezolano *La Razón*.[4] El presidente Chávez llegó a admitir en una ocasión que habían surgido como reacción política y estrategia electoral para recuperar su popularidad.

"Ustedes deben recordar que producto del golpe y todo el desgaste aquel, la ingobernabilidad que llegó a un alto grado, la crisis económica, nuestros propios errores, hubo un momento en el cual nosotros estuvimos parejitos, o cuidado si por debajo. Hay una encuestadora internacional recomendada por un amigo que vino a mitad de 2003, pasó como dos meses aquí y fueron a Palacio y me dieron la noticia bomba: 'Presidente, si el referéndum fuera ahorita usted lo perdería'", señaló en diciembre de 2004 durante una reunión con miembros de su partido.

"Yo recuerdo que aquella noche para mí fue una bomba aquello, porque ustedes saben que mucha gente no le dice a uno las cosas, sino que se la matizan... Entonces fue cuando empezamos a trabajar con las misiones, diseñamos aquí la primera y empecé a pedirle apoyo a Fidel".[5] Cinco años más tarde, el mandatario contará que la primera misión fue concebida una madrugada de 2003 en La Habana. Pero, en realidad, Fidel Castro había puesto a gravitar la idea sobre Venezuela mucho antes.

* * *

El boceto de las misiones aparece perfilado en el primer acuerdo de cooperación bilateral suscrito en octubre de 2000. En ese momento, ya había cubanos trabajando en Venezuela. Su llegada se remonta al lluvioso diciembre de 1999, cuando la isla envió al país una brigada de 400 personas —250 doctores, enfermeras e ingenieros— para ayudar a las víctimas de graves inundaciones en la costa del estado Vargas.

En un país en plena efervescencia política por la polarización entre el chavismo y la oposición, los antillanos cobraron un rol protagónico. Respaldados por el gobierno, algunos adoptaron una actitud que causó malestar en el gremio médico. "Estamos trabajando en las instituciones que los médicos venezolanos abandonaron", declaró uno de los profesionales cubanos según el diario *El Nacional.*

La tragedia de Vargas, donde murieron aproximadamente 7 mil personas, de acuerdo con un informe de la Universidad Central de Venezuela, y vecindarios enteros quedaron sepultados, movilizó a todo el país como suelen movilizarse todas las sociedades ante las grandes catástrofes.[6]

¿Es creíble que los médicos locales huyeran, que permanecieran indiferentes, que se negaran a trabajar? Douglas León Natera, presidente de la Federación Médica Venezolana (FMV), aseguró que muchos profesionales que vivían en el estado también fueron afectados por el deslave. Algunos fallecieron, otros quedaron heridos o damnificados.

"La Federación activó un plan de contingencia. Salimos desde el aeropuerto La Carlota [en Caracas], con un grupo de unos 10 helicópteros militares y nos encontramos con que había lugares donde no nos dejaban bajar porque supuestamente ya estaban cubiertos por otros médicos", recordó Natera durante una entrevista en la sede de la FMV en 2015. "Allí estaban los cubanos."

Cuando las labores de rescate concluyeron, todos los equipos enviados por otros países se fueron, excepto los cubanos. Todavía cinco meses después, más de la mitad de los que habían llegado en diciembre seguían trabajando en Vargas y otros cuatro estados. La Federación exigió que se cumpliera la Ley del Ejercicio de la Medicina, que exige a todos los médicos extranjeros homologar sus títulos para ejercer en el país, pero el gobierno hizo una excepción.

La isla planteó entonces enviar más médicos, muchos más, en el Convenio Integral de Cooperación entre Cuba y Venezuela, que firmaron Fidel Castro y Hugo Chávez, el 30 de octubre de 2000. La propuesta se incluyó como un punto aparte en el pacto de intercambio de 53 mil barriles diarios de petróleo venezolano por productos y servicios cubanos.

La Habana ofreció, gratuitamente, "servicios médicos, especialistas y técnicos de la salud para prestar servicios en lugares donde no se disponga de ese personal". El gobierno venezolano sólo tendría que cubrir "los gastos de alojamiento, alimentación y transportación interna" (Art. IV).[7] El documento no precisó la cantidad de profesionales ni el periodo de tiempo que trabajarían sin cobrar. Se trataba en realidad del anteproyecto de uno de los negocios más lucrativos que haya hecho el gobierno cubano.

Si se elimina la palabra "gratuitamente" y se amplía el radio de acción a las zonas populares, surge la Misión Barrio Adentro I. Cuba anticipó el término "misiones" en el pacto al plantear a Venezuela firmar un acuerdo migratorio para "facilitar las labores de los funcionarios, especialistas y misiones de trabajo", vinculadas al Convenio para agilizar la cooperación y el envío de servicios profesionales (Art. VI).

En la oferta de productos y servicios, el gobierno de Castro apuntó a las áreas en las que el gobierno de Chávez desarrollaría, a partir de 2003, y bajo los lineamientos de La Habana, las principales misiones sociales: salud, educación, deporte y alimentación. El Convenio Integral de Cooperación selló la dinámica de la relación entre los dos países: Venezuela como importadora de materia prima para la isla, y Cuba, uno de los países más atrasados de la región, como asesora para el desarrollo de la potencia petrolera. A partir de entonces, las cosas comenzaron a fluir rápidamente.

Apenas cuatro meses después de la firma del pacto en Caracas, el embajador venezolano en la Habana, Julio Montes, habló de la disposición del gobierno de Castro de enviar mil 500 médicos cubanos a zonas de difícil acceso en el país. "La propuesta ya la hizo Cuba, pero aún no se ha definido la fecha para la salida de estos profesionales."[8] Según el diplomático, se convocaría primero a los profesionales venezolanos y, si quedaban vacantes, serían ocupadas por los antillanos. El gobierno cubano mostraba un gran interés, y cierta impaciencia, por ayudar lo más pronto posible.

Ese año, Hugo Chávez visitó La Habana dos veces para revisar personalmente la marcha del acuerdo bilateral. Y cuando Fidel Castro volvió a Caracas en agosto para firmar una modificación al documento ya había en Venezuela más de 200 médicos y 591 entrenadores deportivos, además de un grupo de alfabetizadores trabajando. Las futuras misiones estaban en la incubadora.

* * *

"En una fría madrugada estábamos Fidel y yo echando lápiz, más él que yo, sacando cuentas, después del golpe [2002]. Recuerdo que me dijo Fidel: 'Chávez, si yo sé algo es de política, vamos a hablar de política'." Durante dos noches seguidas, estuvieron "haciendo diagnóstico y planificando". Así se armó la primera misión en La Habana.

Cuando el presidente venezolano regresó a Caracas, inmediatamente se reunió con el embajador cubano Germán Sánchez Otero. "Tú te fuiste a La Habana y comenzó el plan, que fue un plan perfecto. Había que traer en secreto… primero empezamos por 3 mil médicos y a los pocos días iban ya 10 mil y yo: Fidel, para, para, para [risas]."

Los burócratas que asistieron, en 2009, a la reunión en el palacio de Miraflores, donde Chávez habla de aquel momento, reían a carcajadas. El presidente disfrutaba recordar cómo se desarrolló la operación, sin que los venezolanos lo supieran, y cómo metieron a los médicos cubanos casi de contrabando. Por instrucciones de Fidel, todo se habría hecho a oscuras, según el mandatario.

Aquí durmieron, te acuerdas, una noche durmieron aquí porque venían, avión iba y avión venía, un puente aéreo, yo creo que eso jamás se vio en la historia porque aquí teníamos a la oposición haciendo todos los esfuerzos posibles para impedirlo y era un esfuerzo titánico, ubicar las casas donde iban a llegar los médicos.

[...]

"Dormían en Maiquetía [donde está el aeropuerto Simón Bolívar] una noche, dormían aquí, por allá en la embajada, en un hotel, claro, movimiento sólo nocturno, de día nada, era sólo nocturno, ahí brillaba el genio de Fidel. Los detalles del plan los hizo Fidel, la hora de salida de los aviones...", prosiguió el mandatario. "Fidel se reunió en La Habana con todos los médicos, yo no sé cuántas reuniones [...] cada grupo de médicos pasaba, Fidel les hablaba cinco y seis horas, se iban y venía otro grupo".[9]

Entre los profesionales enviados entonces por Fidel estaba su viceministro de Salud Pública, Enrique Comendeiro, encargado de dirigir la puesta en marcha del programa de salud. Chavez se cuidó de ocultarlo en el momento. Lo reveló tres años más tarde, durante la celebración del tercer aniversario de Barrio Adentro. "Estuvo aquí más de un año con nosotros en el inicio duro de la misión".

En 2009, durante el animado recuento de la incursión, el mandatario venezolano admitió que el plan "fue parte esencial del contraataque después del golpe de Estado". Aunque no precisó la fecha de la reunión con Castro en la que se fraguó la supuesta operación secreta, parece haber sido a finales de 2002.

Dentro del oficialismo existían dudas en relación con la versión presidencial sobre el origen de la Misión Barrio Adentro. ¿Sucedió realmente como lo contó Chávez o le imprimió posteriormente un halo épico al ingreso de los médicos cubanos que, según otras versiones, habría comenzado de manera más burocrática y menos trepidante?

De acuerdo con investigaciones de expertos en el área, el programa de salud comenzó, oficialmente, el 16 de abril de 2003 en comunidades pobres de Caracas, con medio centenar de médicos contratados por el alcalde del municipio Libertador, Freddy Bernal, mediante un acuerdo con la embajada cubana.

Desde 2002, la alcaldía venía desarrollando un proyecto de casas de salud en los barrios populares, como lo registra detalladamente un estudio académico del Instituto Latinoamericano de Investigaciones Sociales (ILDIS) de la Universidad Central de Venezuela, publicado en 2006.[10] El plan se activó con el respaldo del Colegio Médico de Caracas.

Bernal ha dicho que le planteó a Chávez la idea ese año. "Solicité su autorización para hablar con el Comandante Fidel Castro. Como resultado de una larga conversación (11 horas) me traje a Venezuela los primeros 54 médicos cubanos", señaló años después en una entrevista reproducida por el Ministerio de Comunicación.[11] Esa versión dista mucho de la de Chávez en 2009, cuando recreaba la operación como una película de acción, en la que el alcalde habría sido un actor de reparto de un guion escrito por él y Fidel Castro en La Habana.

En todo caso, la realidad es que cuando el presidente venezolano lanzó oficialmente la Misión Barrio Adentro a nivel nacional, el 14 de diciembre de 2003, ya había más de 10 mil médicos cubanos en el país (10 mil 169). El acto coincidió, no por casualidad, con el noveno aniversario de su primer encuentro con Fidel Castro en La Habana. El líder cubano tomó las riendas del nuevo sistema de salud y nunca dejó de supervisarlo.

Chávez acogió cada una de sus sugerencias, como la de crear la Misión Barrio Adentro II, en junio de 2005. El objetivo era brindar atención a un segundo nivel, con estudios especializados, a través de Centros de Diagnóstico Integral (CDI), Salas de Rehabilitación Integral (SRI) y Centros de Alta tecnología (CAT), equipados por Cuba y atendidos por personal cubano.

"La idea de los CDI, de las SRI, de los CAT, de los consultorios, ¿saben de quién fue esa idea? Fidel Castro, Fidel Castro." El presidente venezolano repitió su nombre para que quedara bien claro, durante un acto realizado en febrero de 2011 en el sector Sierra Maestra del "23 de Enero", en Caracas.[12]

La Habana participó en una tercera misión de salud inaugurada en agosto de 2005: la Misión Barrio Adentro III, un programa millonario para la modernización y recuperación de los 299 hospitales del país. Aunque el plan se asignó al Ministerio de Hábitat y Vivienda, el gobierno incorporó a funcionarios cubanos, como Ariel Colina Rodríguez, quien coordinaba el programa en 2007.[13]

"Cuando se inició la evaluación para un proyecto de ampliación y remodelación de hospitales, que contemplaba la compra de nuevos equipos, la licitación se paralizó porque se decidió que Cuba los comprara directamente", aseguró el médico Carlos Walter, investigador del Centro de Estudio del Desarrollo (Cendes), de la Universidad Central de Venezuela, durante una entrevista en 2016.

También, por recomendación de Castro, se inauguraron miles de consultorios odontológicos y ópticas. Atendidos por cubanos, con suministros y equipos comprados por Cuba con dinero venezolano, en terceros países como Brasil. El gobierno de Chávez actuaba como si Venezuela fuera un país inerme, incapaz de hacerse cargo de sus propias importaciones o de ofrecer empleo a sus propios odontólogos. Y, en materia de salud, desarrolló una dependencia voluntaria, que Cuba supo aprovechar ampliando la oferta de servicios. La intención era que los camaradas se enquistaran en los sectores populares para hacer propaganda y armar una red de control social.

El sistema de atención primaria y secundaria comenzó a funcionar de manera paralela al Ministerio de Salud. La autonomía de Fidel Castro era tal que destacó a sus hombres de manera permanente en Venezuela. Además de Enrique Comendeiro, los viceministros Aldo Muñoz, Joaquín García Salavarría y Marcia Cobas, vivieron en el país a cargo de misiones y llegaron a participar en Consejos de ministros como si fueran parte del gabinete venezolano.

"Aldo es como viceministro mío, Fidel me lo mandó para acá y me dijo Fidel: 'Ése es tuyo, hazle lo que tú quieras'. Mándalo, bueno, y es como viceministro venezolano", contó Chávez en su programa semanal *Aló Presidente* N° 296 el 30 de septiembre de 2007.

—¿Desde cuando estás tú aquí, Aldo? ¿Tú tienes ya cuántos años con nosotros?

—Hace dos años, Comandante.

—¿Cada cuánto vas a Cuba?

—Realmente poco.

Chávez celebraba con verdadero deleite algo completamente inusual, que cualquier otro gobierno habría considerado como una intromisión inaceptable. Nunca antes Venezuela había recibido funcionarios extranjeros como enviados de regalo. Muñoz permaneció en el país al frente de la Misión Médica Cubana durante cuatro años, desde 2005 hasta 2009. Ese año lo relevó el viceministro de Salud cubano Joaquín García Salavarría.

La viceministra Marcia Cobas, miembro del Comité Central del Partido Comunista, se encargó de la Misión José Gregorio Hernández, creada en 2008 por Chávez, para brindar atención a los discapacitados. Y, en 2009, el gobierno cubano también envió a Caracas a su viceministro de Comercio Exterior e Inversión Extranjera, Roberto López Hernández, otro miembro del Comité Central, a ocupar un cargo especial. Chávez lo presentó durante un Consejo de Ministros ampliado.

Roberto López Hernández ha sido designado por el Comandante en Jefe Fidel Castro, y por el presidente Raúl Castro, como jefe de las misiones sociales cubanas en Venezuela, figura nueva. Fidel decidió crear esta nueva figura que va a funcionar, por supuesto, estrechamente con la embajada.[14]

Castro designaba cargos en Venezuela y Hugo Chávez lo presentaba como la cosa más normal. Incluso se enorgullecía de ello. Desde la independencia de Venezuela en 1830, nunca un líder extranjero había nombrado funcionarios en el Ejecutivo como si el país fuera su colonia. La retórica chavista sobre la soberanía nacional se deshacía con Cuba.

En Venezuela, los funcionarios antillanos se sentían como en casa. Ese año coincidieron en Caracas altos funcionarios cubanos. Además de Roberto López, estuvieron en el país los viceministros de Salud Joaquín García Salavarría y Roberto Morales, otro importante dirigente del Partido Comunista. Morales tenía un perfil tan alto en Cuba que, en julio de 2010, sustituyó a José Ramón Balaguer Cabrera, ministro de Salud desde 2004.

Balaguer, que había comandado la exportación masiva de personal a Venezuela, no se desvinculó del país a su salida del ministerio. Miembro de la vieja guardia —lo que llaman en la isla los "dirigentes históricos"— y jefe del poderoso Departamento de Relaciones Internacionales del Comité Central, se reunió en Venezuela con las cabezas de la misión médica y trabajadores cubanos en el centro Nacional de Genética Médica Dr. José Gregorio Hernández, en julio de 2014.

La cúpula antillana en Venezuela siempre ha reportado directamente a La Habana. El propio Fidel Castro diseñó la estructura de cargos de las misiones de salud y Chávez aceptó que no diera cabida a ningún venezolano. Además de los embajadores cubanos en Caracas y del jefe de las misiones sociales, hay tres funcionarios al frente de los programas: el jefe de las Misiones Médicas Cubanas en Venezuela, el de la Oficina de Atención a las Misiones (OAM) y el del Grupo de Trabajo cubano.

En marzo de 2018, estas plazas estaban ocupadas por el viceministro de Comercio Exterior Roberto López Hernández; Julio César García —en sustitución del poderoso Víctor Gaute López, que permaneció años en el país—; y Orlando Álvarez, respectivamente. Además, había un coordinador cubano por cada estado, 23 más el Distrito Capital.

Uno de los informáticos que trabajó en un importante Centro de Diagnóstico Integral (CDI) ubicado en el oeste de la capital venezolana hablaba de "Roberto" como un hombre todopoderoso en Venezuela. Lo consideraba un súper ministro. "Es el que corta la mantequilla." El joven, que trabajó en la Misión Barrio Adentro II, durante tres años, se refería al viceministro López Hernández.

Según Fernando Bianco, presidente del Colegio de Médicos del Distrito Metropolitano de Caracas, quien avaló en 2003 el plan de la Alcaldía de Libertador, las misiones no responden a ninguna autoridad local. "Se creó un Ministerio de Salud paralelo. El mismo Chávez llegó a decir que el jefe de la Misión Médica Cubana era un viceministro más. Los galenos cubanos que trabajan en la Misión Barrio Adentro sólo hacen caso a su gente y no a los venezolanos. El ministro de Salud tiene muy poca autoridad o ninguna sobre ellos",[15] señaló en 2016 al portal *El Estímulo*.

* * *

"A mí, como estomatólogo general básico, me asignaban 200 dólares mensuales por trabajar en Venezuela", recuerda el dentista Oddy Ginarte. Sin embargo, no podía disponer libremente de su salario. El gobierno cubano deposita el dinero en una cuenta en Cuba y permite a los colaboradores que autoricen a algún familiar a retirar una parte. Su madre sacaba 50 dólares al mes. El resto era un ahorro obligado, una manera de mantenerlo en el carril. Y Oddy vivía con lo que le daba el gobierno venezolano para gastos de comida y transporte.

"Cuando llegué, en 2012, el estipendio era de mil 500 bolívares (unos 150 dólares) y el último, cuando me fui en 2014, era de 3 mil bolívares (30 dólares)."[16] El estipendio en bolívares se encogía cada vez más con la inflación, pero su salario en Cuba no se devaluaba y podía sacar el monto acumulado en CUC (pesos convertibles) cuando regresaba de vacaciones a la isla una vez al año.[17]

Los empleados dependen completamente del gobierno cubano como si estuvieran en la isla. La dinámica establecida entre los dos países para el intercambio trata a los "colaboradores" como si fueran un producto, sin voz alguna en la negociación de su trabajo. Venezuela paga directamente a La Habana miles de dólares por las misiones y ésta se encarga de reclutar al personal por un monto muy inferior.

Sin embargo, los cubanos se apuntan voluntariamente porque ganan más y tienen la oportunidad de viajar. "Todo profesional que sale es por mejorar económicamente", aseguró en 2014 Sandra, una joven habanera que estuvo cuatro años en la Misión Barrio Adentro. Como médico recién graduada, en Cuba ganaba el equivalente a 16 dólares mensuales mientras que por trabajar en Venezuela le depositaban 250 dólares mensuales. "Eso es lo que mi papá, que es un médico veterano, gana en 10 meses."

Dependiendo de la especialidad, los técnicos y enfermeras reciben entre 125 y 175 dólares mensuales. El salario más alto de un médico en misión en Venezuela es de 300 dólares, según la organización Solidaridad Sin Fronteras (SSF), que ha asistido a cientos de cooperantes que huyeron desde varios países a Estados Unidos. Aunque económicamente resultara ventajoso en comparación con los salarios en la isla, es una mínima fracción de lo que paga Venezuela.

La ONG ha denunciado que el gobierno cubano se queda al menos con 75% de lo que cobra a distintos países por el trabajo de los cooperantes. En Brasil, el gobierno de Dilma Rousseff pagaba 4 mil dólares mensuales por cabeza y los empleados del programa *Mais Medicos* sólo recibían mil dólares (25%).

Pero en ningún otro país, Cuba ha obtenido mayores dividendos por la exportación de servicios que en Venezuela. Y no sólo por el volumen de trabajadores contratados. El salario de los colaboradores es, en algunos casos, inferior a 3% de lo que recibe La Habana. La plusvalía es verdaderamente extraordinaria. Uno de los técnicos de la Misión Barrio Adentro II en Caracas se refería amargamente a este negocio como "explotación de servicios profesionales".

A través de las misiones, se estableció un "subsidio oculto" a la isla, de acuerdo con el economista cubano Carmelo Mesa-Lago, profesor emérito de la Universidad de Pittsburgh y estudioso del tema. En 2010, el país pagó 5 mil 432 millones de dólares en servicios profesionales, de acuerdo con estimaciones del académico, basadas en estadísticas oficiales del gobierno cubano, "un promedio de 135 mil 800 anual por profesional (11 mil 316 dólares mensuales), 27 veces el salario promedio de un médico venezolano".[18] Un sueldo de 300 dólares mensuales significa apenas 2.65% de lo que pagaba entonces Venezuela trabajo. "Es imposible que otro país abone un subsidio igual", consideró Mesa-Lago en una entrevista en *El País*.[19]

Tanto el gobierno de Hugo Chávez como el de los hermanos Castro se cuidaron de no revelar las cifras y mantener los contratos en la más estricta confidencialidad. Todavía en 2019, 16 años después del inicio de las misiones cubanas en Venezuela, el gobierno de Nicolás Maduro mantiene sellada la información. Pero hay indicios de que Chávez pudo haber pagado aún más por el personal de salud antillano. La filtración de un documento de la petrolera estatal indica que en 2011 Cuba habría llegado a recibir más de 13 mil dólares mensuales por cabeza.

La factura por los servicios de la Misión Médica Cubana correspondiente al último trimestre de 2011 superó los mil 275 millones de dólares (1 billón 275 millones 9 mil 824.55). Ése es el monto que aparece reflejado en el Acuerdo de Compensación de Deudas, firmado entre Petróleos de Venezuela (PDVSA) y el Banco Nacional de Cuba, el 27 de enero de 2012, revelado dos años después en el portal *Aporrea*.[20] A partir de 2008, PDVSA había comenzado a utilizar el mecanismo trimestral en la facturación de corto plazo con Cuba.[21]

Si se tiene en cuenta que, en ese momento, había en el país 31 mil 700 trabajadores de salud, según datos oficiales, el gobierno venezolano pagó en promedio 40 mil 221 dólares trimestrales por cada "colaborador" cubano, es decir, 13 mil 407 dólares al mes, una cifra sideral. Ese trimestre, el subsidio al gobierno cubano sólo por la misión médica habría superado los mil 246 millones de dólares.[22] Nada más por la vía de importación de servicios de salud, Cuba habría recibido casi 5 mil millones de dólares en 2011.

Ese año, el gobierno de Chávez destinó al Ministerio de Salud una cantidad menor: un poco más de 4 mil 700 millones de dólares. Según información del portal Aporrea, "en el mismo periodo la burocracia cubana se embolsilló unos 5 mil 700 millones de dólares, una cifra equivalente a 113% del Ministerio de Salud de Venezuela".[23]

En ningún otro país, la isla ha obtenido jamás ganancias similares. En ninguno la diferencia entre lo que cobra el gobierno cubano y lo que paga a los trabajadores es tan grande. La Habana no anda con pruritos comunistas a la hora de facturar. Detrás del discurso de solidaridad revolucionaria, convirtió la fuerza de trabajo en su mercancía más rentable, en la primera fuente de ingresos de divisas de la isla. El nombre de la empresa que maneja el negocio es más que elocuente: "Comercializadora de Servicios Médicos Cubanos".

En 2013, 10 años después de haberse encargado de los programas de salud en el país, el gobierno cubano reportó 8 mil 200 millones por concepto de "exportación de servicios profesionales" a varios países del mundo. Venezuela era y sigue siendo, a pesar de la profunda crisis económica, su primer cliente y su principal benefactor. Hasta abril de 2018, el gobierno cubano había enviado al país un "ejército de batas blancas", como le gusta llamarlo, de 139 mil 727 trabajadores, según datos oficiales.[24] Pero la incursión en el sistema de salud no sólo incluyó las misiones. Fidel Castro no descuidó ningún aspecto y, con la complacencia de Chávez, también proyectó su esfera de acción, y de negocios, a la formación de nuevos médicos y el tratamiento de miles de pacientes venezolanos en hospitales de la isla.

* * *

El último año que gobernó Hugo Chávez una legión de casi 45 mil cubanos se encontraba trabajando en Venezuela. Vestido con toga y birrete negro durante la graduación de la primera promoción de médicos integrales, que estudiaron en un programa diseñado completamente por cubanos, el mandatario precisa algunos datos sobre el personal de la isla, el 16 de febrero de 2012, en un acto más político que académico en el que se menciona a Cuba más de 100 veces. El presidente pide bendiciones para Fidel y Raúl Castro y, tras juramentar a los nuevos profesionales, grita: "¡Que viva el socialismo! Independencia y patria socialista".

"Cuba es un ejemplo, la Revolución cubana es un ejemplo", proclama Chávez antes de comenzar a detallar el número de colaboradores en el país: "Misión Médica Cubana, 31 mil 777 colaboradores hay hoy en Venezuela, misión deportiva, 6 mil 225 colaboradores, Misión Cultura Corazón Adentro, mil 905 colaboradores, Misión José Gregorio Hernández [atención a discapacitados], 54 colaboradores, Misión Campo Adentro, esto es agricultura, 735 colaboradores, misión educativa, 486 colaboradores". En total 44 mil 804 cubanos, sin contar —lo aclara él mismo— a "los eléctricos".[25]

También da cifras sobre el personal de salud. "Además de los médicos y médicas", hay 2 mil 713 odontólogos, 4 mil 931 enfermeras, mil 245 optometristas y "otro personal": 11 mil 544. No indica a qué se dedica ese "otro personal". Tal vez, en esa categoría ambigua se incluyen los empleados administrativos, informáticos, estadísticos, secretarias, choferes y los comisarios de los tribunales disciplinarios de la Misión Médica Cubana.

Chávez asegura entonces que las consultas de Barrio Adentro eran mucho más económicas que en las clínicas privadas. Pero no entra en comparaciones con la medicina pública en otros países, ni con la de los propios hospitales públicos atendidos por médicos venezolanos, a los que su gobierno paga —y estima— mucho menos que a los antillanos. Probablemente, se trata de la medicina pública más cara de la región, aunque no es posible realizar un estimado debido a la confidencialidad de los acuerdos y la opacidad en las cuentas.

Mario, un amable cubano que se debatía entre regresar a Matanzas o quedarse en Caracas, trabajaba como licenciado en estadística en un Centro de Diagnóstico Integral (CDI) de Caracas, llevando las cuentas, a mano. Cuando terminaba, las pasaba al informático del CDI para que las ingresara en el programa donde contabilizaban las consultas de las misiones. Las estadísticas no sólo se usaban para cobrar sino también para hacer propaganda.

El especialista, que se creía siempre vigilada por los hombres de "la DGI" (Dirección General de Inteligencia cubana) y pidió mantener en reserva su identidad, explica que procesaba los datos que le llegaban sin cuestionarlos. Ese verbo estaba fuera de su vocabulario. Pero admite, elevando las pupilas hacia arriba: "¡Claro, chico, que meten consultas de más!", como quien dice que el agua del mar es salada.

El tema de la cantidad de "atenciones médicas" es de la mayor importancia propagandística para Caracas y La Habana. El dentista Oddy Ginarte aseguró que su jefa le exigía realizar entre 17 y 20 consultas diarias. "Si no llegaba a ese número, lo inventaban". La cuota de Yoerkis, un joven médico que trabajó en Venezuela entre 2013 y 2015, era todavía más alta. "Me exigían ver a 36 pacientes diarios en ecografía. Si no iban, yo tenía que inventarlos."

A pesar de diversas denuncias de este tipo, la confianza del chavismo en las estadísticas cubanas es plena. "Los datos de las personas atendidas no son tabulados ni procesados por los entes públicos, tampoco son revisados. Cada médico registra la información, elabora su propio informe y lo entrega mensualmente al coordinador correspondiente, también de nacionalidad cubana", destacó el ILDIS en su reporte de 2006. La situación no ha cambiado.

Las estadísticas oficiales no resisten el más mínimo análisis. Según la Misión Médica Cubana, durante 15 años —entre 2003 y julio de 2018— se habían realizado en el país "3.4 millones de intervenciones quirúrgicas y salvado un millón 400 mil vidas",[26] menos de las reportadas en un balance oficial el año anterior. En abril de 2017, el presidente Nicolás Maduro aseguró que Barrio Adentro había "salvado un millón 769 mil vidas" y que se habían realizado mil 468 millones de consultas".[27]

Un año después, en abril de 2018, Fernando González Isla, entonces jefe de la Misión Médica Cubana en Venezuela, dijo a la televisión de su país que habían contabilizado un total de mil 250 millones de "atenciones médicas", 218 millones menos de las reportadas por Maduro en 2017.[28] Debido a la falta de transparencia, no hay manera de auditar las cifras. Sólo se pueden registrar las incongruencias.

El promedio de consultas, de acuerdo con los datos de González Isla, es de 83.3 millones de consultas anuales. ¿Es verosímil semejante cantidad de "atenciones médicas" en un país con 30 millones de habitantes, sin restar la diáspora, y donde parte de los venezolanos y los empleados públicos con pólizas de seguro médico sólo asisten a clínicas privadas? ¿83 millones de consultas al año? De ser cierto, los venezolanos se enferman muy a menudo o abundan en el país los hipocondriacos.

Según la narrativa oficial, todos los venezolanos le debían algo a La Habana aunque jamás hubieran pisado un consultorio de la Misión Barrio Adentro. *Granma* registró una increíble hazaña en

2018. "Se logró la atención al 100% de la población en el nivel primario, segundo país en conseguirlo después de Cuba."[29] Ciento por ciento, según el órgano oficial del Partido Comunista de Cuba.

* * *

Al combate corred, bayameses,
Que la patria os contempla orgullosa
No temáis una muerte gloriosa
Que morir por la patria es vivir

El 22 de marzo de 2013, un grupo de casi 700 jóvenes venezolanos canta La Bayamesa, el himno nacional de Cuba, durante el acto de graduación de la II Promoción de Médicos Integrales Comunitarios, presidido por Nicolás Maduro en Maracaibo, la segunda ciudad de Venezuela. También tienen un himno propio, con la inconfundible lírica chavista, copiada de la isla:

¡Viviremos y venceremos!
La semilla floreció
En los hombres y mujeres
Que impulsan la revolución

La incursión cubana en el sistema de salud venezolano incluyó la formación de médicos venezolanos en la isla y en el país. Hasta 2018 se había graduado un total de 25 mil Médicos Integrales Comunitarios. A mediados de ese año, 266 docentes antillanos estaban en Venezuela, dando clases a futuros profesionales, según datos oficiales de *Granma*.

El gobierno de Hugo Chávez inauguró en 2005 el Programa Nacional de Formación de Medicina Interna Comunitaria (MIC), que en un principio comenzó a impartirse en distintos centros de salud del país. De acuerdo con un estudio realizado por los médicos antillanos Eugenio Borroto y Ramón Salas, "cerca de 60 profesores de medicina cubanos diseñaron las unidades curriculares y los calendarios académicos" de la carrera.[30] No participó ni un solo académico venezolano.

En 2008, más de 6 mil "especialistas en atención primaria" de la isla daban clases en lo que el gobierno cubano llamó Universidad Barrio Adentro. La mayoría eran colaboradores que, al mismo tiempo, trabajaban en la misión de salud. Según Borroto y Salas, "4 mil 602 habían obtenido rango académico de instructor o asistente de instructor".[31] Los cooperantes fueron convertidos rápidamente en profesores a la medida del nuevo programa.

Ya en 2007, Hugo Chávez había inaugurado la Escuela Latinoamericana de Medicina (ELAM) "Salvador Allende" en Venezuela, "propuesta que nace en Cuba, ideada por el presidente Fidel Castro" según el Ministerio de Educación, Ciencia y Tecnología.[32] La escuela, como reconoció el presidente venezolano en una ocasión, era "hija de la ELAM de Cuba, de la ELAM de Fidel".

El presidente Nicolás Maduro le dio, en 2016, el nombre de Universidad de las Ciencias de la Salud Hugo Chávez al proyecto de formación de médicos comunitarios en los centros de salud de la Misión Médica Cubana en Venezuela. Las clases se imparten en los módulos de atención primaria de Barrio Adentro, los Centros de Diagnóstico Integral (CDI) y las Salas de Rehabilitación Integral (SRI).

Ataviados con una boina roja, parecida a la que usó Chávez en la intentona golpista de 1992, los nuevos médicos que se graduaron el 19 de julio de 2018, en esa peculiar universidad, recibieron una medalla y un diploma con el perfil del difunto mandatario, muy parecido a los reconocimientos que se entregan en Cuba con el rostro de Fidel Castro. Además de enseñar los "valores socialistas" en los estudiantes, el gobierno ha procurado también ganar a los pacientes para la causa revolucionaria.

Miles de enfermos han sido enviados a Cuba para ser operados o recibir tratamiento médico en sus hospitales. El programa, que comenzó a finales de 1999, también por iniciativa de Fidel Castro, comenzó con el traslado de 54 pacientes semanales, pero se transformó en una gigantesca y costosa operación.

—¿Cuántos enfermos es que han ido hasta ahora a Cuba? Venezolanos, a recibir tratamiento en estos 12 años —preguntó Hugo Chávez.

—145 mil —respondió Roberto López, jefe de las misiones sociales.

La conversación entre el mandatario venezolano y el viceministro cubano de Comercio Exterior, Roberto López Hernández, tuvo lugar el 2 de febrero de 2011, durante la celebración de sus 12 años en la Presidencia.[33] Hugo Chávez jamás imaginó entonces que, apenas en cuatro meses, él mismo entraría en el programa como el paciente número uno y no encontraría curación en La Habana.

De acuerdo con el programa, cada enfermo viajó con un acompañante, por lo que 290 mil personas se habrían movilizado en ese puente aéreo entre Caracas y La Habana. Pero, nuevamente, no hay manera de verificar los datos proporcionados por Cuba. Tiempo después, funcionarios venezolanos han dado cifras muy inferiores a las que reportó en 2011 el jefe de las misiones cubanas.

En 2016, Carolina Cestari, viceministra de la Suprema Felicidad Social del Pueblo, el cargo más orwelliano de la Revolución bolivariana, señaló que en 15 años del Convenio de Salud Cuba-Venezuela "más de 65 mil pacientes" venezolanos habían recibido atención médica en la isla. Y un año después, el director del Convenio de Salud, Jhonny Ramos, informó que hasta 2017 se habían realizado 564 vuelos desde Venezuela, "enviando aproximadamente 72 mil venezolanos con sus acompañantes a la isla para aliviar diversas patologías".[34]

¿No había manera de conciliar la información entre los dos gobiernos? ¿Eran 145 mil o 72 mil? ¿A quién creerle: a los burócratas cubanos o a los venezolanos? Se desconoce cuántos enfermos se recuperaron y cuántos murieron o no lograron salvarse, como el propio Chávez. En el mundo paralelo de las misiones controladas por La Habana todo parece posible y nada, auditable.

Aunque ningún programa ha sido tan amplio y productivo para Cuba como las misiones de salud, La Habana también colocó a miles de "colaboradores" en otras áreas: educación, deporte, cultura, energía eléctrica, agricultura, tecnología y comunicación. Por Venezuela han pasado más de 10 mil profesores cubanos, la misma cantidad de entrenadores deportivos, al menos 4 mil 918 técnicos agrícolas y 9 mil 677 trabajadores de la Unión Eléctrica (Une).

Ésas son algunas de las cifras oficiales disponibles, apenas algunas piezas del rompecabezas. No hay datos precisos sobre los trabajadores antillanos en otros programas. Tampoco sobre la cantidad de asesores de alto nivel contratados por la Presidencia, la Vicepresidencia, una treintena de ministerios, institutos y centenares de empresas estatales. Ni mucho menos sobre los militares y los agentes de inteligencia que le han garantizado a la autodenominada Revolución bolivariana un férreo control social, político y su perpetuación en el poder.

NOTAS

[1] "Las misiones médicas que llevaron a cabo Fidel y Chávez para los pueblos", *Televisión Cubana*, Cuba, 21 de abril de 2018, http://mesaredonda.cubadebate.cu/noticias/2018/04/21/las-misiones-medicas-que-llevaron-a-cabo-fidel-y-chavez-para-los-pueblos/.

[2] Marcano, C., "Las relaciones desmedidas", *El País*, Madrid, 30 de marzo de 2014, https://elpais.com/internacional/2014/03/28/actualidad/1396026665_272257.html.

[3] Milanés, E., "Cuba orgullosa de sus colaboradores", *Juventud Rebelde*, Caracas, 31 de julio de 2018, http://www.juventudrebelde.cu/internacionales/2018-07-31/cuba-orgullosa-de-sus-colaboradores.

[4] Marcano P., "Las misiones sociales llevan 12 años reinventándose", *La Razón*, Caracas, https://www.larazon.net/2015/04/las-misiones-sociales-tienen-12-anos-reiventandose/.

[5] Intervenciones del Comandante Presidente Hugo Chávez durante Taller de Alto Nivel El Nuevo Mapa Estratégico, Caracas, 12 de noviembre de 2004. *Todo Chávez en la web*, http://todochavez.gob.ve/todochavez/6271-intervenciones-del-comandante-presidente-hugo-chavez-durante-taller-de-alto-nivel-el-nuevo-mapa-estrategico-desarrollado-durante-los-dias-12-y-13112004.

[6] Toledo K., "Vargas, a 10 años del deslave", Universidad Central de Venezuela, Caracas, 26 de noviembre de 2009, http://www.ucv.ve/en/universidad-central-de-venezuela-nuevo/detalle-noticias-ucv-principal-nuevo/browse/517/article/vargas-a-10-anos-del-deslave.html?tx_ttnews%5BbackPid%5D=8443&cHash=-5ffbdd42ab.

[7] Convenio Integral de Cooperación entre la República de Cuba y la República Bolivariana de Venezuela, Artículo IV, Disposición Especial, Caracas, 30 de octubre de 2000.

[8] D'Elia, Y. (Coord.) (2006). "Las misiones sociales en Venezuela: una aproximación a su comprensión y análisis". Instituto Latinoamericano de Investigaciones Sociales (ILDIS), Caracas.

[9] "Acto de reconocimiento del Comandante Hugo Chávez al embajador saliente de Cuba en Venezuela Germán Sánchez Otero", Caracas, 25 de agosto de 2009, http://todochavez.gob.ve/todochavez/1963-acto-de-reconocimiento-del-comandante-presidente-hugo-chavez-al-embajador-saliente-de-cuba-en-venezuela-german-sanchez-otero-y-al-coordinador-de-la-mision-medica-cubana-aldo-munoz.

[10] D'Elia, Y., *op. cit.*

[11] "Fredy Bernal: Barrio Adentro nos permitió conocer qué sociedad teníamos en Venezuela", Ministerio de Comunicación (Minci), 18 de abril de 2013, http://www.minci.gob.ve/2013/04/freddy-bernal-barrio-adentro-nos-permitio-conocer-que-sociedad-teniamos-en-venezuela/.

[12] "Intervención del comandante Hugo Chávez durante inspección al Centro de Diagnóstico Integral Sierra Maestra–Ibis Pino", Caracas, 2 de febrero de 2011, *Todo Chávez en la web*, http://todochavez.gob.ve/todochavez/303-intervencion-del-comandante-presidente-hugo-chavez-durante-inspeccion-al-centro-de-diagnostico-integral-sierra-maestra-ibis-pino.

[13] *Aló Presidente* Nº 296, Barinas, 30 de septiembre de 2007, *Todo Chávez en la web*, http://todochavez.gob.ve/todochavez/4265-alo-presidente-n-296.

[14] "Intervención del Comandante Presidente Hugo Chávez en el Consejo de Ministros Ampliado", Caracas, 19 de septiembre de 2009, *Todo Chávez en la web*, http://todochavez.gob.ve/todochavez/1775-intervencion-del-comandante-presidente- hugo-chavez-en-el-consejo-de-ministros-ampliado.

[15] Hernández, R., "Para recuperar la salud pública hay que poner fin a la misión cubana", *El Estímulo*, Caracas, 18 de febrero de 2016, http://elestimulo.com/blog/para-recuperar-la-salud-publica-hay-que-poner-fin-a-la-mision-cubana/.

[16] Calculado con base en la tasa del cambio paralelo en el momento.

[17] Pesos cubano convertible, equivalente a un dólar.

[18] Mesa-Lago, C., "El posible impacto de la muerte de Chávez en la economía cubana". Pittsburgh, 12 de marzo de 2013. *Cubaencuentro*, https://www.cubaencuentro.com/cuba/articulos/el-posible-impacto-de-la-muerte-de-chavez-en-la-economia-cubana-283444.

[19] Vicent, M., "Cuba vivirá una grave crisis si termina la ayuda venezolana", *El País*, Madrid, 9 de diciembre de 2015. https://elpais.com/internacional/2015/12/09/actualidad/1449693038_285796.html.

[20] "¿Cuánto cuesta a Venezuela la Misión Médica Cubana?", Grupo de estudio y trabajo Jesús Alberto Márquez Finol, Provea, 27 de octubre de 2014. http://archivo.derechos.org.ve/derecho-a-la-salud/cuanto-cuesta-a-venezuela-la-mision-medica-cubana.

21 De acuerdo con el Informe de Gestión anual de PDVSA 2014, "el esquema de venta [del Convenio con Cuba] fue modificado facturándose sólo a corto plazo, cuyos montos son objeto de compensación trimestral con los servicios médicos prestados a través de Barrio Adentro II".

22 Si Cuba pagaba un promedio de 300 dólares mensuales a cada trabajador (900 trimestrales), la ganancia del trimestre fue de 39 mil 321 dólares por cabeza. Esa cantidad multiplicada por 31 mil 700 empleados arroja un monto de 1 billón 246 millones 475 mil 700 dólares.

23 "¿Cuánto cuesta a Venezuela la Misión Médica Cubana?", *op cit.*

24 "Las misiones médicas que llevaron a cabo Fidel y Chávez para los pueblos", *loc. cit.*

25 Intervención del presidente Hugo Chávez durante la graduación de la primera oleada de médicos integrales comunitarios, Vargas, 16 de febrero de 2012. *Todo Chávez en la web,* http://todochavez.gob.ve/todochavez/111-intervencion-del-comandante-presidente-hugo-chavez-durante-acto-de-graduacion-de-la-primera-oleada-de-medicas-y-medicos-integrales-comunitarios-promocion-bicentenario-simon-bolivar.

26 "Cuba orgullosa de sus colaboradores", *Juventud Rebelde,* La Habana, 31 de julio de 2018. http://www.juventudrebelde.cu/internacionales/2018-07-31/cuba-orgullosa-de-sus-colaboradores.

27 "Presidente Nicolás Maduro declaró a Venezuela como territorio 100% Barrio Adentro", Vicepresidencia de Venezuela, Caracas, 20 de mayo de 2017, http://www.vicepresidencia.gob.ve/index.php/2017/04/20/presidente-nicolas-maduro-declaro-a-venezuela-como-territorio-100-barrio-adentro/.

28 "Las misiones médicas que llevaron a cabo Fidel y Chávez para los pueblos", *loc. cit.*

29 Milanés, E., "Todo el amor incluido", *Granma,* Caracas, 2 de febrero de 2018, http://www.granma.cu/mundo/2018-02-02/todo-el-amor-incluido-02-02-2018-00-02-25.

30 Borroto, E. y Salas R., Programa Nacional de Formación en Medicina Integral Comunitaria, Venezuela, 4 de noviembre de 2008, http://www.socialmedicine.info/index.php/medicinasocial/article/viewFile/261/535.

31 *Ibid.*

32 "La ELAM celebra su 10 aniversario", Ministerio de Educación, Ciencia y Tecnología, 15 de septiembre de 2017, https://www.mppeuct.gob.ve/actualidad/noticias/la-elam-celebra-su-10deg-aniversario.

33 "Intervención del Comandante Presidente Hugo Chávez durante inspección al centro de Diagnóstico Integral Sierra Maestra-Ibis Pino", *loc. cit.*

34 Convenio Cuba-Venezuela: 17 años de Cooperación Integral. Ministerio del Despacho de la Presidencia y seguimiento de la Gestión de Gobierno, 28 de noviembre de 2017, http://www.presidencia.gob.ve/Site/Web/Principal/paginas/classMostrarEvento3.php?id_evento=8118.

5

Fábrica de hombres nuevos

Teníamos como misión transformar al hombre
y convertirlo en hombre nuevo, como definió el Che;
guiando a la juventud venezolana.
YADIRA REYES, profesora cubana

"En mayo de 2003 pasé a trabajar en la formación de luchadores sociales venezolanos, con el propósito de crear un grupo de jóvenes de vanguardia que apoyaran al presidente Chávez." La cubana Marta Moreno Cruz, profesora de la Escuela de Trabajadores Sociales de Cojímar, recordaba con orgullo su participación en un vasto programa de adoctrinamiento político diseñado por Fidel Castro.

El plan para formar cuadros leales a la Revolución bolivariana y, por tanto, al castrismo había comenzado a gestarse en el vientre cubano semanas antes. Había prisa y los primeros cursos se improvisaron para presentarle a Hugo Chávez una primera camada de activistas durante su visita a la isla el 29 de junio de ese año. El grupo, moldeado por profesores antillanos, sería bautizado con el nombre de Frente Francisco de Miranda (FFM), Moreno contó los detalles a un medio oficial urbano:

> Ésta es una de las tareas más importantes que he realizado en mi vida, por la trascendencia y el reto impuesto, porque hubo una necesidad de formar a esos alumnos en 45 días. Además, nos vimos en la obligación de impartir asignaturas nunca dadas por ninguno de nuestros profesores, como son Derecho Venezolano y Pensamiento Bolivariano.[1]

Derecho venezolano sin venezolanos. Pensamiento bolivariano sin "bolivarianos". La versatilidad de los camaradas cubanos en su máxima expresión. Entre 2003 y 2004, se impartieron "ocho cursos para los luchadores sociales y se graduaron en el primer año 35 mil estudiantes", según la docente. En promedio, 3 mil al mes. A ritmo de fábrica y con carácter de tropa.

Fidel animó a los pupilos venezolanos durante la ceremonia iniciática en La Habana.

Él [Chávez] los llamó a ustedes ejército. Vencerán como oficiales y como dirigentes de ese ejército. A ustedes se sumarán otros que puedan tener la oportunidad de recibir conocimientos. Nosotros haremos todo lo que esté a nuestro alcance por contribuir a ese nobilísimo esfuerzo [...] Yo llevo 44 años de lucha revolucionaria y sé conocer a los hombres. ¡Apóyenlo![2]

Todavía algunos miembros del Frente recuerdan las palabras pronunciadas por el líder cubano, a sus 76 años, cuando todavía tenía la espalda recta. "Es verdaderamente envidiable la tarea que ustedes tienen porque ninguna otra generación de venezolanos, ni de cubanos, ni de latinoamericanos, tuvieron una tarea de tan suprema importancia."

Rápidamente y de manera masiva, los cubanos comenzaron a formar en la isla la vanguardia política de la Revolución bolivariana. Al terminar el curso, los miembros de las "avanzadas" —así llamaron los cubanos a las promociones— recibían un diploma firmado por Castro. El propio Comandante entregó, personalmente, los certificados a miles de alumnos para dejar en ellos su huella como un tatuaje.

La joven venezolana Cunshi Hernández, miembro de la segunda avanzada del Frente Francisco de Miranda, atesoraba aquel momento como una experiencia memorable. "Ese día estará siempre entre los más importantes de mi vida. Nunca lo olvidaré. Él me dio el diploma, y yo no podía dejar de llorar. Le dije: 'Gracias, Fidel, por todo lo hermoso que has hecho y haces por la humanidad'."[3]

Ese encandilamiento, la sensación de estar frente al Zeus de las revoluciones, era parte fundamental del libreto y las metas del Proyecto Esperanza Social o Misión Esperanza Social, como llamaron los cubanos al programa encargado de la "formación" política de jóvenes a partir de los 17 años. Más adelante, nacería también una organización infantil de la Revolución bolivariana, inspirada en la enmohecida utopía cubana.

La profesora Marta Moreno transmitió a sus alumnos suramericanos su propia devoción. Para ella, Fidel era su "jefe superior", el "creador, conductor y orientador" de la Escuela de Trabajo Social de Cojímar. "No hay ninguna decisión que no se tome sin la anuencia del Comandante", sostuvo al referirse a todos los programas de la institución. La presencia de venezolanos en esa escuela se remontaba, al menos, a mediados de 2002, cuando un grupo de alumnos chavistas participó en los festejos por los 76 años de Fidel, de acuerdo al diario oficial *Granma*.[4]

Luis Eloy Suárez, uno de los elegidos para viajar a la isla en marzo de 2004, no pudo ir a La Habana pero su esposa y su hija se apuntaron al entrenamiento. "Ellas me contaron sus vivencias y hasta la reunión que tuvieron con el Comandante FIDEL en persona en el teatro Carlos Marx. Hoy tengo sus certificados firmados por el Comandante FIDEL, los mandé a enmarcar y los tengo colgados en mi estudio al lado de las fotos del Comandante Chávez y FIDEL."

Las mayúsculas son de Luis Eloy, de su relato publicado por el *Granma* en noviembre de 2016, como parte de la serie apologética "Tu historia con Fidel".[5]

La legendaria Escuela Nacional de Cuadros de la Unión de Juventudes Comunistas (UJC) "Julio Antonio Mella" también participó en la misión. "Si bien por años el claustro había graduado de diferentes tipos de cursos a los jóvenes dirigentes cubanos, la orden de pronto era otra: preparar a los integrantes del Frente Francisco de Miranda, de Venezuela, que llegaban desde el sur americano para adiestrarse metodológicamente en materia de dirección", aseguró Madeleine Sautié al diario en 2016.

Los "capacitadores" de la escuela Mella se enteraron de que tenían que dar el curso apenas 48 horas antes de que los alumnos arribaran a las aulas, algunos de ellos con sus padres. "Ni uno solo de los maestros dejó de hacer lo que en ese momento fue preciso, desde la apremiada preparación de los contenidos que había que hacer 'aterrizar' en la realidad venezolana más inmediata, hasta aprendernos en un brevísimo tiempo el resonante himno del bravo pueblo que cantábamos junto a ellos al inicio de cada jornada."[6] Un bravo pueblo al que esperaban domesticar.

En el programa de adoctrinamiento masivo, el mayor que haya realizado el castrismo en toda su historia, participaron centros académicos de varias provincias de la isla. La Escuela de Trabajo Social de Santiago de Cuba; la "Celia Sánchez" de Holguín; la "Abel Santa María Cuadrado", de Santa Clara; la "José Martí", de Jagüey Grande, en Matanzas; la escuela Salvador Allende y la universidad tecnológica CUJAE (Ciudad Universitaria José Antonio Echeverría), de La Habana, entre otras.

Solamente la Escuela de Trabajadores Sociales de Santiago de Cuba recibió 11 mil 592 jóvenes venezolanos, según información de la página oficial Ecured en 2017.

La novedad del pensum eran materias como "Estado, Constitución y participación popular en Venezuela" o "Historia, cultura política y pensamiento bolivariano", siempre dictadas por cubanos. Algunos de los profesores eran casi tan jóvenes como sus alumnos. Por ejemplo, el grupo de profesoras que posó para el retrato que un miembro de la novena avanzada en Matanzas incluyó en un video. En la imagen, las docentes bajan sus pantalones, con las manos en las caderas, para mostrar parte de su ropa interior mientras sonríen, con un gesto seductor, a cámara.[7]

* * *

El 29 de junio de 2006, el presidente Chávez celebra el tercer aniversario del Frente Francisco de Miranda junto a 10 mil jóvenes en el Poliedro de Caracas, el mayor centro de espectáculos de la capital

110

venezolana. Son muchos pero faltan demasiados. En esos tres años, los cubanos han adoctrinado a más de 50 mil venezolanos. En el camino, miles de ovejas han desertado.

"De aquellos primeros 36 mil, era natural y necesaria la decantación, quedaron 21 mil y hoy hay 15 mil activos, podemos decirlo, a tiempo completo", admite el mandatario. "Estamos en una segunda etapa de formación. Recientemente llegaron más de 5 mil 060 después de un periodo de formación. Tenemos 5 mil allá [en Cuba] en las distintas escuelas de formación. En agosto se irán 5 mil más".[8]

El líder de la Revolución bolivariana propone entonces armar a sus "luchadores sociales" con fusiles Kalashnikov, del lote de 100 mil que acaba de comprar a Rusia. "Si al imperio norteamericano se le ocurriera venir aquí a invadir nuestra patria para tratar de cercenar nuestra revolución los 25 mil muchachos y muchachas del Frente Francisco de Miranda se irían a las armas", amenaza Chávez al primer socio comercial de Venezuela.

Esa noche el Poliedro se convierte en un campo de batalla verbal, donde se reedita con distintos actores un episodio de los años sesenta. Desde el escenario, el caudillo venezolano ve su figura, con el puño en alto, replicada hasta el infinito en las camisetas rojas de los muchachos. Cada tanto, la masa grita, disciplinadamente y con fervor revolucionario, la consigna aprendida en la isla: "Comandante Chávez, ¡ordene, ordene sobre este Frente!"

El espectáculo es una súper producción cubana, financiada con petrodólares venezolanos. La historia repetida como farsa. Sin el expediente de la ocupación yanqui, sin Sierra Maestra, sin barbudos ni invasión de Bahía de Cochinos; sin machetes alzados ni caña de azúcar. La vieja iconografía y la estética del castrismo adaptada, con ligeros toques autóctonos, a la Revolución bolivariana.

En los primeros años, la fábrica caribeña de "hombres nuevos" formó varias avanzadas de miles de "luchadores sociales" para Chávez. Una tras otra y sin cesar. Cinco años después de haberse iniciado oficialmente el programa, los profesores cubanos de la Misión Esperanza Social también comienzan a viajar a Venezuela para realizar la captación y el adoctrinamiento sobre el terreno.

"En 2008 se decide que en lugar de seguir su formación acá —y teniendo en cuenta que era un año de elecciones en Venezuela— se hiciera directamente allá, por eso fue que nos convocaron", señaló la capacitadora cubana Arlenys Palmero Ortega. "Ésta fue una misión política en la que desde el principio nos orientaron hasta en lo más mínimo, desde cómo teníamos que comportarnos hasta cómo debíamos vestirnos", reveló en una nota de la Universidad de las Ciencias Informáticas (UCI).[9]

La Habana dotó al Frente de los símbolos necesarios para crear un espíritu de cuerpo. Desde su definición —"Territorio de formación del hombre nuevo"— hasta el logo con los perfiles de los próceres venezolanos Simón Bolívar y Francisco de Miranda, presididos por el Che Guevara; desde los viejos lemas reciclados —"¿Qué dice el pueblo? Contra Chávez no hay imperio que pueda": "Fidel, Fidel, ¿qué tiene Fidel que los norteamericanos no pueden con él"— hasta la estructura basada en escuadras, un código de ética y el himno que exalta, en una estrofa, su origen cubano:

> Cuando el cielo mostraba tormenta
> surgió un rayo de sol y esperanza
> de una isla zarpaba una idea
> nuestro Frente
> que es punta de lanza

Los capacitadores no tuvieron que hacer mayor esfuerzo. Los objetivos y la metodología para el adoctrinamiento estaban dados. Desde mediados del siglo pasado, el castrismo los había aplicado a varias generaciones de cubanos. Disponen de nuevas tecnologías pero las ideas y la dinámica eran las mismas, fosilizadas por el paso del tiempo. Como las canciones de la vieja "nueva trova cubana" que aprenden los jóvenes venezolanos; como la casa natal de los hermanos Castro en Birán, una visita obligada para aquellos discípulos enviados por el gobierno de Chávez y financiados con dinero público.

"Teníamos como misión transformar al hombre y convertirlo en hombre nuevo, como definió el Che; guiando a la juventud venezolana desde la organización, formación y movilización permanente y constante por caminos de Revolución; estábamos ayudando a construir la Patria Socialista de la nación bolivariana", aseguró Yadira Reyes, funcionaria de la Subdirección de Formación del Centro de Informatización de la Gestión de Entidades (Ceige) de la Universidad de las Ciencias Informáticas (UCI) de Cuba.

Reyes se apartó temporalmente de su trabajo para ingresar en el Frente Francisco de Miranda (FFM), el 29 de enero de 2008, con el cargo de "Asesora en Selección y Captación de jóvenes del estado Táchira", en los Andes venezolanos. Al igual que sus colegas enviados a otras regiones, su labor era reclutar a muchachos humildes y cautivarlos con las desgastadas promesas de la Revolución cubana bajo el ropaje del socialismo del siglo XXI.

"Al realizar la captación de un joven para el FFM lo primero que le preguntaba era si estaba dispuesto a luchar por la igualdad plena de los hombres, si estaba consciente de la necesidad y el compromiso para con la Revolución bolivariana desde la avanzada principal: la línea delantera de una batalla", relató en una entrevista divulgada en la página web de la UCI.[10] Los profesores se aseguraban de que sus reclutas veneraran también a Fidel Castro y al Che, a la Revolución cubana tanto como a la bolivariana.

"Lo que más me hacía feliz era ver cómo cada comienzo de curso las guaguas [autobuses] destinadas a llevar a los nuevos que habíamos captado se iban repletas de esperanza y alegría", declaró Reyes, quien recordaba como uno de los "momentos más difíciles" de su misión la creación de una escuela en la cumbre de una montaña andina, a 4 mil metros de altura. Según Yadira, otros 23 cubanos el programa trabajaban entonces "diseminados en casi todos los estados venezolanos".

> Tenía que realizar charlas a todos los estudiantes para hacerles entender y convencerlos de la necesidad e importancia del Frente para desarrollar el país; para sacarlo adelante del subdesarrollo capitalista en que estuviera sumergido por años; la sintonía entre el Frente y la Revolución bolivariana, pues el Frente era la Revolución bolivariana misma

que acogía en su seno a los desamparados, los olvidados, los más humildes: el pueblo en general.

La distancia ayudaba a que los pobres creyeran que Cuba sí había superado el subdesarrollo gracias al comunismo, a no tener que explicar las ruinas de La Habana.

En esa entrevista, la profesora cubana usó una palabra imprescindible: negociación. "Fue realmente algo que exigió más que paciencia: preparación, solidez en nuestras convicciones y en la labor que realizábamos; pero sobre todo inteligencia y habilidad, en esos momentos debíamos negociar con ellos [los captados], de tal manera que fuera una negociación del tipo: ganar-ganar." Para muchos pertenecer al Frente se convirtió en un trabajo remunerado.

Ambos gobiernos, el venezolano y el cubano, se encargaron de mantener oculto el monto de la costosa operación. ¿Cuál era el precio per cápita del programa de adoctrinamiento en la isla? ¿Cuánto se gastó en pasajes, alojamiento y viáticos? ¿Cuánto millones pagó Chávez a La Habana por la formación de sus cuadros? ¿Cuánto pagaba por los capacitadores que iban a Venezuela? ¿Cuántos miles de barriles de petróleo consumió el Frente Francisco de Miranda? Es un enigma. Las cuentas de esa misión, como las de tantas otras, son inauditables.

Después de 2008, además de los "maestros", parte de la burocracia del Ministerio de Educación Superior cubano (MES) vinculada al proyecto se trasladó a Venezuela para administrar el programa. La funcionaria Lilia Fernández, quien trabajó como vicecoordinadora de Aseguramiento de la misión en Venezuela en 2015, se encargaba de la nómina de todos los colaboradores y de "la parte operativa de los cheques de los pagos". Tenía a su disposición tres choferes y un administrador."[11]

* * *

La Misión Esperanza Social también impulsó la creación en Venezuela de Escuelas de Formación del Poder Popular. La meta era adiestrar a jóvenes simpatizantes del gobierno para forjar y articular la vanguardia del chavismo en todo el país. El dinero del petróleo ayudó a acelerar las cosas. Un año después de que los cubanos comenzaran a trabajar en el país, ya se había inaugurado casi una docena de academias para dirigentes potenciales de la Revolución bolivariana, inspirados por el faro castrista.

Durante un acto del Frente Francisco de Miranda en 2009, su directora ejecutiva María Isabella Godoy, habló del avance del programa. "En 11 escuelas abiertas en todo el país se formaron 16 mil 398 jóvenes, y 5 mil recibieron cursos de capacitación y especialización, con el objetivo de consolidar la preparación de nuestros cuadros y dotar de herramientas técnicas y políticas a los luchadores."

Formada en Cuba en 2003, cuando tenía 17 años, Godoy reportó a Chávez los logros del FFM en el elegante Teatro Teresa Carreño, convertido en el auditorio favorito del gobierno, el de los grandes actos para gritar consignas antimperialistas, con una excelente acústica y aire acondicionado; una suerte de Teatro Karl Marx del chavismo con nombre de pianista burguesa y cosmopolita. El comandante presidía el "compromiso de consagración del Frente Francisco de Miranda en la nueva etapa de la Revolución bolivariana".

Ante miles de "luchadores sociales bolivarianos", que se definen como su "ejército joven", Chávez invocó 26 veces al motor de la organización, Fidel Castro: "Padre, guía, compañero y ejemplo" [...] "Él y yo somos compadres del Frente Miranda [...] Estoy completamente seguro de que ustedes seguirán siempre a la vanguardia como punta de lanza del proceso revolucionario venezolano".[12] Los muchachos se referían al líder cubano como "nuestro comandante". Habían aprendido a venerarlo.

En 2009, seis años después de su fundación, la nómina del FFM permanecía estancada en unos 20 mil jóvenes. "Actualmente somos un total de 21 mil 366 luchadores, organizados en mil 834 escuadras bolivarianas, ubicadas en 322 municipios de todo el país, lo que implica que tenemos presencia en el 96% del territorio nacional [...] 66.7% de nuestra tropa es menor de 28 años, y casi 11 mil 45 no supera los 25." María Isabella Godoy recitó las cifras como una ofrenda a Chávez y reconoció que los "luchadores sociales" del chavismo formaban parte del aparato estatal.[13]

"A cinco años, nueve meses y 29 días de aquel 29 de junio, el Frente Francisco de Miranda se ha vinculado a más de 23 instituciones del Estado y ha participado en misiones trascendentales", recordó la militante refiriéndose a planes oficiales adelantados con los cubanos. Su discurso concluyó con un recital de consignas: "¡Que viva la juventud revolucionaria! ¡Abajo el imperialismo yanqui! ¡Patria, socialismo o muerte! ¡Comandante Chávez! Ordene sobre este Frente que luchará junto al pueblo hasta la victoria siempre. ¡Que viva Fidel y que viva Chávez!" En ese orden, primero Fidel, luego Chávez.

Desde sus inicios, el gobierno venezolano enlazó a los miembros del Frente con varios programas sociales del gobierno venezolano, surgidos en los laboratorios cubanos. En 2003, mientras las primeras avanzadas de "luchadores sociales" se formaban en la isla, paralelamente en Venezuela nacían dos planes impulsados desde La Habana: la Misión Barrio Adentro, para la atención de salud primaria, y la Misión Robinson, de alfabetización, ambos con mentores y personal cubano.

Tras superar el fugaz golpe de Estado en 2002 y el paro petrolero a principios de 2003, la popularidad de Chávez había caído en picada. La oposición intentaba activar un referendo revocatorio en momentos en que la aprobación del presidente rondaba 35%, según las encuestas. El Consejo Nacional Electoral, dominado por el chavismo, daba largas a la consulta, para permitir al gobierno ganar tiempo y recuperar la popularidad.

Una de las primeras tareas de los muchachos del Frente fue trabajar —junto a las fuerzas armadas, el Ministerio de Energía y Minas, la estatal petrolera PDVSA, la Oficina de Identificación (Onidex) y el Consejo Nacional Electoral— en la Misión a la Identidad, diseñada con el fin de otorgar cédulas de identidad a la población más humilde y motivarlos a votar para que inclinaran la balanza a favor de Chávez.

En el primer aniversario del Frente, Érika Farías, directora general de la organización aseguró que 550 "luchadores sociales" participaron en la misión que logró la cedulación de 3.4 millones de venezolanos y la inscripción en el Registro Electoral de casi un millón de nuevos votantes para contribuir con la victoria del presidente, en el referendo que se realizaría el 15 de agosto de 2004.[14]

Durante la celebración, presidida por Chávez en el Teatro Municipal de Caracas, Farías definió a la novel vanguardia con un oxímoron: "ejército civil". Ese día también estuvo presente un contacto clave para La Habana. El nuevo coordinador del grupo, Julio Montes, era un hombre ganado para la causa: había sido embajador de Venezuela en la isla desde el año 2000 hasta enero de 2004, cuando comenzó el programa.

La directora del FFM había estado en el frente desde sus inicios. "Érika Farías estudió en la Misión Esperanza Social en Cuba en el año 2003, desde entonces demostró sus cualidades de líder y de fidelidad a Chávez, ha ocupado cargos en el Frente Francisco de Miranda de Luchadores Sociales Bolivarianos, y miren ahora está al lado de Maduro como ministra", comentó en un medio digital el profesor cubano Minardo Paneque Pérez, quien dio clases a alumnos venezolanos en la Escuela Celia Sánchez de Holguín.[15]

Radical entre los radicales, enérgica y fiel devota del castrismo, Farías ha sido el motor de la tropa de "luchadores sociales" en Venezuela durante más de una década. Cercana a Chávez y a Maduro, estuvo al frente de varios ministerios como el de Alimentación y el de Comunas, fue diputada y gobernadora pero nunca ha dejado de dirigir la organización oficial.

La "combatiente del ejército del Comandante Chávez", como se define en su cuenta de Twitter, usa lentes de montura de pasta negra y el cabello casi tan corto como un soldado. Su espíritu militar obtuvo un reconocimiento en agosto de 2017 cuando recibió el rango de primera teniente sin pertenecer formalmente al Ejército. Un mes después pasó a ocupar uno de los cargos más importantes del gabinete como ministra del Despacho de la Presidencia hasta que ganó en unas elecciones cuestionadas por la oposición la alcaldía del municipio Libertador en Caracas.

Pero no todos los miembros de la organización tienen su disciplina y su entusiasmo. Conscientes de que no basta con el sentido de pertenencia y la camaradería revolucionaria, el gobierno ofrece estímulos materiales a los jóvenes para evitar que deserten. Les brinda "becas-salario", trabajo y los beneficios de otras misiones, creadas, dirigidas o supervisadas por La Habana. Pertenecer al Frente se convirtió para algunos en un modus vivendi y la posibilidad de escalar como dirigentes en la creciente marea burocrática del chavismo.

Miembros de la organización juvenil han acaparado cargos públicos. De hecho, el Ministerio de las Comunas, creado por Chávez en 2009, en reemplazo del Ministerio de Economía Comunal, ha estado manejado por varios integrantes de la organización, formados en La Habana y reconocidos por su radicalismo: Érika Farías (2007-2010), Isis Ochoa (2010-2013), Rosángela Orozco (2015) y Kira Andrade (2017-2018). Para muchos, el ministerio y el Frente son uno. En 2017, la viceministra de Comunas era al mismo tiempo directora del FFM. A mediados de 2018, Nicolás Maduro le encargará la reestructuración de más de 700 empresas estatales quebradas.

La organización de activistas y empleados se preciaba del "trabajo voluntario" y llamaba a jornadas de solidaridad a través de propagandas de estética castrista. *La Colombeia*, revista del Frente, reseñó en una ocasión la colaboración de los muchachos en la construcción de viviendas. En otra, el estímulo era el dibujo de Fidel Castro con un racimo de plátanos. La iconografía de la Revolución bolivariana era prácticamente igual a la cubana, copiada a su vez de la escuela de los carteles soviéticos. El equipo nacional de diseño gráfico del Frente Francisco de Miranda ha contado con asesores cubanos del Instituto Superior de Diseño de La Habana (Isdi). También, en Comunicación y Propaganda.

En su edición del 7 de agosto de 2016, *La Colombeia* desplegó una apología de Fidel Castro para conmemorar sus 90 años. En la ilustración, el Comandante luce como un gigante por la desproporción entre su figura y los seres humanos tamaño hormiga que lo siguen en segundo plano. El panegírico comenzaba con una frase de Chávez: "Yo no he conocido en este planeta a un líder con mayor sentido de la ética, de la honestidad y de la generosidad como Fidel", y terminaba con una declaración de lealtad eterna del Frente: "Te amamos, Comandante Fidel".

* * *

El programa castrista de formación de cuadros no ofreció garantías de fidelidad al gobierno venezolano. Los jóvenes que desertaron de las filas del Frente Francisco de Miranda superaron por mucho a los que se quedaron. En promedio, sólo dos de cada 10 reclutados en los primeros 10 años (2003-2013) permanecieron dentro de aquel "ejército civil". De los 94 mil 403 venezolanos formados en 41 avanzadas, más de 72 mil abandonaron la organización (76%).

"Tenemos mil 825 escuadras bolivarianas, es nuestra célula de base, nuestra instancia de militancia, donde hacemos vida 22 mil luchadores sociales bolivarianos", señaló la dirigente regional Kira Andrade —miembro del Frente desde los 17 años y ministra de Comunas en 2017— durante la celebración del décimo aniversario de la organización.

Sin embargo, una fuerza de más de 20 mil adeptos incondicionales, en su mayoría *groupies* de Fidel Castro, no era una cantidad despreciable. ¿Qué otro partido político venezolano podía brindar incentivos materiales a su militancia? ¿Qué otro podía darse ese lujo petrolero sin echar mano de la hacienda pública?

El gobierno ha otorgado recursos del presupuesto nacional para el adoctrinamiento y distintos proyectos del Frente Francisco de Miranda. En 2015, desde el Campamento Ideológico Venezuela Potencia, Maduro aprobó 476 millones 799 mil 051 bolívares (47.6 millones de dólares)[16] para una "micromisión productiva", y fondos no especificados para la formación de 6 mil nuevos "luchadores sociales".

En junio de 2017, el monto aumentó a 15 mil 270 millones de bolívares (mil 527 millones de dólares). Mientras policías y militares reprimían una ola de protestas en las calles con miles de detenciones y su popularidad caía por debajo de 20%; mientras los venezolanos padecían una escasez sin precedentes de alimentos básicos y medicinas; mientras familias enteras hurgaban en la basura para llevarse algo a la boca, el presidente mostraba su generosidad con los cuadros juveniles del chavismo.

"El Frente Francisco de Miranda es la fuerza especial de vanguardia revolucionaria para el escenario que nos toque", declaró Maduro desde la sede principal de la organización en Catia, en el oeste de Caracas, durante la celebración de los 14 años de la frente.[17] Para ese momento, la "tropa", como reportó Érika Farías, contaba con 28 mil soldados.

El FFM ya se había convertido en una empresa que consumía cada vez más fondos públicos. Además de adiestrar militantes en varios centros como la Escuela Nacional de Formación de Cuadros, inaugurada ese día, manejaba varias compañías (textiles, de muebles, mecánica, panaderías), y proyectos de construcción, de servicios y agroalimentarios como el Plan Siembra Comunal.

Su último programa, la creación de Centros de Estimulación Integral Tribilín, apuntaba a "impulsar los valores y la formación de los niños (de uno a 10 años) en los urbanismos de la gran Misión Vivienda Venezuela".[18] El nombre de los centros es un homenaje a Hugo Chávez. Ése era el apodo con el que lo llamaban sus amigos de juventud en alusión al famoso perro de Disney.[19] Un guiño con desviaciones ideológicas. No era la primera iniciativa chavista para captar seguidores desde la infancia.

* * *

¿Qué expectativa tendrían aquellos niños, provenientes de todas las regiones de Venezuela, mientras volaban sobre el mar Caribe el 20 de febrero de 2011? Estaban en el tránsito entre la infancia y la adolescencia, entre los 10 y los 14 años. Habían sido elegidos para asistir a un evento sin precedentes: el I Encuentro de la organización Semilleros de la Patria Simón Bolívar, la organización "infanto-juvenil" del chavismo, y los pioneritos cubanos. Iban a compartir días y noches con sus pequeños camaradas.

Génesis Navarro, de 10 años; Melani Requena, de 11; y Ayarith Salazar, de 14, viajaron desde Margarita, en representación del estado Nueva Esparta. Es posible imaginarlas sonriendo inquietas y orgullosas de haber sido seleccionadas; mirando con curiosidad a sus compañeros en el avión que los trasladaba a un paraíso de propaganda. ¿Cuántos de ellos iban a conocer La Habana antes que Caracas?

"El objetivo de la iniciativa, que duró 10 días, fue fortalecer los valores socialistas", de acuerdo con el Ministerio de Comunas, que registró cómo los menores venezolanos y cubanos compartieron actividades deportivas, culturales y recreativas.[20] La estadía, según la nota oficial, "propició el intercambio de ideas con los integrantes del pionero José Martí, organización con 30 años de experiencia formando revolucionarios".

Al lado de sus anfitriones cubanos, los niños de los Semilleros de la Patria eran novatos. La organización venezolana tenía pocos años formando —o deformando— a menores de edad en línea con el viejo modelo castrista. Creada a mediados de 2005, su principal objetivo es "desarrollar en los niños, niñas, adolescentes y jóvenes el amor a la Revolución bolivariana".[21]

El proyecto avanzó aceleradamente. A mediados de 2011, ya tenía más de 33 mil miembros, cuando se incorporaron 6 mil 439 niños, y casi alcanza los 40 mil. Los responsables del adoctrinamiento y de filtrar a los mejores prospectos para el viaje fueron, irónicamente, funcionarios de la organización encargada de velar por los derechos de los niños venezolanos.

"La selección de los chicos estuvo a cargo de la Misión Niños y Niñas del Barrio, a través del Idenna (Instituto Autónomo Consejo Nacional de los Derechos de Niños, Niñas y Adolescentes)", que se basó en "las cualidades del discurso y las responsabilidades en sus comunidades". Todos, de acuerdo con el Ministerio de Comunas, han "participado en las jornadas de participación política".

Poco después, 25 pioneros cubanos, acompañados de seis guías de la organización, devuelven la visita. Salen de Holguín, Mayabeque, Caibarién, Cruces de los Baños, Florencia, Sancti Spíritus y otros rincones de la isla para reunirse con los niños de los Semilleros de la

Patria Simón Bolívar, en un estado gobernado en ese momento por Henrique Capriles, uno de los líderes más populares de la oposición en Venezuela.

El 29 de agosto de 2011 los pichones revolucionarios se reúnen en una finca que, según la embajada cubana, "perteneció a unos banqueros ricachones que estafaron a miles de venezolanos".[22] Allí los niños cantan, bailan y gritan vivas a Bolívar y a Martí, a Fidel y a Chávez. Los pequeños venezolanos están uniformados de acuerdo con su edad y agrupados, como los pioneros cubanos, en tres niveles.

Los "pregoneros", entre 5 y 11 años, llevan camisetas blancas de mangas amarillas. Apenas se asoman al mundo y ya tienen sobre sus hombros el corsé revolucionario y una responsabilidad política: "divulgar y difundir el pensamiento bolivariano, basado en los valores del hombre y la mujer nueva, en sus escuelas, familia y comunidad". Eso precisa el Documento Rector de los Semilleros de la Patria.[23] Simón Bolívar es para ellos como un hermano del Che.

Les siguen los "precursores", entre 12 y 14 años, vestidos de mangas azules y "llamados a profundizar y defender la idea del bolivarianismo y el internacionalismo en sus liceos, familia y comunidad". Se trata de un "bolivarianismo" peculiar, más emparentado con el chavismo y el castrismo que con el pensamiento del máximo héroe de la independencia venezolana.

En el tercer y último nivel, los "propulsores", de entre 15 y 17 años —luego extendido hasta los 25—, uniformados con mangas rojas, tienen el deber de "activar la Organización con una nueva forma de ver el proceso revolucionario", así como incorporarse "al estudio ideológico y a las diversas tareas de agitación y movilización como parte del relevo en la continuidad de la Revolución bolivariana".

Durante la estadía de los pioneros cubanos, sus pequeños anfitriones se prodigan en cantos a los dioses de la mitología castrista y al presidente venezolano. "Hay poemas a Fidel y al Che que terminan en aplausos y en un saludo rítmico: Pa'lo que sea Chávez, pa'lo que sea; Pa'lo que sea Fidel, pa'lo que sea [sic]", celebra la reseña oficial. Juntos, los niños entonan la canción del V Congreso Pioneril cubano.

"Los queremos cantidad, sigan disfrutando de esta revolución tan bella, al igual que la nuestra", dice la espirituana [de Sancti Spíritus] Yiliani. El pinero Daniel, del poblado cubano La Fe, explica el Movimiento de Pioneros Exploradores, y Niurbis afirma: "Nosotros también somos una gran familia".[24] La recreación y la manipulación afectiva es parte del adoctrinamiento. Los pioneritos de los Castro están allí para enseñar y motivar, para ser emulados.

Los niños venezolanos gritan a todo pulmón su lema, una desabrida consigna fabricada por los asesores de la isla: "Somos el Semillero de la Patria, donde germinan los valores de la patria nueva". Una patria nueva que se parece cada vez más a la patria arcaica de los pioneros.

Los cubanitos no se andan con eufemismos y se refieren a los Semilleros como lo que son. "Me sentí muy contento ya que sé que estoy ayudando a la Revolución [cubana] a mantener las conquistas", relata a su regreso a la isla el pionero Michel Torres con claridad. "En ese país [Venezuela] pudimos intercambiar experiencias con los pioneros venezolanos, les explicamos cómo es nuestra organización que ya cumplió 50 años, las tareas que realizamos para fortalecerla y apoyar la construcción de nuestra sociedad."[25]

Aunque la organización infantil fue creada un 24 de julio, en memoria al natalicio de Simón Bolívar, festeja su aniversario cuatro días más tarde por el cumpleaños de Hugo Chávez. El presidente venezolano fue el promotor más entusiasta del reclutamiento de los pequeños para su causa política, como lo deja claro a mediados de 2006:

"Ellos [la oposición] tienen el concepto de que los niños son objetos, que no tienen capacidad para pensar e ir asumiendo posiciones. La Revolución ha colocado a los niños y niñas ya no como menores, como los llamaban antes, sino como actores de esta patria nueva. Ellos son, en fin, semillas que están germinando y que indican que esta revolución se sembrará para siempre en esta sociedad."[26]

Si hubiera estado vivo, el gran padre de los Semilleros se habría sentido orgulloso de su obra el 28 de julio de 2018. Ese día Manuel Mendoza, de nueve años, lo recordó durante la celebración del día del niño en el estado Carabobo. "El Libertador Simón Bolívar, el comandante Hugo Chávez y el presidente Nicolás Maduro son quienes han protegido a la patria y a todos los niños de Venezuela; son nuestros libertadores."[27]

El plan del chavismo para captar niños y jóvenes no se limitó a los Semilleros y el Frente Francisco de Miranda. Al fin y al cabo, en el caso de los menores de edad, ambas organizaciones contaban con la aprobación de los padres, por lo general, empleados públicos o seguidores del gobierno. El objetivo iba más allá. La meta era calar en terrenos más amplios, en auditorios cautivos como los de las guarderías, escuelas, liceos y universidades. Desde 2003, el presidente venezolano puso en marcha una operación en todo el sistema público de educación con la participación de miles de maestros y profesores enviados desde La Habana.

NOTAS

[1] Martínez, Y., "Una mujer apasionada", *Isla al sur*, Cuba, 14 de enero de 2008, http://islalsur.blogia.com/2008/011405-una-mujer-apasionada.php.

[2] "Frente Francisco de Miranda luchando por la libertad y la unidad de nuestros pueblos", Audiovisuales FFM, 20 de septiembre de 2014, https://youtu.be/QpDJI V6Ux-w.

[3] Barrios, M., "Joven venezolana 'entrevista' a Fidel", *Juventud Rebelde*, 2 de febrero de 2007, http://www.juventudrebelde.cu/cuba/2007-02-02/joven-venezolana-entrevista-a-fidel/.

[4] Rassí, R., "Al amanecer de un hermoso e histórico día", *Granma*, Cuba, 14 de agosto de 2002, http://www.granma.cu/granmad/2002/08/14/nacional/articulo12.html.

[5] "Tu historia con Fidel", *Granma*, Cuba, 27 de noviembre de 2016, http://www.granma.cu/cuba/2016-11-27/tu-historia-con-fidel-27-11-2016-01-11-56.

[6] Sautié, M., "Jóvenes del bravo pueblo", *Granma*, 14 de enero de 2016, http://www.granma.cu/opinion/2016-01-14/jovenes-del-bravo-pueblo-14-01- 2016-20-01-34.

[7] Frente Francisco de Miranda, novena avanzada, Matanzas, Cuba, https://www.youtube.com/watch?v=5gtqK-XqMUM.

[8] Casas, C., "Frente Francisco de Miranda recibirá fusiles Kalashnikov", *El Nacional*, 1 de julio de 2006.

[9] Palomino, L., "Siempre daré el paso al frente", UCI, Cuba, 27 de junio de 2013, http://www.uci.cu/siempre-dare-el-paso-al-frente.

[10] Ferrer C., "Una mano en la hermandad, UCI, Cuba, 28 de junio de 2013, http://www.uci.cu/?q=una-mano-en-la-hermandad.

[11] Bonilla, M., "Contadora de su vida", Noticias Universitarias, Universidad Central "Marta Abreu" de Las Villas, Cuba, 10 de enero de 2017, http://intranet.uclv.edu.cu/contadora-de-su-vida/.

[12] Intervención del Comandante Presidente Hugo Chávez en el compromiso de consagración del Frente Francisco de Miranda en la nueva etapa de la Revolución bolivariana, Caracas, 28 de abril de 2009, *Todo Chávez en la web*, http://www.todochavez.gob.ve/todochavez/1264-intervencion-del-comandante-presidente-hugo-chavez-en-el-compromiso-de-consagracion-del-frente-francisco-de-miranda-en-la-nueva-etapa-de-la-revolucion-bolivariana.

[13] *Ibid.*

[14] "Frente Francisco de Miranda inscribió a un millón de nuevos votantes", *Aporrea.org*, 30 de junio de 2004, Caracas, https://www.aporrea.org/actualidad/n17973.html.

[15] "Despidió Raúl en el aeropuerto al Presidente Maduro", *Cubadebate*, Cuba, 16 de diciembre de 2016, http://www.cubadebate.cu/noticias/2016/12/16/despidio-raul-en-el-aeropuerto-al-presidente-maduro/.

[16] A la tasa oficial de cambio de 10 bolívares por dólar.

[17] Presidente Nicolás Maduro en 14° aniversario del Frente Francisco de Miranda, Caracas, 29 de junio de 2017, https://www.youtube.com/watch?v=qa1rqCNzCBg.

[18] Sin título, *Venezolana de televisión* (VTV), http://vtv.gob.ve/frente-francisco-de-miranda-desarrolla-proyectos-de-alimentos-construccion-industrias-y-servicio-para-el-pueblo/.

[19] Marcano C. y Barrera, A., *op. cit.*

[20] "Semilleros de la Patria viajan a Cuba para fortalecer valores socialistas", Ministerio de las Comunas, Caracas, 17 de marzo de 2011, http://www.mpcomunas.gob.ve/semilleros-de-la-patria-viajan/.

[21] Organización Semillero de la Patria "Simón Bolívar". Idenna. http://www.idenna.gob.ve/?page_id=1680.

[22] "Pioneros cubanos visitan la patria de Bolívar", Embajada de Cuba, Caracas, 29 de agosto de 2011, http://www.embajadacuba.com.ve/actividades-embajada/pioneros-cubanos-visitan-patria-de-bolivar/.

[23] Organización Semillero de la Patria, Documento Rector, Venezuela, 31 de mayo de 2011, http://coordinacionzonaldefensoriaedobarinas.blogspot.mx/2011/05/documento-rector-del-semillero-de-la.html.

[24] "Pioneros cubanos visitan la patria de Bolívar", Ministerio de Relaciones Exteriores de Cuba, Cuba, 29 de agosto de 2011, http://anterior.cubaminrex.cu/Actualidad/2011/Agosto/PIONEROS.html.

[25] "Pionero calixteño en tierras de Bolívar", *Radio Juvenil*, Cuba, 10 de septiembre de 2011, http://www.radiojuvenil.icrt.cu/index.php/noticias/locales/1158-pionero-calixteno-en-tierras-de-bolivar.

[26] "Jefe de Estado presidió celebración del III aniversario del Frente Francisco de Miranda", *Aporrea.org*, Caracas, 29 de junio de 2006, http://www.aporrea.org/actualidad/n80043.html.

[27] Laguna, A., "Niñas y niños carabobeños se convirtieron en legisladores por un día", *El Carabobeño*, Valencia, Venezuela, 28 de julio de 2018, https://www.el-carabobeno.com/ninas-y-ninos-carabobenos-se-convirtieron-en-legisladores-por-un-dia/.

6

La cubanización del Estado

*Nuestra prioridad es Mercal y por eso la mayor cantidad
de sus productos deben estar en nuestros anaqueles,
para poderle brindar seguridad a nuestro pueblo.*
RAMÓN CHÁVEZ, asesor cubano
Caracas, octubre de 2014

Lisbeth los vio llegar a Venezuela en 2001. "Eran dos cubanos, que nos vinieron con el cuento de los motores supuestamente para involucrar a la comunidad, pero no les paramos [prestamos atención] porque no pensamos lo que venía", recuerda la maestra venezolana, que en esa época trabajaba en la zona educativa del estado Vargas. "Después, Chávez cogió ese tema. ¿Recuerda cuando se puso con aquello del tercer motor de la revolución educativa (2007)? Eso lo sacó de los cubanos", señaló en 2017 cuando ya estaba jubilada.

Esa temprana visita que Lisbeth refiere coincidió con la llegada, a principios de 2001, de un grupo de alfabetizadores cubanos al país y el intento del presidente Hugo Chávez de imponer una reforma, que apuntaba a la "bolivarianización de la educación", que encendió las primeras protestas contra su gobierno (decreto 1011). "No estamos copiando modelos, sólo estamos tomando elementos importantes para impulsar el modelo de educación bolivariana [...] en eso aceptamos el apoyo de Cuba y lo agradecemos, y de cualquier país del mundo", se defendió el mandatario al rechazar las acusaciones sobre sus intenciones de cubanizar el sistema educativo.[1]

Prácticamente desde el comienzo de su gobierno, Hugo Chávez procuró la asesoría de La Habana en educación y deporte, las áreas en las que contrató más trabajadores de la isla después del sector salud. Más de 10 mil profesores cubanos y la misma cantidad de entrenadores deportivos, han pasado por Venezuela, de acuerdo con información oficial de medios castristas.

Los cubanos están presentes —en primera línea o tras bastidores— en todos los niveles de la educación pública en Venezuela, que copió de la isla la idea de dos ministerios: uno para la educación pre-universitaria y otro para la universitaria. Los asesores antillanos han participado en ocho misiones que van desde la alfabetización hasta la educación universitaria, de la formación a la supervisión de docentes venezolanos, y que incluye también la capacitación a líderes estudiantiles del chavismo.

En 2003, el gobierno venezolano inició dos programas dirigidos por cubanos: la Misión Robinson I, de alfabetización, y Robinson II, para ayudar a adultos a culminar la primaria, ambos con materiales importados de La Habana. Les seguirían en cadena otros de educación secundaria, de enseñanza de oficios, de estudios universitarios y de capacitación de maestros venezolanos (las misiones Ribas, Sucre, Alma Máter y Micromisión Simón Rodríguez, respectivamente).

En 2005, la Unesco declaró a Venezuela territorio libre de analfabetismo. Explícita o subliminalmente, como todos los programas que se emprendieron con la asesoría de Cuba, se les dejó claro a los burócratas locales y a los beneficiarios —campesinos, indígenas, gente muy humilde— por qué habían aprendido a leer y escribir, o se habían graduado; a quién le debían agradecimiento eterno.

"Fidel es un faro de luz y la utopía hecha realidad. Demostró que la esperanza de los pueblos puede ser una realidad", declaró en 2016 la venezolana Marisol Calzadilla, presidenta de la Fundación Robinson, al celebrar los 90 años del líder cubano en la Casa José Martí de Caracas, acompañada de más de 30 "misioneros" antillanos. En esa ocasión, Calzadilla celebró que los camaradas estuvieran presentes en todo el territorio nacional, que hubiera "asesores metodológicos integrales" cubanos en cada uno de los 335 municipios de Venezuela.[2]

Desde 2009, Chávez había impuesto asesores de la isla en las 24 zonas educativas del país. La del estado Lara, por ejemplo, tenía tres en 2014. Los mentores estaban encargados de "ayudar con educación inicial, especial y supervisión educativa", según declaraciones de Teresa Vivas, jefa de la zona, al diario *El Impulso*. Nunca antes los funcionarios venezolanos habían aceptado, con tanta mansedumbre, los lineamientos de otro país en el sistema educativo. Jamás había ocurrido algo similar. Algunos estaban de acuerdo. Otros, se sometían para no perder su empleo.

El inocultable acento caribeño se escucha en todos los niveles del sistema, incluso en los dos ministerios de Educación, donde los cubanos ocupan cargos superiores y su autoridad es incuestionable. "A mí me ordenaban hacer documentos y los firmaban como si los hubieran hecho ellos. Nos pedían las cosas con una actitud muy prepotente", aseguró Jesús, un empleado venezolano que trabajó hasta 2016 en el despacho de Educación. Cansado del maltrato de los jefes antillanos, pidió cambio para el Instituto Nacional de Tierras (Inti), donde también había asesores de la isla, según Jesús, "más educados, más tratables".

El gobierno de Chávez también incorporó al gobierno cubano en el mejoramiento profesional de los educadores venezolanos a través del programa Micromisión Simón Rodríguez. "Más de 10 mil profesores del MES han viajado a Venezuela en estos años, aportando su granito de arena en la formación de recursos humanos del hermano país." La cifra apareció en una nota de "felicitación por el deber cumplido", enviada a los rectores de distintas universidades cubanas por el ministro de Educación Superior de la isla, José Saborido, el 29 de diciembre de 2016, y que circuló escaneada en redes digitales de la isla.[3]

Entre los docentes enviados, han venido al país especialistas en marxismo para dictar cursos a los activistas del Frente Francisco de Miranda o a brindar conferencias con temas como "Economía y política en la construcción socialista" en dependencias oficiales.

Además de los profesores del MES, llegaron maestros del ministerio de Educación (Mined), responsable de la educación básica y técnica en la isla. En 2017, el Mined informó que tenía 423 educadores destacados en Venezuela. Dependiendo de su nivel y las tareas que desempeñan en las misiones, los maestros reciben en Cuba entre 200 y 300 dólares mensuales, mucho más de lo que gana cualquier docente local. En julio de 2018, el sueldo de un maestro venezolano oscilaba entre 4.5 dólares mensuales, los de menor experiencia (nivel I) y 6.7 dólares aquellos que tienen maestrías (docente VI).

Se desconoce cuánto gasta Venezuela en el personal educativo cubano. Al igual que en las misiones de salud, la información es estrictamente confidencial y ninguno de los dos gobiernos lo ha revelado. También se mantienen ocultos y protegidos de cualquier contraloría los contratos de importación de material pedagógico desde la isla.

Nada más en 2004, cuando comenzaban los primeros programas, el país recibió más de 15 millones de casetes, más de 90 millones de materiales impresos y más de un millón 640 mil bibliotecas familiares, supuestamente donados por La Habana, según informó Chávez en su mensaje anual a la nación en enero de 2005.

Todos los libros —incluidos los de historia y lengua— y los videos de la Misión Robinson II son hechos en la isla. El gobierno de Fidel Castro, tan pendiente de todos los detalles, envió equipos que Cuba no produce y tuvo que importar, como televisores y aparatos de VHS, una tecnología obsoleta, reemplazada desde hacía años por el DVD en Venezuela.

"Los televisores vinieron de Cuba, yo un día, incluso, le mandé a decir a Fidel. Mira, dile a Fidel que si sigue abusando vamos a romper relaciones diplomáticas, porque ya esto es un abuso, aviones y aviones a toda hora; barcos cargados de televisores y de.. ¿cómo se llaman los aparaticos? Los VHS", señaló el presidente venezolano el 5 de octubre de 2005 durante la clausura de la VI Reunión de la Comisión Mixta Cuba-Venezuela.[4] El público en el amplio salón del hotel Caracas Hilton estalló en aplausos y carcajadas. Tal vez les pareció chistoso volver al VHS cuando ya era una reliquia.

De la mano de Fidel, Venezuela entraba en el túnel del tiempo. "A estas alturas debe saber el mundo ya que nuestros destinos están sellados", anunció Chávez en el mismo acto. Como si fuera una novedad, como si nadie lo hubiera percibido. Su decisión de someter las directrices de los nuevos programas a la isla estaba en marcha. Los ministerios de Educación de ambos países trabajarían en perfecta sincronía.

En 2014, la ministra de Educación cubana, Ena Elsa Velázquez, se reunió con directivos del ministerio venezolano "para fijar los planes hacia el próximo año", según un reporte de la agencia *Prensa Latina*. El presidente de la Misión Ribas, Orlando Ortegano, aprovechó la visita para entregarle un reconocimiento "por contribuir a la consolidación de ese programa y forjar al hombre nuevo para la construcción de la patria socialista", durante una reunión con colaboradores de la isla, en la sede de la petrolera estatal PDVSA en Caracas.[5]

Ambos gobiernos han guardado con celo los detalles sobre los acuerdos, que renuevan anualmente. Caracas habla de asistencia técnica para el "perfeccionamiento de la educación bolivariana", sin más. Ninguno especifica en qué consiste y qué alcance tiene la asesoría. Sin embargo, un documento divulgado en la página web del Ministerio de Relaciones Exteriores cubano dejó clara la labor de adoctrinamiento a miembros de la Misión Ribas, dedicada a la culminación de bachillerato y la enseñanza de oficios.

Entre las metas cumplidas en 2014, el Grupo Nacional de Trabajo,[6] coordinado por el Ministerio de Educación Superior cubano, refiere "la capacitación y formación política en Cuba de miembros del movimiento estudiantil, directivos y brigadistas" del programa, cuyos alumnos son llamados "vencedores". Entre "los principales impactos logrados en el año" destacaban: "Se capacitó y asesoró técnica y políticamente en la República de Venezuela a 2 mil 550 miembros de las estructuras y vencedores por especialistas cubanos. Se han capacitado en la República de Cuba a 297 miembros de las estructuras de los diferentes niveles, líderes del movimiento estudiantil, brigadistas de la construcción y beneficiarios".[7]

El gobierno venezolano también ha pagado a Cuba por adoctrinar a jóvenes estudiantes en el país. "Se trabajó en el diseño e implementación de la Escuela de Cuadros 'Ernesto Che Guevara' en todos los estados, donde se intercambió y se dictaron talleres de formación a más de 3 mil 500 miembros de la Misión [Ribas]. Se impartieron talleres de formación política como parte del primer módulo de la Escuela de Cuadros por 12 especialistas cubanos en los 24 estados, capacitando a 2 mil 340 miembros de las estructuras, facilitadores y líderes del movimiento estudiantil."

Hasta mediados de 2018, la Misión Ribas había formado a más de un millón 700 mil personas, según cifras del gobierno venezolano. Los facilitadores, como llaman a los guías del programa, reciben una asignación mensual y suelen marchar, junto a los "vencedores", cada vez que el gobierno requiere su presencia en manifestaciones antimperialistas, donde fustigan a la oposición y al capitalismo, y exaltan a los comandantes Chávez y Fidel Castro.

Pedro Velásquez, miembro de una brigada de 102 "vencedores", que trabajaba en un edificio en Santiago de Cuba, reveló que los obreros habían aprendido tanto de construcción como de ideología. "Todo el contingente que tenemos acá viene de la Misión Ribas. Todos tienen una formación política, un alto nivel de compromiso y de conciencia revolucionaria." El vocero dijo al diario estatal *Correo del Orinoco* que a los obreros "se les dieron cursos de formación política y luego las materias relacionadas con la construcción y carpintería".[8] Las prioridades estaban claras.

Los educadores también son formados y evaluados por los cubanos. En un aparte dedicado a los avances del convenio con el Ministerio de Educación venezolano, el Grupo de Trabajo reportó el entrenamiento a más de mil docentes venezolanos por parte de 74 asesores cubanos y 21 asesorías a nivel de las direcciones generales. "Participaron 127 asesores cubanos, los que intercambiaron saberes y experiencias de manera directa con 6 mil 283 docentes, directores, supervisores, servidoras y servidores públicos del subsistema de Educación Básica."

La Misión Educativa Cubana contaba ese año con 423 "misioneros" en Venezuela "para asesorar el trabajo de las misiones Robinson, Ribas y Sucre" y los "convenios de trabajo" con cuatro ministerios: Educación; Educación Universitaria, Ciencia y Tecnología; y Petróleo y Minería, "además de 24 asesores para la construcción". En un país con infraestructuras y edificaciones más modernas no faltaban expertos venezolanos en construcción, pero ninguno era capaz de dar clases de castrismo y revolución.

* * *

"Tenemos el mismo enemigo que ha aplicado contra nosotros el mismo esquema y damos la misma respuesta: resistencia." Pedro Infante se expresa como un militar a punto de empuñar el fusil contra los marines pero no es un soldado. Es un especialista en Cultura Física, formado en Cuba, que Maduro designó ministro de Deporte en 2017. El joven funcionario, que también dice ser analista político, se define en su cuenta de Twitter como "soldado de la patria, militante de la Revolución, Batallón Deportivo Bolívar, Chávez y Martí, 100% antimperialista".

Los cubanos asesoran al Ministerio y están al frente de la Misión Barrio Adentro Deportivo, que comenzó a gestarse a principios de 2001. Entonces, el gobierno de Fidel Castro envió a Venezuela al viceministro cubano de Deporte, Alberto Juantorena, con la primera "avanzada" de 300 entrenadores. En esa época, el costo para el Estado venezolano oscilaba entre 800 y mil 500 dólares mensuales por cada uno, según la presidenta del Instituto Nacional de Deportes, Francis Terán; pero el gobierno cubano sólo les pagaba un salario mensual de 200 dólares.

En 2014, había 6 mil 140 trabajadores cubanos en el sector, de acuerdo con datos oficiales de la isla. Algunos eran profesores de Cultura Física. Otros, simplemente, especialistas en recreación que atendían clubes de abuelos, jugaban futbolito con los niños o daban clases de bailoterapia. Desde que Chávez inauguró la misión, a mediados de 2004, más de 10 mil trabajadores caribeños han pasado por el país, según cifras oficiales citadas por Infante en 2016.[9]

Arnel Medina no era precisamente un experto. En Venezuela hacía de todo. "Laboro en diferentes programas o servicios: gimnasia con el adulto mayor, con personas hipertensas u obesas; gimnasia con el niño y la niña; ajedrez en la comunidad, para la alfabetización y masividad de estas disciplinas; y trabajo la bailoterapia, ejercicios con baile con muy buena aceptación, principalmente por las mujeres", declaró a una emisora de la isla.[10]

Entre los eventos que organizan los recreadores como Arnel hay torneos de ajedrez en los que se suele invocar a los padres de las revoluciones cubana y venezolana. En agosto de 2010 se realizó uno en homenaje a Castro y a Hugo Chávez en la ciudad andina de Valera. Antes de comenzar a mover las fichas en el tablero se leyó una declamación denominada "Un canto a Fidel".

Además de la formación de posibles talentos deportivos, los principales programas son: "gimnasia para embarazadas y para la tercera edad, programa de preescolar, bailoterapia, recreación en las comunidades, rehabilitación comunitaria y masificación de ajedrez".[11] Para el gobierno, ninguna de estas simples actividades podía dejarse en manos de venezolanos.

Aunque la "cooperación" deportiva cubana ha disminuido con la crisis económica en Venezuela, en 2018 todavía trabajaban en el país 853 entrenadores, profesores y especialistas de salud, repartidos en 23 estados y el Distrito Capital, de acuerdo con el *Granma*, menos de la cuarta parte de los colaboradores que había en 2016.[12]

* * *

La cubanización, promovida por Hugo Chávez, también incluyó sectores en los que resultaba descabellado importar "servicios profesionales" de la isla, no sólo porque sobraba mano de obra en Venezuela, un país con problemas de desempleo y subempleo, sino porque estaban peor capacitados. Sectores en los que Cuba estaba muy rezagada en relación al resto de América Latina, como la energía eléctrica y la agricultura.

La confianza del mandatario en los cubanos tenía más que ver con el propósito de insertarlos en todo, como parte de un proyecto político, que con sus destrezas reales para ayudar al desarrollo de la economía venezolana cuando les faltaba tanto por hacer en su propio país.

Teniendo como vecino a un gigante como Brasil, el presidente venezolano contrató al gobierno cubano como asesor en materia de electricidad. Por encima de todos sus aliados regionales, eligió a la isla de poco más de 100 mil kilómetros cuadrados para brindar asesoría y asistencia técnica a un territorio de más de más de 900 mil kilómetros cuadrados. Con un complejo sistema eléctrico, que incluía la tercera mayor hidroeléctrica del mundo, la Central de Guri, y suficientes trabajadores especializados, Venezuela ha gastado millones de dólares en la contratación de 10 mil trabajadores cubanos, con los más oscuros resultados.

"Un día, de pronto, metieron a 400 cubanos en Planta Centro [una termoeléctrica en el estado Carabobo], después los encargaron de la inspección de las líneas de transmisión de Macagua [una hidroeléctrica] y en Táchira", señaló un ingeniero de la Corporación Eléctrica Nacional (Corpoelec) que pidió proteger su identidad. En los noventa, cuando trabajaba en la Electricidad de Caracas, Jesús había viajado a Cuba para dictar cursos a un grupo de trabajadores. "¿Que me iba a imaginar yo que años después uno de ellos iba a venir para acá como mi jefe?"

Tampoco se lo imaginaban entonces los antillanos, que nunca en su vida habían visto una central hidroeléctrica y terminarían haciendo mantenimiento en Guri. Los "eléctricos" cubanos, como les dicen en la isla, comenzaron a llegar al país cuando Chávez tenía siete años en el poder y La Habana impulsaba cambios en el sector. En 2005, la Asamblea Nacional cubana designó el 2006 "Año de la Revolución Energética". El presidente venezolano no tardó en seguir sus pasos.

En noviembre de ese año, anunció la Misión Revolución Energética para Venezuela. El programa contemplaba la sustitución de bombillos incandescentes por ahorradores de luz blanca (fluorescentes), la instalación de plantas de generación distribuida, de acuerdo con el modelo cubano, y la capacitación de trabajadores venezolanos en Cuba. Chávez no ocultó de dónde vino la idea. "La primera vez que yo me conseguí un bombillo ahorrador fue en Cuba, ¿quién me lo enseñó? Fidel Castro dándome clase...", recordaría años más tarde cuando ordenó al presidente de PDVSA, Rafael Ramírez, adquirir más suministros, es decir, darle dinero al gobierno cubano para que los comprara.[13]

Como si fuera muy arduo para los venezolanos cambiar un foco, su gobierno contrató más de mil "trabajadores sociales" cubanos (mil 193), que les harían el favor de colocarlos, en visitas casa por casa, acompañados de empleados locales. Las brigadas tenían órdenes de no entregar el material, pero algunos terminaron haciéndolo porque, como era previsible, muchos no les permitieron entrar a sus viviendas.

Chávez no reparaba en los costos ni en los absurdos. Con todos los poderes públicos a su favor, no le rendía cuentas a nadie. En total, durante su gobierno se sustituyeron, según cifras oficiales, 68.5 millones de bombillos altamente contaminantes por su contenido de mercurio, como advertiría ocho años después Nicolás Maduro, al anunciar un plan para cambiar los focos ahorradores por luminarias LED y que, como tantos anuncios oficiales, quedó en palabras.

En 2006, se puso en marcha un plan sugerido por La Habana para instalar plantas termoeléctricas en el país. Cuba las importó de Brasil, a pesar de que Venezuela comparte fronteras con ese país y le resultaba más fácil y menos costoso comprarlas directamente. "Seguimos instalando las plantas de generación distribuida, es la revolución energética, eléctrica. Y este plan, el primero del que me habló a mí de esto fue Fidel Castro", reconocería el mandatario años después.[14]

La misión incluyó la capacitación de venezolanos en la isla, muchos de ellos provenientes de las misiones educativas. "En el 2006, fuimos aproximadamente como 50 compañeros, y bueno sí me encuentro acá prestando apoyo a los nuevos operadores y tengo ya, voy para cuatro años en la misión generación distribuida", recordó el operador Gregorio Velásquez en un acto del Estado Mayor Eléctrico en marzo de 2010.[15] Algunos trabajadores han recibido cursos de dos meses en el Centro Nacional de Certificación Industrial (CNCI), en Cienfuegos.

Aunque los eléctricos cubanos han trabajado en el país al menos desde 2005, la penetración masiva comenzó en 2010. Cuando el servicio comenzó a fallar, tres años después de que el presidente Chávez estatizara todo el sector, el gobierno cubano vio la oportunidad de intervenir directamente. Chávez lo reveló con regocijo el 2 de febrero.

"Fidel Castro hizo contacto con nosotros, envió un mensaje, y solicitó autorización para enviar, a través del presidente Raúl Castro, una comisión técnica para ayudarnos a enfrentar el problema eléctrico, ellos lo han tenido y muy grave, en otras épocas. Así que hemos recibido y está con nosotros, al frente de esa comisión técnica, uno de los héroes de la Revolución cubana, el comandante Ramiro Valdés."[16] Los antillanos, expertos en apagones, demostrarían su dilatada experiencia en Venezuela.

En realidad, la incursión venía cocinándose desde antes con la participación del gobierno venezolano. En noviembre de 2009, cuatro días después de reunirse con Fidel y Raúl Castro en la isla, Chávez había anunciado la creación de un ministerio de Energía Eléctrica. Tres semanas más tarde, volvió a La Habana y firmó un acuerdo con la Unión Eléctrica de Cuba para la formación técnica de trabajadores venezolanos pese a las diferencias en los sistemas de los dos países.[17]

El héroe enviado por Fidel Castro para ayudar a los incompetentes venezolanos ocupaba entonces el cargo de ministro de Comunicación e Informática y era vicepresidente del Consejo de Ministros de Cuba, sin duda un hombre versátil. Había comandado, desde 2005, la penetración de los cubanos en la Oficina Nacional de Identificación y en el Sistema de Registros y Notarías. También, en las redes y softwares de la administración pública. Bajo sus órdenes, el ingeniero mecánico Vicente de la O Levy —ex presidente de la Metalúrgica de Cuba y de la Unión Eléctrica (Une)— dirigió la Misión Energética cubana en el país.

Ramiro Valdés, entonces de 78 años, contó con un facilitador inigualable en Venezuela, un viejo conocido de los años sesenta: el ex guerrillero Alí Rodríguez, de 73 años, nombrado ministro de Energía Eléctrica apenas dos semanas antes de su llegada a Caracas. Tal vez el más castrista de los colaboradores de Chávez, el funcionario de patillas blancas y cabello negro había sido su primer ministro de Energía y Petróleo, presidente de PDVSA (2002-2004), canciller (2004-2006) y ministro de Economía y Finanzas (2008-2010).

Alí Rodríguez, un radical de modales correctos y voz suave, estaba encantado de recibir a los camaradas. Durante su gestión en el Ministerio, centenares de salvadores de la Unión Eléctrica (Une) de Cuba se enquistaron en la Corporación Eléctrica Nacional (Corpoelec) y en cada una de las centrales del sistema. En menos de un año, Venezuela firmó 23 proyectos con Cuba.

El ex director de la Une, Vicente de la O Levy, "fue el responsable de ejecutar varios programas con Corpoelec como la rehabilitación y mantenimiento de centrales de generación eléctricas, operación y mantenimiento de generación distribuida y la construcción de líneas y subestaciones eléctricas", de acuerdo con la embajada de Cuba.[18] Miembros de la Une también han trabajado en la instalación de plantas, en el mantenimiento de redes de alta y baja tensión y en los programas de "pica y poda", coordinados por Fuerza Choque, una unidad del Comando Estratégico Operacional de la Fuerza Armada Nacional Bolivariana (CEOFANB), encargada de custodiar todas las instalaciones eléctricas del país.

La asesoría cubana ha calado más lejos aún, a niveles gerenciales. En 2011, el gobierno venezolano llegó a usar parte de un financiamiento de 300 millones de dólares del Banco Interamericano de Desarrollo (BID), destinado al fortalecimiento institucional de Corpoelec, para pagar "la asesoría técnica contratada con la Unión Nacional Eléctrica de Cuba para evaluar el modelo de empresa que se requiere para Venezuela".[19]

El gobierno de los hermanos Castro sabría, sin duda, qué modelo era más conveniente. Aunque no se había resuelto lo primordial, la regularización del servicio, había grandes planes conjuntos cuando el ministro Alí Rodríguez se reunió con Ricardo Cabrisas, vicepresidente del Consejo de Ministros de Cuba, a principios de ese año en Caracas. Entre ellos, se planteó la creación de un instituto latinoamericano de investigación y estudios energéticos y una empresa de fabricación de transformadores.

Rodríguez solía celebrar la compenetración con el gobierno de la isla. "Se puede decir que la participación de los compañeros cubanos en Venezuela ha tenido la virtud de que actúan ya conjuntamente con nosotros, como un solo equipo de manera que están presentes donde haya cualquier problema que corregir", reseñó la agencia nacional de noticias AVN.

Los ingenieros y técnicos cubanos estaban en todo. También asesoraban a Corpoelec en 257 proyectos dirigidos a consejos comunales, trabajaban en diversas tareas de mantenimiento, en la "instalación de equipos comprados por Cuba y el montaje de más de 96 mil medidores", de acuerdo con información de la empresa divulgada por *El Nacional*.[20]

Jesús, el ingeniero de Corpoelec que vio a uno de sus alumnos cubanos llegar al país como su jefe, reveló que algunos antillanos estuvieron involucrados en varios accidentes, por inexperiencia y el desconocimiento del sistema venezolano. "En Barinas, por ejemplo, fueron responsables de la explosión de una subestación y, lamentablemente, en otro accidente, uno de sus trabajadores murió al caer en un colector de aguas residuales calientes."

Aunque los extranjeros acostumbran evitar, en la medida de lo posible, el contacto con los empleados locales —"se callan cuando no saben algo"—, Jesús terminó trabando amistad con algunos de ellos y se mostraba orgulloso de haber podido ayudar a dos trabajadores a escapar a Colombia.

A mediados de 2013, como si Corpoelec hubiera alcanzado un servicio impecable y Venezuela no siguiera padeciendo apagones, el presidente Maduro ordenó a su ministro de Energía Eléctrica, Jesse Chacón (2013-2015) condecorar a Vicente de la O Levy "por su contribución en la recuperación del Sistema Eléctrico Nacional".[21] La asesoría se ha extendido y perpetuado, así como los problemas eléctricos.

> Durante los ocho años de la Misión Energética cubana en Venezuela, cumplidos el sábado 21 de abril, han trabajado en la patria de Chávez 9 mil 677 colaboradores de la Unión Eléctrica (Une) de la Mayor de las Antillas, empeñados en asegurar, en medio de las adversidades climatológicas y económicas, y de agresiones de todo tipo, la estabilidad de la generación en las plantas y la conducción por las redes.[22]

La nota del órgano informativo cubano *Trabajadores*, publicada en 2018, estaba completamente disociada de la realidad. Cada día aumentaban, y se agravaban, las fallas de electricidad.

A juzgar por los resultados, la ayuda de Valdés y los cubanos no sirvió de mucho. De hecho, Caracas se ha convertido en la capital más tenebrosa de América Latina. En 2018, ya era habitual, y bastante sobrecogedor, recorrer sus amplias autopistas en penumbras. Como parte de la revolución energética, el gobierno de Chávez había ido sustituyendo los potentes focos del alumbrado público, que iluminaban la ciudad desde la segunda mitad del siglo XX, por otros que arrojan una luz débil y espectral, más adecuados para interiores o espacios pequeños. Eso es una nimiedad comparado con los grandes apagones nacionales de marzo de 2019, *blackouts* de más de 48 horas, que en algunos estados como Zulia duraron hasta siete días, y hacían recordar las palabras de Chávez sobre la experiencia de los cubanos.

En contraste, La Habana está espléndidamente iluminada gracias al generoso mandatario venezolano, que en 2005 financió la reconstrucción y modernización de las redes de electricidad de la capital, a través del Banco de Desarrollo Económico y Social de Venezuela (Bandes). A mediados de 2018, el gobierno cubano celebró el éxito de su misión en Venezuela con estímulos morales a los empleados de la Une, como reseñó *Trabajadores*. Un éxito de propaganda, a menos que la intención hubiera sido precisamente hundir al país en las tinieblas.

"Un recuento de hazañas fue el discurso con que Julio César García Rodríguez, jefe de la Oficina de Atención a Misiones (OAM) cubanas en Venezuela, concluyó el reconocimiento a los eléctricos que pasaron por este país y los 155 que actualmente laboran allí." Impermeables al fracaso, ignoraban olímpicamente la debacle que ya admitía con exasperación el general Luis Motta, ministro de Energía Eléctrica (2015-abril 2019). "Estamos ahorita en crisis... ¿Ustedes creen que yo quiero que sufran eso?", señaló días antes de un gran apagón que afectó durante varias horas a Caracas, tan parecida ahora a la capital cubana del periodo especial.

* * *

Así como se suponía que Cuba iba a ayudar a Venezuela a tener un servicio eléctrico de primera, también se vendió la idea de que contribuiría a convertir el país en una potencia agrícola con plena soberanía alimentaria. Gracias a la ayuda de los camaradas, los habitantes de las ciudades iban a convertirse en "agrovenezolanas y agrovenezolanos urbanos". Los del campo verían nacer nuevas semillas y cultivos. Y nacería una poderosa raza del cruce de los toros criollos con las vacas Siboney, que el gobierno de los Castro envió por avión. La meta era aumentar la producción agropecuaria para abastecer el mercado interno y exportar.

La potencia petrolera iba a alcanzar el nirvana agropecuario con la asesoría de una isla que importa casi un 70% de lo que consume la población. Ésa era la utopía de Chávez, un fracaso cantado.

Los técnicos agrícolas cubanos comenzaron a aterrizar en el país oficialmente en 2001, cuando el gobierno de Fidel Castro mandó un primer grupo de 70 para trabajar en la preparación de tierras para el cultivo. A partir de entonces, se ha ensayado una serie de proyectos promovidos por Cuba. Desde núcleos endógenos y fundos zamoranos en haciendas expropiadas hasta gallineros verticales en las ciudades. Agricultura familiar, urbana y periurbana, "viveros multipropósito", siembra de moringa y morera; y capacitación para cooperativas. Sus técnicos han venido incluso para dar lecciones de control de garrapatas y proyectos de vialidad.

El gobierno venezolano compró todas y cada una de las propuestas del gobierno castrista en la materia, sin importar que algunos de los supuestos adelantos de la isla fueran ficción y otros existieran en el país desde mucho antes —como las cultivos hidropónicos o las cooperativas— con mucho más éxito. Chávez se comportaba como si Cuba fuera una súper potencia en agricultura y alimentación, como si desconociera que, todavía en el siglo XXI, su población era la única del continente sometida a los rigores de una libreta de racionamiento.

En 15 años, desde 2003 hasta 2018, casi 5 mil (4 mil 910) técnicos agrícolas "han ofrecido asistencia técnica y han contribuido a la formación de mil 800 profesionales venezolanos en capacitaciones

efectuadas en La Habana y Caracas", según la Central de Trabajadores de Cuba (CTC).[23] Un lujo que sólo un país petrolero podía
pagar: casi tres antillanos por cada aprendiz venezolano. "Pero en la
Venezuela profunda un cuarto de millón de productores comunitarios también ha recibido asesoría de los 'guajiros' de campo y ciudad
de la isla hermana", aclaró el órgano informativo de la CTC como si
tuviera conciencia del exceso.

La cifra podría estar subestimada porque sólo en 2006, el año en
el que Fidel Castro creó la Misión Especial Campo Adentro, según
la CTC, el Ministerio de Agricultura y Tierras de Venezuela anunció la llegada al país de cuatro mil técnicos de la isla. No se sabe si
los datos disponibles incluyen a los ingenieros agrónomos cubanos
que trabajan como asesores a tiempo completo en dos ministerios: el
de Alimentación y el de Agricultura y Tierras.

Los cubanos han jugado un rol fundamental en la concepción y
ejecución de las misiones Alimentación y Mercal (Mercado de Alimentación), inauguradas en 2003. A semejanza de la isla, el gobierno
de Chávez creó al año siguiente el Ministerio de Alimentación y la
estructura necesaria para controlar parte de la producción, importación, almacenamiento, distribución y venta de alimentos básicos en
el país. Ninguna fase quedó por fuera.

Por órdenes del mandatario venezolano, se asignó un asesor de la
isla a los ministros de Alimentación y Agricultura; a los 24 coordinadores regionales de Mercal y a los gerentes para supervisarlos. Cada
directivo venezolano del sector ha tenido su sombra cubana. O al
revés, cada cubano su subordinado local. La Coordinación General de
la Misión Agroalimentaria también está en manos de Cuba y, en
2018, la dirigía el funcionario cubano Ángel Recio Aldabó.

Además, La Habana colocó sus fichas en la Corporación de
Abastecimiento y Servicios Agrícolas (CASA), en la Fundación Programa de Alimentos Estratégicos (Fundaproal) y en otras dependencias. Incluso, agentes cubanos han manejado el financiamiento a los
productores, con recursos venezolanos. "Los cubanos supervisan
los créditos que entrega el ministerio de Agricultura. Los vi y hablé
con ellos en Guárico y Cojedes [estados del centro del país]", asegu-

ró una fuente del sector. También hay supervisores en las plantas productoras y los silos que maneja el gobierno. Los ojos del gobierno de Castro están en todas partes.

Ramón Chávez, funcionario del gobierno cubano, prácticamente dirigía Mercal desde que llegó a Venezuela en 2003, con una docena de técnicos de la isla. "Mercal llegó pa' quedarse", aseguró en una ocasión el ingeniero que suele expresarse como si fuera venezolano, imitando incluso el estilo del presidente Chávez. El cubano ha sido el asesor principal del presidente de la misión y de los ministros de Alimentación venezolanos, cargos que solían recaer en el mismo hombre, por lo general, un oficial del ejército.

Los militares venezolanos que han pasado por el ministerio han estado de acuerdo con la supervisión o se han sometido mansamente para mantener el cargo. Bajo la mirada atenta del "profesor Chávez", como le llaman algunos, el teniente coronel, Félix Osorio, ministro de Alimentación (2008-2010) y también presidente de Mercal desde 2006, se reunió en Caracas, el 19 de enero de 2010, con los "Asesores Cubanos" —en mayúsculas en la nota oficial— para escuchar sus "metas, objetivos y planes" para el óptimo desempeño del programa.

El ministro Osorio afirmó entonces a los técnicos cubanos que "Mercal no sería lo mismo sin su apoyo incondicional". El militar tenía razón. Nada sería lo mismo en Venezuela sin el apoyo incondicional del gobierno cubano.

En los primeros siete años de Mercal, La Habana envió más de 200 asesores, según Ramón Chávez, que en 2010 era coordinador nacional y dirigía una red de 43 cubanos. Pocos empleados venezolanos conocían la estatal de alimentos como él. "*Nuestra* prioridad es Mercal y por eso la mayor cantidad de sus productos deben estar en *nuestros* anaqueles, para poderle brindar seguridad a *nuestro* pueblo en materia alimentaria", sostuvo como si fuera el ministro en 2014, año en que Maduro exigió a los proveedores vender 70% de sus mercancías al gobierno.[24]

Ramón Chávez o Ramón González Chávez, como lo citaban las reseñas oficiales, ha asesorado a Mercal al menos durante 13 años. En 2015, tenía a su cargo a 17 ingenieros agrónomos de la isla. También ha sido consultor de PDVAL (Productora y Distribuidora Venezolana de Alimentos), creada en enero de 2008, según una fuente interna. Al funcionario cubano no parecía gustarle delegar en los empleados venezolanos. Vestido con camisa manga corta a cuadros, una prenda característica de los burócratas castristas en el país, se le podía ver supervisando el despliegue de camiones cargados de hortalizas y verduras los fines de semana. "Estamos abasteciendo más de 20 puntos de venta, con cerca de 50 toneladas de alimentos en cada entrega", señaló el 6 de octubre de 2015.[25]

Ramón Chávez no ha sido el único en mandar y disponer como si Venezuela fuera una colonia de la isla. Bárbara Castillo Cuesta, ministra de Comercio Interno de Cuba (1995-2006) y miembro del Comité Central del Partido Comunista, vivió en el país y desempeñó importantes funciones en la Misión Alimentación. Barbarita, la llamaba cariñosamente el presidente Chávez, a pesar de que era mayor que él.

"Recuerdo mucho a aquella compañera, Bárbara Castillo, Barbarita. Bueno, entonces creamos la Casa de Alimentación, 6 mil casas...", recordó el 8 de agosto de 2012 al comentar los inicios del programa en 2003. Castillo acompañó a Chávez en el acto de lanzamiento de la Misión Mercal en Caracas en 2004. Nueve meses más tarde, en Barinas, el presidente destacó que la ministra cubana estaba en el país "cooperando en el esfuerzo de integración económica" bilateral.

Cuando Fidel Castro relevó a la funcionaria del Ministerio, en 2006, los medios de la isla informaron que cumplía "una importante tarea internacionalista asignada por el Consejo de Estado". Esa tarea no era otra que asesorar al gobierno de Hugo Chávez y lo hizo, con enorme poder, durante varios años. No sólo en alimentación sino también en la Misión Vuelvan Caras, un programa de capacitación para cooperativas que, tal vez para sincerarse, Chávez rebautizó en 2007 con el nombre de Misión Che Guevara.

Sin tener conocimiento alguno del mercado venezolano, la poderosa ex funcionaria dirigió, como secretaria ejecutiva, el Centro de Balance de Alimentos (Cenbal), dependiente de la Vicepresidencia. Desde ese cargo, Barbarita hacía recomendaciones incuestionables a PDVAL sobre los productos y la cantidad que se debía importar. Investigaciones de la prensa local la vincularon con la pérdida de más de 100 mil toneladas de alimentos, descompuestos antes de ser distribuidos, en un escándalo bautizado con el nombre de "Pudreval".

El canal de noticias Globovisión publicó una carta de Castillo dirigida en julio de 2008 al vicepresidente venezolano, el coronel Ramón Carrizales (2008-2010) y a Bariven, filial de la petrolera venezolana PDVSA, en la que recomendaba dar prioridad a las órdenes de compra y cartas de crédito para la importación de arroz. Según la televisora, la ex ministra de Castro era quien "fijaba las metas en la cadena de negocios de PDVAL", la división de alimentos de PDVSA.[26]

Aunque Venezuela tiene más experiencia en materia cafetalera que Cuba y su producción era mayor, Hugo Chávez también encargó a Barbarita Castillo asesorar el Plan Café, junto a un grupo de funcionarios de la isla. Castillo coordinó la Sala Técnica del programa y presidió reuniones con caficultores en el Inces (Instituto Nacional de Capacitación y Educación). En 2010, el dirigente comunitario Francisco Adriani denunció que los cubanos pretendían "la formación político-ideológica" y que, en las reuniones semanales, actuaban como propagandistas del chavismo. Para eso habían venido, para eso les pagaba el gobierno venezolano.

Debido a la cantidad de proyectos de cooperación —casi 200—, los antillanos han estado metidos en todos los programas gubernamentales en materia de agricultura y de alimentación: en la producción de lácteos, frutas, arroz, tubérculos, frijoles, café y cacao, frutales, alimento para animales, porcinos, aves y semillas. En todos han tenido un poder, en muchas ocasiones, mayor al de los gerentes, supervisores y empleados venezolanos.

Otros funcionarios del gobierno de los Castro como el viceministro de la Industria Alimentaria de Cuba (Minal), Yanoski Calderín González, coordinan en el país varios proyectos de la Misión Campo Adentro con el Ministerio de Producción Agrícola y Tierras. Y los técnicos de la isla participan en la preparación de suelos, cosechas y vialidad. Sus asesores deciden, por ejemplo, qué equipamiento comprar para la Red Nacional de Unidades Territoriales de Servicios de Mecanización (UTSM), copiada de Cuba, y dónde deben ser instalados los equipos (tractores, cosechadoras, sembradoras). Los cubanos se encargan de la capacitación a venezolanos en el país y en la isla. En 2011, se formaron en Cuba 82 directivos, operadores y mecánicos para las UTSM.[27]

Por último, y no menos importante, Hugo Chávez decidió incorporar al gobierno de los hermanos Castro como copropietario en una serie de empresas mixtas en Venezuela. Así entraron en compañías estatales de porcinos, arroz, leguminosas, lácteos, pesca, aves y cacao, entre otras, generalmente sin poner un centavo para el financiamiento o la infraestructura. Blindadas a cualquier escrutinio ciudadano, algunas han quebrado después de que el gobierno hiciera inversiones millonarias que se han evaporado.

No hay una etapa del proceso en la que no estén involucrados los cubanos. Lo dijo, con plena conciencia, el ministro de Agricultura y Tierras, Wilmar Castro Soteldo (ex militar), luego de una reunión con el viceministro antillano Yanosky Calderín, en abril de 2018. "Revisamos el avance de los acuerdos bilaterales en materia económica en el área agrícola, desde la materia prima hasta la agroindustria."

Los resultados de la asesoría cubana están a la vista. Lejos de aumentar, la producción de alimentos ha disminuido dramáticamente en Venezuela. Y, en lugar de soberanía alimentaria, se ha impuesto una mayor dependencia de las importaciones y uno de los racionamientos más perversos. Desde 2016, millones de familias dependen de una bolsa de alimentos subsidiados que distribuyen los militares y venden comités —un aporte muy castrista al lenguaje— controlados por el oficialismo, a precios subsidiados.[28]

Mayra G. vive en Catia, una zona popular del oeste de Caracas, y se queja de que tiene que pagar la bolsa CLAP (Comité Local de Abastecimiento y Producción) en efectivo y por adelantado, además de parte del flete. "A veces te llega una vez al mes pero me ha tardado 45 días y hasta dos meses." Con cuatro hijos que mantener, el contenido —harina de maíz, arroz, granos, aceite, leche, pasta, azúcar y atún, todos importados de México o de Turquía—, desaparece en 10 días. El programa es insuficiente para toda la población y ha dado lugar a un mercado negro, en el que un kilogramo de harina de maíz, regulada en 800 bolívares, costaba un millón 900 mil bolívares en julio de 2018.

"Mi sueño es un CLAP cada 15 días, ampliado, para no depender de bachaqueros", aseguró Maduro a mediados de 2018, al admitir que muchas personas no tienen más remedio que acudir a los revendedores, una situación ante la que el gobierno se hace de la vista gorda. El sueño de Mayra y de todos los venezolanos, incluidos los más chavistas, es hacer mercado libremente y comprar comida sin depender de un comité oficialista. Pero eso es parte del juego, del sometimiento planificado, del ABC del control social. Y, en ese sentido, no se puede decir que la integración no haya sido un éxito. En la indignante carrera por conseguir un pollo o media docena de huevos, los venezolanos se sienten realmente hermanados con el proletariado cubano.

NOTAS

[1] *Aló Presidente* N° 67, 1 de abril de 2001, *Todo Chávez en la web,* http://www.todo chavez.gob.ve/todochavez/3927-alo-presidente-n-67.

[2] "Cuenta actualmente con más de 225 mil estudiantes. Misión Robinson hizo reconocimiento a sus facilitadores y a Fidel Castro", *Correo del Orinoco,* Caracas, 16 de agosto de 2016, http://www.correodelorinoco.gob.ve/comunicacion-cultura/mision-robinson-hizo-reconocimiento-a-sus-facilitadores-y-a-fidel-castro/.

[3] Una copia del documento, que circuló en las redes de la isla, ya no está disponible.

[4] "Clausura de la VI Comisión Mixta del Convenio Integral de Cooperación Cuba-Venezuela", *Todo Chávez en la web,* Caracas, 5 de octubre de 2005, http://www.todochavez.gob.ve/todochavez/2961-clausura-de-la-vi-comision-mixta-del-convenio-integral-de-cooperacion-cuba-venezuela.

[5] "Venezuela y Cuba consolidan acuerdos en materia educativa", *Prensa Latina,* Caracas, 8 de octubre de 2014.

[6] Coordinado por el Ministerio de Educación Superior, el grupo está integrado por los ministerios de Salud Pública, Educación, Cultura, Trabajo y Seguridad Social, y el Instituto de Deportes, Educación Física y Recreación (Inder).

[7] Grupo Nacional de Trabajo, Consejo Social del Alba-TCP, Cuba, Informe sobre los resultados en 2014, http://albatcp.cubaminrex.cu/?q=news/grupo-nacional-de-trabajo-consejo-social-del-alba-tcp-cuba-informe-sobre-los-resultados-en-el-2014.

[8] "Vencedores de Misión Ribas construyen esperanzas en Santiago de Cuba", Embajada de Cuba en Venezuela, 28 de noviembre de 2012, http://www.embajada cuba.com.ve/noticias/vencedores-de-mision-ribas-construyen-esperanzas-en-santiago-de-cuba/.

[9] "Hay más de 4 mil entrenadores cubanos en Venezuela. Celebran los 12 años de la Misión Tierra Adentro", *Correo del Orinoco*, 1 de agosto de 2016, http://www.correodelorinoco.gob.ve/celebran-12-anos-mision-barrio-adentro/.

[10] "Más que todo... amor", Radio Artemisa, Cuba, 17 de agosto de 2014, http://www.artemisaradioweb.icrt.cu/index.php?option=com_content&view=article&id=3061:mas-que-todo-amor&catid=14&Itemid=113&lang=es.

[11] Grupo Nacional de Trabajo, Consejo Social del Alba-TCP, Cuba, Informe sobre los resultados en 2014, *loc.cit.*

[12] Milanés, E., "Solidaridad deportiva en Venezuela", *Granma*, Cuba, 23 de febrero de 2018, http://www.granma.cu/deportes/2018-02-23/solidaridad-deportiva-con-venezuela

[13] *Aló Presidente* N° 352, Mérida, Venezuela, 21 de febrero de 2010, *Todo Chávez en la web*, http://todochavez.gob.ve/todochavez/4120-alo-presidente-n-352.

[14] Reunión del Gabinete Ejecutivo y el Estado Mayor Eléctrico, Caracas, 6 de abril de 2010, *Todo Chávez en la web*, http://todochavez.gob.ve/todochavez/622-inter vencion-del-comandante-presidente-hugo-chavez-durante-reunion-del-gabine te-ejecutivo-y-el-estado-mayor-electrico.

[15] "Intervención del Comandante Presidente Hugo Chávez durante reunión del estado Mayor Eléctrico", Caracas, 2 de marzo de 2010, *Todo Chávez en la web,* http://todochavez.gob.ve/todochavez/555-intervencion-del-comandante-presi dente-hugo-chavez-durante-reunion-del-estado-mayor-electrico.

[16] Intervención del presidente Hugo Chávez durante acto con motivo del XI aniversario del inicio del Gobierno revolucionario, Caracas, 2 de febrero de 2010, *Todo Chávez en la web*, http://todochavez.gob.ve/todochavez/482-intervencion-del-comandante-presidente-hugo-chavez-durante-acto-con-motivo-del-xi-ani versario-del-inicio-del-gobierno-revolucionario-y-juramentacion-del-vicepresi dente-ejecutivo-de-la-republica-elias-jaua.

[17] X Comisión Intergubernamental Comisión Cuba-Venezuela, Cuba, 11-14 de diciembre de 2009.

[18] "Entregan Orden Libertadores a Vicente de la O Levy por trabajo en el sector eléctrico", Embajada de Cuba, Caracas, 22 de agosto de 2013, http://embajadade cuba.com.ve/noticias/entregan-orden-libertadores-a-vicente-de-la-o-levy-por-trabajo-en-el-sector-electrico/.

[19] Jiménez, A., *El Nacional*, Caracas, 29 de marzo de 2012.

[20] *Ibid.*

[21] "Entregan Orden Libertadores a Vicente de la O Levy por trabajo en el sector eléctrico", *loc. cit.*

[22] "Los 'grupos electrógenos' de la solidaridad", *Trabajadores*, Cuba, 29 de abril de 2018, http://www.trabajadores.cu/20180429/los-grupos-electrogenos-de-la-so lidaridad/.

[23] Milanés, E., "Venezuela en un surco a 4 manos", *Trabajadores*, Órgano de la Central de Trabajadores de Cuba, 3 de junio de 2018. http://www.trabajadores. cu/20180603/cuba-y-venezuela-en-un-surco-a-cuatro-manos/.

[24] "Proveedores destinarán 70% de sus productos a Mercal", Mercal, Caracas, 1 de octubre de 2014, http://www.mercal.gob.ve/?p=17312.

[25] "Despliegue de jornada de frutas, verduras y hortalizas para el pueblo", Mercal, Caracas, 6 de octubre de 2015, http://www.mercal.gob.ve/?p=27532.

[26] "Los secretos de PDVAL, Parte 2", Globovisión, https://www.youtube.com/watch?v =GaXFHYNm2OU.

[27] Ríos, A., "Servicios de mecanización, introducción en Venezuela de la experiencia cubana", *Revista Ciencias Técnicas Agropecuarias*, Vol. 20, N° 3, Cuba, 2011.

[28] Comités Locales de Abastecimiento Popular (CLAP), creados en 2016 por el presidente Nicolás Maduro como parte de la Gran Misión Abastecimiento Soberano para la venta de una bolsa o caja con algunos productos de la canasta básica a precios subsidiados.

7

La revolución cultural

Vamos construyendo el hombre nuevo en la Revolución bolivariana
para defender que no haya marcha atrás en este proceso.
ALEJANDRO GUMÁ, funcionario cubano,
coordinador de la Misión Cultura Corazón Adentro

Henry Barroso Cisneros cruzó el mar Caribe con un contrato en dólares y una intrépida misión: ayudar a rescatar la identidad venezolana. Como si fuera un galeón hundido en una fosa profunda. No era un experto en el tema, pero el trabajo no parecía tan complicado. "Cuando llego acá, a Venezuela, tengo que aprender el cuatro para, entonces, enseñárselo a las personas de aquí", explicó el joven de Guantánamo en un reporte radial a finales de 2015.[1] Barroso habla como suelen hablar los cubanos de las cosas más insólitas. Con la mayor naturalidad.

Nunca antes ha visitado el país. Jamás ha tenido en sus manos la pequeña guitarra de cuatro cuerdas, considerada el instrumento fundamental de la música folclórica venezolana. Tampoco tiene idea de quiénes son los maestros venezolanos más notables y no sabe que un grupo de jóvenes virtuosos —los miembros del grupo C4 Trío— ganaron un Grammy Latino en 2014 con un álbum de cuatro.

El aprendiz es instructor de arte. Es cubano. Y eso basta para que el gobierno del presidente Nicolás Maduro lo contrate para formar parte de un programa creado por Hugo Chávez en 2008: la Misión Cultura Corazón Adentro, dirigida a fortalecer la identidad nacional y las tradiciones culturales venezolanas nada menos que con la ayuda de trabajadores de la isla caribeña.

A Barroso le han ofrecido cobrar en un mes lo que gana con un año de trabajo en Cuba. Su tarea es enseñar música venezolana en Barrio Encantado, un humilde vecindario de Margarita, donde escasean varios alimentos básicos, como la leche, y algunos medicamentos elementales. La principal isla turística del país, antes próspera y vibrante, no es ni la sombra de lo que fue a finales del siglo xx.

En el reporte de la radio cubana, la periodista destaca la solidaridad de su paisano mientras, al fondo, se escuchan las voces de un grupo de niños cantando "Mi burrito sabanero". El aguinaldo más famoso del país es una melodía novedosa para los oídos del improvisado maestro que los dirige.

Como Barroso, centenares de instructores de arte, reclutados por el gobierno cubano, desembarcan en Venezuela para enseñar lo que hasta hacía poco desconocían completamente. Pedro Estévez, natural de Guantánamo, llega el mismo año y aprende bailes típicos venezolanos para enseñarlos a un grupo de nativos en Los Valles del Tuy, una calurosa ciudad dormitorio a 76 kilómetros de Caracas.

Estévez también se muestra orgulloso de su trabajo ante la radio cubana:

> Por lo menos yo que soy profesor de danza hemos trabajado muy fuerte en cuanto a las danzas tradicionales venezolanas. Y creo que se ha logrado, los padres se sienten muy motivados con el resultado de esa coreografía, y el trabajo creo que se ha visto porque la comunidad lo dice y bueno es la que decide.

Marilyn Díaz, una profesora de teatro de 29 años, se vanagloria de improvisar clases en una escuela de la misma zona sin ser educadora. "Los niños me pidieron que fuera yo la que les diera la clase de Matemáticas, Lenguaje, Geografía e Inglés. Entonces cuando llegó una facilitadora nueva [una maestra venezolana], ellos dijeron que si no era conmigo, la profesora cubana, no querían dal la clase [sic]."[2] Aunque no tiene los conocimientos, se siente por encima, muy por encima de la docente local, y el Ministerio de Educación permite que ocupe la plaza.

El 1 de abril de ese año, Arelis Díaz, enviada especial de la radio cubana, informa que hay más de mil colaboradores de la isla en el programa. "La Misión Cultura Corazón Adentro, asumida en su mayoría por jóvenes cubanos, inició en 2008 para desarrollar procesos reales de transformación desde la cultura en los barrios y comunidades de los 24 estados de esta nación sudamericana." Transformación, como sinónimo de adoctrinamiento, es la palabra clave.

Tras la fachada del programa para reforzar la identidad, se oculta el propósito definitivo del plan: conquistar seguidores para el chavismo y la causa revolucionaria entre las comunidades más desvalidas. Crear una identidad revolucionaria afín al chavismo y al castrismo. Año tras año, los neófitos caribeños transmiten sus escasos conocimientos sobre cultura popular venezolana, de acuerdo con un costoso plan diseñado en La Habana.

Abel Prieto, ministro de Cultura cubano, lo recuerda públicamente como uno de los grandes logros de la isla durante la celebración de los 90 años de Fidel Castro, en agosto de 2016. Hace años que el gobierno castrista está enquistado en Venezuela y se ha vuelto un mentor imprescindible del chavismo. "Otro momento remarcable [en la relación bilateral] fue cuando le llevamos a Chávez el proyecto de la Misión Cultura Corazón Adentro."

El cliente más generoso y desprendido que haya tenido la isla, el benefactor más incondicional, dispuso la billetera de petrodólares sin dudarlo demasiado. Cuando los cubanos le llevaron el proyecto, Chávez ya estaba ganado para la idea. En 2005, el presidente venezolano había creado el Ministerio de Cultura y la Misión Cultura para dotar a su autodenominada Revolución bolivariana de un corpus ideológico cultural.

"Las ideas y la cultura son parte esencial, son alma de la Revolución", proclamó entonces como si hubiera hecho un hallazgo. Aunque ya había un trabajo adelantado en ese terreno, formalmente desde entonces las instituciones y los programas culturales del Estado se enfocaron en fortalecer su proyecto político. Chávez propuso, sin disimulos, "el rescate de todo lo que realmente hemos sido para traerlo y para ponerlo en acción en la batalla ideológica".[3] Es decir, al servicio de sí mismo, de su causa.

Casualmente o no, justamente un año antes, Fidel Castro había creado la Brigada de Instructores de Arte José Martí en Cuba, cantera de donde saldría la mayoría de los funcionarios seleccionados por La Habana para alimentar la nómina de la Misión Cultura Corazón Adentro, siempre un paso adelante, como si se anticipara a los acontecimientos. Las bases para la influencia cubana estaban echadas casi desde que Chávez asumió el poder.

En su informe anual de 2006, el Ministerio de Cultura señala que el Convenio Integral de Cooperación entre Cuba y Venezuela, suscrito en el año 2000 básicamente para la venta de petróleo,

> se constituyó en un instrumento de colaboración, asistencia técnica y asesoría, que comprende desde la capacitación de personal por parte de expertos cubanos en áreas como las artes escénicas, patrimonio, gestión cultural y atención sociocultural, entre otras; así como la consolidación de las industrias artesanal, discográfica, editorial y cinematográfica.[4]

Nada de eso figura expresamente en el acuerdo, pero el texto es lo suficientemente ambiguo para justificar la participación de Cuba prácticamente en cualquier esfera de la administración pública, desde la educación hasta la salud, desde la política agroalimentaria hasta materias clave de seguridad nacional como el Sistema de Identificación de los venezolanos y la compra de armas para el ejército.

Abel Prieto encabezó la delegación cubana que participó, en 2008, en el acto inaugural de la Misión Cultura Corazón Adentro en el Poliedro de Caracas, el mayor centro de espectáculos de la capital. En el evento actuaron los miembros de la Escuela Nacional de Circo de Cuba y la compañía de teatro infantil antillana La Colmenita.

Esa noche se anunció que profesores cubanos vendrían a formar compañías similares en Venezuela y que 500 "internacionalistas" ya estaban trabajando en comunidades humildes de Caracas y del estado Miranda. La primera avanzada había llegado silenciosamente.

A partir de entonces, comenzaron a aterrizar puntualmente más y más instructores enviados por el gobierno de Castro. En mayo, llegó una segunda avanzada y en junio, la tercera.

Así, cada mes, vienen desde la isla maestros de baile, canto, teatro, música, artes circenses y manualidades. Profesores de pintura y de murales en los que, no importa qué tan ajeno sea a la cultura local, la imagen del Che Guevara se impone junto a la del máximo héroe venezolano Simón Bolívar, los grafitis del prócer cubano José Martí y Fidel Castro junto a Chávez se vuelven parte del paisaje en todo el país.

Así también vienen trovadores a cantar himnos a la Revolución y a predicar las desgastadas canciones de Silvio Rodríguez como si fueran nuevas. El gobierno de Chávez no escatima en nada: importa incluso animadores y hasta payasos —como si no confiara en los bufones nacionales— para entretener a los visitantes del Teleférico de la capital venezolana, expropiado por el gobierno, y dirigir actos culturales en zonas populares.

En 2009 hay tantos "instructores de arte" en Venezuela que una coral de apenas siete niños en el barrio La Bombilla de Petare, al este de Caracas, se da el lujo de contar con dos profesores de canto importados de la isla, Orestes Opiso y Rayniel Batista.[5] Es una operación sin precedentes en la historia de Venezuela, de la región y probablemente del mundo. Un programa sorprendente incluso para los cubanos que trabajan en él.

"Lo más importante es cómo se ha confiado en que un representante de Cuba, de la cultura cubana, pueda llegar a Venezuela a difundir la cultura venezolana", destaca Alexis Seijo García, coordinador nacional de la misión, el 25 de abril de 2015, en declaraciones a la radio cubana. Sus palabras resaltan, involuntariamente, lo surrealista de la empresa que le tocó dirigir en Venezuela durante tres años. ¿Qué otro país contrataría a extranjeros para reforzar la identidad nacional?

Este plan, que cualquier otro presidente habría considerado inaceptable y absurdo, rinde beneficios políticos al chavismo y ganancias económicas al castrismo. Se trata de un negocio sin igual. Bajo el manto de la cooperación cultural, la misión oculta un subsidio al gobierno cubano, que cobra por cabeza mucho más de lo que paga a los jornaleros que envía. Y, aunque se habla de un intercambio, no existe ninguna reciprocidad. ¿Venezolanos en la isla para reforzar las tradiciones cubanas? Ni hablar.

El programa fue concebido como una calle de una sola vía para fortalecer al gobierno venezolano, el culto a Hugo Chávez y los vínculos con La Habana. "Nuestra labor tributa a la consolidación y continuidad del proceso revolucionario bolivariano y chavista", sostuvo Javier Peña, representante de la Brigada de Instructores de Arte José Martí en el diario oficial *Granma*.[6] En 2015, el año en que Henry Barroso aprendió a tocar el cuatro, mil 200 cubanos trabajaban en la Misión Cultura Corazón Adentro.

* * *

Muchos instructores recibieron un curso rápido y un diploma antes de viajar a Caracas. "A quienes íbamos a salir de misión nos preparaban en el Ministerio de Cultura en La Habana, con la participación de un asesor venezolano", relata Nereida, una directora de teatro que pide proteger su identidad para evitar represalias por parte del castrismo, durante una entrevista en Caracas en 2016.

"Yo estudié durante un mes Cultura Popular y Tradicional Venezolana, que es a lo que venía a trabajar. En el Ministerio me dieron un título, después de firmar el primer contrato, que me traje para acá." Para ambos gobiernos, captar la esencia de la venezolanidad, las costumbres y manifestaciones artísticas decantadas durante siglos era cuestión de días, algo tan fácil para un extranjero como enseñar ping-pong.

La colaboradora afirma que no vio a ningún oficial de migración venezolano al entrar por las instalaciones de la rampa presidencial del aeropuerto internacional Simón Bolívar. Allí aterrizó el avión de Cubana de Aviación donde venía junto a decenas de compañeros de toda la isla. Los "jefes" de la misión los recibieron y los trasladaron en autobuses a la capital.

"En la primera avanzada que llegó en 2010 éramos como 500. Nos llevaron a todos en manada a la Biblioteca Nacional. Habilitaron el banco y el Ministerio de Cultura [venezolano] para firmar el otro contrato y darnos las tarjetas [bancarias]", cuenta Nereida.

Ubicada en el Foro Libertador en el centro de Caracas, la Biblioteca Nacional se había convertido en el centro de operaciones de los funcionarios cubanos enquistados en el sector cultural venezolano. Allí despacharon a sus anchas viceministros y ex viceministros de cultura isleños, como Ismael de la Caridad González y Julio Ballester, miembros de la directiva del Fondo Cultural del Alba, creado por Chávez y Fidel Castro en 2007 y que estuvo presidido durante años por el antillano José Pérez Socarrás.

Al igual que la mayoría de sus camaradas, Nereida se apuntó al programa tentada por salarios impensables en la isla. En Santiago de Cuba, ganaba 20.75 dólares, como profesora en la Escuela de Arte y metodóloga de teatro, y por trabajar en Venezuela, el gobierno cubano le pagaba 280 dólares mensuales, 14 veces más. El sueldo era superior al de cualquier empleado del Ministerio de Cultura venezolano con la misma formación.

Criados en la austeridad del comunismo, los trabajadores cubanos disfrutan en Venezuela de las mieles del capitalismo. Les encantan las chucherías y las bebidas gaseosas. Compran ropa y zapatos en los mercados populares. Con sus sueldos, muchos han dado rienda suelta a sueños materialistas imposibles de concretar en la isla. "A mí me alcanzaba y me sobraba dinero. Yo llevé a Cuba de todo: cocina, televisor, nevera. Mandábamos las cosas en contenedores desde Puerto Cabello", recuerda Nereida.

Ella se sentía afortunada de pertenecer a ese peculiar ejército de colaboradores, cooperantes, internacionalistas o misioneros. Así se refiere el gobierno cubano a los miles de trabajadores que negocia en bloque para que trabajen bajo sus órdenes en otros países, principalmente Venezuela, como si fuera una enorme agencia de empleos, el mayor *headhunter* de la región. Las extraordinarias ganancias obtenidas por reclutar y manejar al rebaño con mano de hierro convirtieron esta actividad, registrada por el Banco Central de Cuba como "exportación de servicios", en la principal fuente de ingresos de la isla. Una ganancia millonaria con fachada de solidaridad y desprendimiento revolucionario.

Nereida y otros "colaboradores" se alojaron, por cuenta del gobierno venezolano, en el apartotel Alba Caracas, el expropiado Anauco Hilton, en una zona céntrica donde están las instituciones culturales más emblemáticas de la capital: la Galería de Arte Nacional, el Museo de Bellas Artes, el de Arte Contemporáneo, el de Ciencias y el Complejo Cultural Teresa Carreño, enclavado en el parque Los Caobos. La "internacionalista", como le gustaba denominarse, hizo un curso de 15 días sobre teatro venezolano en una sala de conferencias del Teresa Carreño, antes de comenzar a trabajar.

"Nos dio la bienvenida Aristóbulo Istúriz." Coordinador nacional del partido de gobierno en ese momento, luego vicepresidente (2016), ministro de Comunas (2016-2018), Istúriz es una de las figuras que facilitó la penetración castrista como ministro de Educación, Cultura y Deporte (2001-2005) durante el gran desembarco de los miles de cubanos que arribaron al país entre 2003 y 2004 para trabajar en los nuevos programas sociales diseñados en La Habana.

Los jefes cubanos asignaron a Nereida a un barrio cercano a Miraflores.

> Nos ubicaban por parroquias. Yo obtuve buenas puntuaciones y me mandaron al "23 de Enero", la más combativa. Cuando llegué allí nos presentaron a un profesor venezolano y a la gente en los consejos comunales. Éramos unos 35 o 36 de la Misión Cultura Corazón Adentro. Algunos se quedaron en casas de venezolanos y otros en la parroquia de deporte.

Mientras trabajó en el "23 de Enero", bautizado así en memoria de la fecha del derrocamiento de la dictadura del general Marcos Pérez Jiménez (1951-1958), había al menos 500 cubanos, "sumando los compañeros de las misiones de salud, deporte y agricultura, aunque los de agricultura no dormían allí".

Yo trabajaba con las escuelas. Hacíamos confección de muñecas, bordados, espectáculos con niños, círculos de abuelos, noches con los jóvenes, concursos de comida y de vinos caseros como se hacen en Cuba. En vacaciones, dábamos talleres de teatro. Y, también, se hacían los festivales con lo que más brilla en la parroquia, y se daban becas para la Academia de Bellas Artes y para Unearte [Universidad Nacional de las Artes].

Todo el trabajo cultural se guiaba por los principios revolucionarios. Todas las actividades, según Nereida, tenían "un mensaje didáctico y un mensaje político". El trasfondo de la misión cultural era promover los estandartes del chavismo y fortalecer al gobierno. Para nadie en el "23 de Enero" era un secreto la labor proselitista de los misioneros cubanos. "También hacíamos énfasis contra la violencia y el consumo de alcohol", aclara la cubana.

El coordinador de la Misión Cultura Corazón Adentro en 2012, el cubano Alejandro Gumá Ruiz, habló abiertamente del objetivo del programa en una entrevista con el impreso estatal *Diario del Orinoco*. "Vamos construyendo el hombre nuevo en la Revolución bolivariana para defender que no haya marcha atrás en este proceso."[7] Más claro, imposible. El mismo fin orientaba otros programas como Semilleros de la Patria, creado con la misión de ganar el corazón de los niños más pequeños para la Revolución.

* * *

El micrófono luce grande y pesado en las manos de la niña venezolana que canta, disfrazada de abejita, mientras su fina figura se balancea con cierta torpeza. Las alas amarillas enmarcan el cabello negro recogido en dos largas trenzas. No ha de tener más de seis años. Pero ya le resulta familiar y entrañable el nombre de Fidel Castro.

Su cándida voz rinde homenaje al anciano de barba que aparece en la foto, durante uno de los múltiples actos que se realizaron en toda Venezuela el 28 de enero de 2017 para conmemorar el 164 aniversario del natalicio de José Martí. La acompañan, dóciles y alegres, sus compañeras de la Colmenita Bolivariana, una red de teatro infantil formada por instructores cubanos a semejanza de la agrupación homónima antillana.

Los miembros de las colmenitas aterrizaron en Caracas casi al mismo tiempo que los primeros médicos enviados por Fidel Castro a Venezuela. En octubre del año 2000, el grupo de teatro infantil actuó en el país dos días antes de que el líder cubano viniera a Caracas para firmar el acuerdo clave que le permitiría obtener lo que esperaba de Venezuela desde hacía décadas: petróleo a manos llenas, petróleo barato y financiado en condiciones tan blandas como el algodón. Fue un momento decisivo e inolvidable para la menesterosa isla.

Más adelante, se decidió replicar la iniciativa del gobierno castrista en el país para garantizar la fidelidad política de los más pequeños, especialmente en las zonas de mayor pobreza. "La Colmenita Bolivariana comenzó con la Misión Cultura Corazón Adentro", declararon en 2016 los cubanos Marloidis Bergolla y Kenny Ortigas, quienes tenían tres años al frente de la Coordinación Nacional de la red de teatro, al *Granma*.[8]

El órgano oficial del Partido Comunista cubano informó que los coordinadores trabajaban en las comunidades más vulnerables con 14 instructores cubanos junto "a una tropa venezolana de profesores". El lenguaje militar siempre presente como en la isla. El primer clon de la compañía de teatro infantil antillana cristalizó en 2009, con 80 niños de Río Chico, una población costera del estado Miranda.

"La filosofía del trabajo es igual a la de la Colmenita cubana, que es la madre de todas las colmenitas", precisó uno de los coordinadores. Tan similar que ese año debutaron en el Teatro Teresa Carreño al frente de un cartel que exhortaba a mantener viva la llama de la Revolución. Tanto que, dos años después, la Colmenita Bolivariana de Barlovento realiza en Caracas un gran festejo para celebrar los 85 años del máximo líder de la Revolución cubana, bajo el nombre de "Un canto de amor a la FIDELidad". Así, con Fidel en mayúsculas.

En el evento, paradójicamente organizado por el Instituto Autónomo Consejo Nacional de Derechos de Niños, Niñas y Adolescentes (Idenna) y el Ministerio de las Comunas, participan menores de edad de otros programas oficiales dirigidos por mentores cubanos, como los pioneros de los Semilleros de la Patria, organización infantil y juvenil de la Revolución bolivariana creada en 2005 para formar activistas del gobierno de Chávez, con recursos del Estado.

Los pequeños cantan "feliz cumpleaños" alrededor de un gran pastel verde militar con la silueta de Fidel Castro sobre las banderas de Cuba y Venezuela. Al final del acto, realizado en el Teatro Tilingo del parque Arístides Rojas, entregan al embajador de la isla en Caracas, Rogelio Polanco, una tarjeta gigante hecha por ellos para el padre de la Revolución cubana.

El diplomático "les habló del niño que nació en una región campesina del oriente de Cuba, Birán, y que creció para repartir el bien en el mundo", según la reseña de *Juventud Rebelde*.[9] Como parte de los festejos, que se extendieron el fin de semana para celebrar la larga vida de Fidel, los cubanos del Circo del Sur se presentaron en el mismo parque caraqueño ante niños de los Semilleros de la Patria y de campamentos vacacionales oficiales, uniformados de verde como si fueran reclutas miniatura.

Cinco años después, los cubanos habían formado ya 18 Colmenitas Bolivarianas en nueve estados del país, con más de mil 500 niños y adolescentes entre seis y 17 años. La agrupación del estado Carabobo representó a mediados de 2018 la obra *El árbol que anda*, en la que una hermosa princesa lucha contra el mal en un pueblo liderado por el "sabio Taita [padre] Nicolás".[10] Pura casualidad que el líder llevara el nombre del presidente Maduro.

* * *

"Que un pueblo como el pueblo cubano llegue hasta Venezuela con expertos, especialistas en artes, y que vengan a aprender de nuestras tradiciones para luego seguirlas enseñando es una experiencia de interculturalidad extraordinaria."[11] Al ministro de Cultura venezolano Freddy Ñáñez, crítico feroz de la influencia cultural estadounidense, le parecía fantástico que el gobierno venezolano pagara por la incursión antillana. El funcionario se mostró orgulloso de esta experiencia inédita "en el campo de lo internacional", durante un programa con el presidente Maduro, al cumplirse el octavo aniversario de la Misión Cultura Corazón Adentro, en 2016.

El joven funcionario, devoto de los hermanos Castro, celebraba el "intercambio" con fervor revolucionario: "Muchos pudieron haber pensado que si venían los activadores cubanos a Venezuela entonces la música venezolana se desplazaría... Todo lo contrario, lo decía hoy el vicepresidente [Jorge] Arreaza, muchos de los cubanos se fueron venezolanizados, o encantados de la música venezolana, y le pusieron también a la música venezolana el encanto del son cubano".

Entre el público repleto de burócratas, lo aplaudían sumamente complacidos el viceministro de Cultura de Cuba, Fernando Rojas: el nuevo jefe de la Misión Cultura Corazón Adentro, Alexis Triana, recién llegado de La Habana, y el poderoso embajador cubano en Caracas, Rogelio Polanco, un personaje omnipresente en los actos del gobierno venezolano. "Nosotros somos un ejército, el Ministerio más fuerte después del de Educación", había dicho Ñáñez a Triana en una entrevista en enero de 2016, para enfatizar que no se trataba de un programa menor.[12]

"Nosotros sólo podemos tener palabras de agradecimiento con el pueblo cubano, con cuanto han hecho sus mejores hijos al lado nuestro", afirmaba el funcionario como si se tratara de un favor de la isla y no de un programa diseñado por el castrismo y pagado por Venezuela en dólares. "No hemos sabido honrar suficientemente esta experiencia, que es mutua." Con mutua, Ñáñez no se refería a que hubiera instructores venezolanos en el área cultural en Cuba. De ninguna manera. "Hace pocos días visitaba una base de misión en Aragua, y allí veía la capacidad de acción de nuestra unidad: los colaboradores cubanos y los animadores venezolanos. Es una fuerza impactante por toda nuestra geografía."

Un año después de que Ñáñez proclamara embelesado: "Es hora de andar más apretados que nunca", Maduro lo reemplazó por Adán Chávez, hermano mayor del difunto presidente, probablemente para andar todavía más apretados. Fanático de Fidel desde joven —"fue uno de nuestros maestros. Nos formamos oyendo sus discursos, leyendo sus proclamas"—, Adán contaba con un grupo de escoltas de la isla, dirigidos por un comandante cubano. Sus cuidadores lo protegían con tal celo que hasta le llevaron el agua que bebió durante la conferencia de prensa que dio en marzo de 2017 en un hotel de Ciudad México.

Embajador de Venezuela en la isla (2004-2006), un periodo muy fecundo en la exportación de servicios cubanos a Venezuela, y nuevamente a partir de marzo de 2019, Adán Chávez fue gobernador del estado Barinas, donde la misión cultural está particularmente activa. En 2012, en la región natal de la familia Chávez se dieron "26 mil talleres culturales con la ayuda de 300 instructores de arte y especialistas de las Casas de Cultura de la isla", de acuerdo a declaraciones de Ana María Oviedo, funcionaria del Ministerio de Cultura venezolano, en La Habana.[13]

Ñáñez había acertado al decir que "muchos de los cubanos se fueron venezolanizando", aunque no todos como él habría querido. Nereida fue una de ellas. Terminó oficialmente sus dos años de trabajo en la Misión Cultura Corazón Adentro con un acto en la "Cota 880", un *nightclub* colonizado por los cubanos. Esa misma noche, en el bar que coronaba el último piso del antiguo hotel Caracas Hilton, expropiado por Chávez en una emulación burocrática de la toma del Habana Hilton, la cubana decidió librarse de sus intermediarios y cambiar de vida.

Volvió a La Habana para cobrar la parte de su salario que el gobierno cubano retenía en la cuenta para garantizar su regreso a la isla. Esperó un tiempo prudencial y, luego, con ese dinero y algo que había ahorrado, regresó a Venezuela. "Yo me vine como turista, para quedarme, pero callaíto porque si no, te ponen los ganchos." Entonces se olvidó del teatro, tuvo un par de trabajos —cocinera, maestra de educación física— y se convirtió en una comerciante implacable.

"Tú compras una blusita aquí a cuatro dólares y la puedes vender allá [en Cuba] a 14 dólares. ¿Recuerdas aquella braga [*jumpsuit*] de

10 dólares que vimos juntas en el mercado del Cementerio? Allá la vendí en La Cuevita a 40 dólares", le comenta a la amiga cubana —también ex colaboradora— que la acompaña en el café del centro de Caracas donde conversamos y que, como ella, también sueña con iniciar su propio negocio de contrabando de ropa.

La "exportación de servicios" había transformado a Nereida en una capitalista consumada. Y no sentía ni una pizca de culpa por la falta de solidaridad con su clientela. De alguna manera, hacía lo mismo que el gobierno cubano había hecho con ella, con su trabajo: pagarlo barato y venderlo mucho más caro. Había aprendido la lección. Simplemente obtenía ganancias, exprimía la plusvalía.

* * *

La sucursal de Coppelia languidece en medio de la crisis económica que afecta a Venezuela, donde gente humilde se estrena en la humillación de buscar restos de comida en la basura y devorárselos de inmediato. A unos pasos de la plaza Bolívar y a pocas cuadras de la Presidencia, una docena de privilegiados espera en una fila para comprar helado de vainilla. Es el único sabor que ofrece esa tarde de julio de 2016 la empresa cubana que, según Hugo Chávez, estaba destinada a ser "un ejemplo para el mundo".

Adentro, resalta una fotografía del caudillo venezolano y Fidel Castro felices y triunfantes, como si la mustia heladería estatal fuera un gran éxito revolucionario. Bajo la marquesina, idéntica a la de la Coppelia cubana, la resignación por la lentitud del servicio y la escuálida oferta es similar a la de la isla. Y a nadie le resulta extraño que no haya la variedad de sabores que prometía la propaganda cuando se inauguró el local tres años antes, mientras Hugo Chávez agonizaba en la Habana.

Casi al lado, el peso de la influencia cubana, se siente también en la librería-bar estatal El Techo de la Ballena, que toma su nombre de un movimiento artístico-literario de los años sesenta. Tan bien puesta como mediocre, en sus estantes sólo hay cabida para los autores afines a la autodenominada Revolución bolivariana. En la sección de poesía, el filtro ideológico ha fusilado los versos del gran Eugenio Montejo y la extraordinaria obra de Rafael Cadenas, el poeta venezolano de mayor reconocimiento internacional.

Pronunciar sus nombres, solicitar alguno de sus poemarios, es casi una herejía en ese patíbulo de papel. El joven librero de turno observa con desprecio cuando se le pregunta dónde están los libros de Cadenas, como si se mencionara a Cabrera Infante en La Moderna Poesía de La Habana, ese horno donde un año antes una empleada repitió extrañada el nombre de ¿Leonardo Padura...?

La censura no sorprende en un local que ha realizado eventos como "Toda la palabra para el Comandante Chávez", el mandatario que impulsó Escuadras Revolucionarias como parte del Plan Revolucionario de Lectura, y que incluía interminables discursos de Fidel Castro y textos del Che Guevara. "Tenemos que destruir esos códigos del capitalismo, es una verdadera maldición, y convertirlos o crear los códigos del hombre nuevo, de la mujer nueva", proclamó Chávez, en abril de 2009, durante la presentación del programa en la Galería de Arte Nacional, para dejar claro por dónde iban los tiros.

"Ahora es muy importante, para fortalecer aún más nuestra Revolución bolivariana, esta inyección de conciencia a través de la lectura", dijo Chávez. Como casi todas las actividades del Ministerio de Cultura, el plan incluyó la contratación de trabajadores cubanos. Los instructores de la isla llegaron a los rincones más apartados de Venezuela. El bibliotecario Manuel Oramas se internó en 2010 en un poblado de Río Acarigua, en el estado Portuguesa.

"Nosotros debíamos crear modalidades como: espacios fijos, talleres, actividades y concursos para fortalecer la identidad local y nacional, potenciando el gusto y la motivación por la lectura, y fortaleciendo el Plan Revolucionario de Lectura", explicó en un escrito Oramas. El instructor apeló a un ícono cubano cuando le tocó hablar de las vocales a un grupo de niños de primer grado en la escuela Lisandro Alvarado. "Recordé que estábamos a finales de enero y creí oportuno, aprovechando el taller, hablarles de nuestro héroe nacional José Martí. ¿Quién fue y a qué dedicó su vida?"[14]

Desde 2005, Venezuela fue progresivamente incorporando trabajadores de la isla en todos los ámbitos culturales. Incluso en museografía, donde Cuba no es precisamente un ejemplo en la región. En 2014, el Ministerio de la Cultura contrató especialistas cubanos para dictar talleres como el "Curso de museografía, inventario, registro y museos en el estado Mérida".[15] En el campo cultural no hubo un rincón, por muy apartado que estuviera, a donde no llegaran antillanos.

Técnicos del Ministerio para la Ciencia y la Tecnología de la isla se encargaron de desarrollar el Sistema Automatizado de Gestión de Documentos de Archivos en la Biblioteca Nacional y en el Archivo General de la Nación. En una década, el gobierno venezolano contrató más de 8 mil instructores cubanos para la misión corazón adentro que según el embajador Rogelio Polanco "enaltecieron la extraordinaria cultura de esta nación".[16]

"Para nosotros es fundamental el aprendizaje con los hermanos cubanos, en los procesos de asesoramiento, de metodología, de orientación, porque ya llevan un camino recorrido, son un pueblo digno, un pueblo probado ante el mundo y son una esperanza para nosotros", afirmó Elsa Gualdrón, directora de la Fundación Misión Cultura, a *Granma* en 2016.

Sus palabras reflejan la sujeción política y el complejo de inferioridad de los burócratas chavistas más alienados. Muchos, como ella, consideran que los cubanos están un eslabón por encima de sus pares venezolanos en la evolución de la especie revolucionaria. La obsecuencia hacia Cuba no podía dejar de influir en la actitud de superioridad de algunos isleños hacia sus pupilos venezolanos.

En 2016, Nereida lamentaba que el gobierno venezolano, obligado por la crisis económica, hubiera tenido que recortar el número de trabajadores cubanos en el país. Los colaboradores que cumplían su misión en el país y regresaban a Cuba, ya no podían ser reemplazados. "Ahora quedan los venezolanos pero no es igual, ¡qué va! Yo daba clases de dirección y de actuación. Aprendieron alguito y eso se pierde. Ellos no son buenos, no saben, son cultores populares, son gente de la comunidad." Ella creía que los nativos no podían caminar solos, que necesitaban el bastón cubano, tanto como lo hizo creer el discurso de Hugo Chávez.

NOTAS

[1] "Un nuevo encanto", Radio Rebelde, Cuba, 11 de noviembre de 2015, http://www.radiorebelde.cu/noticia/un-nuevo-encanto-valle-encantado-20151102/.

[2] García Acosta, A., "Jóvenes cubanos en Venezuela, protagonistas de la Misión Cultura Corazón Adentro", *Radio Rebelde*, Cuba, 1 de abril de 2015, http://www.radiorebelde.cu/noticia/jovenes-cubanos-venezuela-protagonistas-mision-cultura-corazon-adentro-audio-20150401/.

[3] "Chávez anuncia lanzamiento de la Misión Cultura", Agencia Bolivariana de Noticias (ABN), 10 de julio de 2005, Aporrea.org, Caracas, http://www.aporrea.org/actualidad/n63010.html.

[4] Ministerio de Cultura, Memoria y Cuenta 2006.

[5] "Entrega de recursos para proyectos de transformación integral del hábitat", Ministerio de Comunicación, Caracas, 7 de febrero de 2009, http://venezuela-us.org/es/wp-content/uploads/2009/06/07-feb-2009-financiamiento-de-proyectos-de-transformacion-sn.pdf.

[6] Bécquer, L., "Siete años sintiendo el corazón de Venezuela", *Granma*, Cuba, 24 de abril de 2015, http://www.granma.cu/mundo/2015-04-24/siete-anos-sintiendo-el-corazon-de-venezuela.

[7] Leyva, R., "La misión socialista funciona en siete estados. En Venezuela se rescata la cultura a corazón abierto en las comunidades", *Correo del Orinoco*, Caracas, 19 de agosto de 2012, http://www.correodelorinoco.gob.ve/venezuela-se-rescata-cultura-a-corazon-abierto-comunidades/.

[8] Duarte, A., "La colmenita, corazón adentro", *Granma*, Cuba, 2 de marzo de 2016, http://www.granma.cu/cultura/2016-03-02/la-colmenita-corazon-adentro-02-03-2016-22-03-24.

[9] Carrasco, J., "El tarjetón de cumpleaños para Fidel", *Juventud Rebelde*, Caracas, 19 de agosto de 2011, http://www.juventudrebelde.cu/internacionales/2011-08-19/el-tarjeton-de-cumpleanos-para-fidel.

[10] "Cautivado público infantil de Naguanagua por la Colmenita Bolivariana de Carabobo", *Noticiero52.com*, Valencia, Venezuela, 24 de agosto de 2018, https://noticiero52.com/cautivado-publico-infantil-de-naguanagua-con-la-colmenita-bolivariana-de-carabobo/.

[11] Bracci, L., "Misión Cultura Corazón Adentro evitó que muchas tradiciones venezolanas se perdieran en el olvido", *Albaciudad.org*, Caracas, 26 de abril de 2016, http://albaciudad.org/2016/04/mision-cultura-corazon-adentro-evito-que-muchas-tradiciones-venezolanas-se-perdieran-en-el-olvido-video/.

[12] Triana, A., "El incendio que está adentro y nos alude". *Juventud Rebelde*, Cuba, 27 de enero de 2016, http://www.juventudrebelde.cu/cultura/2016-01-27/el-incendio-que-esta-adentro-y-nos-alude/.

[13] "Charla sobre misiones culturales culmina la presencia de Venezuela en Feria del Libro habanera", Ministerio de Relaciones Exteriores, Cuba, 26 de febrero de 2013, http://www.minrex.gob.cu/es/charla-sobre-misiones-culturales-culmina-la-presencia-de-venezuela-en-feria-del-libro-habanera.

[14] Oramas, M., "Río Acarigua, Venezuela, en el corazón", http://librinsula.bnjm.cu/secciones/315/desde_adentro/315_desde_1.html.

[15] Memoria y Cuenta del Ministerio de Cultura, 2015.

[16] Milanés, E., "La Cuba hermana, Venezuela adentro", *Granma*, 25 de abril de 2018, http://www.granma.cu/cultura/2018-04-25/la-cuba-hermana-venezuela-adentro-25-04-2018-21-04-25.

8

Relaciones desmedidas

Nosotros no entendemos la prohibición
de hacer amistad con los venezolanos.
Oddy Ginarte, dentista cubano, 2015

Los centros de salud de la Misión Barrio Adentro son como un archipiélago de La Habana. En las paredes no hay copias enmarcadas de los títulos del personal ni rastros de Hipócrates. En cambio, no faltan las fotos del Dr. Guevara, de Fidel Castro cuando era guerrillero en la Sierra Maestra y del prócer José Martí. Enmarcadas en un "sitial histórico", como los que suelen usar en la isla, los íconos de la Revolución cubana suplantan cualquier símbolo universal de la medicina.

En las esquinas de la cartelera, Hugo Chávez y Simón Bolívar, parecen invitados del Che, centro y punto focal del "sitial" propagandístico entre las banderas de Cuba y Venezuela. Toda la gráfica, como de escuela primaria, es castrista. También algunos mensajes, escritos a mano en cartulina y pegados con tachuelas. "Un compromiso de honor. Barrio Adentro hasta la victoria siempre", por ejemplo.

El sistema importado por Chávez mezcla medicina y propaganda de la manera más promiscua, como si fuera parte de la curación. El consultorio es el lugar perfecto para el proselitismo. Sin duda, entre los enfermos que encuentran alivio, el mensaje llega más rápido y cala más hondo. Las almas con las defensas bajas son más vulnerables y agradecidas. Aunque la mayoría de los nietos de la Revolución cubana han venido a Venezuela a ganar más dinero y no para hacer proselitismo, una cosa no está reñida con la otra.

"A todos los colaboradores, cuando van a salir por primera vez, les dan un curso de aproximadamente 15 días, que se realiza en la CUJAE (antigua Ciudad Universitaria José Antonio Echeverría). Ahí te dicen que tienes que decir esto o aquello. Nos exigen que cuando estemos en contacto directo con el paciente le digamos, por ejemplo: te puedes venir a arreglar las muelitas aquí gratis, gracias a Chávez." Oddy Ginarte admite que siguió el libreto más de una vez presionado por sus jefes, y porque era parte del entrenamiento del programa de salud.

"Cuando llegué a la misión yo estaba un poco más concorde [de acuerdo] pero luego abrí los ojos. Yo, al principio, trataba de cumplir pero luego que vi cómo era la realidad, me di cuenta de que todo es una farsa, una mentira." Algunos pacientes no aceptaban de muy buen grado los comentarios propagandísticos. "Muchos te miran mal, otros te miran atravesado, pero en ese instante, como dependían de mí, me ponían la sonrisa entre dientes, ¿sabe?... Aunque hay opositores que te dicen: 'no, yo no estoy de acuerdo con eso'."

Con el tiempo, muchos terminan por ignorar la política de adoctrinar en la consulta, pero hay activistas dispuestos a catequizar a los pacientes venezolanos como su colega Beatriz Castro Aguilar, miembro de la Unión de Jóvenes Comunistas (UJC), como reseñó *Cadena Agramonte*. "Además del cepillado habla a los pacientes venezolanos de la grandeza de su isla; éstos le preguntan: ¿cómo Cuba es tan tranquila? O ¿qué harán sin Fidel?, y la muchacha les responde que por quién, si no por Fidel, está ella aquí."[1]

La estomatóloga, como llaman a los odontólogos en la isla, asistió en marzo de 2018 a un evento político en el Centro de Diagnóstico Integral (CDI) "Salvador Allende", al este de Caracas, presidido por la primera secretaria de la UJC, Susely Morfa. Al acto también asistió el diputado antillano Yoerky Sánchez, director del diario de la juventud cubana y miembro del Partido Comunista de Cuba (PCC).

"Son el orgullo de su ministro, la primera bandera que se pone de ejemplo. Todos en Cuba hablan de ustedes." Morfa animó a los "jóvenes de batas color del alma", como los denominó la reseña oficial, y les informó que 80 cubanos menores de 35 años eran candidatos a integrar la Asamblea Nacional. El acto apuntaba a fortalecer a los colaboradores que son miembros de la UJC en su aspiración de pertenecer a la nomenclatura.

La presencia de los *apparatchik* tiene su efecto en la disciplina de los trabajadores. Todos se cuidan de todos. "Nunca se sabe si tienes al lado a uno de esos chivatos", dice Dalia, una médico de Barrio Adentro, según la cual la presencia de cuadros de la UJC y del Partido Comunista ha hecho que muchos de los cooperantes cumplan con la misión de hablarles a los pacientes maravillas de la Revolución.

Aproximadamente 15% de los 22 mil trabajadores presentes en Venezuela en 2018 eran activistas del partido. "Orlando Álvarez Acosta, jefe del Grupo de Trabajo en el país, explicó la labor que 3 mil 186 integrantes de la UJC realizan en la vastísima geografía de la nación, al lado de militantes de amplia experiencia", destacó la radio estatal cubana a mediados de ese año.

En medio de una situación desoladora como la que se vive en Venezuela por la aguda escasez de alimentos, medicinas y el deterioro de los hospitales, que carecen de insumos básicos para operar, los camaradas tenían tiempo para actividades políticas. En junio de 2018, 116 delegados se movilizaron desde siete estados del país para una reunión con el jefe de la Oficina de Atención a las Misiones, Julio César García Rodríguez; y Orlando Álvarez Acosta, jefe del Grupo de Trabajo en Venezuela, ambos miembros del PCC.

Ese día los médicos cubanos, contratados para brindar atención médica a los venezolanos, se encontraron en el Teatro Carlos Escarrá de Puerto La Cruz para debatir tres temas: "cómo concretar el concepto de Revolución de Fidel, cuáles vías tiene para continuar desde sus puestos el legado histórico de los cubanos, y qué hacer para que la juventud mantenga su sitio en la vanguardia", según el reporte de *Juventud Rebelde*.[2] Nada que ver con la salud de los venezolanos.

* * *

Ailyn no es militante ni pertenece a la cúpula. Como médico común y corriente de un consultorio de Barrio Adentro estaba sujeta al riguroso reglamento diseñado para los trabajadores cubanos. No asistía a los actos organizados por la nomenclatura cubana en Venezuela ni se atrevía a ir demasiado lejos de su lugar de trabajo. Un día rechazó unas entradas de cortesía para ver una obra de teatro en Caracas como si fuera un pecado. No podía salir después de las seis de la tarde.

"Ellos dicen que es para protegernos porque aquí hay mucho peligro, y es verdad lo de la inseguridad, pero uno sabe que es para mantenernos controlados." La doctora se exponía a que el comité disciplinario la sancionara por cometer dos infracciones: "incumplir con el sistema de localización" y "violar el horario de vida establecido". ¿Horario de vida? Así lo establece el Código disciplinario.

A sus 45 años, le tocaba recluirse al caer el sol y morir un poco cada noche. Ailyn aceptaba ese toque de queda por el "estímulo material" de 250 dólares que cada mes le depositaba el gobierno cubano. No era mucho para una médico con su experiencia, pero significaba 10 veces más de lo que ganaba en la isla en 2012, cuando llegó al país. Tratados como propiedad del gobierno, los colaboradores de las misiones tienen que acatar las reglas y evitar cualquier desviación.

Según los jefes de la misión médica, la reclusión nocturna es una medida de protección. Pero entre los colaboradores nadie se llama a engaño. Yaniel, un fisioterapeuta de Pinar del Río, sostiene que la restricción apunta a mantener al rebaño controlado y evitar deserciones. "Lo principal no es la seguridad, sino el temor de que se queden en Venezuela. O que salgan a través de Colombia."

El joven se queja de que en la misión hay mucho control. "A las seis tienes que estar donde tú vives, no puedes salir a ninguna parte. Ellos nos decían que era por la situación de violencia que existe en Venezuela pero en el caso de Puerto Ayacucho (capital del estado Amazonas) nunca lo experimenté. Nos ponían un horario de regreso, 'a tal hora tienes que estar en tu casa', y te chequeaban."

Cuando Yaniel dice "te chequeaban" no se refiere sólo a los jefes sino también a sus propios compañeros. Controlarse unos a otros es parte de la dinámica de la misión. "Cada colaborador es un mundo y todos desconfiamos de todos", comenta. No es fácil echarse una escapada, aunque los más audaces se arriesgan.

Oddy Ginarte recuerda que, mientras estuvo en Barinas, su compañero lo vigilaba de cerca. "El otro estomatólogo que estaba conmigo prácticamente me tenía ahí preso, siempre me estaba chequeando. Si me llamaba alguien, le ponía atención a mis conversaciones por teléfono." Tampoco es conveniente hacerse de la vista gorda si alguien viola el "horario de vida".

La delación es un deber revolucionario, una obligación. El Reglamento para los trabajadores cubanos en el exterior, impuesto por el Ministerio de Comercio Exterior e Inversión Extranjera, establece que los colaboradores "deben informar a sus superiores de las violaciones de las normas disciplinarias de que tengan conocimiento" (Resolución 68/2010).[3]

Quienes se salen del libreto escrito por el gobierno cubano se exponen a la humillación de la amonestación pública, "ante su colectivo de colaboradores o los funcionarios de la misión estatal", y a otras tres sanciones: el traslado a un puesto de trabajo con peores condiciones laborales, multas de 5 a 20% del salario mensual y la "pérdida temporal del estímulo en pesos convertibles a que tiene derecho una vez cumplida la misión".

Las medidas disciplinarias más graves son la "democión" (remoción) del cargo —sólo para los jefes de brigada, contingente o grupo—, la revocación de la misión y la expulsión, con regreso a Cuba. Como si fuera un castigo volver al paraíso comunista.

Simpática y conversadora, Aylín obedece todas las reglas menos una. No estaba dispuesta a limitar sus amistades a su círculo de paisanos. Le encantaba conocer gente y socializar, por más que lo censuraran. "No quieren que uno haga amistad con ustedes, ¡como si fuera algo malo!, a eso lo llaman 'relaciones desmedidas con nacionales'", comenta mientras transgrede la regla en un café de Caracas a mediados de 2016. Resulta realmente conmovedor ver a una mujer madura hablar como si fuera una adolescente, en ese mínimo gesto de resistencia durante su día "libre".

A veces, almuerza en casa de una pareja de amigos que conoció en el consultorio de Barrio Adentro donde trabaja. Otras visita a una amiga venezolana que tiene un puesto de ropa en un mercado popular. La mujer suele "escanear" —así lo dice— con aprensión cualquier lugar al que llega. Una tarde, insistió en irse de una cafetería porque le pareció que el joven que se sentó en la mesa de al lado con un ramo de girasoles tenía "cara de chivato [un soplón de la seguridad cubana]".

"Nosotros no entendemos la prohibición de hacer amistad con los venezolanos. Los jefes cubanos le dicen a ello amistades desmedidas." Oddy Ginarte repite lo que Ailyn dijo. Apenas llegó a Venezuela, le advirtieron que el trato con los nativos no debía pasar del trabajo. "Pero si está aconteciendo alguna crisis [protestas], te dicen que tienes que tener el amigo solidario para que, si pasa algo, te busque y te lleve a donde los jefes te digan", recuerda Ginarte.

"Eso me lo explicaron en la primera reunión de brigada en Barinas. Me quedé sorprendido con aquellas orientaciones que estaban dando... Si no nos dejan hacer amistades, ¿cómo vamos a tener a alguien que nos ayude en una situación de peligro?"

La batalla por la integración de ambos pueblos es una consigna en la que no cabe la amistad. Para el gobierno castrista, la unión con Venezuela no debe llegar a tanto. De hecho, la "relación inadecuada con nacionales" fue una de las "principales indisciplinas", reportadas en 2014, en el Distrito Capital, de acuerdo con un documento de la Misión Médica Cubana filtrado por un colaborador. La amistad de los cubanos con los venezolanos no sólo está mal vista sino que es sancionada.

Entre las otras infracciones registradas ese año, estaban "incumplir orientaciones de sus superiores, incumplir con el sistema de localización, violar el horario de vida y laboral establecido, falta de respeto a los jefes de la ASIC [Áreas de Salud Integral Comunitaria], amenaza de nacional por causar daños a su integridad moral, mala praxis, escándalos públicos y deudas monetarias con nacionales". También, una transgresión atribuible a los superiores: "falta de exigencia y control de cooperantes".

Siendo la multa sobre el salario el castigo más común, eran pocos los infractores. Perder parte de sus ingresos, "hasta por un año, según la gravedad de la indisciplina", confiscarles un porcentaje de lo que habían ganado con su trabajo —algo inimaginable en el resto del mundo— es el disuasivo más poderoso y cruel aplicado por el gobierno castrista.

Ese año, la Misión Médica Cubana sometió a 38 trabajadores de salud, de 2 mil 505 en el Distrito Capital, a procesos disciplinarios, apenas 1.5% del total. Menos que en 2013, cuando se reportaron 60. La muestra de los transgresores es objeto de una disección estadística para determinar el perfil de acuerdo con la edad, el sexo, la especialidad, la antigüedad y la militancia.

El análisis de 2014 en el Distrito Capital arrojó que la mayoría de las infracciones fueron cometidas por mujeres jóvenes. En la lista negra, había cinco miembros del Partido Comunista de Cuba y tres de la Unión de Jóvenes Comunistas. Por profesión, los médicos estaban a la cabeza, seguidos por fisioterapeutas, técnicos en imagenología, personal de enfermería, dentistas, laboratoristas, un estadístico, un informático, un administrador y dos "defectólogos", como denominan en Cuba a los terapeutas de personas con discapacidades.

La red punitiva montada por el gobierno cubano consiste en una Comisión Disciplinaria Central, comisiones por cada estado y comisiones disciplinarias de base. En el caso de Venezuela, el país con mayor cantidad de trabajadores cubanos en el mundo, Cuba ha dispuesto más órganos de control para los otros programas. El Reglamento establece que "los jefes de las misiones de Salud, Cultura, Deportes, Agricultura y Educación están facultados para establecer sus propias comisiones disciplinarias centrales".

* * *

Aylín no se queja de lo que gana —aunque sabe que el gobierno cubano se queda con gran parte de lo que paga Venezuela por su trabajo—, pero le habría gustado disponer de su salario libremente. "Quisiera comprar unas licras [pantalones] para venderlas allá cuando vaya de vacaciones". Se había contaminado en Venezuela, no con alguna capitalista nacional como teme el gobierno cubano, sino con una fisioterapeuta cubana que conocía desde su juventud y negociaba ropa interior. Ella no tenía suficiente capital para comenzar. Su sueldo estaba retenido en Cuba.

"Ellos [el gobierno cubano] te dejan que autorices a algún familiar a retirar una parte de lo que te depositan allá. Yo autoricé a mi hijo a sacar 50 CUC al mes [equivalente a 50 dólares], pero el resto sólo lo podemos cobrar cuando vamos de vacaciones, una vez al año, o cuando se termina la misión". Muchos se traían lo que podían al regresar del asueto anual para comprar teléfonos, computadoras y electrodomésticos en las tiendas estatales, que vendían a precios subsidiados, hasta que les pusieron freno. El supermercado Bicentenario ubicado en la plaza Venezuela no permitía comprar a los extranjeros y las cajeras exigían mostrar la cédula de identidad venezolana.

La cantidad que Aylín recibe del gobierno venezolano —encargado del alojamiento, alimentación y transporte interno de los trabajadores cubanos— no le alcanza para mucho. "¿Qué hace uno ahorita con un estipendio [mensual] de 3 millones [de bolívares]? A mí apenas me da nada más para comer." Realmente, era poco en un país con una inflación indetenible. En un mercado de divisas controlado por el gobierno desde 2003, ese monto equivalía en 2016 a unos cinco dólares en el mercado paralelo.

Ella estaba acostumbrada a los sacrificios —"Tú no sabes lo que era Cuba en el periodo especial"—, pero se indignaba por las diferencias entre los jefes y los trabajadores rasos en Venezuela. "Quiero que digas, por ahí, que ellos viven con lujo, para ellos hay de todo. Y a nosotros nos maltratan", comentó un día molesta porque no había encontrado casi nada de comer en la tienda estatal Mercal a la que había ido esa mañana.

Los jefes y coordinadores de las misiones viven en algunos hoteles del Estado como el apartotel Anauco y el Alba Caracas, y en otros como El Cid, Las Américas y El Conde. También ocupan casas en la capital y el resto del país, donde intentan mantener bajo perfil. La cúpula no tiene problemas, pero los colaboradores comunes pasan casi tanto trabajo como los venezolanos para conseguir alimentos básicos.

Roberto, un joven médico, también cuestiona entre dientes los privilegios de los superiores. Cuando llegó a Venezuela en 2012 lo trasladaron al estado Portuguesa. "Uno llega ahí a la Coordinación [de la misión] y esas personas viven como reyes, no pagan comida ni pagan nada y tienen las mejores viviendas, no es como nosotros que tenemos que salir a buscar comida en el Mercal." El mejor alojamiento que recuerda fue un motel en la provincia donde compartió una habitación y un baño con ocho compañeros.

Muchos trabajadores residen en la parte alta de los consultorios de Barrio Adentro, enclavados en barrios pobres, con problemas de servicios públicos —a veces sin agua y con interrupciones de electricidad— y altas tasas de criminalidad. El gobierno venezolano no parece preocuparse demasiado por las condiciones en las que viven los "hermanos cubanos", a pesar de la constante retórica sobre la solidaridad revolucionaria entre Caracas y La Habana.

"Cuando llegué me tocó una brigada con malísimas condiciones. Tuve que dormir en una colchoneta en el piso, en una casa en pésimo estado donde había 40 personas", recuerda Dalia, una compañera de Aylín. Se sentía afortunada porque después de seis meses, la cambiaron a Caracas, donde comparte una habitación con cuatro compañeras muy cerca del CDI donde trabaja. "Tenemos dos literas, un baño y una salita." En muchas ocasiones, especialmente en las zonas más apartadas, el alojamiento no cumple con los mínimos requisitos como servicio de agua potable.

* * *

Los cubanos en Venezuela no son esclavos, pero tampoco son libres. "Ellos están en un régimen de semiesclavitud porque no sólo están sometidos a muchas horas de trabajo en los peores lugares, a donde nadie quiere ir, sino que no se los deja salir de noche, evitan que hagan contacto con la población local, se los vigila y la paga es mísera", denunció Julio César Alfonso, director de la ONG Solidaridad

Sin Fronteras, durante una entrevista en la sede de SSF en Hialeah, en 2016. La organización fundada por médicos cubanoamericanos para apoyar a los profesionales de salud de la isla que escapan a Estados Unidos considera que las condiciones de trabajo impuestas por el gobierno castrista son similares a la trata de personas, aunque los colaboradores acepten el empleo voluntariamente. Así lo denuncia su director:

> A través de estos programas, el gobierno cubano recibe enormes cantidades de dinero a costa del trabajo esclavo de sus profesionales, que firman contratos contrarios al derecho laboral internacional. El gobierno se cree dueño y señor de la vida de sus profesionales: médicos, enfermeras, técnicos, cualquier personal. Estamos hablando de un negocio muy lucrativo: reciben hasta 10 mil dólares [por cada uno] y les pagan 300 dólares mensuales. No tienen que pagar infraestructura, es pura ganancia,

Solidaridad Sin Fronteras surgió en 2004, a raíz de las primeras deserciones de médicos cubanos desde Venezuela, por iniciativa de un religioso cubano. Según Alfonso, para comienzos de 2015, "alrededor de 6 mil y pico" colaboradores cubanos habían abandonado el programa, "más de 80% de ellos desde Venezuela".

Cansados de los bajos salarios en la isla y la vida controlada que llevan mientras están de "misión internacionalista", miles de cubanos han decidido librarse del control del gobierno cubano y buscar otros rumbos como profesionales independientes. La experiencia en Venezuela y otros países ha sido un arma de doble filo para el gobierno de la isla. Julio, un especialista en informática, tomó conciencia de la falta de oportunidades en Cuba, de lo poco que le pagaban, y ya no quiso regresar.

> Cuando nosotros llegamos a Caracas (2007) había de todo. Uno ve la comida, las construcciones, los carros... Eso es llegando. Lo otro es que tú ves lo que puedes ganar con tu trabajo, tú puedes ver que

tu trabajo vale, entonces te das cuentas. La carrera de nosotros tiene campo en todos los lugares y todos [los que se han ido] han conseguido buenos trabajos, en Ecuador, Uruguay, Paraguay, aquí. A los dos meses de llegar a Miami, ya tenía un buen trabajo.

Julio se enteró de que el gobierno cobra 50 dólares la hora por informático, por un documento que le tocó firmar, como señaló durante una entrevista en Miami en 2016.

> Con el trabajo de dos horas nos pagaban un mes. Cuando llegas a Cuba [y ves] que no puedes tomarte una cola, no puedes tomarte una cervecita, que no puedes pedir un taxi, tú comparas. Con lo que yo ganaba allá [en la isla] no podía tomarme un refresco. Entonces, todo el mundo [los de su grupo] se fue. Unos primero, otros después... Además te vas dando cuenta de otras cosas.

La deserción de trabajadores cubanos se mantuvo en un ritmo creciente desde 2006, cuando el gobierno de George W. Bush aprobó el *Cuban Medical Professional Parole* (CMPP). El programa permitió al personal de salud y a los técnicos deportivos cubanos que trabajaban en misiones del gobierno en el extranjero obtener una visa especial para Estados Unidos. La Habana denunció que se trataba de una maniobra para estimular la huida, "un vulgar robo de cerebros".

El gobierno cubano no sólo temía la pérdida de materia gris sino de ganancias. Entre 2011 y 2014, Washington concedió visas a mil 438 "cooperantes" asignados a Venezuela. En promedio, una diaria, de acuerdo con cifras del Servicio de Inmigración de Estados Unidos, citadas por el *International Business Times*.[4] Keyler fue uno de los que la obtuvo ese año. El joven técnico de salud, que esperaba sacar a sus padres de la isla algún día, no se sentía en deuda por haber estudiado de manera gratuita, algo que sus jefes les hacían sentir continuamente. "Bastante que me explotaron. Y eso que me dieron en la carrera, se lo quitaron a mis padres, y a los padres de mis padres..."

Afectado por la situación, el gobierno cubano decidió flexibilizar su política de penalizar a quienes abandonaron las misiones, castigados con ocho años de destierro. En septiembre de 2015, llamó a los hijos pródigos a volver al redil en un comunicado del Ministerio de Salud Pública. "Tienen la oportunidad, si así lo desean, de reincorporarse a nuestro Sistema Nacional de Salud, a los que [se les] garantizará su ubicación laboral en similares condiciones a las que tenían."[5] Desde hacía un año, los jefes de la misión intentaban reenganchar a quienes habían abandonado la misión y se habían quedado en Venezuela como Camilo.

El médico se había convertido en un paria cuando se acabó su periodo de trabajo en 2013 y no quiso regresar a Cuba. Casado con una venezolana y radicado en una ciudad de la provincia, no logró regularizar sus documentos. "El gobierno cubano tiene que autorizarnos el PRE [Permiso de Residencia en el Extranjero] para legalizarnos aquí, pero para obtener el PRE hay que estar en la misión." Sin documentos le costaba conseguir empleo y cuando, en 2014, los jefes de la Misión Barrio Adentro lo contactaron para proponerle que se reincorporara, lo aceptó.

El Reglamento Disciplinario también prohíbe a los colaboradores relacionarse con aquellos que hayan abandonado la misión. Al médico le molestaba que les dijeran desertores y que los segregaran de sus ex compañeros, pero lo que más le afectaba era la prohibición de entrar a la isla en un periodo de ocho años, "sin importarles si se nos enferma algún familiar".

Aunque esta sanción no está escrita, en 2013, cuando el gobierno cubano actualizó la política migratoria (Decreto-Ley 302, de 2013) admitió que existía la prohibición al "normalizar la entrada temporal en el país" del personal de salud, los deportistas de alto rendimiento y quienes emigraron ilegalmente, "si han transcurrido más de ocho años desde su salida".[6] Si algún ex colaborador intentaba regresar antes, se exponía al encarcelamiento por abandono de funciones públicas. El Código Penal cubano establece que "el funcionario o empleado encargado de cumplir alguna misión en un país extranjero que la abandone, o cumplida ésta, o requerido en cualquier momento para que regrese, se niegue, o exprese tácitamente hacerlo, incurre en sanción de privación de libertad de tres a ocho años" (Art. 146).[7]

Oddy Ginarte no pensaba regresar jamás. Ni a la misión en Venezuela ni a Cuba. Tras haber librado una larga batalla por la visa estadounidense, llegó a Miami en julio de 2015. Su sueño era sacar a sus padres de la isla. Aferrado a su título de odontólogo y vestido con ropa nueva, parecía un adolescente. Una semana después, lucía tan conmovido como si acabara de aterrizar. Sentado en un salón de Solidaridad Sin Fronteras, sus ojos todavía se humedecían al relatar su huida por la frontera con Colombia.

Yo salí de la casa el 8 de enero en la mañana con el maletín al hombro porque ya estaba obstinado de la manera en que me maltrataban. Dije que el que me intentara aguantar le iba a afincar una mano. Salí, pagué un taxi y me fui a casa de una amiga venezolana. Esperé que fueran las seis de la tarde para irme al terminal. Agarré mi buseta hasta el Táchira y ahí cogí un rapidito hasta Cúcuta.

De allí se trasladó a Bogotá, donde hizo los trámites para solicitar la *Cuban Parole*.

A los tres meses la aprobaron y cuando ya iba a viajar no lo dejaron subir al avión. "Compré mi tiquete de vuelo para el 2 de abril y cuando fui al aeropuerto me dijeron que estaba bloqueado." Sin explicación alguna, el Consulado de Estados Unidos le anuló la visa. Le quedaba poco dinero y consiguió un empleo irregular como mensajero. Su caso llegó a la prensa colombiana y Solidaridad Sin Fronteras logró que varios congresistas ejercieran presión.

Finalmente, el 13 de julio, le volvieron a conceder la visa. "¡Ese día yo lloré!" Lo recuerda con la voz quebrada, conteniendo las lágrimas, un día antes de viajar a Pensilvania, donde trabajaría como asistente dental y comenzaría una nueva vida. No todos los cubanos que esperaban la visa estadounidense en Bogotá lo lograron. El médico Misael Hernández, por ejemplo, se quedó a mitad de camino.

Cuando cruzó a Colombia, en junio de 2017, ya Estados Unidos había cancelado el programa de visas especiales para los trabajadores de la misión de salud. Misael había sido enviado a trabajar en el oriente de Venezuela apenas 15 días después de graduarse en Cuba. Él mismo se sorprendió de que lo nombraran jefe de un Centro de Diagnóstico Integral (CDI). El médico contó, en entrevista con *El Nuevo Herald*, que decidió escapar por las difíciles condiciones de vida y por la corrupción en el centro de salud.

"Teníamos que tener un 100% de llenado en las salas y utilizar medicamentos más caros para tratar infecciones y otras enfermedades comunes. Era la manera en que el gobierno cubano presentaba más gastos a Venezuela para obtener más beneficios."[8] Amenazado por delincuentes y sometido durante un robo en el CDI, decidió huir y tenía meses en Bogotá sin documentos. "Es duro, es difícil, pero siempre será mejor que estar en Venezuela."

Aunque se enfrentan a riesgos reales en el país más peligroso de Suramérica, el gobierno venezolano no garantiza la seguridad de los trabajadores. Tampoco lo hace el cubano, más allá de la prohibición de salir de noche, como si no hubiera delitos de día. En 10 años (2007-2017), 69 colaboradores murieron asesinados, según datos de SSF. Las muertes violentas son comunes. A mediados de 2018, con una diferencia de pocos días, se registraron varios ataques: un médico de 54 años fue encontrado en su casa con un disparo en la cabeza, una banda armada asaltó a un grupo de más 100 "cooperantes" en Ciudad Caribia, a pocos kilómetros de Caracas, y delincuentes mataron a un enfermero de 35 años a puñaladas.

A pesar de la inseguridad, algunos se quedaron en Venezuela. Odalys, que llegó decidida a no volver a Cuba, se enamoró de un venezolano.

Lo conocí en el CDI donde trabajaba. Empezamos a llevarnos y a vernos a escondidas porque no se nos permitía. Bueno, llegó el momento en que declaré que tenía un novio pero tuve que presentarlo a la brigada. Si no estaban de acuerdo, no podía seguir con él. Si hubiera sido escuálido [así se refería Chávez a los opositores], no me hubieran dejado.

El Reglamento Disciplinario prohíbe tener relaciones "de amistad o vínculos de otro tipo" con nacionales "que asuman posiciones hostiles o contrarias a las Revolución cubana".[9] Más tarde se comprometieron y Odalys abandonó la misión.

Ya casada y de acuerdo con las leyes venezolanas, tenía derecho a obtener documentos como residente en el país. Sin embargo, en la Oficina de Migración, manejada con asesoría de la isla, se negaron a hacer el trámite. "Me dijeron que tenían órdenes de arriba de no regularizar a los cubanos." La médico lo intentó por todas las vías hasta que consiguió a un funcionario en la ciudad de Valencia dispuesto a hacerlo por 2 mil dólares, un imposible para ella, que trabajaba cuidando a una señora mayor.

Ailyn quería casarse con un venezolano para quedarse en el país y pensaba traerse a su hijo, pero tuvo que regresar a Cuba antes de lo previsto. Un viernes en la tarde, cuando faltaba un mes para que terminara su contrato, su jefe le dijo que hiciera las maletas porque al día siguiente se iba. Ya había llegado su reemplazo. Ella no solía decir groserías pero ese día soltó varias maldiciones cuando llamó desde la calle para avisar que tenía que irse. "¡Es que son unos tiranos!", gritó, ya sin tapujos, indignada por la noticia.

"No me dan tiempo de despedirme, ni de comprar los jeans que quería llevarle a mi hijo", lamentó con la voz entrecortada por la rabia. Al día siguiente la llevaron al aeropuerto muy temprano. Allí espero más de 24 horas sin poder salir ni a tomar un café, retenida hasta el domingo en la mañana cuando abordó el avión para La Habana. El regreso anticipado no era parte de una reprimenda por alguna infracción, la inteligencia cubana de la que tanto se cuidaba nunca detectó sus "relaciones desmedidas" con los venezolanos. Simplemente así funciona la Comercializadora de Servicios Médicos Cubanos. Y punto, como solía decir ella.

NOTAS

[1] Milanés, E., "En Venezuela también crece la juventud cubana", *Radio Cadena Agramonte*, Caracas, 8 de marzo de 2018, http://www.cadenagramonte.cu/articulos/ver/77638:en-venezuela-tambien-crece-la-juventud-cubana-fotos.

[2] Milanés, E., "Un activo juvenil lleno de héroes", *Juventud Rebelde*, Barcelona, Venezuela, 21 de junio de 2018. http://www.juventudrebelde.cu/internaciona les/2018-06-21/misiones-cubanas-en-venezuela.

[3] Reglamento Disciplinario para los trabajadores cubanos que prestan servicio en el exterior como colaboradores, Resolución 68/2010. Artículo 2, Cap. II. "De los deberes de los colaboradores".

[4] Lee, B., "Cuban Doctors Flee Venezuela With the Help of U. S. Parole Program", *International Business Times*, Nueva York, 17 de noviembre de 2014, https://www. ibtimes.com/cuban-doctors-flee-venezuela-help-us-parole-program-1725034.

[5] "Los servicios de salud a nuestro pueblo se garantizan y mantienen su desarrollo", Ministerio de Salud Pública, *Granma*, Cuba, 3 de septiembre de 2015, http://www. granma.cu/cuba/2015-09-03/los-servicios-de-salud-a-nuestro-pueblo-se-garan tizan-y-mantienen-su-desarrollo.

[6] Gómez, S., "Entra en vigor actualización de la política migratoria cubana", *Cubadebate*, 14 de enero de 2013, http://www.cubadebate.cu/noticias/2013/01/14/en tra-en-vigor-actualizacion-de-la-politica-migratoria-cubana/#.W4sAgC_SHdc.

[7] Código Penal, Capítulo I. Sección Quinta. Abandono de funciones públicas, Asamblea Nacional de Cuba, http://www.parlamentocubano.cu/index.php/do cumento/codigo-penal/.

[8] Pentón, M., "Médicos cubanos siguen huyendo de Venezuela aunque Estados Unidos ya no los recibe", *El Nuevo Herald*, Bogotá, 28 de febrero de 2018, https:// www.elnuevoherald.com/noticias/mundo/america-latina/cuba-es/article 202443494.html.

[9] Entre las infracciones que precisa el artículo 8 del "Reglamento Disciplinario para los trabajadores civiles cubanos que prestan servicio en el exterior como colaboradores", del 29 de marzo de 2010, se encuentran: *g)* sostener relaciones con nacionales o extranjeros, residentes en el país donde se encuentran cuya conducta no esté acorde con los principios y valores de la sociedad cubana; y *h)* sostener relaciones de amistad o vínculos de otro tipo, con ciudadanos cubanos residentes o no en el país donde se presta la colaboración, o nacionales del país donde se presta la colaboración, o extranjeros, que asuman posiciones hostiles o contrarias a la Revolución cubana.

III

9

Ramiro y los copextelianos

Todo se hace en conjunto.
JESSE CHACÓN, ministro de Interior de Venezuela,
sobre la asesoría cubana en el Sistema de Identificación,
29 de marzo de 2006

"El primer día de trabajo nos llevaron al piso cuatro de la Onidex [Oficina Nacional de Identificación y Extranjería], donde estaba el Departamento de Informática. Nunca antes habíamos visto servidores así." Boris se quedó boquiabierto. No estaba en Silicon Valley. El error no estaba en el archivo, los servidores así eran comunes en América Latina. Pero en ese momento, a comienzos de 2004, no había nada similar en Cuba, el país con el internet más lento de América Latina y uno de los más atrasados en materia de tecnología.

"Éramos cuatro o cinco estudiantes de informática nada más", relata el joven cubano que formó parte del equipo elegido para trabajar en Caracas bajo la batuta de José Lavandero García, vicerrector de la Universidad de las Ciencias Informáticas de La Habana (UCI). Fundada por Fidel Castro en 2002, la UCI había comenzado a operar en las instalaciones de lo que fue, durante años, el centro de espionaje ruso conocido como Base Lourdes.[1] Ningún lugar más apropiado.

El grupo, enviado por Castro con la aprobación del presidente Hugo Chávez, estaba allí para desarrollar una importante misión en la oficina que controla toda la documentación de los venezolanos y los extranjeros residentes en el país. Boris habla del proyecto con el que Cuba incursionó en el sector, durante una entrevista en 2016, con la condición de proteger su identidad para evitar represalias.

"Antes de irnos a Venezuela, Lavandero y su subordinado, [el ingeniero] Alejandro Machado Cento, nos llevaron a reunirnos con Fidel. Lo vimos en el Palacio de la Revolución y en el Centro de Convenciones. Fidel nos dijo: el futuro depende de ustedes." Para esos estudiantes, que crecieron a la sombra de aquel dios infalible, se trató de un momento inolvidable. Poco después y acompañados de su mentor, los jóvenes emprendieron ese viaje en el tiempo que significa salir de Cuba por primera vez.

"A Lavandero le decíamos el profe; era el que dirigía todo en Venezuela, un hombre muy metódico." Como huéspedes del Ministerio de Relaciones Interiores y Justicia, ingresaron al país, sin mayores trámites migratorios y por la puerta grande. "Nosotros entramos por Rampa 4 [la zona presidencial del aeropuerto internacional Simón Bolívar]."

Boris relata que los alojaron en un apartamento del hotel Anauco Hilton, repleto de cubanos que asesoraban varios programas sociales del gobierno. En Caracas, el joven descubrió con fascinación el vértigo de navegar en banda ancha. Y tomó Coca-Cola, ese sueño por lo prohibido que, involuntariamente, alimenta el gobierno cubano. Es raro que mencione ambos hallazgos juntos. La banda ancha y la Coca-Cola.

Aquellos aprendices, los mejores de su curso, estaban allí para hacer algo que no habían hecho nunca: diseñar un programa de computación, bajo la dirección de Lavandero, un ingeniero eléctrico de 59 años, con una larga trayectoria académica en Cuba. El propósito era agilizar la emisión de documentos. "El primer software que hizo la uci fue el de Identidad en Venezuela." La Onidex, dependiente del Ministerio de Interior y Justicia, fue el conejillo de indias.

Recuerda que fueron jornadas de trabajo frenético. En el piso cuatro de la sede central de la Oficina de Identificación, en la planta baja del Ministerio de Interior y en el Anauco Hilton. Día y noche. "Estuvimos en un cuarto trabajando un mes completo. Todo el mundo tirando código." De esa encerrona, surgieron "los puntos de cedulación y las van [camionetas]", equipadas con todo lo necesario para entregar el documento el mismo día.

El único entretenimiento que tenían era una televisión, con control parental del gobierno cubano. "No podíamos ver Globovisión [canal de noticias crítico al gobierno] ni nada de eso. Los *copextelianos* pusieron HBO para que viéramos películas." Boris se refiere a los empleados de la empresa cubana Copextel,[2] encargada del trabajo y presidida por el comandante Ramiro Valdés, jefe directo de Lavandero.

El proyecto formaba parte de la estrategia electoral para asegurar el triunfo del presidente Hugo Chávez en el referendo revocatorio previsto para ese año. El objetivo era garantizar que en los sectores populares, donde el chavismo tenía más simpatizantes, todos tuvieran la "cédula laminada", indispensable para participar en la consulta.

El programa desarrollado por los cubanos se instaló en más de 3 mil computadoras de la Onidex en todo el país. Al mismo tiempo, se dispuso que quienes obtuvieran la cédula y no estuvieran inscritos en el Registro Electoral, pudieran hacerlo de inmediato. Según datos del gobierno venezolano, a través del Plan Extraordinario de Cedulación, denominado luego Fase I de la Misión Identidad, iniciado en 2003, se entregaron más de ocho millones de documentos en un año.[3]

El trabajo del equipo cubano fue un éxito. De acuerdo con el ingeniero José Lavandero, con el operativo diseñado por ellos se inscribieron más de 1.3 millones de nuevos electores, más del doble de los que lo hicieron por la vía ordinaria, es decir, en los puntos tradicionalmente dispuestos por el Consejo Nacional Electoral (CNE).[4]

El día de la consulta popular, cuadros juveniles del chavismo formados en Cuba como parte del Frente Francisco de Miranda (FFM) aportaron su grano de arena, con el aval del CNE. Los activistas movilizaron a electores de zonas populares a los centros de votación. Boris sostiene que la idea también provino de La Habana. "Eso de ir a buscarte para votar es patente cubana, filosofía cubana. Te van a buscar hasta para las elecciones de la FEU [Federación de Estudiantes Universitarios]."

El presidente Hugo Chávez ganó el referendo, realizado el 15 de agosto de 2004, con casi seis millones de votos (59.1% del total).

La Fase I de la Misión Identidad había culminado de manera triunfal. Pero, la tarea de los informáticos cubanos no había concluido. De hecho, apenas comenzaba. El plan extraordinario de documentación había sido un aperitivo.

"El embrión de todo fue el Sistema de Identidad para hacer cédulas rápidamente." Por todo, Boris se refiere a una serie de proyectos en la Onidex y en el Sistema Nacional de Registros y Notarías, que le permitieron al gobierno cubano manejar la base de datos de personas y empresas, y obtener ganancias millonarias. Cuba se convirtió en el contratista favorito del Ministerio de Interior.

Cuando vino a la capial en 2004, el joven estudiante pensaba que realizaría un trabajo puntual y regresaría a la isla. Nunca imaginó que terminaría recibiendo su título de la Universidad de las Ciencias Informáticas en Caracas y que se quedaría en el país durante 11 años, desarrollando proyectos para el Ministerio de Interior y Justicia. Bajo la tutoría de Lavandero, Boris defendió su tesis y se graduó. "Fue en el Anauco Hilton, ante un tribunal de la UCI que se instaló en uno de los salones de abajo."

Cuba no gastaba demasiado en recursos humanos. Como estudiante, a Boris no le pagaban. El gobierno de Castro sólo proveía vivienda y transporte más dinero para la comida. "Nos decían que trabajábamos por solidaridad, que Venezuela estaba ayudando a darle corriente [electricidad] a nuestra familia."

Ya graduado, tenía un salario de 300 dólares mensuales, depositado en una cuenta en la isla, y un "estipendio" mensual en bolívares. Era más de lo que el gobierno de Chávez pagaba a los trabajadores locales de la Onidex. "Nos decían que los venezolanos no podían enterarse de lo que nosotros ganábamos, pero lo que ganábamos terminó siendo una mierda. Al principio, creía que la ganancia era para la Revolución, después se me quitó la venda de los ojos."

* * *

El 14 de diciembre de 2004, Hugo Chávez y Fidel Castro se reunieron en La Habana para celebrar doblemente. Por un lado, la reciente victoria en el referendo y, por el otro, el décimo aniversario de su primer encuentro en 1994. El militar venezolano estaba muy agradecido y no sólo por el Proyecto Identidad. Había logrado recuperar su popularidad gracias al lanzamiento simultáneo de las misiones sociales creadas con la ayuda y la participación de miles de cubanos.

Esa noche, Fidel prendió en la solapa de uno de los mejores trajes de Chávez la medalla de la Orden Carlos Manuel Céspedes, en el Teatro Karl Marx. Tras un torneo de alabanzas mutuas, emitieron una declaración conjunta de rechazo al ALCA (Área de Libre Comercio de las Américas, propuesta por Washington) y crearon la Alternativa Bolivariana para las Américas (Alba). En el texto, Castro y Chávez cuestionaron las asociaciones que actúan con base en "criterios mercantilistas" e "intereses egoístas de ganancia empresarial".

Pero el gobierno de Castro tenía en la mira un gran negocio, una nueva actividad económica para la isla, que le reportaría millonarias ganancias empresariales, a través de Copextel y la UCI. Unas horas antes, ambos países firmaron un acuerdo de ampliación del Convenio Integral de Cooperación de 2000, mediante el cual Venezuela duplicaría sus envíos de petróleo a Cuba: de 53 mil barriles diarios a 92 mil. El pacto incluyó, entre otros proyectos, el intercambio de "paquetes tecnológicos integrales", un intercambio de tecnología supuestamente cubana por dinero venezolano.

El ministro de Interior, Jesse Chacón, ex militar que participó junto al presidente venezolano en la intentona golpista de 1992, declaró que, a la luz del convenio, el gobierno evaluaba la elaboración de la nueva cédula de identidad venezolana. Y, tras revelar que técnicos cubanos habían participado como "integradores" de la Misión Identidad, señaló en declaraciones divulgadas por *El Nacional*: "Ahora lo que se busca es adecuar el mecanismo que permita el cambio de la cédula laminada".

Lo dijo como si la Onidex no acabara de entregar más de 8 millones de cédulas, como si un país petrolero pudiera permitirse lujos como desechar documentos nuevos. En el momento, no dio más detalles. Pero pronto quedaría claro de qué se trataba. Chacón, admirador de Fidel Castro —la foto de identificación de su cuenta oficial de Twitter en 2018 lo muestra abrazado al líder cubano y a Chávez—, ya estaba en línea con La Habana.

Las perspectivas de negocios con el gobierno venezolano eran tales que Cuba creó otra empresa: Albet Ingeniería y Sistemas S. A., especialmente para comercializar los proyectos de la UCI. "En 2005 entra Albet para hacer software. Los equipos que se necesitaban los proveía Copextel, que los compraba a empresas venezolanas y se los vendía luego al gobierno de Venezuela", revela Boris. El informático cita, como ejemplo, las unidades móviles que se usaron para emitir documentos.

"Los primeros camiones que se usaron para la cedulación son de fabricación española. Albet los compró al grupo venezolano ES [Escorihuela Sornes C. A.]. Se trataba de vehículos con conexión y cuatro asientos, como una oficina móvil." Dice que, en total, se llegaron a comprar 60 camiones por 40 millones de euros. "Tenían una cabina con motor y un tráiler. Se parquearon en La Carlota [base aérea en Caracas]." También habla de la adquisición de equipos de marcas estadounidenses como Hewlett Packard (HP) y Cisco Systems, que La Habana no podía importar directamente por el embargo.

Justamente en 2005, el gobierno de Chávez delegó en Cuba el Proyecto de Modernización del Sistema de Identificación en Venezuela. Aunque la palabra modernización sonara tan ajena a una isla congelada en el tiempo, a ese parque temático de los años cincuenta, donde viejos automóviles de la época de la Revolución, que son saunas ambulantes, se consideran un activo turístico.

Boris y sus compañeros de la UCI participaron en la II Fase de la Misión Identidad. El ambicioso proyecto incluyó la reestructuración completa de la Onidex, y la sustitución de los pasaportes y cédulas de identidad por documentos electrónicos, a pesar de que Cuba no tenía la tecnología necesaria para hacerlo y su población no tenía documentos biométricos.

A Venezuela llegarían muchos más informáticos antillanos. En julio de ese mismo año, el ministro Chacón firmó un contrato de 35 millones de dólares con Copextel para la reorganización y automatización del Sistema de Registros y Notarías.

La Habana obtuvo así pleno acceso a los datos de todos los venezolanos y los extranjeros residentes en el país, de todas las industrias, empresas y comercios. Desde entonces, el gobierno cubano sabe dónde vive cada uno de los 30 millones de venezolanos, si cambian de residencia, qué propiedades tienen, si se casan o se divorcian, qué transacciones hacen y cuándo entran o salen del país. El presidente Hugo Chávez no tenía ningún tipo de reservas con Fidel.

"Sí, claro que en Cuba está todo, la base de datos de todos los venezolanos. Todo lo que se desplegó en Venezuela está en la UCI. Desde allá pueden conectarse con la base de datos, incluso borrar prohibiciones de viaje y se pueden incluir datos", asegura Boris. Los hombres de Castro no habían tenido que espiar para obtener una radiografía tan completa. De alguna manera, la Base Lourdes seguía activa.

* * *

¿Qué ventaja podían tener los informáticos cubanos sobre los profesionales mexicanos, argentinos o los propios venezolanos, acostumbrados a adelantos tecnológicos que parecían de ciencia ficción en la isla? ¿Por qué un país con suficientes recursos para contratar las mejores compañías del mundo eligió a empresas cubanas sin experiencia alguna en la materia?

"El Sistema de Identificación fue licitado hace cuatro años (2002) y le costaba al Estado algo así como 300 millones de dólares en una licitación que había ganado la empresa Hyundai (en 2001), pero posteriormente eso se paralizó. Era únicamente para el manejo de la cédula." Ése fue el único argumento que dio del ministro de Interior, Jesse Chacón, en 2006, de acuerdo con una nota de su despacho. La contratación de Copextel fue producto de una decisión política, al gobierno no le interesaba explorar otras ofertas.

Ninguna otra empresa en el mundo tenía el perfil de Copextel. Ninguna otra, el aval de Fidel Castro. Fundada en 1991, la compañía estatal estaba dirigida por el "Comandante de la Revolución"

Ramiro Valdés, legendario por haber organizado desde el Ministerio de Interior los servicios de inteligencia de Cuba en los años sesenta.

Compañero de Fidel desde los tiempos del asalto al Cuartel Moncada y la expedición del *Granma,* el poderoso *apparatchik* fue el artífice de la penetración cubana a través de los informáticos. Primero desde Copextel y, luego, como ministro de Informática y Comunicaciones (2006-2011), se convirtió en uno de los vendedores más productivos de la isla. Claro que no había que tener mayores destrezas para convencer a un gobierno ganado para el asunto como el venezolano.

Vicepresidente de los Consejos de Estado y de Ministros desde 2009, Valdés siempre ha pertenecido al Olimpo castrista. En 2011, salió del Ministerio de Informática y Comunicaciones para ocuparse, desde las alturas, del negocio de la venta de "soluciones informáticas" para el gobierno venezolano y, también, de supervisar los sectores de las industrias básicas y la construcción, en los que el país petrolero es proveedor y cliente de Cuba.

Cuando el gobierno de Chávez escogió a Copextel para que se encargara de la transformación del Sistema de Identificación, y de la red de las notarías y registros, ya la empresa cubana estaba familiarizada con Venezuela. "Los *copextelianos* llegaron mucho antes que nosotros", señala Boris. "Ramiro Valdés dirigía todo el bacalao en Venezuela. Es un pesado. No sabe nada de informática pero tiene poder y comunicación directa con Fidel Castro."

No se conoce con certeza la fecha en que aterrizó el primer funcionario de la compañía en Caracas, pero es probable que alguno haya venido en la delegación de Fidel Castro en el año 2000, cuando se firmó el primer acuerdo de cooperación bilateral. El ingeniero venezolano Anthony Daquin, asesor del Ministerio de Interior y Justicia en sistemas de identificación hasta 2009, asegura que Copextel estaba interesada en el negocio de los documentos venezolanos desde los inicios del gobierno de Chávez.

Daquin, quien solicitó asilo político en Estados Unidos, aseguró a la periodista Adriana Rivera, de *El Nacional,* que vio a José

Lavandero en Caracas. "Fue el primer cubano con el que me reuní en 2001. Estaba interesado en saber cómo eran nuestros registros, qué era un registro principal, secundario, de identidad. Quería saber qué sistemas necesitaba manejar."[5] El físico Luis Núñez, de la Universidad de Los Andes, confirmó al diario que el funcionario de Copextel llegó en 2001 con una docena de programadores."

Un par de años después, la empresa antillana instaló la red inalámbrica de datos y la sala de servidores del Centro Nacional de Tecnologías de Información (CNTI) y la del canal estatal Vive TV, de acuerdo con un reportaje del diario español *El País*.[6] Entre sus proyectos más importantes, la empresa cubana destaca en su página web "el sistema de cableado estructural del Ministerio del Interior y Justicia".[7] La empresa también se encargaría, más adelante, de la dotación de equipos para las radios comunitarias, que se instalarían en todo el país.

Se desconoce la cantidad de convenios que Venezuela ha suscrito con Copextel y Albet, sellados al escrutinio público bajo cláusulas de confidencialidad. Un oscuro velo envuelve las negociaciones con las compañías cubanas. Ambas empresas entraron a la Onidex y a la red de registros y notarías de la mano del ministro Chacón, entre 2004 y 2005. Los detalles de la operación se mantuvieron ocultos hasta que la periodista Adriana Rivera reveló dos de los contratos, en una serie de reportajes publicados entre 2011 y 2015 en el diario *El Nacional* y en la ONG Transparencia Venezuela. Posteriormente, en 2016, el escándalo Panama Papers arrojaría más información sobre las negociaciones.

* * *

A mediados de 2006, Albet Ingeniería y Sistemas entregó al Ministerio de Interior el "Contrato Llave en Mano de Solución Tecnológica Completa para la Transformación y Modernización del Sistema de Identificación, Migración y Extranjería de la República Bolivariana de Venezuela". El nuevo Servicio Administrativo de Identificación, Migración y Extranjería (SAIME), donde los habitantes del país —venezolanos y extranjeros— tramitan sus documentos, es una criatura cubana.

Todo, desde la estructura y el sistema de redes hasta el portal web del servicio, que en ocasiones funciona como un viejo Chevrolet Bel Air de los cincuenta, fue diseñado por "el profe". El documento "Proyecto Identidad", obtenido por Rivera, evidencia la meticulosidad del ingeniero cubano José Lavandero. "La propuesta de Lavandero especificó hasta las escalas salariales para los funcionarios del SAIME", escribió la periodista.

> Los isleños establecieron cómo debía funcionar cada área: los objetivos y valores, el organigrama, el perfil de los cargos, la planificación económica, la gestión de recursos humanos, los manuales e instrucciones de procedimientos, las relaciones con otros entes de la administración pública y hasta los nuevos proyectos tecnológicos. Nada quedó al azar.[8]

El entonces vicerrector de la UCI planteó un recorte de 24% de la nómina de empleados, la creación de un Centro de Personalización de Documentos y la plantilla de la Oficina de Migración del principal aeropuerto del país. En el proyecto se asentó "de manera explícita" que el nuevo organismo debía contribuir a la consolidación de la denominada "Nueva Estrategia Electoral".

Al ser consultado por Rivera, José Javier Morales, presidente de la Onidex en 2006, señaló que Lavandero trabajaba en interacción con un equipo venezolano. "Fue así en todas las áreas del proyecto. En sistemas, estructura, organización y las demás. Cada fase requería aprobación de ambos lados. Los cubanos sólo dieron asesoría para ensamblar el proyecto." Sin embargo, fueron cubanos, y no venezolanos, quienes se encargaron de los programas, las aplicaciones, los equipos de computación, la infraestructura y el personal calificado.

Los empleados de la isla instalaron todas las redes locales en cada una de las oficinas: 800 puntos en la nueva sede central del SAIME en Las Mercedes, en el este de Caracas; más de 700 en las 24 oficinas regionales, 520 en "oficinas integrales" y 130 en las oficinas de migración de puertos, aeropuertos y zonas fronterizas. También escogieron y compraron —probablemente a subcontratistas locales— el mobiliario de las oficinas.[9]

Según el Proyecto Identidad, la solución tecnológica completa para la modernización de la Oficina de Identificación tenía un costo de 91.5 millones de dólares. Sin embargo, requirió un crédito adicional de 135.9 millones, y según Transparencia, año tras año, se destinan más recursos. Venezuela también dio plenas facultades a los cubanos para todo lo concerniente a los nuevos documentos de identidad.

Irónicamente, la primera página de los pasaportes venezolanos lleva inscrita la frase de Simón Bolívar "La fortaleza de una nación radica en la identidad". Quién sabe si por sugerencia de La Habana. El 14 de diciembre de 2006, el director de la Onidex, Hugo Cabezas, presentó al país el nuevo documento. Ese día se cumplían 12 años del primer encuentro entre Chávez y Fidel. Cabezas no lo mencionó, pero tal vez no fue una coincidencia sino una manera más de celebrar el aniversario.

"El Estado, que ha invertido 119 millones [de dólares] en el proyecto, tuvo asesoría cubana para la creación del software", señaló unos meses después José Javier Morales, sucesor de Cabezas, cuando se comenzaron a entregar los nuevos pasaportes.[10] La meta era aumentar la entrega de 600 mil libretas anuales a más de 3 millones y medio. Aunque las autoridades venezolanas insistían en que tenían el control total, la Oficina de Identificación dependía de la isla para operar el software del documento para viajar al exterior.

"El proceso para tramitar pasaportes fuera del país, en los consulados, es distinto y los cubanos habían manejado todo como si fuera igual. Cuando la Cancillería se dio cuenta del error y pedimos que se corrigiera, no pudieron hacerlo en Caracas. El cambio lo tuvieron que hacer los cubanos allá", aseguró en 2016 una funcionaria del Ministerio de Relaciones Exteriores que pidió proteger su identidad.

El episodio tuvo lugar en el último piso (cuarto) de la sede central del organismo, donde está el Centro de Informática, controlado por los caribeños y al que muy pocos venezolanos han tenido acceso. En el momento en que fueron los funcionarios de la Cancillería había un grupo de unos 25 cubanos. "El contrato con ellos contemplaba que, pasado cierto tiempo, tenían que entregar el software matriz y no lo hicieron nunca", asegura la fuente.

La presencia de los antillanos, "la prepotencia con que actuaban muchos de ellos", no era fácil de digerir para los trabajadores venezolanos. Ha habido malestar entre los empleados del SAIME y críticas que han dado lugar a purgas. "A los que se atrevieron a quejarse del poder de los cubanos, los sacaron de sus cargos, incluso a uno de los directores de informática."

* * *

Aunque Cuba no tenía experiencia ni la tecnología necesaria, el Ministerio de Interior también favoreció a la novata Albet con un proyecto de la emisión de cédulas electrónicas —Contrato para la Prestación de Servicios Tecnológicos Integrales para la Transformación y Modernización del Sistema de Identificación, Migración y Extranjería, Fase 2—. La confianza de Chávez en las supuestas destrezas de los cubanos era pasmosa. Y, como se verá más adelante, también lo fue su conformidad ante la falta de resultados. La alianza política y la intención de que el gobierno cubano participara en el control de la población parecía estar por encima de cualquier otra consideración.

Cuando los representantes de los dos gobiernos se reunieron en Caracas para cerrar el negocio, en marzo de 2008, todo había sido acordado. Ese día, el ambiente era relajado y los funcionarios de los dos países estaban en completa sintonía. Pedro Carreño, ex teniente del ejército y sucesor de Jesse Chacón en el Ministerio, presidió el acto junto a José Javier Morales, presidente de la Fundación Identidad. Por Cuba, asistieron el embajador en Caracas, Germán Sánchez Otero, en representación de la UCI, y el ingeniero cubano Filiberto López Cossío, presidente de Albet.

La Fundación Identidad había sido creada por decreto presidencial en mayo de 2005. Seis meses después, el gobierno cubano creó

Albet S. A. La sucesión no parecía casual. La comercializadora de la UCI nació con un cliente asegurado, el único que tuvo durante sus primeros años de funcionamiento. Rivera revelaría el contrato en 2011. Sus fuentes advirtieron que la empresa estaba "en capacidad de manipular los millones de datos que el gobierno de Venezuela le entregó para la elaboración de las nuevas cédulas electrónicas".[11]

La caja registradora de Cuba comenzó a sonar el mismo día de la firma del contrato por 172.2 millones de dólares, cuando recibió un pago inicial de 14.5 millones de dólares en su cuenta del Banco Financiero Internacional de La Habana, a nombre del Ministerio para la Inversión Extranjera y la Colaboración Económica (Minvec).

Anthony Daquin expuso por primera vez sus denuncias desde Estados Unidos, donde pidió asilo tras recibir amenazas por cuestionar la injerencia cubana, en el reportaje "Cédula electrónica a la cubana", escrito por Rivera. Según el ingeniero, "los cubanos manejan el software y marcan las directrices de seguridad, cómo se abre la caja criptográfica —mecanismo de cifrado de la información en el chip electrónico—, cuántas veces, cuándo se destruye el chip". El ex asesor del Ministerio afirmó que los técnicos venezolanos quedaron fuera del proceso.

El documento secreto divulgado en la página web del diario *El Nacional* tiene un larguísimo y elocuente subtítulo: "Contrato de Prestación de Servicios Informáticos, de Seguridad, Dotación de Mobiliario y Adecuaciones Eléctricas y de Redes para la Transformación y Modernización del Sistema de Identificación, Migración y Extranjería (Fase 2)". En el preámbulo se destaca la experiencia de Cuba "en las áreas de tecnologías de información y comunicaciones". No se menciona su pericia en documentación electrónica. Ya los petrodólares venezolanos financiarían el aprendizaje. Rivera resumió así el amplio margen de acción de La Habana:

Se le encomendó a los cubanos desde el suministro de las cédulas hasta el software para manejarlas. También se le asignó la emisión de documentos en sedes consulares y misiones de Venezuela en el exterior; el manejo de los puntos de control migratorio y la instalación de

199

sistemas de seguridad en la Torre Aco, la nueva sede del SAIME en Las Mercedes, así como de sus otras oficinas en todo el país.

La periodista divulgó todos los detalles seis meses más tarde.[12] El plan completo, dividido en cinco subproyectos, demuestra el control de Cuba en todas las fases del proceso. Incluso se llegó al extremo de que las garantías de los equipos están a nombre de Albet y no del gobierno venezolano.

El primer subproyecto dejó en manos de Albet el "diseño, desarrollo, suministro e implementación de la solución tecnológica integral" para la cédula de identidad electrónica, con el compromiso de garantizar los suministros y el despliegue en todas las dependencias de la Onidex —posteriormente SAIME—, entre otras tareas. El segundo, la "solución tecnológica integral" para la emisión de documentos de identificación en las 132 sedes consulares de Venezuela en el exterior.[13]

El tercero extendió la actuación de Albet S. A. a un área tan sensible para cualquier país como las puertas de entrada y salida del país. El presidente Chávez delegó en los cubanos el "diseño, desarrollo, suministro e implementación de una la solución tecnológica" para el control de los movimientos migratorios, "a través de la lectura de los documentos de identificación electrónicos y tradicionales en los puntos de control migratorio".

Este punto incluía un plan piloto para el auto-chequeo migratorio en el principal aeropuerto del país. Boris recuerda que un funcionario cubano estaba encargado de las primeras *auto-gates* que se instalaron en el terminal Simón Bolívar. "Yo lo veía salir todas las mañanas del hotel Anauco para Maiquetía".

Daquin reveló, durante una conversación telefónica en 2018, que "ese contrato era para una empresa china que ofrecía la mejor tecnología y había demostrado su capacidad. Los cubanos decidieron irse con las de una empresa de Portugal porque era mejor para la corrupción". Un par de puertas de auto-chequeo funcionaron durante unos meses en el aeropuerto Simón Bolívar y se desactivaron sin que se dieran explicaciones. Venezuela también decidió compartir con los funcionarios antillanos la promoción publicitaria de las cédulas electrónicas y el auto-chequeo migratorio en los medios.

Pero, mucho más importante aún, el Ministerio de Interior cedió sus responsabilidades a los cubanos al otorgarles nada menos que la seguridad de la nueva Oficina de Identificación, Migración y Extranjería, en la Torre Aco de Las Mercedes, y sus 14 sedes en el país. El cuarto subproyecto indica:

> La Parte Cubana se obliga a cambio de una contraprestación económica de la Parte Venezolana, al diseño, desarrollo, suministro e instalación de los Sistemas de Seguridad Integral en la Sede Central (Torre A), y en las dependencias de la Oficina Nacional de Identificación, Migración y Extranjería.

Ello incluyó hasta los sistemas de "detección y extinción de incendios, control de accesos, detección de intrusos y circuito cerrado de televisión digital".

El gobierno de Chávez delegó en los camaradas antillanos las tareas más complejas y, también, las más simples, como la selección de las sillas y escritorios de las oficinas. El Ministerio de Interior pagó a Albet para que se hiciera cargo del "suministro del mobiliario y del equipamiento ofimático" para la automatización de las comunicaciones y procesos administrativos, de acuerdo al quinto y último subproyecto. Es obvio que era más costoso pedir los muebles a La Habana que comprarlos directamente y el gobierno lo sabía. Por un lado, es parte de la dinámica de los proyectos "llave en mano" presentados por los cubanos y, por el otro, se inscriben en la intención de ayudar económicamente a Cuba.

Las potestades de los funcionarios del gobierno castrista no terminan allí. Como escribió Rivera, la Oficina de Identificación no tiene derecho a manipular el software sin autorización de los cubanos. Las "condiciones generales de ejecución" establecen que los venezolanos no pueden "acceder a los códigos fuente para realizarles modificaciones o ajustes a las Aplicaciones Informáticas desarrolladas mientras esté vigente el Contrato o el periodo de soporte técnico, excepto que la Parte Cubana manifieste de forma expresa su conformidad con esta acción". Venezuela tiene que pedir permiso a Cuba.

El contrato previó la participación de funcionarios venezolanos pero, en ningún caso, como jefes o superiores de los cubanos. Cada país designó un coordinador general, un gerente general y un jefe para cada proyecto. Por Cuba, el coordinador fue el ingeniero Ibrahim Nápoles Albanés, viceministro de la Industria Sideromecánica y Electrónica. Por Venezuela, un hombre de confianza del ministro Carreño, encargado de la Dirección General de Gestión Administrativa.

Hay todavía más detalles polémicos. El Ministerio de Interior entregó a la Universidad de las Ciencias Informáticas y a Albet S. A. los derechos de comercialización de la aplicación informática costeada por Venezuela para desarrollar los documentos venezolanos —cláusula decimotercera sobre Propiedad Intelectual.

* * *

El gobierno cubano no tenía la tecnología pero obtuvo suficiente dinero de Venezuela para comprarla en otros países. Así, acudió a una compañía holandesa y, más tarde, a una alemana a través de una empresa en un paraíso fiscal. La triangulación de compañías de otros países para poder cumplir con los contratos firmados con el Ministerio de Interior es otro de los aspectos revelados por las investigaciones periodísticas de Rivera.

Cinco meses después de obtener el negocio para las cédulas electrónicas, el gobierno cubano convocó una licitación en La Habana para adquirir las tarjetas de policarbonato para los documentos venezolanos. La decisión se tomó en el Ministerio de Interior de la isla (Minint). Boris, el informático del equipo de Lavandero, señala que "en esa reunión estuvieron presentes Ramiro Valdés y otros militares cubanos. También Ricardo Cabrisas [nombrado ministro de Economía en noviembre de 2008]. Ni siquiera Lavandero entró. Tampoco hubo ningún funcionario venezolano".

Rivera también reveló el contrato confidencial de Albet con la filial de una compañía holandesa en México. "Los cubanos subcontrataron a Gemalto, trasnacional que domina 30% del mercado mundial de identificaciones inteligentes para que les proveyera los programas informáticos y las tarjetas. Esta subcontratación fue por apenas 40.5 millones de dólares, menos de un cuarto de lo que pagó Venezuela por el proyecto."[14]

Dos representantes, de nacionalidad francesa, por Gemalto, firmaron el contrato con el director de Albet, Antonio Romillo Tarke, para suministrar a Cuba 6 millones de tarjetas de policarbonato con chip, destinadas a Venezuela. Romillo era una ficha de confianza de Ramiro Valdés, ministro de Comunicaciones e Informática, que dos años después lo designó rector de la UCI.

El documento, divulgado en la página web de *El Nacional*, incluyó desarrollar las aplicaciones informáticas relacionadas con la seguridad de los datos en las tarjetas; diseñar e instalar un laboratorio para probar las tarjetas y el software, tanto en las instalaciones de la empresa cubana como en Venezuela; capacitar y hacer la transferencia tecnológica tanto a Albet como al cliente final.[15]

¿Por qué y para qué instalar un laboratorio en la isla si habría uno en la sede central de la Onidex? Más aún tomando en cuenta que se estableció que Albet tendría el control del laboratorio en Caracas y se dispuso que la holandesa Gemalto únicamente daría capacitación al personal de la empresa cubana.

Una de las palabras que más pronunció Hugo Chávez en su vida fue soberanía. Sin embargo, el gobierno venezolano no tiene derecho a hacer ningún tipo de cambios en las aplicaciones y el chip de la tarjeta. Y tampoco es dueño del software que encargó y pagó para la Oficina de Identificación. La investigación periodística destacó que "el contrato especifica que las aplicaciones informáticas desarrolladas para cumplir con este proyecto serán propiedad de Albet y Gemalto".

Caracas no tiene derechos y La Habana los tiene todos. Incluido el de explotar comercialmente el producto.

> El presente contrato no limitará la capacidad de ninguna de las partes [Albet y Gemalto] de comercializar, desarrollar y/o proporcionar a

otros clientes o terceros, servicios similares o comparables a los servicios prestados bajo el presente contrato y los productos entregados al cliente final.[16]

Además, agrega Boris, "Gemalto dio equipos a Cuba y 20% de aporte social a la UCI". La solicitud de aportes sociales es una práctica común de la isla. Según el ex empleado de Albet, el gobierno de los Castro también pidió a las empresas venezolanas que subcontrató colaboraciones para la universidad.

Los cubanos inspeccionaron la llegada de las mercancías, consignadas a nombre del Ministerio de Interior, en el aeropuerto internacional Simón Bolívar. Todo parecía listo para arrancar, pero, por alguna extraña razón, los expertos de Albet, elegidos como los integradores más confiables para desarrollar la cédula de identidad electrónica, no compraron los equipos necesarios para imprimir la información en las tarjetas de policarbonato. El coche no tenía ruedas.

* * *

El tema de las nuevas cédulas cayó en un limbo durante un tiempo. Dada la eficiencia de la administración pública, a nadie le extrañó la demora. Y, en realidad, pocos estaban interesados en tener un carnet electrónico mediado por Cuba. Sólo al gobierno, que trataba de entusiasmar a los venezolanos con la excitante promesa de que pronto tendrían el documento más seguro del mundo.

La nueva Oficina de Identificación, SAIME, diseñada por el profesor Lavandero, sustituyó a la Onidex a mediados de 2009. Cuando arrancó, "los administradores del sistema de base de datos distribuidos (DBA, por sus siglas en inglés) eran todos cubanos", aseguró una fuente interna. Los antillanos también instalaron el *call center* 0800-SAIME-00. Boris, ex alumno de Lavandero, trabajó allí durante años. "Tenía 70 operadores." Después Albet lo traspasó a los venezolanos. "Cuando se entregó se jodió la cosa, se llenó de vagos."

En 2010, Albet negoció finalmente la tecnología para imprimir las tarjetas compradas a Gemalto. Lo hizo con un largo rodeo: apeló a una compañía de maletín en un paraíso fiscal para acceder a tecnología alemana. Cuba decidió subcontratar a una empresa en Panamá porque los proveedores alemanes no querían tener trato directo con dictaduras. Al menos, no públicamente.

Los detalles de la operación salieron a la luz en 2016 gracias a la filtración de millones de archivos del bufete de abogados panameño Mossack Fonseca, bautizada por la prensa como Panama Papers. Varios de esos documentos —contratos y correos electrónicos— muestran que el castrismo se valió de las peores mañas capitalistas. Albet contrató a la sociedad panameña Billingsley Global Corporation (BGC) para que comprara a la compañía alemana Bundesdruckerei los equipos. Venezuela tenía ahora dos intermediarios: Albet y BGC.

"La razón fundamental de por qué BUNDES DRUCKEREI [*sic*], no quiere venderle directamente a Cuba y Venezuela, es justo por el tema reputacional. Están nerviosos que la competencia de ellos haga propaganda adversa por el tema de ventas a gobiernos totalitarios", advirtió el abogado Ramsés Owens, miembro de Mossack Fonseca, en un correo el 26 de noviembre de 2007.[17] Por la fecha del mensaje, Albet buscó negociar con la compañía alemana incluso antes de firmar con Venezuela el contrato de las cédulas electrónicas.

Bundesdruckerei, que entonces era privada, pasó a manos del Estado alemán en 2009. En el tinglado que se armó para acceder a la tecnología de "la Bunde", como la llamaban los cubanos, había más. Una investigación realizada por IDL Reporteros y Armando Info, precisó que el propietario de Billingsley (BGC) era el banquero peruano Francisco Pardo.[18] Así pues, el negocio reportó ganancias para Albet S. A., para BGC y para Bundesdruckerei, a costa de Venezuela, que podía haber comprado directamente los equipos a Alemania.

"La recién creada empresa Billingsley Global Corp se aseguró al menos 64 millones de euros: 40 millones debían llegar a Alemania y los otros 24 se quedarían con Pardo en Panamá." El gobierno venezolano, al tanto de la intermediación de BGC, no hizo comentarios ni dio explicaciones cuando estalló el escándalo.

Entre los documentos filtrados por los Panama Papers, el "Contrato I10-084-000/2010 para la Ampliación del Sistema de Personalización de Pasaportes y Cédulas de Identidad Electrónicas de la República Bolivariana de Venezuela", dejó claro quién llevaba las riendas del negocio.

"Para proporcionar el Sistema BGC entregará a Albet equipos, software y licencias y brindará servicios." BGC dio a los cubanos "los servicios necesarios para la operación y mantenimiento del Sistema". El "cliente final", como se refería al Ministerio de Interior, quedó a merced de los cubanos hasta para el reclamo de la garantía.

La empresa panameña envió a Albet las facturas a su dirección en el hotel El Conde, en el centro de Caracas, la lista de los equipos embarcados, el Certificado de Origen y el de Garantía. Albet fue quien firmó el "Acta de Aceptación Final del Sistema", puso a disposición de BGC los equipos necesarios para la instalación, le notificó el lugar de instalación y coordinó con BGC todas las actividades durante la puesta en marcha del sistema. Los venezolanos no figuraban para nada, sólo como receptores inermes.

Venezuela apenas se menciona. El gobierno de Chávez ni siquiera estaba al tanto del contenido completo del documento. La cláusula de confidencialidad señala: "Las partes [Albet y BGC] acuerdan mantener estricta confidencialidad […] De ello se excluye la información que las Partes deban proporcionar al Cliente Final con el fin de poder cumplir sus obligaciones".

Aparentemente, con este negocio, ya estaba todo listo para que el SAIME comenzara a entregar los documentos de identidad electrónicos. Sólo aparentemente. Año tras año, el burócrata de turno anunciaba que las cédulas electrónicas estaban a punto de salir. Dante Rivas, director del SAIME durante varios años, desarrolló una gran experiencia corrigiéndose a sí mismo.

En diciembre de 2009, aseguró que las cédulas electrónicas estarían listas en el primer trimestre de 2010. Después, que a partir de junio de 2010. Más tarde, que a principios de 2011. Y, luego, en los últimos trimestres de 2012. "Nosotros nos vamos a encargar de la cedulación en nuestras oficinas, con el talento humano. En el manejo de nuestra tecnología somos totalmente independientes y soberanos." Su frase quedó rebotando. "Estamos invirtiendo bien, con transparencia indiscutida."[19]

Cuatro años después anunció sin pestañear que los venezolanos podrían tramitar la cédula electrónica en un mes. Por fin, había llegado el momento. Sin embargo, todavía a mediados de 2019, después de 10 años y millones de dólares invertidos, los venezolanos siguen teniendo la misma cédula laminada, que el SAIME, modernizado por los cubanos, tarda hasta dos meses en entregar.

La "transparencia indiscutida" de la que habló Dante Rivas se había devorado una fortuna. De acuerdo a un análisis realizado por Adriana Rivera para Transparencia Venezuela, basado en documentos oficiales, nada más en planes de identificación, algunos de ellos todavía inconclusos, se habían gastado más de mil millones de dólares hasta 2016.[20] Cuba recibió, al menos, mil 400 millones de dólares por asesorar a Venezuela en materia de documentación y control migratorio.[21] El tributo del SAIME a La Habana no se detenía. "El último contrato que tienen los cubanos fue renovado por 10 años en 2011, estando Chávez vivo", aseguró Anthony Daquin en conversación telefónica.

¿Qué impidió la emisión de las tarjetas de policarbonato almacenadas en el sótano de la Torre Aco? Hay dos versiones. Boris señala que la tecnología alemana resultó incompatible con los carnets de la holandesa Gemalto. "El sistema de imprimir que se compró a la Bunde por más de 80 millones de dólares no sirvió. Cuando se imprimía la tarjeta, el chip se cuarteaba. La decisión de contratar a la Bunde fue de los venezolanos para quedarse con plata [dinero]."

Daquin sostiene, en cambio, que los cubanos intentaron imprimir las cédulas con el mismo equipo que se usaba para el pasaporte. "Y para eso, se requería un cabezal diferente, que tuviera una presión y una temperatura diferente. Ellos lo que hicieron fue nada más comprar un adaptador para cambiar el tamaño de la tarjeta." Agrega que el Ministerio de Interior había previsto y presupuestado equipos especiales para la personalización de las tarjetas, "pero los cubanos decían: ¿por qué vamos a gastar 87 millones de dólares en una máquina cuando tenemos once máquinas ahí, chico? [...] El dinero se desapareció, se lo quedaron ellos".

Cualquiera que haya sido la razón, la Contraloría General, controlada por el chavismo, nunca investigó. Si acaso llegó a haber algún reclamo del gobierno venezolano a la isla después de tanto dinero evaporado, se quedó dentro del clóset de basura de las dos revoluciones. Hugo Chávez murió sin llegar a ver su cédula, número 4,258,228 en formato electrónico. Los venezolanos no han visto una ni de lejos. Pero los cubanos sí. Desde octubre de 2014, la Dirección de Identificación, Inmigración y Extranjería de la isla comenzó a entregar un "carné de identidad" electrónico, con características similares a las que negoció con su "satélite" venezolano.

"El código del software de la cédula de identidad venezolano es igual, lo único que cambiaron fue el nombre y cosas como la bandera en el diseño. En esos millones que se pagaron [a Albet] están los equipos. Allí hay mantequilla que pusieron para Cuba", afirma Boris, sentado en una mesa de la cafetería cubana Versalles, corazón del exilio cubano en la Calle ocho de Miami.

Doce años después de su primer viaje a Caracas, habla de su propia transformación y la de sus compañeros: los aprendices de la UCI que llegaron en 2004. "El núcleo principal completo se fue." Y su mentor, el profesor José Lavandero, estaba fuera de la UCI. "Lo sacaron porque querían hacer algo que lo molestó, con lo que no estaba de acuerdo." Cuando conversamos por última vez, en 2016, la oposición había ganado, por primera vez desde 2000, la mayoría en el parlamento y muchos venezolanos creían que el fin del chavismo estaba a la vuelta de la esquina.

Pero Boris se mostraba completamente escéptico. "Eso fue como un caramelo", dijo con cierta compasión. "¿Sobre qué sistema informático van a votar?... La oposición no volverá a ganar una elección."

—¿Los técnicos de la UCI llegaron a trabajar en el Registro Electoral?

—Tal vez, por detrás del telón, sí. A lo mejor hicimos algo de eso sin saber...

Recuerda una anécdota del 7 de octubre de 2012, cuando Hugo Chávez ganó su última elección presidencial. "Ese día, estuvimos con Jorge Giordani en el Ministerio de Finanzas. La sala situacional ocupaba todo el último piso del edificio que está a una cuadra de Miraflores. Ya me había ido de la Misión (Identidad) y trabajaba en el Ministerio de Interior. Ahí fuimos viendo los resultados."

—¿Cómo los veían?

—La base de datos local se replica desde la Torre Aco en pantallas con lo que está pasando. Ese cuento es más largo. ¿Tú crees que el gobierno se entera de los resultados por lo que dice Tibisay [Lucena, presidenta del Consejo Nacional Electoral]?"

Durante los 11 años que vivió en Caracas, aquel joven apuesto y disciplinado, que llegó como un modelo de la Revolución cubana, se transformó en un nihilista. Meses después de un escape a Estados Unidos, por los caminos verdes, que le costó 8 mil dólares, no extraña nada de lo que dejó atrás. "Aquí esto no es jamón [fácil], pero no ves la propaganda: 'Hecho en socialismo'." Su mirada curtida se pierde entre las mesas cuando, al final de la conversación, dice con pesar: "Yo, que nací en Cuba, no vi el proceso de destrucción. Me tocó verlo en Venezuela".

NOTAS

[1] Centro de Exploración y Escuchas Radioelectrónicas de la Unión Soviética, https://www.ecured.cu/Universidad_de_las_Ciencias_Informáticas.

[2] Copextel son las siglas de la estatal cubana Combinado de Producción y Exportación de Técnica Electrónica Especial.

[3] Entre octubre de 2003 y octubre de 2004, según cifras oficiales. SAIME, Reseña histórica, http://www.saime.gob.ve/institucion/resena.

[4] En el "Proyecto Identidad", documento revelado años después por el diario *El Nacional* en la web, Lavandero precisó que en el proceso "se realizó la inscripción de 1 millón 343 mil 976 nuevos electores en el Registro Electoral, mientras que por la vía ordinaria se inscribieron 629 mil 078, para un total de un millón 973 mil 054 nuevos electores que votaron durante el referendo".

[5] Rivera, A., "El cubano que diseñó el SAIME", *El Nacional*, 24 de noviembre de 2013, http://www.el-nacional.com/siete_dias/cubano-diseno-Saime_0_305369576.html.

[6] Primera, M., "¡Patria o muerte! Pero ¿mi patria o la tuya?", *El País*, Caracas, 24 de mayo de 2010, http://elpais.com/diario/2010/05/24/internacional/127465200 5_850215.html

[7] PCMAX/Copextel, https://www.copextel.com.cu/division-comercial/pcmax.

[8] Rivera, A., "El cubano que diseñó el SAIME", *loc. cit.*

[9] El "Proyecto Identidad" está disponible en Universidad de Los Andes, http:// webdelprofesor.ula.ve/cjuridicas/malaverb/D:/Entrega%20Agosto%20ONI DEX-MIJ-MPD%20%5B0%5D/ID-TO0001-06%20Cap%EDtulos%20 SAIME%20(Entrega%20ONIDEX-MIJ)v2%20Revisado.doc.

[10] Espinoza, M., "Onidex comenzó a expedir el pasaporte electrónico", *El Universal,* 29 de marzo de 2007, http://www.eluniversal.com/2007/03/29/pol_art_oni dex-comenzo-a-exp_231397.shtml.

[11] Rivera, A., "Cédula electrónica a la cubana", *El Nacional*, Siete Días, 17 de julio de 2011.

[12] Rivera, A., "Contratos para la cédula electrónica confirman triangulación de La Habana", *El Nacional*, 2 de diciembre de 2011, http://www.el-nacional.com/no ticia/12457/23/Contratos-para-la-cedula-electronica-confirman-triangulacion-de-La-Habana.html.

[13] Incluye garantizar "los suministros y servicios informáticos asociados".

[14] Rivera, A., "Contratos para la cédula electrónica confirman triangulación de La Habana", *loc. cit.* El enlace también está disponible en la Coalición ProAcceso: http:// proacceso.org.ve/noticias/contratos-para-la-cedula-electronica-confirman-trian gulacion-de-la-habana/.

[15] El "Contrato de Desarrollo y Suministro de la Cédula de Identificación Electró-nica para la República Bolivariana de Venezuela" (N° Albet: 108-005-000), pu-blicado por *El Nacional* está disponible en ProAcceso: http://c431537.r37.cf2. rackcdn.com/contrato_tarjetas_firmado.pdf.

[16] Contrato de Desarrollo y Suministro de la Cédula de Identificación Electrónica para la República Bolivariana de Venezuela, a ejecutar en el marco del Proyecto Transformación y Modernización del Sistema de Identificación, Migración y Ex-tranjería de la República Bolivariana de Venezuela, *El Nacional*, http://c431537. r37.cf2.rackcdn.com/contrato_tarjetas_firmado.pdf.

[17] García Téllez, L. y Poliszuk, J., "Negocios secretos", IDL Reporteros/Armando Info, 3 de abril de 2016, https://idlreporteros.atavist.com/-sfjdb.

[18] García Téllez, L. y Poliszuk, J., "Las triangulaciones de un ex banquero peruano con La Habana y el gobierno chavista en Caracas". IDL Reporteros/Armando Info, 3 de abril de 2016, https://idl-reporteros.pe/negocios-secretos/.

[19] Rivas, D.: "La cédula electrónica se entregará en los últimos trimestres de 2012", *Informe21.com,* Caracas, 15 de noviembre de 2011, http://informe21.com/actuali-dad/dante-rivas-cedula-electronica-se-entregara-los-ultimos-trimestres-2012.

[20] Rivera, A., "Más de un millardo de dólares en planes de identidad con Cuba", Transparencia Venezuela, Caracas, 7 de junio de 2016, https://transparencia.org. ve/project/mas-de-un-millardo-de-dolares-en-planes-de-identidad-con-cuba/.

[21] *Ibid.*

10

Conectados a la isla

Estamos haciendo lo que tenemos que hacer
por la Revolución cubana y la revolución nuestra.
Rafael Ramírez, presidente de pdvsa, Caracas, 2008

Julio de 2016. Cumaná, estado Sucre. Oriente de Venezuela. Fernando llegó temprano a la notaría para vender su terreno, ubicado en las afueras de la capital del estado Sucre. Ya estaban allí el comprador y el abogado, con todos los documentos listos. Estaban los registradores. Había energía eléctrica y el sistema, que en ocasiones se quedaba "colgado", funcionaba bien. Pero faltaba un detalle imprescindible: "Tuvimos que esperar hasta que llegaron los cubanos". Sin la autorización de los extranjeros, no podían hacer el trámite.

El ingeniero venezolano, que relata el episodio con una mezcla de indignación y tristeza, pide que no se revele su identidad. Teme alguna represalia. Dice que puede que le pongan trabas cuando tenga que realizar otra transacción legal en una notaría o que anulen su pasaporte cuando vaya a viajar, como le ocurrió a un conocido. Un castigo de inspiración totalitaria: el país como prisión. La paranoia, sembrada por los cubanos y los servicios de inteligencia locales, es un virus de rápido contagio en el país.

En 2005, el Ministerio de Interior y Justicia encargó a la empresa Copextel, dirigida entonces por Ramiro Valdés, la reestructuración del Servicio de Registros y Notarías de Venezuela. El contrato inicial por 35 mil millones de bolívares (unos 16 millones de dólares) se ha mantenido en la más estricta confidencialidad. Según el ministro de Interior, Jesse Chacón (2004-2007), embajador de Maduro en

Viena desde 2016, la empresa se limitaría a brindar asesoría, pero en la práctica se permitió a los funcionarios de Cuba tener mayor poder que los empleados locales.

La paternidad de la isla en el Servicio Autónomo de Registros y Notarías de Venezuela (Saren) ha sido reconocida por sus empleados. "La puesta en marcha del Saren ha sido abordada a través de un proyecto de creación y sistematización ejecutado mancomunadamente con empresas cubanas", indicó la funcionaria Tatiana Domínguez en una carta a las instituciones financieras, divulgada en enero de 2008 por *El Universal*.[1]

Así se informó al sector bancario de que el Saren se ocuparía de sistematizar, digitalizar y centralizar "todas las transacciones registrales y notariales del país, así como la recaudación de tasas por concepto de la prestación de tales servicios". Para ello, el gobierno de Hugo Chávez puso en manos de Cuba toda la base de datos. Los empleados de Copextel y de la empresa Albet diseñaron la anatomía completa del organismo, desarrollaron las aplicaciones y montaron la red en todas y cada una de las notarías y registros del país.

A través del nuevo servicio, el gobierno cubano está al tanto de todas las operaciones que se hacen en Venezuela. Desde la venta de un automóvil hasta la de una embarcación, desde la compra de la acción de un club hasta la de una fábrica; los contratos privados, hipotecas y préstamos; los poderes legales, las separaciones de bienes, herencias, arrendamientos y traspasos. De todo. Incluso, de los permisos de viaje para menores de edad.

* * *

Cuba se jacta del terreno que ha ganado su tecnología en Venezuela como si estuviera a la vanguardia del sector en la región o hubiera ganado una competida licitación y su entrada al país no fuera producto de una concesión de Hugo Chávez, que poco tenía que ver con supuestos adelantos y mucho con su proyecto político.

"En materia de informática y comunicaciones se han realizado relevantes proyectos para la informatización de sectores claves venezolanos [*sic*]", señaló en 2007 Martha Lomas, ministra cubana de Inversión Extranjera y Colaboración Económica, durante la clausura de un costoso encuentro en La Habana, al que asistió una tropa de 483 burócratas: 283 por Venezuela y 200 por el gobierno de los Castro.

Lomas estaba escoltada por Rafael Ramírez, ministro de Energía y Petróleo (2002-2014) y presidente de la petrolera estatal venezolana PDVSA (2004-2014). Hijo de un ex guerrillero, incondicional de Chávez y admirador de Fidel, Ramírez probablemente sea el único funcionario que pueda cuantificar cuántos miles de millones de dólares ha derramado el chavismo en Cuba. Solamente en esa reunión se firmaron acuerdos por más de mil 500 millones de dólares para 355 proyectos.[2]

De Venezuela ha fluido el dinero. Siempre. De Cuba, recursos humanos, "paquetes tecnológicos" —ensamblados con tecnología de otros países— y mercancías, en su gran mayoría importadas por La Habana con recursos venezolanos. Uno de los sectores clave a los que se había referido la ministra Lomas sin ahondar en detalles fue, precisamente, el Sistema de Registros y Notarías.

Curiosamente, el ex ministro Chacón, que promovió el proyecto del Saren, no aparecía en el portal web del organismo, como si no hubiera tenido ninguna responsabilidad en la cubanización del sistema. Al ingresar su nombre en el buscador de la página, la respuesta es: "Nada fué [*sic*] encontrado". En cambio, era posible encontrar varias referencias al máximo líder cubano.

"Funcionarios del Saren rindieron homenaje al líder revolucionario Fidel Castro." Con "fervor y nostalgia", de acuerdo a una nota de diciembre de 2016. Aparece también uno de los íconos de la Revolución cubana adoptado por el chavismo. "Trabajadores del Saren conmemoran 50 años de la siembra de Ernesto 'Che' Guevara." Siembra como sinónimo de muerte. Uno de los vocablos favoritos de la neolengua de la Revolución bolivariana.

"Aquí estamos honrando a los grandes líderes. Se cumple un año más del vil asesinato del Che, hombre heroico, político, militar y comandante de la Revolución cubana", declara Osmairy Bravo, funcionaria de la Notaría Pública Vigésimo Segunda del municipio

Libertador. El texto está ilustrado con una foto de la empleada junto a un grupo del Saren que participó en el homenaje al guerrillero argentino con una ofrenda ante la estatua de Simón Bolívar.[3]

Entre los compañeros de Osmairy abundan los gestos de aburrimiento y las miradas vacías de cualquier entusiasmo revolucionario como si hubieran ido acarreados. La imagen de sus rostros aburridos y los hombros desinflados, tostándose bajo el sol de Caracas, luce como la antítesis del guevarismo. ¿Cómo negarse a llevar la camiseta roja y asistir a los rituales de sometimiento del chavismo sin arriesgar el trabajo?

* * *

El gobierno de Raúl Castro exhibió la automatización del Sistema de Registros y Notarías de Venezuela como uno de los grandes logros de la tecnología cubana durante la Feria Comercial de Informática 2011, inaugurada por el inefable Ramiro Valdés en La Habana. El *modus operandi* para crear el Saren fue prácticamente el mismo que se usó para la reestructuración de la Oficina Nacional de Identificación (SAIME).

Albet importó, con dinero venezolano, equipos y tecnología extranjera para integrar el sistema, instalar las computadoras y el software en más de 250 oficinas y administrar la base de datos con personal cubano. Aunque estaba previsto que la participación de los extranjeros cesara al terminar la fase de transferencia tecnológica, informáticos de Albet y "comisarios" de la isla han permanecido en ambos servicios.

Decenas de miembros de la Universidad de las Ciencias Informáticas (UCI), reclutados por Albet S. A., hicieron sus prácticas y desarrollaron una experiencia laboral de años en el Saren. Nietos de la Revolución como Yasmany, Daniel, Shalymar, Moe, Rodolfo, Heykel, Alejandro, Rudel, Jofman, Osmany, Ernesto, Rubén, Daniel, Lidysbeth, etcétera. Entre ellos, muchos jóvenes cubanos con ansias de volar, que aprovecharon la oportunidad para salir de Cuba y hoy residen en el exterior.

Venezuela fue un gran laboratorio para ellos y una de las principales fuentes de empleos. En seis años, entre 2004 y 2010, Albet, S. A. recibió pagos de Venezuela por 873.5 millones de dólares, según un reporte de la estatal cubana ante el Sistema Económico Latinoamericano (Sela), citado por la periodista Adriana Rivera en el reportaje "La informática cubana crece con recursos venezolanos".

El lema de la UCI —"Conectados al futuro, conectados a la Revolución"— es una metáfora de la profunda influencia del castrismo en la administración pública venezolana, en su gobierno y en el destino del país. Una expresión del apego del chavismo al gobierno cubano en su búsqueda de control social y político. Progresivamente, la telaraña instrumentalizada por el comandante Ramiro Valdés se extendió más allá de la Oficina de Identificación y del Saren. Mucho más allá.

El gobierno de Hugo Chávez contrató tantas "soluciones integrales" o "paquetes tecnológicos" a Copextel y a Albet que La Habana creó una misión especial con el fin de coordinarlos: la Misión UCI. Han sido tantos que empleó también a especialistas de otros centros académicos como la Universidad Tecnológica de La Habana "José Antonio Echeverría" (CUJAE) y la Universidad de Holguín. A través de la legión de informáticos, el castrismo hundió sus raíces en ministerios, instituciones y empresas estatales, incluso en Petróleos de Venezuela (PDVSA), corazón de la economía venezolana y pulmón de la cubana.

* * *

La conformación de un Estado policial "informatizado" avanzó con la enorme experiencia de los cubanos, veteranos en tácticas de control aprendidas de los soviéticos. El Ministerio de Interior y Justicia creó una Comisión de Proyectos Especiales dedicada a los planes desarrollados por los informáticos de la isla. Para el despacho encargado de la seguridad y el orden interno en Venezuela, para el chavismo, no había un mejor socio que Cuba.

El gobierno de Hugo Chávez le encargó el Sistema Integrado de Información Policial (Siipol), que reemplazó al que usaba el Cuerpo de Investigaciones Científicas, Penales y Criminalísticas (CICPC). El proyecto tardó más de cuatro años en completarse, según un informe publicado por la UCI. "Comenzó su desarrollo en julio del 2007 con tecnologías de punta y fue culminado en enero del 2012 [...] El sistema fue valorado aproximadamente en 7.4 millones de dólares y el aporte como solución integral (software, hardware, etcétera) es cercano a los 3.2 millones."[4]

El reporte de la universidad cubana, escrito en términos más propios de Wall Street que de un Estado comunista, sostiene que Siipol "abrió más oportunidades de negocio como concepto de integración de sistemas e información de interés para otras entidades", y precisa que la Policía Nacional Bolivariana (PNB) usa el sistema "al mismo nivel que el cliente primario [el CICPC]".

La "solución tecnológica" policial, como casi todas las que ejecutaron los cubanos, incluyó el portal web, que inicialmente contenía los títulos en letras minúsculas como muchas páginas web de la isla. El Ministerio de Interior también contrató a los cubanos para desarrollar el Sistema Nacional de Seguridad Ciudadana (Sinasec) y su centro de datos. Los proyectos han demorado años en concluirse y suelen consumir recursos adicionales.

La instalación del Centro de Atención de Emergencias 171, que comenzó en 2007, tres años después estaba desarrollando su tercera fase, de acuerdo con el informe anual del Ministerio de Interior y Justicia.[5] Todavía en 2016 el servicio no funcionaba plenamente y, para 2018, cambió de numeración y comenzó a operar, con otro teléfono. La Revolución había preferido adoptar el conocido 911 de los yanquis.

Así como Copextel y Albet montaron las plataformas en el Ministerio de Interior, han tejido prácticamente todas las redes del aparato estatal en Venezuela. Desde la "sala situacional" de la Presidencia, dirigida por hombres de confianza del gobierno cubano, hasta la cuenta de Twitter de Chávez. Boris, especialista en Informática que trabajó durante años en proyectos para el Ministerio de

Interior, afirma que "esa cuenta la manejaba [el ingeniero Alejandro] Machado Cento desde uno de los pisos superiores del hotel Alba". Para nadie en la capital venezolana es un secreto que el antiguo Caracas Hilton, expropiado por Chávez, está tomado por funcionarios cubanos y tiene entre sus empleados personal de la isla.

El ex ministro de Petróleo Rafael Ramírez hizo alusión a Machado, sin mencionar su nombre completo, en un artículo escrito en marzo de 2019. Enemistado con Maduro y su círculo desde finales de 2017, tras su destitución como embajador ante la ONU y la orden de captura en su contra por acusaciones de corrupción en la petrolera estatal, Ramírez confirmó la participación de La Habana en el combate digital en Venezuela y la guerra sucia en la web.

> Bajo la dirección de Jorge Rodríguez (ministro de Comunicación), Tareck El Aissami [vicepresidente 2017-2018, ministro de Industrias] y el apoyo de los cubanos como Machado y otros operadores, el madurismo ha construido un verdadero contingente de disociados del tuiter, que están permanentemente conectados a los sistemas y medios que se instalan en todos los ministerios u organismos públicos para tuitear, seguir a sus jefes, colocar etiquetas, mantener tendencias o sepultar a cualquiera que se le ocurra decir algo en contra de lo que diga el gobierno.[6]

Por alguna razón, Ramírez, quien se encuentra oculto en algún lugar del mundo, no citó el nombre completo de Alejandro Machado Cento. El ex ministro agregó que "todos siguen instrucciones del ministerio de la Mentira y la Manipulación" y que existe una red de "estos contingentes de verdaderos disociados y 'bots' para esparcir el odio, la mentira, confundir, engañar al pueblo". Para nadie dentro del gobierno venezolano es un secreto que *community managers* cubanos controlan gran parte de los mensajes oficiales en la red.

La UCI ha instalado sus "soluciones tecnológicas integrales" en los más de 30 ministerios venezolanos. Los informáticos caribeños se encargaron de la "Modernización de la Plataforma Tecnológica del Ministerio del Despacho de la Presidencia" y del Sistema de

Gestión de Cárceles (Sigep)[7] para el Ministerio de Asuntos Penitenciarios, donde trabajó un equipo de más de 30 antillanos; hicieron la plataforma de inventarios del plan de construcción Gran Misión Vivienda y las del sistema hospitalario.

También han digitalizado millones de documentos históricos y se encargaron de instalar los sistemas y softwares para el Archivo General de la Nación y la Biblioteca Nacional (ArchiVenHIS, Quipus, Apacuana, Sahisweb). Albet vendió, además, paquetes para los ministerios de Ciencia y Tecnología, Comunicación y Educación.

El software de las computadoras que usan los niños venezolanos en la escuela primaria, conocidas como "Canaimitas", es hechura de los informáticos de la isla así como el programa de filtro de contenidos de la web Filpacon. Según un informático cubano, este programa está instalado en la red de "infocentros", desarrollados en Venezuela de acuerdo con el modelo de los "clubes juveniles de computación" cubanos.

"Anuncié la creación en todo el país de centros de informática, eso tiene que ver con algo que tú me explicabas, Fidel, han estado haciendo ustedes en La Habana", señaló Chávez en noviembre del año 2000 durante la inauguración del primer centro de computación en el principal parque de Caracas. El mundo digital de la administración pública venezolana es de Cuba.

* * *

La Habana tiene un atlas detallado de la industria petrolera en Venezuela. Sabe dónde está ubicado cada pozo y cada depósito de combustible. Conoce los procesos de exploración y producción, las compras, los despachos, la logística, el movimiento de los tanqueros, los contratos, la lista completa de empleados e, incluso, sus historias clínicas.

El aliado más improbable en una materia que los venezolanos dominan como pocos suramericanos, la inexperta Cuba, se encargó de desarrollar los softwares de la principal compañía estatal, Petróleos de Venezuela (PDVSA), y administrar sus sistemas. También se le dio la responsabilidad del suministro e instalación de la red de fibra óptica del Ministerio de Energía y Petróleo.

Después del paro petrolero de 2003, Chávez ordenó liberar al sector de la dependencia tecnológica de las firmas yanquis y migrar hacia software libre. Y para garantizar la soberanía y seguridad informática de la industria no pensó en otros aliados políticos que destacan en la producción de tecnología, como China. No. Eligió a Cuba como socia para desarrollar todos los programas informáticos de la industria con el fin de sustituir los existentes.

Durante la primera visita oficial de Raúl Castro a Venezuela como presidente, en diciembre de 2008, se anunció un acuerdo para la "creación de la empresa socialista de capital mixto Guardián del Alba S. A." (Galba) con el objetivo de fabricar "soluciones tecnológicas integrales" (programas informáticos). Siempre presente, el comandante Ramiro Valdés, ministro de Informática y Comunicaciones, firmó el memorándum junto a Rafael Ramírez, ministro de Energía y Petróleo de Venezuela y presidente de PDVSA.

"Estamos haciendo lo que tenemos que hacer por la Revolución cubana y la revolución nuestra", afirmó Ramírez a comienzos de ese año, durante la VIII Reunión de la Comisión Mixta Cuba-Venezuela, cuando se aprobaron 76 proyectos por más de mil 300 millones de dólares.[8]

La empresa "socialista" —constituida por PDVSA Industrial (51% de las acciones) y Albet S. A. (49%)— para alcanzar "la plena soberanía tecnológica", entró en funcionamiento en enero de 2010. De esa manera, el gobierno cubano se convirtió en copropietario de la compañía y probablemente de todos sus activos: la sede principal en Lagunillas, estado Mérida, y otras cinco oficinas, en la Faja Petrolífera del Orinoco y en los estados Zulia —Maracaibo y Ciudad Ojeda—, Anzoátegui y Miranda.

En 2009, el presidente Chávez había ordenado que un equipo de la Universidad de las Ciencias Informáticas (UCI), de Cuba, y la unidad de Automatización, Informática y Telecomunicaciones (AIT), de PDVSA Industrial, trabajaran en la sustitución de los softwares privados por plataformas libres. Ésa es la versión oficial.

Pero, en realidad, la presencia de los informáticos cubanos en el sector petrolero se remonta a tres años antes, cuando comenzaron a desarrollar Scada (Sistema de Supervisión y Control de Procesos Industriales) para PDVSA.[9] En 2018, el Scada Guardián del Alba estaba en funcionamiento en 139 instalaciones de la petrolera venezolana.[10]

"El primer grupo llegó en agosto de 2006. Estuvieron unos días viendo los requisitos y preparando los laboratorios", asegura Julio, quien arribó al país a principios de 2007 para unirse al proyecto.

Junto a otros compañeros de la universidad, el estudiante de la Universidad de las Ciencias Informáticas (UCI) se alojó en instalaciones de una "hospedería" en San Javier del Valle, en el estado Mérida, alquilada por PDVSA Industrial. El joven, que entonces tenía 21 años, asegura que José Lavandero, el ingeniero cubano que diseñó el SAIME, empezó la negociación pero no estuvo mucho tiempo en el proyecto.

"Yo comencé como desarrollador, estudiaba tercer año. Éramos unos 27. Todos los desarrolladores éramos estudiantes, de tercero, cuarto y quinto año. Los especialistas eran doctores, de máster, gente de mucha experiencia, de 55, 60 años. Dirigían el trabajo en Scada", relata Julio durante una entrevista realizada en 2016. "Nosotros teníamos un comedor abajo y el laboratorio arriba. Trabajábamos más de 12 horas diarias." Todos sus jefes eran cubanos.

"Había un venezolano pero no me acuerdo [del nombre], no estaba allí. Nosotros, estábamos aislados en San Javier del Valle. Al principio no había ningún producto, teníamos que desarrollarlos y estábamos todos juntos. Después, cuando se comenzaron a instalar, teníamos que ir a las instalaciones [de PDVSA]."

Julio se graduó como ingeniero de software y trabajó en el país hasta finales de 2012. Primero, estuvo en el Sistema de Supervisión y Control. "Montamos Scada sobre redes donde había otros Scada, que estaban funcionando antes de llegar nosotros. Quitaron ése para poner uno desarrollado por ellos (los venezolanos de AIT) y nosotros. Yo trabajé en un módulo, en la línea de comunicación del Scada."

Después, participó en el desarrollo del programa para exploración y producción, donde lo asignaron al equipo de automatización de los procesos para operar las válvulas. El joven cubano conoce bien el sistema. "Todo se hace desde la consola de los operadores, desde una cabina, no tienes que ir al campo a abrir [las válvulas]. Todo es por redes."

El informático sostiene que todos los informáticos cubanos tienen pleno acceso a la base datos en los servidores de la petrolera estatal. "Nosotros la usábamos en las redes de PDVSA." También desarrollaron programas en la isla, donde pasaban temporadas. "Viajábamos a Venezuela a entregarlos y a instalarlos."

Cuando estaba en Cuba, Albet le pagaba aproximadamente 35 dólares mensuales. Cuando trabajaba en Venezuela, la mayor parte del tiempo, recibía poco más de 100 dólares mensuales más alojamiento y comida. "Todos ganábamos igual, no importa que fueras un doctor o un máster, porque todos éramos iguales. Los que nos enseñaban a nosotros, profesionales extremadamente buenos, doctores, ganaban exactamente lo mismo que yo."

Julio no tardó en darse cuenta de que la empresa cubana Albet S. A. presentaba a PDVSA facturas con montos mucho más altos por la venta de sus servicios profesionales. "Nosotros firmábamos un contrato por 50 dólares la hora y con el trabajo de dos horas, nos pagaban un mes. Había veces que eran 25 dólares la hora y hubo especialistas que firmaban más de 100 la hora".

La fuente de trabajo en Venezuela, y de ganancias para el gobierno cubano, parecía inagotable. "Teníamos que actualizar todo el tiempo. Si pasaba un año y la tecnología quedaba obsoleta había que hacerlo con tecnología nueva. Si PDVSA, por ejemplo, cambiaba los equipos teníamos que hacer un driver", señala Julio, quien dice que los primeros años había muchos más cubanos que venezolanos en los proyectos.

El joven viajó a instalaciones de PDVSA en diferentes puntos del país. Además de Barinas, estuvo con sus compañeros cubanos en Lagunillas, en el estado Mérida, Ciudad Ojeda, y Maracaibo, considerada la capital petrolera de Venezuela. "Allí fuimos un grupo de más de 20. Nos alojaron en el hotel Golden Monkey y trabajamos en la Torre Claret, un edificio de oficinas que rentó PDVSA. Allí me quedé desde julio de 2011 hasta diciembre de 2012. Estaba en Maracaibo en las últimas elecciones que ganó Chávez [octubre de 2012]. Ésa fue la última vez que estuve en el país."

Julio comenta que en Venezuela se dio cuenta de lo que podía ganar un ingeniero de software en otros países, de lo que valía en realidad su trabajo. Y terminó, como tantos otros, buscando la manera de liberarse. La "exportación" de informáticos cubanos ha sido una espada de doble filo para el régimen castrista. Mientras mira la hora en su Apple Watch el joven asegura:

> La mayoría de los fundadores [los que llegaron entre 2006 y 2007] están fuera de Cuba porque vieron lo que antes no veíamos. Todos se fueron dando cuenta, unos primero, otros después. Nos fuimos casi todos y el que no, se va a ir en un futuro. Hemos conseguido buenos trabajos en Ecuador, Uruguay, Paraguay y aquí,
>
> Nosotros íbamos con la mejor disposición a trabajar, ninguno tuvo en ningún momento intenciones políticas. Lo de nosotros era técnico, no como los médicos que sí tenían que decirles a los pacientes que todo era gracias a Chávez. Nosotros no. Hicimos muchos amigos venezolanos. Hay algunos que han venido para acá. A ellos les decía: esto va por el mismo camino.

* * *

ENERO DE 2016

Hotel Habana Libre. Diez euros la hora. La navegación en el antiguo Habana Hilton es lenta y pesada, como un bote que avanza impulsado sin remos. Afuera, los jóvenes, absortos en las pantallas de sus teléfonos y computadoras, se agrupan en las esquinas para asomarse al mundo utilizando la tarjeta Nauta. Adentro, en el lobby húmedo y sin aire acondicionado, se consumen los minutos más caros de internet para cargar cualquier página web.

Hay tiempo de sobra para detallar las fotografías de los jóvenes barbudos, de la edad de Julio, que adornan una de las paredes. En los múltiples retratos, revolucionarios triunfantes se estiran como gatos y apoyan sus fusiles sobre los mullidos sofás del antiguo Habana Hilton, que Fidel Castro convirtió en su cuartel al tomar la capital. El piso de mosaicos blancos y negros ya no existe en el lobby y las puertas sucias de los baños están cerradas con llave. Hay tiempo suficiente para retroceder en el tiempo a un día histórico de 2011 en la playa de Siboney, y recordar el entusiasmo de Ramiro Valdés mientras camina apresuradamente hacia la orilla para recibir la boya con la que llegó el cable submarino de fibra óptica enviado desde Venezuela.

El comandante cubano estampó su firma en la enorme pelota amarilla como si fuera un trofeo, el balón de futbol con el que acababa de anotarse un tremendo gol. Entonces se decía que el cable iba a multiplicar 3 mil veces la velocidad de internet en la isla. ¿Quiénes, en qué parte de Cuba, navegan entonces a esa velocidad mientras los cubanos comunes y corrientes se desesperan por acceder a una página web? Afuera del Habana Libre los chicos se muerden los labios de impaciencia. Adentro, los huéspedes han vuelto al siglo XX. Existe, sin embargo, la ilusión y la posibilidad de conectarse si uno se arma de paciencia. Hace apenas unos años, la superautopista de la información en la isla no era más que una carretera de tierra, prácticamente intransitable.

En 2006, el presidente Hugo Chávez se propuso mejorar las comunicaciones en Cuba. Aspiraba a que la información con su principal aliado fluyera de manera rápida y segura. Los Castro estaban todavía más interesados. Y surgió la idea de conectar a ambos países a través de un cable submarino de fibra óptica. El 24 de enero de 2007, los dos gobiernos firmaron un acuerdo para establecer un "Sistema Internacional de Comunicaciones", que luego pudiera extenderse a otras áreas del Caribe. El proyecto prometía mejorar la precaria telefonía cubana y aumentar la transmisión de datos por internet, sin que La Habana pusiera un centavo. Venezuela se endeudaría para hacerlo realidad.

"¿Cuándo empezamos a tender el cable submarino?", preguntó Chávez, durante una visita a La Habana en octubre de 2007, tras sostener una conversación con Ramiro Valdés sobre el tema. Cuando el ministro Jesse Chacón le informó que se iniciaría en enero de 2008 si lograban cerrar un crédito de 70 millones de dólares con China, el presidente lo urgió a conseguir el dinero como fuera. "Si no lo logran tenemos que buscarlo de otra manera, no podemos frenarnos porque no se consiguió por aquí o por allá, ese recurso hay que conseguirlo [...] Busquemos desde ahora mismo la segunda y la tercera opción para el financiamiento."[11]

Entonces se planteó la idea de constituir una empresa mixta para manejar el proyecto bajo la supervisión del mismo elenco que se encargó de la cubanización de la Oficina de Identificación y del Sistema de Registros y Notarías: Jesse Chacón, ahora al frente del Ministerio para las Telecomunicaciones y la Informática, y su colega cubano Ramiro Valdés. Chacón había adelantado ese año la nacionalización de la telefónica nacional CANTV, ordenada por Chávez —quien había acusado a la compañía de prestarse a "maniobras desestabilizadoras"— para blindar las telecomunicaciones, una decisión en la que influyó Fidel Castro. También, durante su gestión, introdujo a Cubatel S. A. en el proyecto Troncal Sur de Fibra Óptica, en el estado Bolívar, en la frontera con Brasil.

La presencia de Cubatel en Venezuela data de 2003, según información de la propia empresa, dependiente del Ministerio de Comunicaciones e Informática. Además de ejecutar proyectos de redes de fibra óptica —el gobierno venezolano le asignó en 2010 un contrato por casi mil kilómetros—, la empresa cubana se ha encargado de la instalación de la red satelital de los Centros Bolivarianos de Informática y Telemática (CBIT).

A comienzos de 2008, el ministro de Comunicaciones e Informática, Ramiro Valdés, destacó la importancia del proyecto del cable submarino durante una visita al país con motivo de la VI Cumbre presidencial del Alba. "Con este cable conectamos la conexión de las comunicaciones, tanto para la transmisión de voz y datos entre la República de Cuba, como se ha dicho, y la República Bolivariana de Venezuela, eso da una salida para las comunicaciones de Cuba a nivel internacional que hoy están limitadas en cuanto al ancho de banda en función de que la salida nuestra es satelital."[12]

Valdés aseguró en ese momento que la capacidad de transmisión sería prácticamente ilimitada y reveló la utilidad para Cuba de la extensión del cable más allá de la isla.

> Está contemplado otro ramal a través de la conexión con Jamaica de manera tal de poder lograr doblar la comunicación, o sea tener dos entradas, una entrada y otra salida que se dobla, se hace un lazo, de manera tal que si hay interrupción por un punto se sale la comunicación por la otra, permanentemente están estables las comunicaciones.[13]

Esa semana, los ministros Chacón y Valdés firmaron en Caracas la constitución de Telecomunicaciones Gran Caribe (TGC), formada por CVG Telecom de Venezuela —con 60% de las acciones— y Transbit S. A. de Cuba —con 40%—. Como presidente eligieron al coronel Wilfredo Morales, ingeniero de sistemas y compañero de promoción de Chacón. Como vicepresidente, al cubano Waldo Reboredo, quien acabaría en prisión. Ramiro Valdés también habló entonces con Chacón, y otros funcionarios venezolanos, sobre los beneficios que podía aportar el satélite Simón Bolívar a Cuba. Para el momento, la isla tenía el récord de la menor velocidad de conexión —65 megabytes por segundo [Mbps] para subir información y 124 para descargar— y de penetración de internet de todo el hemisferio occidental.

A finales de 2008, Telecomunicaciones Gran Caribe firmó un convenio con la empresa china Alcatel-Lucent Shanghai Bell, para el suministro, la instalación y puesta en servicio del cable submarino de fibra óptica de mil 630 kilómetros, que sería construido en Francia. A pesar de que Chávez estaba sumamente motivado, el contrato entró en vigencia un año más tarde cuando el gobierno venezolano pudo pagar el anticipo. El mandatario insistía en que el cable brindaría a Venezuela autonomía e independencia en materia de telefonía.

"Hay mucha gente que no sabe que uno llama por teléfono a Fidel y tal y la llamada va... brinca para Europa primero o para Estados Unidos."[14] Unos días antes del lanzamiento, el presidente venezolano anunció: "Yo voy a ir a lanzar el cable y el barco se va a ir directo". Pero el 22 de enero de 2011, Chávez no pudo asistir al acto oficial. En su lugar, el canciller Nicolás Maduro presidió la ceremonia desde una playa, Camurí, en el estado Vargas, a unos 40 minutos de Caracas.

"Esto es fundamental y central sobre todo cuando pensamos que el cambio histórico, político y cultural requiere de unas redes, de una arquitectura y de unas estructuras a través de las cuales fluya nuestra cultura, nuestras comunicaciones y nuestra economía", resaltó en el acto oficial el ministro de Ciencia y Tecnología venezolano Ricardo Menéndez, un incondicional del gobierno cubano, que a partir de 2013 formaría parte del entorno más cercano a Maduro.

El otro gran ausente además de Chávez fue Jesse Chacón. La mano derecha del mandatario en los proyectos de informática manejados por Ramiro Valdés en Venezuela no pudo firmar la boya amarilla que recibiría el comandante cubano en Siboney el 8 de febrero de 2011. El ex militar se había visto obligado a renunciar al Ministerio de Ciencia y Tecnología, que ocupó durante 2009, por un escándalo de corrupción protagonizado por su hermano, Arné Chacón, un ex teniente que pasó de ser un funcionario público en Hacienda a banquero coleccionista de caballos pura sangre.

Jesse se mantuvo en la retaguardia, dirigiendo una encuestadora oficialista. Dos semanas después del anuncio de la muerte de Chávez, en 2013, Maduro lo nombró ministro de Energía Eléctrica hasta 2015. Siempre en contacto con La Habana, Chacón solía premiar a los trabajadores de la Unión Eléctrica de Cuba que estaban en Venezuela con condecoraciones y estímulos morales, a pesar del creciente deterioro del servicio.

El cable de fibra óptica que debió entrar en funcionamiento en julio de 2011, de acuerdo con lo anunciado, permaneció inactivo durante meses. Algunos lo atribuyeron a que no había la infraestructura interna necesaria para las conexiones. En la isla, corrían rumores sobre el arresto de funcionarios vinculados al proyecto, bajo cargos de corrupción. Varios medios de comunicación (los diarios *The Guardian, Martí Noticias, Diario de Cuba*) reportaron la investigación contra empleados de telecomunicaciones y del Ministerio de Informática y Comunicaciones. Waldo Reboredo, vicepresidente de la cubano-venezolana Telecomunicaciones Gran Caribe, fue arrestado a mediados de 2011, poco después de presidir la llegada de un ramal a Jamaica.

El Alba-1, como bautizaron el cable, finalmente entró en operación en agosto de 2012 para servicios de telefonía con una capacidad de 10 millones de comunicaciones telefónicas simultáneas. Cuando comenzó el tráfico de internet, el 24 de enero de 2013, el presidente Hugo Chávez no pudo celebrar. Enfermo de cáncer, agonizaba en La Habana. No pudo ser testigo de ese vínculo físico que tanto se empeñó en concretar, como destacó durante una reunión en la isla en 2009 al cumplirse 15 años de su primer encuentro con Fidel Castro. "Vamos a firmar un conjunto de nuevos acuerdos, empresas binacionales, acuerdos tan importantes como ese del cable submarino entre Venezuela y Cuba, es la unión real, la unión física."[15]

Esa unión, de acuerdo con el general Antonio Rivero, ex colaborador de Chávez, "permitió establecer la conexión directa entre el Centro de Comunicaciones y Control Situacional de Miraflores [sede de la Presidencia] con un centro de Comando y Control en La Habana, donde se maneja todo lo del país". Durante una entrevista en Estados Unidos, donde se encuentra asilado, Rivero asegura que "hay una sala con 700 computadoras en la isla analizando todo, que incluye *hackers*. También hay una sala en CANTV [la telefónica estatal venezolana] enlazada a Cuba".

Rivero puntualiza que la información proviene de un alto oficial del ejército venezolano, ingeniero de sistemas, que trabajó directamente en la supervisión del proyecto. Y sostiene que la motivación de ambos gobiernos no fue ampliar el servicio para la población cubana sino crear una fortaleza para sus comunicaciones y el control del sector. "Ese cable no pueden intervenirlo."

En 2010, Fidel Castro había dicho al diario mexicano *La Jornada* que la dependencia de los satélites, costosa para Cuba, era la razón por la que el gobierno limitaba internet y le daba prioridad de conexión "no a quienes pueden pagar por el costo del servicio, sino a quienes más lo necesitan, como médicos, académicos, periodistas, profesionistas, cuadros del gobierno y clubes de internet de uso social".[16]

Se suponía que cuando entrara en operación el cable, el gobierno extendería el servicio al resto de la población. Sin embargo, los cubanos han seguido quejándose de las dificultades para conectarse y la baja penetración de internet, el más caro de América Latina. En abril de 2018, el gobierno cubano ofrecía como máximo dos Mbps en el nuevo programa Nauta Hogar, limitado a un máximo de 30 horas mensuales de conexión.

Paradójicamente, mientras financiaba el cable submarino a la isla, Venezuela se había ido hundiendo cada vez más al extremo de arrebatarle a Cuba el récord del peor servicio de todo el hemisferio occidental. En 2016, el país tenía "la velocidad más lenta en el acceso a través de la banda ancha fija (BAF), con 1.9 Mbps", de acuerdo con un reporte de la Comisión Económica para América Latina (Cepal).[17] En 2017, la velocidad promedio en la región era de 5.6 Mbps. Hay quienes piensan que el deterioro es intencional. El promedio en Banda Ancha Fija (BAF) cayó a 1.6 Mbps y en Banda Ancha Móvil (BAM) 2.3 Mpbs, según un estudio realizado en 2018 por el Instituto Prensa y Sociedad (IPYS-Venezuela) y el laboratorio de datos Measurement Lab (Mlab).[18]

Semejante involución no pareciera ser producto de la negligencia. El control de la conexión por parte del Estado —que suele bloquear medios digitales críticos y ralentizar intencionalmente las redes sociales, o impedir el acceso cuando hay eventos de la dirigencia opositora— es una muestra más de la integración con Cuba, de esa utopía de regímenes acostumbrados a decidir qué información puede ver la población. Censurados los medios tradicionales en el país, arrasada la prensa escrita, el dominio de la ventana digital, su reducción a una rendija cada vez más estrecha, es un factor clave para la Revolución bolivariana.

NOTAS

[1] Salmerón, V., "Centralizan notarías con apoyo de Cuba", *El Universal,* Caracas, 19 de enero de 2008, http://venezuelareal.zoomblog.com/archivo/2008/01/19/centralizan-notarias-con-apoyo-de-Cuba.html.

[2] Declaración Conjunta en ocasión de celebrarse la VII Reunión de la Comisión Mixta del Convenio Integral de Cooperación, en La Habana, *Granma,* Cuba, 28 de febrero de 2007, http://www.granma.cu/granmad/secciones/alba/int/2integ 38.html.

[3] "Trabajadores del Saren conmemoran 50 años de la siembra de Ernesto 'Che' Guevara", Caracas, 9 de octubre de 2017, www.saren.gob.ve.http://www.saren.gob.ve/?p=14026.

[4] Gual, R. y Ramos, Y., Sistema de Investigación e Información Policial. Serie Científica de la Universidad de las Ciencias Informáticas, Vol. 6, N° 3, 2013, http://publicaciones.uci.cu/index.php/SC.

[5] Ministerio de Relaciones y Justicia, Memoria y Cuenta, enero de 2011.

[6] Ramírez, R., "¡Volver a la razón!, 31 de marzo de 2019, https://medium.com/@rafaelramirezc/volver-a-la-razón-a2e5772240b2.

[7] Sistema de Gestión Penitenciaria.

[8] "Los gobiernos de Cuba y Venezuela ejecutarán proyectos por 1,355 millones de dólares este año", *Cubaencuentro/*AFP, Caracas, 18 de enero de 2008, http://www.cubaencuentro.com/cuba/noticias/los-gobiernos-de-cuba-y-venezuela-ejecuta ran-proyectos-por-1-355-millones-de-dolares.

[9] SCADA por sus siglas en inglés (Supervisory Control and data Adquisition)

[10] Céspedes, Y. y Fernández, Z. "Impacto de la herramienta Fastedition integrada al software libre SCADA Guardián del Alba", Universidad de las Ciencias Informáticas, UCI, Cuba, 2018 http://www.informaticahabana.cu/sites/default/files/ponen cias2018/SWL18.pdf.

[11] "Sigamos adelante a marcha forzada", *Juventud Rebelde*, Cuba, 16 de octubre de 2007, http://www.juventudrebelde.cu/cuba/2007-10-16/sigamos-adelante-a-marcha-forzada/.

[12] Clausura de la VI Cumbre Presidencial de la Alianza Bolivariana para los Pueblos de Nuestra América (Alba), Caracas, 26 de enero de 2008, *Todo Chávez en la web*, http://www.todochavez.gob.ve/todochavez/1580-clausura-de-la-vi-cumbre-presidencial-de-la-alternativa-bolivariana-para-los-pueblos-de-nuestra-america-alba.

[13] *Ibid.*

[14] Clausura de la VII Cumbre del Alba, Bolivia, 17 de octubre de 2009.

[15] "Chávez firma acuerdos multimillonarios con Cuba", AFP/*El Nuevo Herald*, 12 de diciembre de 2009, https://www.elnuevoherald.com/ultimas-noticias/article200 1477.html.

[16] Lira Saade, C., "Llegué a estar muerto pero resucité", *La Jornada*, México, 30 de agosto de 2010, http://www.jornada.unam.mx/2010/08/30/politica/002e1pol.

[17] Rojas, E., Poveda, L. y Grimblatt, N., "Estado de la Banda Ancha en América Latina y el Caribe 2016", Cepal, https://repositorio.cepal.org/bitstream/handle/11362/40528/6/S1601049_es.pdf.

[18] Instituto Prensa y Sociedad (IPYS-Venezuela), "Internet Surfing at its Minimun", 8 de mayo de 2018, https://ipysvenezuela.org/2018/05/08/internet-surfing-at-its-minimum-situation-of-internet-in-venezuela/.

11

¿Socialismo o muerte?

El mismo discursito enemigo...
¡Que la cubanización de la fuerza armada!
¿Ah? ¿Cubanización?
Hugo Chávez, 24 de abril de 2010

El vicealmirante Pedro Manuel Pérez no encaja en el estereotipo que los cuarteles venezolanos fabrican en serie, el de seres prepotentes que van por la vida con la quijada en alto y un aire de superioridad sobre los civiles. Sereno y de voz suave, Pérez es la antítesis.

Cuando era comandante de la Infantería de Marina, en 2014, al vicealmirante Pedro Manuel Pérez le pidieron dar una charla sobre esa división en el Comando Estratégico Operacional (CEO), la institución militar más poderosa de la Fuerza Armada Nacional Bolivariana (FANB). Entonces pensó que se trataba de una actividad de rutina pero, llegado el día del evento, lo sorprendió una audiencia inesperada.

En el salón donde daría la conferencia lo esperaban 14 oficiales cubanos y sólo tres venezolanos. Entre ellos, el almirante Wolfgang López Carrasquel, segundo comandante del CEO, que había organizado la actividad. Junto a López estaba Ermio Hernández Rodríguez, general de Brigada de las Fuerzas Armadas Revolucionarias (FAR). En esa época, Hernández dirigía el Grupo de Coordinación y Enlace de la República de Cuba en Venezuela (Gruce), creado secretamente en 2008.

Para Pérez fue casi como presentar un examen oral en La Habana. Al finalizar su exposición dedujo la razón de la presencia de los antillanos, por las preguntas que éstos hicieron. "Las Fuerzas

Armadas Revolucionarias de Cuba tienen una Marina Costera y no tienen Infantería de Marina. Ellos querían eliminarla e integrarla al Ejército." Los cubanos querían reformar la estructura militar venezolana. Eso le quedó claro.

Entonces se le ocurrió apelar a la memoria del gran benefactor de la isla para ganar la partida. "Justifiqué su importancia explicando que, antes de morir, el presidente Hugo Chávez aprobó un punto de cuenta para la compra de equipos para la Infantería de Marina." El Comandante Supremo, como los oficialistas se refieren al difunto mandatario, nunca se había planteado eliminar esa división.

En esa ocasión, los militares cubanos no lograron su objetivo pero el vicealmirante quedó profundamente removido por el poder que mostraron. Tenían voz y voto, habían pedido explicaciones a los militares venezolanos y se las dieron, se atrevían a cuestionar la institución y el propio CEO los recibía con alfombra roja.

Como muchos oficiales venezolanos, Pedro Manuel Pérez había viajado a la isla de los Castro y recordaba una cena en particular, donde los anfitriones los cortejaron con sus mejores rones y habanos. La visita fue a propósito del acuerdo de los astilleros Damen de Cuba para la construcción y reparación de embarcaciones para la marina venezolana.

Pero asegura que hasta 2014 no sabía lo lejos que había calado la influencia del gobierno de los Castro, de su ejército, en las fuerzas armadas venezolanas. "Los cubanos son los que participan, los que preguntan y aprueban desde el punto de vista técnico. Ellos dan el visto bueno y, luego, lo aprueba el ministro de Defensa, el general en jefe Vladimir Padrino."

El 18 de marzo de ese año, en medio de una ola de protestas antigubernamentales, varios encapuchados que el gobierno de Nicolás Maduro identificó como "grupos fascistas" de la extrema derecha, lanzaron explosivos y destruyeron parte de la sede de la UNEFA (Universidad Nacional Experimental de la Fuerza Armada Nacional) en el estado Táchira. El general Miguel Rodríguez Torres, entonces ministro de Interior, responsabilizó del atentado a dos jóvenes opositores.

Pérez asegura haber presenciado cómo, después de su charla ante los cubanos, el general Ermio Hernández reclamó a varios oficiales que se les había pasado la mano con el incendio en la UNEFA. "Les dijo que la idea era quemar las áreas menos importantes y que habían quemado áreas vitales." Según Maduro, cinco jóvenes fueron capturados por el incendio en el que dos personas resultaron heridas y que destruyó completamente la sede de la universidad.

Durante aquellos días turbulentos en los que las fuerzas de seguridad batían récords de represión con el arresto de miles de jóvenes manifestantes, el vicealmirante presentó una denuncia por escrito ante sus superiores y los alertó sobre "la existencia de grupos paramilitares en algunas áreas de Caracas, presuntamente bajo el amparo y conocimiento de órganos e instituciones del Estado".

Nadie tomó en cuenta el reporte. Ni la ministra de Defensa, la almirante Carmen Meléndez, con quien habló personalmente, ni el jefe del CEO, el general Vladimir Padrino. Pedro Manuel Pérez sostiene que para él, ése fue el límite, la gota que rebasó su conciencia. Y, aunque estaba en la cúspide de su carrera militar, decidió solicitar la baja de las fuerzas armadas.

Un año antes, dirigentes de la oposición habían difundido una, en 2013, grabación que confirmaba la presencia de oficiales cubanos dentro de la guarnición más importante de Venezuela. "Ayer tuvimos una reunión de inteligencia con dos camaradas cubanos, dos oficiales cubanos, en Fuerte Tiuna", aseguraba en el audio Mario Silva, el conductor favorito del gobierno en el principal canal público de televisión, a un hombre que hablaba con el acento característico de la isla. La oposición identificó al interlocutor como el agente Aramís Palacios, supuestamente uno de los jefes de inteligencia de los Castro. Posteriormente, la Fiscalía General, dirigida por el oficialismo, certificó la autenticidad de la grabación.

Los oficiales cubanos no sólo trabajan dentro de Fuerte Tiuna. Algunos también viven dentro del cuartel. Una ex colaboradora cubana que residió allí durante dos años, como parte de una de las misiones, afirmó en 2015 que solía verlos salir cada mañana, vestidos de civil, de un edificio de ladrillos rojos, ubicado frente a las caballerizas. "Allí viven, en apartamentos para dos o tres personas, unos 100 militares cubanos. A veces hay menos, a veces más, porque van y vienen."

Dos años después de su retiro, una cálida mañana de julio de 2016, el vicealmirante Pedro Manuel Pérez habló de la incursión del gobierno cubano en los cuarteles venezolanos durante una entrevista en un centro comercial de Caracas. El racionamiento eléctrico impuesto por el gobierno, la falta de aire acondicionado, hacía que todo se impregnara de ese olor a cosas viejas y húmedas tan familiar para los cubanos y, ahora, para los venezolanos.

En ese momento, ya la penetración del gobierno de los Castro había calado profundamente dentro del ecosistema militar venezolano. Hugo Chávez comenzó por cambiar los principios doctrinarios para acoplarlos con los de Cuba. "La doctrina del manual de defensa de las fuerzas armadas es como su ADN. Ahí están los cubanos. Allí, los cubanos han ido imponiendo su modelo de organización. Y dictan las directrices: qué hay que hacer, cómo, cuántos hombres movilizar. Ellos no necesitan comandar. Un comandante es un ejecutor."

Ese año, durante una visita a Cuba, luego de firmar un acuerdo con la Universidad de las Ciencias Informáticas, el rector de la universidad militar UNEFA, el mayor general Luis Quintero, explicó: "la idea fundamental es adaptar al contexto venezolano las experiencias del programa de preparación para la defensa de Cuba". Sus palabras hablan del acoplamiento con el ejército cubano. En el acto estaba presente el coronel Andrés Cobiella, "funcionario del Minfar [Ministerio de las Fuerzas Armadas Revolucionarias de Cuba] para la atención a Venezuela".[1]

Tres años más tarde, a principios de 2019, un alto oficial de las fuerzas armadas que formó parte de la plana mayor durante el gobierno de Maduro, confirmó que un general del Minfar comanda a los oficiales de la isla destacados en el país desde un lugar llamado Villa Alba en Fuerte Tiuna. Asegura que trabajan directamente con el Comando Estratégico Operacional (CEO) y tienen gran influencia en áreas clave. "Los cubanos están principalmente en los Estados

Mayores, en los órganos de inteligencia y en la seguridad de Nicolás Maduro. Su trabajo es de asesoría, pero nadie les discute y sus recomendaciones devienen en órdenes."

* * *

La metamorfosis de las fuerzas armadas venezolanas comenzó a gestarse mucho antes de que el vicealmirante Pérez se viera obligado a justificar la existencia de la Infantería de Marina ante el grupo de asesores militares cubanos. Ya en 2005 había habido muestras elocuentes del acercamiento a La Habana y del cambio de paradigma. El antagonismo con "el imperio", como Hugo Chávez solía referirse a Estados Unidos, se convirtió en el eje de lo que el gobierno denominó Nuevo Pensamiento Militar, basado en la "defensa integral de la nación" con la participación del pueblo en armas.

Ese año, el mandatario anunció que Venezuela necesitaba prepararse para una guerra asimétrica, a través de medios no convencionales. Su gobierno promovió entonces un concepto similar al del "pueblo combatiente" cubano. Por primera vez, se hablaba a los venezolanos de "guerra de resistencia". Como si estuvieran ante el peligro inminente de una invasión yanqui, el presidente llamó a "la incorporación masiva del pueblo venezolano a la defensa integral del territorio en todas partes".[2] Durante un acto popular en la avenida Bolívar, la más amplia de Caracas, Hugo Chávez proclamó: "cada ciudadano debe considerarse un soldado".

A partir de entonces, las fuerzas armadas venezolanas comenzaron a asumir las mismas posturas y las mismas hipótesis de la dictadura de los Castro. Los ecos de Cuba, los de su historia con Estados Unidos y los de su revolución, se fueron incorporando a la nueva doctrina militar venezolana.

En 2005, Chávez anunció la cancelación del programa de cooperación que Venezuela sostuvo con Washington por 30 años. "Se suspende cualquier intercambio de oficiales con los Estados Unidos de Norteamérica hasta quién sabe cuándo; no hay más operaciones combinadas, ni, no, nada de eso porque entonces los mandan a calentarles las orejas a los muchachos nuestros, que si el comunismo, que si no sé cuánto más, que se vayan de aquí, es mejor..."[3]

Una nueva Ley de la Fuerza Armada Nacional introduce el concepto de la movilización popular como una novedad y abre las puertas al presidente para la creación de Zonas de Defensa Integral, una medida que apunta a desarrollar en el país una nueva estructura político-militar. Según el texto, los comandantes de estas zonas "tienen bajo su responsabilidad la conducción directa de las operaciones de resistencia".

La hipótesis de una invasión de Estados Unidos inspira los cambios y justifica una carrera armamentista sin precedentes en el país. Tras anunciar la inminente llegada de helicópteros y fusiles rusos, Chávez sostiene a principios de 2006, en su mensaje anual a la nación: "Hemos puesto en marcha una nueva doctrina militar en Venezuela: la guerra de todo el pueblo".[4] Nada nuevo sobre la Tierra. Es el mismo fundamento de la doctrina militar castrista, su concepción estratégica para la defensa nacional proclamada décadas atrás.

Una anécdota refleja la mudanza de paradigma que se había estado operando en los cuarteles. Ese año, un grupo de oficiales elige al dictador cubano como su padrino de graduación. El homenaje a Fidel Castro recibe una peculiar recompensa. Chávez los premia con una visita a La Habana. Los 73 miembros de la Promoción número 46 de Comando y Estado Mayor, de la Escuela Superior del Ejército Libertador Simón Bolívar, viajan acompañados por sus familiares y el director de la escuela, el general de brigada Eduardo Centeno Mena. El avión va repleto.

Si no estuvieran uniformados, se diría que se trata de un grupo más de peregrinos en visita al parque temático del socialismo real en que se ha convertido la isla. Una vez en La Habana, los oficiales reciben sus títulos de manos del sumo sacerdote de la Revolución. Durante el acto de graduación en la sede del Consejo de Estado, Fidel Castro, aplaude a sus nuevos seguidores: "Para Cuba es un gran honor, un verdadero privilegio, la decisión de ustedes de realizar este acto en nuestro país".[5]

El tour militar, organizado especialmente para ellos por los jefes de las Fuerzas Armadas Revolucionarias (FAR), incluye un recorrido por la Academia Militar Máximo Gómez, el Colegio de Defensa Nacional, la Academia Naval y una unidad de tanques. Los militares venezolanos admiran maniobras de infantería, artillería terrestre y defensa antiaérea. También las demostraciones de las Tropas Especiales y las Unidades de Exploración, Ingeniería, Comunicaciones y Aviación. Es un despliegue deslumbrante.

El gobierno cubano no escatima en atenciones. Los hace sentir como invitados especiales. La agencia de noticias France Press reporta: "La delegación venezolana estuvo acompañada por el general de cuerpo de Ejército, Álvaro López Miera, viceministro jefe del Estado Mayor de las FAR, y de otros oficiales cubanos de alta graduación". Nada menos que López Miera, uno de los apóstoles más poderosos del ejército de Raúl Castro.

Fidel obsequia al general Centeno Mena, director de la Escuela Superior del Ejército venezolano, una réplica del barco *Granma*. En ese momento, Centeno figura como miembro de la Junta Directiva de una empresa de construcción (Viaconsca C. A.), que ganó siete contratos de obras en instalaciones militares entre 2004 y 2005, cinco de ellos otorgados por el Ministerio de Defensa de Venezuela, de acuerdo con datos del Registro Nacional de Contratistas (RNC).

Los nuevos ahijados de Castro no son los primeros oficiales venezolanos en ir a la isla. A finales de 1999, poco después de asumir la Presidencia, Hugo Chávez llevó a un grupo de generales y almirantes a un seminario militar, presidido por Fidel y Raúl Castro. El fin de la visita era, según el mandatario: "exponer nuestras ideas de este proceso de integración cívico-militar". El presidente venezolano no se tomó la molestia de hacer lo mismo con sus generales en otros países.

Pero una cosa era llevar oficiales venezolanos a Cuba y otra meter militares cubanos en Venezuela. Una, la cooperación bilateral, y otra, que las fuerzas armadas del país se miraran en el espejo de las FAR. Muchos opusieron resistencia a la alianza con la dictadura comunista, incluidos algunos de los que fueron ese año a La Habana con Chávez. En 2002, uno de ellos, el general Manuel Rosendo, entonces jefe del Comando Unificado de la Fuerza Armada Nacional (CUFAN), participó en el golpe de Estado contra el mandatario. El cambio en la FANB requería más tiempo y mayor astucia.

* * *

El general Raúl Baduel, compañero de Chávez desde los tiempos de la academia, se tragó la píldora del nuevo pensamiento militar y defendió la nueva doctrina con ardor, pero no estaba dispuesto a comulgar con las Fuerzas Armadas Revolucionarias de Cuba, a pesar de su cercanía con el mandatario. Lo conocía desde su juventud. Habían conspirado juntos aunque Baduel no participó en la intentona militar de 1992. También eran compadres. Chávez solía colmarlo de elogios públicamente: "hermano de toda la vida", "bastión de la victoria revolucionaria".

Pocos pensaron que el general se convertiría en un obstáculo, el último, para la incursión de los cubanos en los cuarteles venezolanos. Considerado un héroe por haber dirigido la operación que restituyó a Chávez en la Presidencia tras el fugaz golpe de Estado de 2002, Raúl Baduel, uno de los hombres más respetados dentro de las fuerzas armadas, se opondrá al presidente por su deriva procastrista y la intención de convertir a Venezuela en un Estado comunal. El distanciamiento se produce en 2007, mientras se encuentra al frente del Ministerio de Defensa.

Solemne y de mirada penetrante, el general decide marcar distancia con el castrismo públicamente, al entregar el cargo en julio de ese año.

Nuestro modelo de socialismo debe ser profundamente democrático. Debe dilucidar de una vez por todas que un régimen de producción socialista no es incompatible con un sistema político profundamente democrático, con contrapesos y división de poderes. En este aspecto considero que sí deberíamos apartarnos de la ortodoxia marxista que considera que la democracia con división de poderes es solamente un instrumento de dominación burguesa.[6]

La palabra "apartarnos" queda retumbando en el patio de honor de la Academia Militar en Caracas, donde se realiza el acto en presencia del presidente Hugo Chávez. Baduel es explícito. Quiere decir que Venezuela ya ha comenzado a transitar por ese carril. La advertencia es tan clara como la alusión a la dictadura cubana. Raúl Baduel alerta contra la tentación de repetir en Venezuela los errores del socialismo real. No se trata de un dirigente opositor ni de un *outsider*. El militar habla con conocimiento de causa desde las entrañas del chavismo.

Y lo hace precisamente el año del gran destape filocastrista de Chávez, cuando el gobernante ha dejado claro que el rumbo que quiere para Venezuela es más cercano al de la isla que al de cualquier otro país gobernado por la izquierda en la región. Los socialismos del Brasil de Lula Da Silva o del Chile de Michelle Bachelet lucen demasiado tibios, civiles y democráticos, para un hombre que aspira a eliminar la alternancia política y perpetuarse en el poder.

A comienzos de 2007, el mandatario había puesto las cartas sobre la mesa después de ocho años de devaneos y disimulos. Durante su juramentación en el parlamento para un nuevo mandato (2007-2013), estrenó la consigna de inspiración fidelista: "¡Patria, socialismo o muerte!, ¡Venceremos!", que impuso como saludo militar. Hugo Chávez planteó entonces su intención de construir un Estado socialista, a través de una profunda reforma a la Constitución de 1999. Hasta allí lo acompaña Baduel.

Al final de la ceremonia de traspaso del Ministerio, el general recita los siete principios del Código Bushido, la guía moral de los samuráis, como despedida. "Álzate sobre las masas de gente que temen actuar", señala el segundo. "Las palabras de un hombre son como sus huellas...", el último. Es un llamado a sus compañeros de armas a reaccionar. Al asumir el cargo, su sucesor, un general rollizo y campechano de bigotes negros, saluda al presidente y comandante en jefe con el nuevo lema: "¡Patria, socialismo o muerte!" Y Chávez responde victorioso: "¡Venceremos!" Ha cruzado la línea roja.

Por si quedara alguna duda sobre el sentido de la reforma que ha propuesto, el presidente enfatiza su identificación con los Castro durante una visita a la isla en octubre. "Cuba y Venezuela perfectamente pudiéramos conformar, en un futuro próximo, una confederación de repúblicas, una confederación, dos repúblicas en una."[7] Dice "futuro próximo" y la sentencia también queda gravitando como una densa nube en el horizonte de los venezolanos.

Una vez fuera del Ministerio, y como oficial retirado, Raúl Baduel se opone frontalmente a la reforma constitucional y previene que, de aprobarse, "se estaría consumando en la práctica un golpe de Estado, violando de manera descarada el texto constitucional y sus mecanismos, e introduciendo cambios de manera fraudulenta y por procedimientos que no son propios, llevando al pueblo como ovejas al matadero".[8]

El general ha caído del altar oficialista. De "bastión de la victoria revolucionaria" pasa a convertirse en Judas. Ahora los compadres se baten en duelo. En la televisora estatal, el presidente lo acusa de prestarse al juego del imperialismo. "Es la extrema derecha que consiguió una nueva ficha [...] El general Baduel está traicionando años de amistad [...] Es una puñalada a lo que vino defendiendo todo este tiempo en privado y en público."

El ex ministro insiste en que Chávez pretende aplicar en Venezuela "modelos que fueron totalmente fracasados y que llevaron al pueblo a unas situaciones bastantes difíciles en aquellos países donde se hizo patente el socialismo real". Baduel se muestra particularmente preocupado por el impacto de la reforma constitucional en las fuerzas armadas. Aunque en el pasado toleró manifestaciones militares de clara politización y respaldo al chavismo, cuestiona la propuesta de suprimir el artículo que prohíbe la militancia política a los miembros de las fuerzas armadas.

Además, critica la redefinición de las fuerzas armadas como un cuerpo "popular y antimperialista" y la incorporación de las milicias —un cuerpo creado por Chávez y que no contempla la Carta Magna de 1999— como parte de las fuerzas armadas. También cuestiona que se pretenda imponer, como mandato constitucional, que los militares tienen el deber de "preservar la nación ante el enemigo interno". Es la vieja doctrina de seguridad nacional, constante en todas las dictaduras que ha padecido la región y que dio lugar a terribles violaciones a los derechos humanos.

De hecho, dentro de su lógica guerrerista, el comandante Hugo Chávez considera enemigos a sus adversarios políticos. "Esos grupos llamados de oposición, todos son la quinta columna del imperio yanqui", manifestaría abiertamente durante la campaña electoral para los comicios parlamentarios de 2010.

Sometida a referéndum el 2 de diciembre de 2007, los venezolanos rechazan la reforma constitucional, a pesar de que el presidente está en la cumbre de su popularidad. Apenas un año antes, había sido reelegido con más de 60% de los votos. Es su primera derrota en ocho años, el primer fracaso electoral de su vida. En su momento, le pasará factura al general Raúl Baduel, uno de los militares más castigados por el chavismo. Víctima de una purga en el más puro estilo castrista, le espera un arresto humillante y una vida en prisión.

Una tarde de abril de 2009, mientras ayuda a su esposa a descargar las bolsas del mercado en su casa, varios hombres vestidos de negro lo apuntan con armas y se lo llevan a empellones. No tienen identificación, no muestran ninguna orden de captura, no le permiten cambiarse. Son implacables. El ex ministro está en camiseta de pijama, shorts y sandalias. El ex héroe militar es sometido a juicio bajo cargos de corrupción y condenado a ocho años de prisión.

Raúl Baduel está en la lista negra de La Habana. Desde la cárcel militar de Ramo Verde, el general comentaría años después a la periodista española Beatriz Lecumberri: "Mis diferencias con Chávez se agudizaron desde 2005. Yo tenía el deber de conciencia de decirle las cosas que no estaban bien y me convertí en alguien muy molesto. Ya para entonces Fidel dijo a Chávez que tenía que tener ojo conmigo porque yo no aceptaba su liderazgo".[9]

Cumplida su condena, cuando estaba a punto de recobrar la libertad y se encontraba bajo régimen de casa por cárcel, lo vuelven a poner tras las rejas. En enero de 2017, el gobierno de Nicolás Maduro le imputa dos nuevos cargos: "atentar contra la libertad y la independencia de la nación" y "traición a la patria". El ex general se ha convertido en un ícono para los oficiales descontentos por la ascendencia de Cuba en las fuerzas armadas venezolanas.

Otros militares han pagado muy caro sus críticas a la deriva cubana del chavismo. Uno de ellos es el general Ángel Vivas, quien en 2007 demandó sin éxito ante el Tribunal Supremo de Justicia la anulación del lema "Patria, socialismo o muerte". Entonces lo llevaron a la Dirección de Inteligencia Militar, le prohibieron hacer declaraciones públicas y salir de la capital. En 2017, tras años de acoso, lo arrestan con una treta que parece salida de un laboratorio castrista.

Cuando su esposa se dispone a entrar al garaje de la casa, un joven, que parece un vecino cualquiera, choca su coche. Este accidente, planificado, es la carnada para que el general, atrincherado en su residencia desde 2014, cuando fusil en mano se resistió a ser arrestado, salga a la calle a ayudar. En ese momento, varios agentes de inteligencia encapuchados lo toman por sorpresa y se lo llevan a la fuerza. Vivas permanece preso hasta 2018, cuando deciden liberarlo, con varias fracturas en la columna.

* * *

El sucesor de Baduel, el general en jefe Gustavo Rangel Briceño, es el primer ministro de Defensa en inclinar la cabeza ante los cubanos. El 26 de mayo de 2008 se prestó para suscribir, de espaldas al país y sin chistar, el I Convenio Técnico Militar entre el Ministerio de las Fuerzas Armadas Revolucionarias de la República de Cuba y el Ministerio del Poder Popular para la Defensa de la República Bolivariana de Venezuela.

Su firma queda estampada al lado de la del general de cuerpo de Ejército, Álvaro López Miera, viceministro de las FAR y jefe del Estado Mayor General de Cuba. Hugo Chávez y el presidente Raúl Castro, junto al general Julio Casas Regueiro, ministro de las FAR, han supervisado minuciosamente cada detalle del acuerdo.

El pacto es tan secreto que todavía años después no se encuentra en el vasto universo de internet rastro de la presencia en Caracas de López Miera, una de las figuras más relevantes del ejército de Raúl

Castro. A partir de entonces los cubanos comienzan a conquistar cada vez más poder en las fuerzas armadas bolivarianas, ganan acceso a información confidencial que ningún ejército suele compartir con otro y obtienen una detallada radiografía del mundo militar venezolano.

Rangel Briceño es un soldado incondicional. Viene de estar al frente de la milicia creada por Chávez y ha recibido "preparación" en La Habana, según el general retirado Antonio Rivero, ex colaborador del presidente venezolano. "Con él y con el general Carlos Mata Figueroa [el comandante del Ejército que lo sucederá como ministro] se asume la transformación de las fuerzas armadas mediante el modelo cubano."

En 2009, Rangel sale del Ministerio días después de protagonizar un episodio bochornoso que da cuenta de su personalidad. Un video, que se hace viral en las redes, lo muestra durante un show religioso como un manso cordero, supuestamente poseído por el espíritu santo. Los pastores colombianos Ricardo y Patty lo llaman. El oficial sale de las gradas, donde forma parte del rebaño, y sube al escenario rodeado de sus edecanes.

—El dolor en su espalda, señor, ¡quítalo ahora, tócalo ahora, señor! ¡Tócale y alivia su espalda! ¡Tócale y alivia sus hombros! —clama Ricardo, mientras el ministro espera con las palmas de las manos extendidas hacia arriba.

—¿Se fue el dolor? —pregunta el oficiante después de pedirle que haga varios movimientos para probar si ha sanado —. ¿No hay dolor?

—No —responde el ministro de Defensa con una sonrisa.

—Tiene, tenía cinco hernias discales, pero Jesús le ha tocado —anuncia Ricardo.

—¡Amén, hey, hey, hey! —corea el público.

—¿Cómo se siente, señor ministro?

Rangel, de pie con su uniforme militar colmado de medallas, cierra los ojos como si estuviera en trance.

—¡Aleluya! —exclama Patty.

Y, de pronto, el general se desvanece mientras sus edecanes lo sostienen para evitar que caiga al piso.

—Es lo que Jesús quiere: a los gobernantes de Venezuela tomados por el espíritu. ¡Aleluya! —señala Patty, con alborozo. Y el público estalla en aplausos.[10]

Gustavo Rangel Briceño había sido el vehículo perfecto para sellar el pacto militar cubano-venezolano. "Chávez buscó siempre que nuestra FAN [Fuerza Armada Nacional] se adecuara a la cubana. Era vital para consolidar su proyecto socialista", advierte Antonio Rivero. Ningún otro oficial ha cuestionado con mayor perseverancia y evidencias la injerencia del gobierno cubano en Venezuela.

"Una fuerza militar [cubana] de más de 300 efectivos se encuentra ubicada dentro del Fuerte Tiuna", advirtió en 2013 en declaraciones al canal de noticias Globovisión. También aseguró entonces que los antillanos estaban al tanto de los planes de seguridad y defensa nacional. "Ellos hacen observaciones, recomendaciones y contribuyen al reacomodo, organización y equipamiento de la Fuerza Armada en torno a lo que les plantean los oficiales venezolanos del Estado Mayor."

Después de 25 años en el ejército, Rivero pidió su retiro y unas semanas después solicitó a la Fiscalía General, presidida por la abogada Luisa Ortega Díaz, abrir una investigación sobre la presencia de oficiales cubanos "en áreas críticas como ingeniería militar, inteligencia, armamento y comunicaciones" de las fuerzas armadas venezolanas.[11]

El general, que conocía a Chávez desde los tiempos de la Academia Militar, había trabajado en el palacio presidencial de Miraflores como jefe de Telecomunicaciones y, durante cinco años, fue director de Protección Civil, organismo encargado de la prevención y gestión de desastres. Rivero entregó a la Fiscalía documentos, grabaciones y casi un centenar de fotografías como prueba. Varias de las imágenes muestran a militares cubanos en reuniones donde oficiales del ejército venezolano exponen información reservada.

En lugar de investigar, la Fiscalía archivó el material y decidió acusar al general de dos delitos: "ultraje a las fuerzas armadas" y "revelar noticia privada o secreta en grado de continuidad". Paradójicamente, el último cargo parece una confirmación de que la información que ha divulgado es cierta. Chávez resta importancia al asunto, durante uno de sus largos programas dominicales.

"Es lamentable, él ha podido terminar bien su carrera, pasar a un digno retiro", señala sin nombrar a Rivero. "El mismo discursito enemigo... ¡que la cubanización de la Fuerza Armada! ¿Ah? ¿Cubanización? ¡Yo vi cuando aquí mandaban los yanquis! [...] Aquí los cubanos nos están ayudando."[12] El presidente asegura que la ayuda del Minfar se limita a enseñar a oficiales venezolanos cómo almacenar brújulas y municiones, y cómo reparar radios: "las radios de los tanques estaban casi todas dañadas".

No es mentira. Es sólo una minúscula fracción de la verdad. Hugo Chávez oculta una montaña de información a los venezolanos. Los militares cubanos tienen ya dos años trabajando en el país y no sólo en mantenimiento de equipos. Asesoran a las fuerzas armadas bolivarianas en seis áreas mucho más sensibles: inteligencia, comunicaciones, compra de armamento, construcciones militares, entrenamiento y cartografía. Así lo establece el pacto militar secreto de 2008, cuyo contenido revelará Antonio Rivero años más tarde.

* * *

Cuando conversamos por primera vez, en 2014, el ex general se encuentra bajo libertad condicional. Tiene prohibición de salida del país y restricciones para circular dentro del territorio nacional. Ese día espera la autorización del tribunal que maneja su caso para poder asistir al entierro de un hermano de crianza en Cumaná, a 400 kilómetros de Caracas. Rivero sostiene que alrededor de 100 mil cubanos, entre civiles y militares, se encuentran en el país.

En Venezuela hay aproximadamente unos 500 militares activos de las fuerzas armadas cubanas. Cumplen funciones de asesoría desde el punto de vista de áreas estratégicas, en el Comando Estratégico Operacional, las áreas de inteligencia, operativa, de armamento y de comunicaciones. El ministro de Defensa tiene un asesor con el grado de general desde 2010.

De acuerdo con sus estimados, en 2012 había más de 2 mil 700 "funcionarios del G2 dispersos en diferentes sectores donde tiene ocupación el sector cubano". Es decir, en distintos ministerios e instituciones, y en los programas sociales de salud, deporte, educación, agricultura, alimentación y electricidad, donde trabajan miles de colaboradores.

Según Rivero, la asesoría de las FAR "incluye un área educativa, de ingeniería militar, armamento, inteligencia y comunicaciones. También están en el área operativa y en la doctrina". Su participación, agrega, "no solamente se sitúa en la organización, se sitúa en áreas que tienen que ver con la ubicación de unidades estratégicas y de armamento, con la construcción de fortificaciones militares, que son un secreto militar. También están en el conocimiento de planes de seguridad y defensa que en ningún caso deben ser transmitidos a ninguna fuerza militar extranjera".

El general retirado recuerda que en 2008 comenzó a ver oficiales de la isla, frente a frente, dentro de instalaciones militares. "Ese año permanecí sin cargo durante 10 meses, yendo de una oficina a otra, y empecé a darme cuenta de cómo las fuerzas armadas se estaban minando de cubanos." En una ocasión, lo invitaron a un curso de Ingeniería en la Academia Militar, al que asistieron alrededor de 40 oficiales venezolanos.

"Un general hizo la exposición inicial y nos presentó al coronel que iba a dictar el curso. El tema era fortificaciones militares. De repente, aparece un señor de civil y cuando comienza a hablar resulta que es cubano. Lo primero que nos dice es: lo que vamos a manejar es totalmente confidencial, es seguridad de Estado." Aquello excedía los límites del adiestramiento y de la cooperación militar. "Una cosa es que un extranjero explique cómo construir un búnker a 100 metros de profundidad y otra que lo haga, obteniendo la ubicación precisa. Los militares cubanos no sólo vinieron a Venezuela a enseñar; vinieron a hacer y a organizar."

El militar muestra varias fotografías almacenadas en su computadora que evidencian la presencia de militares cubanos en instalaciones de las fuerzas armadas como Fuerte Mara, en el estado

Zulia. En una de ellas, se ve claramente al general Leonardo Andollo Valdés, segundo jefe del Estado Mayor General de las FAR, junto a otros dos oficiales cubanos. Todos vestidos de civil, aparecen sentados al lado del general Carlos Mata Figueroa, ministro de Defensa (2010-2012), y otros altos oficiales venezolanos.

La imagen corresponde a una reunión en la que se expuso información estratégica de defensa. En concreto, se explicaron los detalles de la estrategia de seguridad en caso de conflicto con Colombia. Rivero precisa que "el plan se llama Escudo de Occidente y es *top secret*. Ahí se observa cómo estos hombres están tomando nota en presencia de todo el Estado Mayor".

Andollo Valdés encabezó el Grupo de Coordinación y Enlace de la República de Cuba (Gruce), creado por el convenio militar de 2008 y que inicialmente contaría con ocho especialistas de las FAR, de acuerdo con el documento. El objetivo del grupo es "asegurar la dirección del trabajo de los especialistas militares de Cuba que tienen la tarea de prestar ayuda en la asimilación, explotación, reparación, modernización y empleo combativo del material de guerra de que disponen las fuerzas armadas" venezolanas.

El pacto establece que el jefe del Gruce tiene "relaciones directas de trabajo con los órganos superiores de dirección de la Defensa" y puede "visitar las unidades militares y objetivos" de las fuerzas armadas. Los gastos y traslados de sus miembros corren por cuenta del gobierno venezolano. Según informes de dirigentes de oposición, otros generales como Frank Yánez y Ermio Hernández han estado al frente del grupo.

En 2017, el general de brigada cubano Juan Carlos Tamargo Baniela presidía el Gruce. En febrero de ese año, propuso reforzar la asesoría cubana durante una reunión con el comandante de la Aviación Bolivariana, el mayor general Édgar Cruz. En la imagen del encuentro, Tamargo aparece acompañado del general de brigada de las FAR, Ramón Lausao Gallardo, y otro militar cubano. Todos vestidos de civil, junto a cuatro sonrientes militares venezolanos.[13]

Los jerarcas de las fuerzas armadas venezolanas reciben formación en Cuba. El ex general que reveló la presencia de los militares cubanos en Villa Alba, dentro de Fuerte Tiuna, afirma que los oficiales del alto mando van a Cuba al menos por una semana y que allá les dan "cursos de todo tipo" a militares venezolanos, "desde Estado Mayor hasta mecánico, desde mantenimiento hasta agente de inteligencia".

* * *

La sintonía del presidente Chávez con los hermanos Fidel y Raúl Castro era absoluta. En el campo militar, el presidente venezolano no tuvo la más mínima reserva con sus aliados. Su interés en asociarse con el aparato castrista, como un seguro contra posibles conspiraciones internas y externas, queda claro en el pacto militar de 2008. Prueba de ello es uno de los puntos más polémicos del acuerdo: la participación de agentes de las FAR en el diseño de la red de espionaje.

El documento señala que Cuba "acepta prestar asistencia técnica" a Venezuela para el desarrollo de su Servicio de Inteligencia Militar. La reestructuración de esos servicios es probablemente el aporte más valioso de la isla para la perpetuación del chavismo. Nadie como los cubanos para bloquear la disidencia en las filas militares, infiltrar a los enemigos, inhibir cualquier crítica, atajar conspiraciones y degradar a los traidores con castigos ejemplares.

El gobierno de Chávez comenzó por entregar a tres especialistas cubanos, que viajaron a Venezuela en junio de 2008, toda la información sobre los recursos tecnológicos, materiales y personal de la Dirección General de Inteligencia Militar (DGIM) y el Comando Especial de Guerra Electrónica del Ejército, con el fin de crear una Unidad de Exploración Radioelectrónica Estratégica, como se precisa en el texto. También suministró "los manuales e información sobre la ubicación geográfica" donde se instalaría la unidad principal y los centros independientes de exploración. El acuerdo incluyó el envío de decenas de oficiales venezolanos a la isla para recibir adiestramiento.

Cuba se encargó de la compra de los componentes electrónicos para la producción en la isla de algunos de los equipos necesarios

—sistemas de radiolocalización contra radares y complejos elec-troópticos—. El gobierno dispuso que las unidades de exploración, ensambladas allí, se instalaran en la frontera occidental del país para obtener información y "asegurar las operaciones y batallas" contra el enemigo, "principalmente las fuerzas armadas de Estados Unidos y las FMC [Fuerzas Militares de Colombia]". Así aparece textualmente. Venezuela se comprometió a garantizar "el transporte y la estadía de los especialistas cubanos y sus jefes" en el país.

La propia reestructuración y los lineamientos del servicio inau-gurado oficialmente por Chávez en 2011, bajo el nombre de Di-rección General de Contrainteligencia Militar (DGCIM), estuvo a cargo de oficiales del Minfar. La nueva inteligencia militar vene-zolana nació penetrada hasta la médula por los hombres de Raúl Castro, que tienen poder para interrogar a los oficiales locales. Un ex oficial del propio servicio asegura que tuvo que responder a las preguntas de un "inquisidor" cubano antes de viajar a Nueva York de vacaciones.

Un general que trabajó en la DGCIM aseguró al *Nuevo Herald* que los militares de las FAR intervienen en planes de seguridad, como los que se realizaron para recibir en Caracas a los jefes de Estado de la cumbre de la Comunidad de Estados Latinoamericanos y Caribeños (CELAC), realizada en 2011. "Se les presta mucha atención a las suge-rencias y comentarios que ellos hacen. Y ellos son los que gestionan los planes y diseñan la forma que va a tomar la contrainteligencia con grupos opositores, estudiantes, en contra de todo", indicó otro ex agente al diario estadounidense.[14]

El vicealmirante Pedro Manuel Pérez señaló que La Habana im-puso su sistema de espionaje y sometimiento dentro de los cuarteles venezolanos a través de agentes de inteligencia, la mayoría de ellos formados en Cuba. "Cada Comando tiene su oficial de Inteligen-cia, nombrado por la DGCIM. Con eso aseguraron el control de las fuerzas armadas." El terror se impuso con las viejas prácticas que los cubanos aprendieron de la KGB soviética. Sentirse observados, desconfiar hasta de la sombra, ver en cada compañero a un posible delator, ha inducido una paranoia paralizante.

Juan Caguaripano, un capitán de la Guardia Nacional que desertó en 2014 en protesta por la represión contra las manifestaciones populares, denunció este ambiente en los cuarteles.

> Dentro de la estructura armada no se pueden manifestar porque también los neutralizan, porque también hay unos que ejercen funciones de inteligencia y que delatan cualquier movimiento, cualquier actitud contraria a los intereses del régimen. Lo triste es que los intereses del régimen parecieran estar regidos y guiados por los intereses castrocomunistas.[15]

El oficial atacó un fuerte militar y se llevó un lote de armas en 2017. Poco después las autoridades lo arrestaron y difundieron un video en el que se veía a Caguaripano despojado de su uniforme, después de haber recibido una golpiza, con la cara inflamada y los ojos enrojecidos. A mediados de 2019, el oficial permanecía recluido en una celda del Servicio Bolivariano de Inteligencia (Sebin), ubicada cinco pisos bajo tierra y sin luz natural, conocida como "la tumba".

La Habana también ha llegado a conocer como si fuera propio el sistema de Telecomunicaciones de las Fuerzas Armadas Bolivarianas. Otro de los puntos del acuerdo militar de 2008 permitió a los militares cubanos tener acceso a los datos de la red de fibra óptica, diseñar el software para los procesos de dirección y mando; participar en la compra de los medios tecnológicos y en la protección de la información.

Más importante aún, el gobierno de los Castro ayudó a Venezuela a crear un Sistema Logístico Combinado para la Adquisición de Armas y se convirtió en su intermediario para la compra de equipos bélicos. Como un buen satélite, el gobierno de Chávez acordó elevar al Minfar todas las necesidades de las fuerzas armadas bolivarianas "para su evaluación y recomendaciones". El nuevo sistema quedó integrado por los ministerios de los dos países y dos empresas: una venezolana y otra cubana, con claras ventajas para la parte cubana.

Una de las cláusulas más relevantes dispone: "Venezuela costeará los gastos que se deriven de la participación cubana en la gestión, negociación, adquisición e importación de los sistemas de armas", según el documento divulgado por el general Antonio Rivero en su cuenta de Twitter.

La dependencia en esta materia, la atadura voluntaria del sector militar venezolano al de otro país, no tiene precedentes en la historia de Venezuela. El gobierno de Chávez llegó al extremo de delegar en el ministerio dirigido por Raúl Castro la facultad de "negociar y contratar los sistemas de armas", supervisar los suministros, garantizar el servicio posventa y el aseguramiento logístico. Y al igual que los acuerdos firmados en otras áreas, se sometió indirectamente a las limitaciones del embargo comercial estadounidense que pesa sobre la isla.

A través del Convenio Técnico Militar de 2008, Cuba se convirtió en el *Big Brother* de la FANB. Entró en las fuerzas armadas para asesorar, organizar reestructurar, adiestrar, recomendar, construir, negociar y comprar por Venezuela. El pacto no contempla ningún tipo de reciprocidad. Los ministros y el alto mando militar venezolano no participan ni han participado, de ninguna manera, en los asuntos de las Fuerzas Armadas Revolucionarias de Cuba. Siete años más tarde, Nicolás Maduro renovará el acuerdo militar con Cuba.

* * *

16 de abril de 2015. El sol es abrasador en la Base Naval de Puerto Cabello, a 200 kilómetros de Caracas. Los oficiales venezolanos visten traje verde oscuro, botas y un casco blanco. Firmes, como soldados de plomo, saludan a un grupo de generales cubanos. El más importante es un hombre pequeño de 73 años. Lleva gafas oscuras estilo Ray-Ban sobre la nariz aguileña. Su abdomen abulta el uniforme pardo: pantalón marrón, camisa caqui con charreteras de estrellas amarillas, gorra ocre y zapatos negros.

Es un peso pesado. El general del cuerpo de Ejército Leopoldo Cintra Frías y sucesor de Raúl Castro al frente del Ministerio de las Fuerzas Armadas Revolucionarias (FAR), ostenta el título de "Héroe de la República". Polo, como lo llaman sus amigos, pertenece al club más exclusivo de la isla: el Buró Político del Comité Central del

Partido Comunista de Cuba (PCC), integrado por una élite de 17 miembros.

Lo secunda su mano derecha, otro general de la vieja guardia, Joaquín Quintas Solá, de 76 años, viceministro primero de las FAR y diputado a la Asamblea Nacional. También "Héroe de la República", también miembro del Comité Central del PCC. Otros dos generales cubanos participan en la visita de rutina. Los extranjeros supervisan "los avances de proyectos en ejecución de la Unidad Naval Coordinadora de los Servicios de Carenado (Ucocar)", según la breve reseña de la página web de la empresa del Ministerio de Defensa de Venezuela.

Como anfitrión, los acompaña el almirante venezolano Remigio Ceballos, entonces comandante de la Infantería de Marina y viceministro de Planificación y Desarrollo. Obsecuente con los antillanos, Ceballos se ha labrado un brillante futuro dentro de las fuerzas armadas bolivarianas. Uno de los oficiales de mayor confianza del presidente Maduro será nombrado jefe del Comando Estratégico Operacional en 2017. En la fotografía que ilustra la nota de Ucocar, los generales de las FAR parecen los superiores jerárquicos y los oficiales venezolanos sus subalternos. Una escena así, con los roles intercambiados, es inconcebible en Cuba. Ninguno de los muchos medios oficiales da noticias de la visita del ministro de Defensa cubano y sus generales.

Desde 2006, Venezuela ha pagado millones de dólares a La Habana por asesoría técnica y transferencia de tecnología para Ucocar, una tecnología que, en realidad, es holandesa y proviene de la subsidiaria del grupo Damen Shipyards en Santiago de Cuba, con mano de obra cubana de la Empresa Nacional de Astilleros. Un informe del Ministerio de Defensa reportó que en 2014, el gobierno venezolano pagó más de un millón 600 mil dólares por mantenimiento de buques y más de 71 millones de dólares para la fabricación de patrulleros en la isla.

El informe anual de ese año también registra una adquisición sorprendente: la compra de banderas para la embajada de Cuba en Caracas por 3 mil 360 dólares. Más sorprendente aún, el gasto figura dentro de la lista de "apoyos a diferentes unidades militares de las fuerzas armadas".[16]

El día anterior, el general Quintas Solá, segundo al frente de las FAR, había participado en el ejercicio militar "Escudo Soberano 2015", realizado en San Carlos del Meta, en el estado Apure, junto al ministro de Defensa venezolano Vladimir Padrino y el general del ejército ruso Alexandre Dragòvaloskiy. Antes de regresar a La Habana, Quintas se reunió con Padrino en la sede del Ministerio de Defensa, para fortalecer la cooperación militar entre los dos países.

Al finalizar el encuentro, el general cubano, veterano de las guerras de Angola y Etiopía, sostuvo que el ejército cubano está dispuesto a apoyar la defensa del territorio nacional. Como si Venezuela fuera un protectorado de La Habana. Muy pronto, el general Padrino recibe de nuevo a sus colegas cubanos en Caracas. Una delegación de alto nivel de las Fuerzas Armadas Revolucionarias de Cuba, presidida por el ministro Cintra Frías, vuelve, casi de incógnito, a Venezuela para renovar el acuerdo militar.

El 22 de julio de 2015 una procesión de vehículos blindados sube la cuesta que serpentea, entre viviendas destartaladas, hasta llegar al Cuartel de la Montaña. Lo que fue la primera escuela militar de Venezuela, en 1910, y luego un museo militar, es un inmenso altar dedicado a Hugo Chávez. Un mausoleo exclusivo para sus restos, donde se nutre el culto a la personalidad.

Sobre el edificio pintado como un pastel de frambuesa y vainilla se alza un gigantesco "4F", como una lección de desproporción arquitectónica. Las siglas en cemento rojo recuerdan la fecha fundacional del chavismo. Allí, se atrincheró el teniente coronel Hugo Chávez durante el intento de golpe de Estado del 4 de febrero de 1992 cuando era el Museo Histórico Militar. Veintiún años después, sus herederos lo llevaron al mismo lugar dentro de un ataúd.

Esa tarde se ha reforzado la vigilancia por la visita de los jerarcas militares que descienden de vehículos blindados. Vienen directamente desde el aeropuerto internacional Simón Bolívar a rendir homenaje al hombre que abrió las puertas de los cuarteles venezolanos a Cuba. Los generales Leopoldo Cintra Frías y Vladimir

Padrino son los primeros en entrar al templo chavista. Les siguen cinco generales de uniforme pardo y otros tantos más de verde. El único civil en el grupo es un hombre alto y calvo, de guayabera blanca: Rogelio Polanco, embajador de Cuba en Caracas, miembro del Comité Central del PCC y figura de enorme influencia dentro del gobierno venezolano.

Pocos saben que los oficiales extranjeros están en el país. La prensa estatal no anunció la visita y no reporta sus actividades. El tema tampoco aparece en los principales medios de comunicación privados. El diario *El Universal* de ese lunes sí registra el reciente viaje "de trabajo" a La Habana del capitán Diosdado Cabello, número dos del gobierno y entonces presidente de la Asamblea Nacional.[17] Cabello se reunió con el presidente Raúl Castro el sábado 20 y fue recibido por Fidel, a quien describió como "fuente viva de sabiduría, de nobleza, de amistad eterna". Pero en el diario no hay noticias de la llegada a Caracas de la cúpula de las fuerzas armadas de Cuba. Si no fuera por la prensa de la isla, se diría que los generales cubanos que rodean el sarcófago de mármol negro, con la inscripción "Comandante Supremo de la Revolución Bolivariana", son fantasmas.

Granma y *Juventud Rebelde* señalan que se trata de la primera visita del general Cintra Frías a Venezuela en más de medio siglo. "'Es una deuda que tenía', señaló el Héroe de la República de Cuba, quien se declaró emocionado por la visita que a lo largo de una semana realizará a la tierra de Bolívar y Chávez, y a la cual no venía hace 56 años, cuando acompañó a Fidel y luego a Raúl en 1959", reseña *Granma*.[18] No es cierto. Hace apenas dos meses Cintra Frías, ministro de las FAR, estuvo en la principal base naval de Venezuela, junto al jefe del Ejército cubano Joaquín Quintas Solá y otros generales de las FAR.

Vladimir —pronunciado en los actos oficiales con acento en la primera i, como si fuera ruso— y Polo se detienen unos minutos frente a la tumba de Chávez, repleta de orquídeas y calas. Posan al lado de una bandera cubana hecha de flores azules, rojas y blancas mientras el resto de los militares y el embajador Polanco guardan distancia, a un lado del féretro. El ritual marca el inicio de una larga visita con el objetivo de ampliar el pacto de 2008, con el que las fuerzas armadas bolivarianas se desvistieron ante los cubanos. "Éste es un encuentro para revisar, ampliar y reimpulsar el convenio técnico-militar", celebra al día siguiente el general Padrino junto a Cintra Frías.[19]

No hay una sola imagen de la reunión entre Vladimir y Polo en las televisoras ni en los diarios venezolanos. *Granma*, en cambio, despliega en su primera plana la foto de los dos ministros como un triunfo más. Ambos de pie, sonríen con una carpeta roja en la mano. Adentro, el convenio que acaban de suscribir lleva el sello Confidencial.

"Ambas delegaciones refrendaron 'un acuerdo para el incremento del apresto operacional y la disposición combativa de la Fuerza Armada Nacional Bolivariana (FANB), mediante un asesoramiento profesional de oficiales de las FAR', que refuerza el convenio técnico-militar vigente", es la única información que divulga el órgano oficial del PC cubano. El general Padrino declara que el objetivo del acuerdo es "aprovechar todavía mejor nuestras capacidades instaladas y potencialidades para convertirnos en una fuerza inexpugnable y de victoria". El plural del ministro de Defensa venezolano es elocuente. La alianza, clara.

El resto de las actividades de los jefes de las FAR durante esa semana en Venezuela queda vetado incluso a los medios de la isla. No hay reportes del momento en que el ministro de Defensa venezolano condecora a Cintra Frías con la Orden Defensa Nacional en el grado de Comendador, una distinción famosa porque Hugo Chávez se la confirió a sí mismo en 2007. Ni del momento en que Padrino le entrega una réplica de la espada de Ezequiel Zamora, un general controversial del siglo XIX que el difunto caudillo idolatraba.

Tampoco hay noticias de la presencia del ministro cubano y sus generales en los actos conmemorativos del 194 aniversario de la Batalla de Carabobo, que se realiza el 24 de junio en el Panteón Nacional. No hay una sola mención, ni una toma rápida, de los hombres de uniforme pardo en el largo evento, presidido por Nicolás Maduro y transmitido de manera conjunta por todas las televisoras del país. Ni rastro de las visitas que realizan luego a "centros de producción, de la industria militar y unidades operativas de la Fuerza Armada Bolivariana". Ninguna de las actividades de la agenda que había divulgado *Granma*.

Todo transcurre como si sucediera clandestinamente, en un plano paralelo. La alianza entre Caracas y La Habana es un bosque enigmático, lleno de lagunas y sombras. ¿Por qué un gobierno tan mediático como el chavista oculta la visita de los jerarcas de las FAR? ¿Cuántas veces habrán venido los generales cubanos sin que los venezolanos lo sepan? ¿Cuánto dinero ha obtenido La Habana por una asesoría militar que trasciende los límites de cualquier acuerdo precedente con otros países?

* * *

A pesar del sigilo con el que los dos gobiernos manejan la simbiosis militar, de vez en cuando hay algún guiño, una muestra de devoción pública, claramente intencional. Mensajes espontáneos, o calculados, como la fotografía publicada por Vladimir Padrino en su cuenta de Twitter en septiembre de 2015, en la que aparece despojado de su uniforme y vestido con un traje deportivo Adidas, al lado de Fidel Castro en algún lugar de La Habana. Desde una silla más baja que la del líder cubano, el general sonríe embelesado como si estuviera ante un venerable gurú.

El único general que ha ostentado al mismo tiempo los dos cargos militares más importantes de Venezuela —ministro de la Defensa y jefe del Comando Estratégico Operacional (2014-2017)— acompaña la imagen con unas líneas de agradecimiento: "¡Gracias, comandante! Seguiremos aferrados a las ideas y a las causas más nobles de la humanidad. ¡Hasta la victoria!" El presidente Maduro aclara, luego, que su ministro se encontraba en la isla de reposo. En las redes corren rumores de que fue a Cuba a recibir tratamiento de un cáncer de próstata.

Héctor Pérez Marcano, legendario ex dirigente guerrillero venezolano, que vivió en La Habana durante los años sesenta como representante del Movimiento Izquierda Revolucionaria (MIR), asegura que, de acuerdo con sus viejos contactos en la isla, Vladimir Padrino "pasó varios meses en Cuba en el año 2013", antes de que Maduro lo nombrara jefe del Comando Estratégico Operacional y ministro tras la muerte de Chávez. El general ha permanecido en el ministerio desde 2014, encargándose también de las nuevas empresas de las fuerzas armadas.

Gracias a la estrecha alianza, muchos oficiales venezolanos descubrieron en el castrismo una utopía que poco tiene que ver con el socialismo. Para buena parte de la élite militar chavista la manzana de la tentación no es la Revolución ni los ideales de igualdad y justicia social. Lo atractivo es un modelo de gobierno en el que los militares controlan sectores de la economía y que les permite dirigir compañías estatales, tener sus propias empresas dentro de las fuerzas armadas y devorar una parte sustanciosa del pastel petrolero.

Padrino y su antecesora en el Ministerio de Defensa, la almirante Carmen Meléndez, incondicional de Maduro, impulsaron la creación de una Zona Económica Militar Socialista (ZEM). La nueva corporación abarca más de una docena de empresas, desde embotelladoras de agua y constructoras hasta una empresa comercial de transporte de valores. La última y más lucrativa es la Compañía de Industrias Mineras, Petrolíferas y de Gas (Caminpeg), que desde 2016 permite a las fuerzas armadas explotar estas áreas de la manera más hermética y sin ningún tipo de control civil.

La Zona Económica Militar, aprobada por Maduro en julio de 2013, tres meses después de asumir la presidencia, está inspirada en el Grupo de Administración Empresarial (Gaesa), a través del cual los militares cubanos operan las principales compañías estatales en la isla. Durante el chavismo, como nunca antes, las fuerzas armadas han pasado a tener un rol protagónico en la economía del país, los resultados están a la vista.

Los militares venezolanos manejan miles de millones de dólares del presupuesto nacional y han controlado sectores clave como la venta de divisas, la banca pública, la corporación eléctrica nacional, y la importación estatal, distribución y venta de alimentos básicos, en un país que importa 70% de lo que consume la población. La mayoría de ellos no tiene más formación que el tránsito por la Academia Militar y los cuarteles.

En el Ministerio de Alimentación, creado por Chávez en 2005, oficiales de la FANB fiscalizan a los productores privados y tienen el monopolio de la importación de algunos productos como la harina de trigo y el azúcar. En 2016, Maduro designó al ministro Padrino jefe de la misión Abastecimiento Soberano para resolver la escasez crónica de alimentos y asignó a generales cercanos el manejo de más de una docena de alimentos básicos.

Los controles han dado lugar al chantaje político a empresarios y comerciantes. En la víspera de una huelga general a mediados de 2017, la ex ministra de Defensa Carmen Meléndez lanzó una abierta amenaza a través de su cuenta de Twitter: "A la panadería que no abra no se le dará más harina", algo inconcebible en Venezuela antes del chavismo y en cualquier país de la región.[20] Las advertencias de este tipo se extienden a nivel micro a través de los Comités Locales de Abastecimiento y Producción (CLAP), que desde 2016 venden las bolsas de alimentos subsidiados, que distribuyen los militares en las comunidades pobres.

* * *

La montura dorada de los lentes de sol del general cubano Joaquín Quintas Solá brilla bajo el sol de La Orchila. Desde la base militar en la isla venezolana, el jefe del Ejército cubano supervisa un simulacro de defensa aérea y marítima, en enero de 2017. A su lado, sonríe el almirante Remigio Ceballos, un militar pequeño y robusto que pronto se convertirá en el máximo jefe del Comando Estratégico Operacional (CEO).

Como si presintiera el tsunami de protestas que se avecina, el gobierno de Nicolás Maduro exhibe su poderío bélico frente a una población que pasa trabajo para poder conseguir alimentos básicos y medicinas. En Venezuela abundan los proyectiles, hay modernos misiles antiaéreos, relucientes cañones, pero no hay aspirinas en las farmacias ni medicamentos para la hipertensión. Entre 1999 y 2015, Venezuela ha gastado más de 5 mil 500 millones de euros en armamento, según datos del Instituto Internacional de Estocolmo para la Investigación de la Paz.

La Fuerza Armada Nacional Bolivariana incorpora a centenares de activistas del gobierno en las maniobras militares. Uno de ellos, un hombre huesudo, que parece un viajante de la máquina del tiempo, agita un cartel escrito a mano que reproduce la vieja consigna cubana: *"Yankee, go home"*. Maduro advierte: "Lo que estamos haciendo es llevando a la práctica todo el concepto estratégico, toda la teoría, toda la preparación y todo el armamento que está dispuesto para hacer a nuestro país un país que no pueda ser tocado jamás por ninguna potencia imperialista o por ningún lacayo que se atreva a agredir militarmente a nuestro país".[21]

Cuando el sucesor de Chávez dice lacayo habla de la oposición, a la que suele descalificar de apátrida. El ejercicio "Acción Integral Antimperialista Zamora 200", en el que según datos oficiales 76 mil militares, 100 mil milicianos y 400 mil civiles juegan a la guerra, va dirigido al enemigo externo pero, sobre todo, al "enemigo interno". No es casual que se repita una segunda maniobra militar en menos de nueve meses.

Venezuela es una olla de presión. Un mes antes, en un fin de año marcado por la inflación, la escasez y escenas de hambre alrededor de los basureros nunca vistas, los venezolanos debían haber elegido nuevos gobernadores. Pero, el Consejo Nacional Electoral, dominado por el chavismo, decidió no convocar los comicios. Las encuestas vaticinan que el gobierno perdería prácticamente todas las gobernaciones.

Así se cierra la única válvula de escape que tienen los venezolanos para desahogar su malestar. Muy pronto, el gobierno pondrá en práctica un ejercicio Zamora de otro tipo. En abril estalla una ola de protestas en reacción al intento del Tribunal Supremo de Justicia de atribuirse las funciones del parlamento. La sombra de La Habana se cierne sobre Venezuela. La policía y los militares van a demostrar lo bien que han aprendido las lecciones de derechos humanos de sus camaradas cubanos.

Entre los primeros militares detenidos se encuentra el vicealmirante Pedro Manuel Pérez. El 17 de abril de 2017, una camioneta blanca se detiene frente a su casa y varios hombres vestidos de negro tocan a la puerta. Uno de ellos muestra un largo fusil desde la acera de enfrente. Otros dos ocultan sus rostros con capuchas negras. Ni el vehículo ni los sujetos tienen identificación alguna. Pérez sale al jardín y saluda sin perder la compostura: "un placer, compañeros". No luce sorprendido. Los espera desde hace un año, cuando solicitó su retiro de la Armada y denunció la actuación de grupos paramilitares en la represión de las protestas de 2014, bajo el amparo de las fuerzas de seguridad.

Los sujetos lo urgen a abrir la puerta y amenazan con entrar por la fuerza. Le gritan a su esposa que deje de grabarlos con su teléfono. Después de un breve y tenso intercambio de palabras, Pérez les dice que esperen a que busque su billetera para acompañarlos. Parece saber, por la manera en que se comportan, que no son secuestradores comunes sino agentes de la Dirección de Contrainteligencia Militar (DGCIM), moldeada a semejanza de los organismos cubanos.

Antes de que acabe el día, el presidente Maduro declara que las autoridades han capturado a uno de los cabecillas de un supuesto golpe en su contra. A medianoche, funcionarios policiales allanan la residencia del vicealmirante Pérez durante horas. El oficial es acusado de tres delitos: rebelión, instigación a la rebelión y traición a la patria.

Dos días después, Maduro y Vladimir Padrino ordenan activar el Plan Estratégico Especial Cívico-Militar Zamora. La organización de derechos humanos Provea denuncia que el despliegue de las fuerzas armadas en labores de control de manifestaciones con la incorporación de civiles genera un peligroso contexto. La filosofía del plan "parte de derrotar a un enemigo interno con las lógicas de la guerra usando no sólo la fuerza armada tradicional, sino el nuevo componente que son las milicias y las 'organizaciones del Poder Popular'".[22]

La fiscal general Luisa Ortega Díaz, incondicional de Chávez hasta su muerte, rompe con el gobierno de Maduro y se niega a avalar los atropellos. Se multiplican las detenciones arbitrarias, sin órdenes de captura, por parte de agentes de la inteligencia militar y civil. La labor de delación que realizan en Cuba los Comités de Defensa de la Revolución (CDR), en Venezuela está en manos de delatores denominados por el gobierno "patriotas cooperantes". Los "colectivos" armados o grupos paramilitares oficialistas, que algunos comparan con las brigadas de respuesta rápida cubanas, intimidan a la población abiertamente y atacan sin piedad a los manifestantes.

En cuatro meses de conflicto se reportan 124 muertos, más de 5 mil detenidos y casi 500 civiles sometidos a la justicia militar. Las Naciones Unidas denuncian "el uso generalizado y sistemático de la fuerza excesiva", torturas y maltratos contra los manifestantes. Las fuerzas de seguridad son responsables de 46 asesinatos y los grupos paramilitares de 27, según un reporte del organismo multilateral. A las atrocidades reales, que documentan miles de fotografías y videos, se suman las simbólicas.

El hombre nuevo formado en los cuarteles militares y policiales, el que destroza cabezas y corazones con bombas lacrimógenas disparadas directamente al blanco, es capaz de embestir a un muchacho con un tanque o perforar el pecho de jóvenes insumisos con balines de plomo. El soldado que descarga su fusil contra un enfermero que lanza piedras a una base militar a través de una reja, patea muchachas, arresta ancianas, ataca a paramédicos y periodistas, y roba a manifestantes puede llegar a ser considerado un héroe de la Revolución bolivariana. Maduro acostumbra a condecorar a algunos represores por su "contribución a la paz".

La maquinaria de control político y represión, el Estado policial donde protestar es un delito y hay manifestantes acusados de terrorismo por lanzar una molotov a la policía, se ha perfeccionado durante años con las enseñanzas del Minfar y del Ministerio del Interior de Cuba. Los hombres de los Castro han dejado su huella en las fuerzas de seguridad civiles y militares de Venezuela.

La "filosofía" castrista ha permeado todo el aparato represivo estatal, desde la doctrina hasta los programas de formación y el diseño de la estructura de los organismos de seguridad: el Servicio Bolivariano de Inteligencia (Sebin), la Dirección General de Contrainteligencia Militar (DGCIM) y la Policía Nacional Bolivariana (PNB). Los antillanos desarrollaron los softwares que se utilizan y han participado en la compra de equipos bélicos así como en la construcción de las coordinaciones estatales de prevención del delito (incluidas en la Comisión Mixta Cuba-Venezuela).

La Habana también tiene acceso a la información policial. El "componente cubano", como lo denomina el gobierno venezolano en algunos documentos, se encargó, del "proyecto de integración e interoperabilidad entre el Ministerio de Interior y sus organismos adscritos", de desarrollar el Sistema Nacional de Seguridad Ciudadana (Sinasec) y de la adecuación del Centro de Datos, de acuerdo con un informe anual de ese despacho.[23]

En 2016, Nicolás Maduro creó un comando especial de la Policía Nacional Bolivariana: la Fuerza de Acciones Especiales (Faes), que poco después de entrar en funcionamiento es acusado de realizar ejecuciones extrajudiciales en barrios pobres y de reprimir brutalmente manifestaciones, de acuerdo con reportes de varias organizaciones de derechos humanos del país. "Al menos 560 personas fueron asesinadas entre julio de 2015 y junio de 2017" por la Faes durante el plan de seguridad denominado OLP (Operación de Liberación y Protección del Pueblo), asegura una investigación detallada del medio digital *Runrun.es*, con el respaldo de la plataforma periodística Connectas.[24]

El Faes ha recibido entrenamiento de parte de miembros de las fuerzas de élite de las FAR conocidas como Avispas Negras. Un numeroso grupo de ese cuerpo especial estuvo en el país a finales de 2018, como informó el Comando Estratégico Operacional (CEOFANB) en su cuenta oficial de Twitter. "Integrándonos para vencer. #FANB de nuestra #FANBEsVenezuela fortalecieron sus conocimientos, habilidades y destrezas militares para la Defensa Integral de la Nación en #OperaciónEstratégicaDefensivaCombinada con las Fuerzas Especiales de Cuba 'Avispas Negras' de las FAR."

En la foto que acompaña el mensaje oficial de @CEOFANB, difundido el 28 de septiembre, el almirante en jefe Remigio Ceballos, máxima autoridad del CEO, aparece junto a un numeroso grupo de efectivos de esa unidad, perfectamente formados en un patio de lo que parece Fuerte Tiuna, sede del comando del Ejército y del Ministerio de Defensa, en Caracas. La difusión del mensaje, en un gobierno que suele ocultar, y negar, la presencia de militares cubanos dentro de los cuarteles, no parece un descuido. Tiene el objetivo de causar temor.

A medida que aumenta el malestar social, se intensifica la aplicación de tácticas castristas para mantener a raya a los militares descontentos, quebrar a la oposición y desmoralizar a la población. Las delaciones, la infiltración, la desinformación, la "guerrilla comunicacional", el espionaje y contraespionaje, las amenazas veladas y directas, la guerra psicológica, la persecución, los arrestos sin orden judicial, la incomunicación de los detenidos, los allanamientos de madrugada y, por último, las represalias contra los familiares de disidentes —algo inusual en las dictaduras padecidas en Venezuela antes— se han vuelto prácticas comunes. Todo abona a la causa del terror como política de Estado. En eso, Cuba es insuperable. Y el régimen venezolano, un alumno aventajado.

NOTAS

[1] "Estrecha relaciones la UCI con universidad militar venezolana", UCI, La Habana, 11 de enero de 2016, http://www.uci.cu/estrecha-relaciones-la-uci-con-univer sidad-militar-venezolana-0.

[2] "Intervención del Comandante Presidente Hugo Chávez durante marcha por la paz y contra el paramilitarismo", Caracas, 16 de mayo de 2004, *Todochávez.gob.ve*, http://todochavez.gob.ve/todochavez/1028-intervencion-del-comandante-pre sidente-hugo-chavez-durante-marcha-por-la-paz-y-contra-el-paramilitarismo.

[3] *Aló Presidente* N° 220, Venezuela, 24 de abril de 2005, *Todochávez.gob.ve*, http://todochavez.gob.ve/todochavez/3800-alo-presidente-n-220.

[4] "Presentación de Memoria y Cuenta ante la Asamblea Nacional por parte del Comandante Presidente Hugo Chávez", Caracas, 13 de enero de 2006, *Todo Chávez en la web*. http://todochavez.gob.ve/todochavez/2812-presentacion-de-memo

263

ria-y-cuenta-ante-la-asamblea-nacional-por-parte-del-comandante-presidente-hugo-chavez.

[5] Castaño R., "De visita en Cuba militares venezolanos", *Granma,* 31 de julio de 2005, http://www.granma.cu/granmad/2005/07/31/nacional/articulo05.html; Del Pino, R., "La hora de la verdad (I)", *Cubaencuentro,* 24 de abril de 2012, http://www.cubaencuentro.com/txt/opinion/articulos/la-hora-de-la-verdad-i-276072.

[6] "Discurso del general Baduel en acto de entrega del ministerio de Defensa", Caracas, *El Universal,* 19 de julio de 2007, http://www.eluniversal.com/nacional-y-politica/070719/discurso-del-general-baduel-en-acto-de-entrega-del-ministe rio-de-defen.

[7] Firma de proyectos entre la república Bolivariana de Venezuela y la República de Cuba, 15 de octubre de 2007, http://www.todochavez.gob.ve/todochavez/2191-firma-de-proyectos-entre-la-republica-bolivariana-de-venezuela-y-la-republica-de-cuba.

[8] "Aliado de Chávez ataca reforma constitucional", Reuters, Caracas, 5 de noviembre de 2007, https://lta.reuters.com/articulo/domesticNews/idLTAN05288 82720071105.

[9] Lecumberri, B. (2012). *La revolución sentimental.* Caracas: Editorial Punto Cero.

[10] Ministro Rangel Briceño, *Pare de sufrir,* S/F, https://www.dailymotion.com/video/x8mg4v.

[11] "Cubanos activos en áreas estratégicas de las FAN", *El Tiempo,* Colombia, 23 de abril de 2010.

[12] *Aló Presidente* N° 21, 24 de abril de 2010.

[13] Hernández, C., "Cuba apoyará a Venezuela en el desarrollo de su aviación militar", *Infodefensa,* 7 de febrero de 2017, http://www.infodefensa.com/latam/2017/02/07/noticia-apoyara-venezuela-desarrollo-aviacion-militar.html.

[14] Delgado, A., "Los hilos de la inteligencia venezolana en las manos de La Habana", *El Nuevo Herald,* 20 de mayo del 2013, http://www.elnuevoherald.com/2013/05/20/v-print/1480131/los-hilos-de-la-inteligencia-en.html#storylink=cpy.

[15] Entrevista exclusiva de Fernando del Rincón a Juan Carlos Caguaripano, CNN, https://www.youtube.com/watch?v=gFEcwBdV9Cg.

[16] Ministerio del Poder Popular para la Defensa, Memoria y Cuenta, enero 2015.

[17] http://www.eluniversal.com/noticias/politica/cabello-agradece-raul-fidel-castro-apoyo-cuba_50998.

[18] Reyes, D., "Ministro de las Fuerzas Armadas Revolucionarias de Cuba visita Venezuela", *Granma,* Caracas, 22 de junio de 2015, http://www.granma.cu/mundo/2015-06-22/ministro-de-las-fuerzas-armadas-revolucionarias-de-cuba-visita-venezuela.

[19] Reyes, D., "Ministros de Cuba y Venezuela exaltan cooperación militar entre ambas naciones", *Granma,* Caracas, 23 de junio de 2015, http://www.granma.cu/cuba/2015-06-23/ministros-de-cuba-y-venezuela-exaltan-cooperacion-mili tar-entre-ambas-naciones.

[20] "Carmen Meléndez: Panadería que no abra en Lara no recibirá más harina", *El Informador*, Barquisimeto, Venezuela, 20 de julio de 2017, http://www.elinforma dor.com.ve/2017/07/20/carmen-melendez-panaderia-que-no-abra-en-lara-no-recibira-mas-harina/.

[21] "Maduro despliega sus fuerzas para advertir a potenciales agresores", EFE, Caracas, 14 de enero de 2017, https://www.efe.com/efe/america/portada/maduro-desplie ga-sus-fuerzas-para-advertir-a-potenciales-agresores/20000064-3148969.

[22] "Provea explica en qué consiste el Plan Zamora", *Efecto Cocuyo,* 20 de abril de 2017, http://efectococuyo.com/principales/la-guerra-de-todo-el-pueblo-provea-explica-en-que-consiste-el-plan-zamora.

[23] Memoria y Cuenta del Ministerio de Relaciones Interiores y Justicia, enero 2011.

[24] Boon, L. y Meléndez, L. (Coord. Rísquez, R.), "OLP: La máscara del terror oficial en Venezuela", *Runrun.es*, Caracas, julio de 2018, https://www.connectas.org/especiales/olp/.

12

Los negocios del Dr. Castro

Cada día somos más la misma cosa.
Raúl Castro, 19 de abril de 2010

Carmelo Gutiérrez vio caer cada lámina, cada tornillo, cada pieza del central azucarero "Jesús Suárez Gayol" como si estuvieran borrando su pasado. El jefe del ingenio, inaugurado en Camagüey en 1984, recordaba cómo la instalación se había ido deteriorando hasta su paralización en 2003 cuando dejó de moler caña. En 2008, lo desmantelaron y donde estaba la instalación quedó el terreno vacío. Apenas 15 días después, funcionarios del Ministerio del Azúcar informaron que "la maquinaria se iba para Venezuela, con parte del personal técnico y administrativo". Gutiérrez relató en una entrevista en la revista digital *Cubaencuentro*.

> Lo montaron en un barco venezolano llamado…, deja ver si me acuerdo… ¡Ah! *Batalla de Güiria*. Ahí se trasladó casi todo, aquellas máquinas ineficientes, pero nuestras, caramba. Para nuestra sorpresa, junto a los hierros viejos, entraron en el barco los dos molinos por los cuales habíamos esperado mucho tiempo, y que se nos dijo que no habían podido ser comprados, estaban muy caros… Pues allí estaban los dos, nuevecitos, y camino a Venezuela,[1]

La venta del viejo central se había negociado, sin que el pueblo venezolano y el cubano lo supieran, durante una de tantas reuniones sostenidas entre los gobiernos de ambos países. En 15 años, La Habana y Caracas firmaron más de dos mil acuerdos, según los anuncios oficiales realizados después de cada cita bilateral y de los encuentros de los mecanismos regionales Alianza Bolivariana para los Pueblos de Nuestra América (Alba) o Petrocaribe, creados por Hugo Chávez y Fidel Castro.

Los pactos suelen enunciarse de manera general sin ofrecer mayores detalles sobre los centenares de transacciones que hay detrás. El gobierno de Chávez nunca reveló la adquisición de reliquias como el "Suárez Gayol". A lo sumo anunciaba: "Cuba ayudará al desarrollo de la industria azucarera en Venezuela". De igual manera, muchos negocios son invisibles en los informes anuales de los ministerios. Desde el principio de la alianza, se impuso esa oscura dinámica: ninguna especificación, contratos confidenciales, cero rendición de cuentas.

Cuba cerró la mitad de sus plantas azucareras entre 2002 y 2006. Piezas de otros centrales, como "Los Reynaldo", liquidado en 2006, entraron en lo que La Habana denominó el Plan Venezuela, y que no era otra cosa que la venta de chatarra a precio de mercancía nueva. El viejo ingenio de Camagüey fue a parar al poblado de Albarico en el estado Yaracuy. No está claro el destino de los motores, calderas, láminas, bombas, vigas y otras piezas de viejas centrales "racionalizadas", según el eufemismo del gobierno cubano.

Carmelo Gutiérrez dijo a *Cubaencuentro* que había visto muchas más cortadoras de caña de la isla en Yaracuy "que las 25 que teníamos en el [Suárez] Gayol". Probablemente, Fidel Castro ya tenía en mente el negocio cuando ofreció en Caracas maquinaria para el desarrollo de la industria azucarera nacional como parte del Convenio Integral de Cooperación, firmado por ambos países en el año 2000. Y, probablemente, también, se trató de una de las muchas fórmulas aceptadas por Chávez para subsidiar la Revolución cubana. Muchos funcionarios locales se han prestado de manera activa, o negligente, para este tipo de tratos. Pero hay excepciones.

En 2010, el periodista venezolano Nelson Bocaranda reveló que la salida del general Rafael Oropeza del Ministerio de Alimentación, en febrero de 2006, "obedeció a que se opuso a que se les compraran a los cubanos unos centrales azucareros obsoletos a 95 millones [de dólares] cada uno. Oropeza indagó en el mercado y cada central, nuevo, costaba 50 millones montados en Venezuela". Con lo que el gobierno de Chávez pagó por cada uno de los viejos ingenios que le envió tan solidariamente Castro, se habrían podido comprar dos nuevos.

¿Cuántos burócratas se callaron y han sido cómplices? En muchas ocasiones, el miedo a quedar marcado, a salir del gobierno y a futuras represalias, ha garantizado el silencio, la "cooperación" y la reproducción de estos negocios lesivos para el patrimonio nacional. En 2018, el hijo del general Oropeza, un mayor del Ejército del mismo nombre, fue detenido por la Dirección de Contrainteligencia Militar (DGCIM) y pasó cinco días incomunicado.

Érika Farías, una funcionaria radical formada en Cuba, sustituyó en el Ministerio de Alimentación a Oropeza, quien 11 meses después volvió al cargo hasta 2008. Cuando el presidente Chávez contrató la asesoría de La Habana para el sector, la producción azucarera de la isla atravesaba uno de sus peores momentos. De hecho, La Habana intentaba reflotar su principal industria con maquinaria y tecnología brasileña, mientras Venezuela arruinaba la suya con la asesoría y la maquinaria cubana.

Los hermanos Castro también vendieron al gobierno venezolano al menos 15 plantas de destilación recicladas, como parte de otro negocio: el "Programa alcoholero". Los planes han sido tan fructíferos que Cuba creó una empresa exclusivamente para atender la demanda chavista de "servicios de ingeniería, asistencia técnica, equipos y maquinarias de la industria azucarera". Azutecnia, del Grupo Empresarial Azucarero Azcuba, nació como un "resultado lógico del desarrollo impetuoso del volumen de negocios de exportación de bienes y servicios que fueron establecidos con Venezuela, en un inicio desde la División Comercial de Proyectos de Colaboración de Tecnoazúcar", precisó la página oficial Ecured.

La única fábrica de calderas de la isla también "cobró una actividad inusitada recuperando componentes de antiguos centrales azucareros para ensamblarlos en el país [Venezuela]", de acuerdo con un reporte de la agencia Prensa Latina. El constante incentivo a la economía cubana contrasta con las expropiaciones, controles y regulaciones a los que el gobierno de Chávez sometió a los productores locales. En cuestión de años, la industria nacional se fue en picada. La cooperación fue un éxito para las arcas cubanas y una pérdida irreparable para las venezolanas. Desde 2012, el azúcar comenzó a escasear en el país de manera crónica.

La producción apenas alcanzaba a cubrir 22.5% del consumo interno en 2017, de acuerdo con una investigación de la ONG Transparencia Venezuela. De los 10 centrales azucareros estatales, sólo tres operaron durante la zafra 2015-2016 y, a duras penas, lograron moler 2% del total nacional. Más de 98% lo aportaron los seis ingenios privados que todavía funcionaban en el país, con precios de venta fijados por el gobierno.

A ningún otro gobierno se le ocurrió comprar los viejos centrales azucareros cubanos. Nadie los quería, ni regalados. El aumento exponencial de la venta de mercancías y servicios cubanos al país tuvo más que ver con la determinación del presidente venezolano de subsidiar al castrismo que con la calidad de sus productos o las destrezas comerciales de sus funcionarios, aunque a muchos antillanos les gusta alardear de su astucia. No había otro cliente como el comandante Chávez: tenía un presupuesto multimillonario, no era demasiado exigente y, en lugar de reparos, se mostraba agradecido por la ayuda de los hermanos cubanos.

El último año que gobernó Hugo Chávez, las compras venezolanas a Cuba representaron cuatro veces más que las de toda Asia y duplicaron a las de Europa. Venezuela no sólo fue el principal proveedor de Cuba (44% de sus importaciones) en 2012, sino también su principal comprador (44% del total de las exportaciones), de acuerdo con datos de la Oficina Nacional de Estadísticas e Información (ONEI) de la isla. Aunque contaban con otros aliados políticos como Brasil, Argentina, Ecuador, Bolivia y Nicaragua, los antillanos no tenían el mismo éxito como vendedores en la región. El segundo comprador de productos cubanos en América Latina fue Panamá, con 2% del total de ventas.[2]

Ningún otro dirigente de la región mezclaba la afinidad política con los negocios. Por ejemplo, las compras del Brasil de Dilma Rousseff representaron 1.1% del total de exportaciones cubanas a América en 2014. Y hasta Moscú, el gran benefactor del gobierno cubano durante décadas, se había evaporado de la economía de la isla. Ese año, adquirió apenas 1.14% del total de las exportaciones de su ex socia. Los rusos se habían cansado de mantener a Cuba.

Dispuesto a adquirir cosas que nadie más compraría, como aquellos viejos centrales azucareros, y bienes que se producían en el país con mejor calidad que en la isla —como productos metalúrgicos y cemento, entre otros—, Hugo Chávez también transfirió incuantificables recursos mediante un esquema de triangulación de importaciones a través de La Habana. El mandatario encargó al gobierno cubano la compra de productos para Venezuela en otros países: medicinas, equipos, tecnología, maquinaria agrícola, plantas eléctricas, focos, paneles solares y otros suministros. El propio Fidel Castro, siendo presidente, se hizo cargo directamente de algunas importaciones.

* * *

"Adquirimos los equipos pertinentes para 27 Centros de Diagnóstico de Alta Tecnología, distribuidos en los 24 estados venezolanos, tres de los cuales por su elevada población llevan dos de ellos", aseguró el líder cubano al recordar cómo negoció "los equipos más sofisticados y costosos de imagenología" para el gobierno venezolano con la empresa alemana Siemens y la holandesa Philips.

Castro se refería a la importación, a principios de 2006, de tres mil 553 equipos con un valor de 72 millones 762 mil 694 dólares. "Personalmente participé en las negociaciones de estas compras", escribió en *Granma* en septiembre de 2009. "Los precios discutidos equipo por equipo implicaban importantes reducciones de precio, puesto que se compraban al contado y en cantidades elevadas, uniendo los destinados a Cuba y Venezuela."[3]

No existía ningún obstáculo para que el gobierno de Chávez comprara directamente a los fabricantes o a sus representantes en el país. ¿Por qué si la transacción era tan beneficiosa se han mantenido ocultos los contratos? Todavía en 2019 se desconoce cómo se transfirieron los recursos a Cuba y cuánto costó cada equipo. Nunca antes Venezuela había acudido a un dirigente extranjero para que se encargara de sus importaciones.

Cuesta trabajo imaginar al dictador cubano, teléfono en mano, con la lista de compras escrita con su letra cursiva de colegio religioso. Castro reveló que negoció con la sucursal de Philips en Brasil el suministro de equipos para 12 especialidades: tomógrafos, aparatos de resonancia magnética nuclear, mesas de telecomando para urología, ultrasonidos, angiógrafos de neurología y de cardiología, polígrafos, cámaras gamma, rayos X y monitores no invasivos y desfibriladores. Pero ni el presidente venezolano ni el líder cubano, conocido por su sagacidad, repararon en un detalle: las consecuencias del embargo estadounidense contra Cuba.

En su columna, titulada "La doble traición de la Philips", el ex gobernante cubano se queja de que la empresa holandesa interrumpió en 2007 el suministro de piezas, presionada por Washington, debido a que algunas de ellas contenían programas y, en ocasiones, componentes de patente estadounidense. Sin necesidad alguna, Venezuela —que también otorgó a los cubanos el contrato de mantenimiento de los equipos— se vio perjudicada por las sanciones contra la isla. Ni Chávez, ni ninguno de sus ministros, lo previeron. Fidel Castro agregó que, en otras ocasiones, había cooperado "en la compra de cientos de millones de dólares de equipos médicos" para la red de salud nacional.

> A los Centros de Diagnóstico de Venezuela, los de Alta Tecnología y otros atendidos por nuestros médicos, hemos enviado equipos de marcas reconocidas en el mundo como las mejores en su especialidad como Siemens, Carl Zeiss [especialistas en lentes, microscopios], Drager, SMS, Schwind, Topcon, Nihon Kohden, Olympus y otras de Europa y Japón.

No precisó cuántos millones de dólares del presupuesto venezolano llegó a manejar en total. Como aprendizaje de lo sucedido con

Philips, el comandante cubano sugirió al gobierno del presidente Chávez mitigar "el hábito de adquirir equipos médicos norteamericanos". Es decir, nada menos que someter, voluntariamente, al país petrolero voluntariamente al embargo.

No era la primera vez que Cuba negociaba por Venezuela. Desde 2003, el gobierno de la isla se había encargado también de todos los suministros para el sistema de atención primaria, desde el algodón y las jeringas hasta los estetoscopios y las medicinas. La enorme red creada con la asesoría cubana incluye más de 12 mil ambulatorios de la Misión Barrio Adentro I; más de mil 300 puntos odontológicos y mil 200 centros de la Misión Barrio Adentro II. Según datos oficiales, en 2018 este último programa estaba integrado por 572 Centros de Diagnóstico Integral, 593 Salas de Rehabilitación Integral y 35 Centros de Alta Tecnología.[4] Otros cientos de millones de dólares que pasaron por las manos de La Habana. Pero no es todo. La mina venezolana parecía inagotable.

Cuba ha obtenido ingresos constantes del presupuesto destinado a la red hospitalaria venezolana. En 2013, el Ministerio de Salud le otorgó directamente 39 contratos para el suministro de medicamentos, capacitación, compra y mantenimiento de equipos en 28 hospitales. El monto de 21 de esos contratos superó los 800 millones de dólares (870 millones 169 mil 716.77), de acuerdo con un rapto de precisión en el informe anual del despacho.[5] Esa cantidad es varias veces lo que costó el cable submarino entre Venezuela y Cuba.

La mayoría de los informes oficiales no suelen precisar detalladamente las cifras de las negociaciones. En 2014, por ejemplo, Cuba obtuvo nuevos contratos para suministrar sistemas de ventilación y de refrigeración para cavas (cámaras frigoríficas), reparar calderas y cocinas en los hospitales, entre otras cosas, sin que se reportara el costo.

El gobierno cubano ha enviado a Venezuela toneladas de medicamentos —fabricados en la isla o importados— exentos de aranceles, de revisión en las aduanas y del registro sanitario nacional, obligatorio para todos los productos que provienen del exterior. La Habana rápidamente se convirtió en el primer proveedor de productos farmacéuticos al país. Entre 2006 y 2012, las compras a la isla aumentaron 33 veces "al pasar de poco más de 10 millones de dólares a 365 millones de dólares", de acuerdo con datos del Instituto Nacional de Estadísticas (INE) citados en un reportaje del diario *Últimas Noticias*.[6]

Cerca de 50 mil kilogramos de medicinas importadas por una fundación de PDVSA, como parte del convenio con Cuba, se vencieron en los almacenes del Ministerio de Salud. El equipo de investigación de *Últimas Noticias* denunció que la Contraloría General "había advertido sobre las irregularidades en la compra, almacenamiento y distribución de medicinas cubanas entre 2005 y 2010" y señaló que "no halló explicación" alguna para el aumento en la importación de productos farmacéuticos desde la isla.

Tampoco había explicación para otras irregularidades en el intercambio comercial entre los dos países como proyectos inconclusos o inexistentes a los que el gobierno venezolano destinó recursos millonarios. Con frecuencia, la prensa venezolana ha denunciado múltiples hoyos negros en las concesiones entregadas por Chávez a los cubanos en el sector salud.

Entre los centenares de acuerdos se mezclaron planes reales, de costos indescifrables —como el Centro Nacional de Genética Médica, con la especialidad de "genética comunal", manejados por los cubanos de manera autónoma—, con obras fantasma como los dos grandes complejos farmacéuticos socialistas, anunciados con gran pompa por Chávez. Un patrón es común en todas las denuncias. Las pérdidas sólo afectan el patrimonio venezolano, como si una mano invisible se asegurara siempre de proteger los intereses de Cuba. Hasta en los extremos más absurdos, la Fiscalía ha ignorado cualquier señalamiento que salpique a los camaradas.

El caso de Constructora del Alba Bolivariana, C. A., reportado por el diario *Tal Cual* en 2007, revela cómo ni siquiera se cuidaban las formas legales. La compañía, creada en 2005 por los dos gobiernos como empresa mixta (51% de Cuba y 49% de Venezuela), se encargó de 163 obras de la Misión Barrio Adentro II a pesar de que no tenía oficina y en su nómina sólo reportaba un empleado, con un correo de contacto que refleja la laxitud mafiosa con la que ha operado: alcapone68880@msn.com.[7]

Por demandas de impagos en los tribunales, se sabe que la empresa ha subcontratado empresas locales. La constructora, representada en su creación por el propio ministro de Construcción cubano, Fidel Figueroa, en nombre de la estatal Caribbean Overseas Construction S. A., ha garantizado a la isla muchos más contratos. Además de casi 700 centros de salud y 14 módulos deportivos, en 2010, tenía "en su aval" más de dos mil viviendas y "43 grupos electrógenos" en territorio venezolano, según la agencia Prensa Latina.[8]

No era suficiente. Nada parecía suficiente a la hora de rendir tributo a los hermanos Castro y garantizar la estrechísima alianza. ¿En qué socio pensó el presidente Chávez cuando quiso hacer una "ciudad socialista" de 20 mil viviendas, enclavada en una zona montañosa entre Caracas y la costa del estado Vargas? El mandatario le encargó la misión a Cuba. ¿Quién mejor que la reina del comunismo en el hemisferio occidental para cerciorarse de que no hubiera desviaciones capitalistas en la nueva urbanización? Desde los ingenieros y arquitectos hasta los obreros que quitaron la maleza y los maquinistas que aplanaron los terrenos vinieron de la isla.

* * *

FIDEL CASTRO: Cuba es demasiado pobrecita, no tiene mucho que poner en el banco, pregúntale a Hugo que sabe más.

HUGO CHÁVEZ: ¿Cómo que no? Tienen unas reservas por allí escondidas.

PERIODISTA: ¿Escondidas?

H. C.: Debajo de la isla hay petróleo, Cuba va para la OPEP, anótalo. PDVSA está en Cuba. Sí, tenemos oficina en Cuba, una empresa mixta y comercializando una refinería y petroquímicas.

F. C.: Y tenemos depósitos de combustibles, y estamos buscando y estamos cooperando mutuamente en la cuestión energética.

H. C.: Tenemos Petrocaribe.

F. C.: Y el ahorro de energía.

P: Y van enseñando con su experiencia a toda la región, como usted dijo, comandante....

H. C.: Decenas de miles de millones [ininteligible]... El combustible de Venezuela nos dura 200, 300 años.

El intercambio con una periodista de la televisión pública argentina durante la Cumbre de Mercosur realizada en Córdoba, en 2006, refleja la seguridad que Castro tenía en su fiel Hugo y en la riqueza petrolera de Venezuela como fuente inagotable de oxígeno para la economía cubana.[9] Con bolsas bajo los ojos, la barba rala y los pómulos hundidos, el líder cubano lucía demacrado a sus 79 años, pero estaba de excelente humor. Le sobraban motivos. Había dejado de ser un paria en América Latina. Pocos gobiernos, si acaso alguno, reparaban en los abusos de los derechos humanos en la isla. ¿Presos políticos? ¿Damas de blanco? ¿Explotación laboral? ¿Censura? ¿Elecciones de un solo partido?

Prácticamente ningún líder de la región manifestaba la menor preocupación por la suerte del pueblo cubano y la falta de libertades fundamentales en la isla. Como si después de medio siglo fuera una batalla perdida, como si se tratara de pecados menores de ese dictador tan tenaz y ocurrente, que al fin y al cabo se había ido ablandando un poco con el tiempo y ya hasta toleraba la existencia de los homosexuales. A esas alturas del siglo XXI la comunidad internacional había tirado la toalla como si la democracia fuera incompatible con Cuba, como si la isla fuera un callo, un tumor inocuo aislado en el Caribe y sin posibilidad de propagarse.

Venezuela no era Cuba. Era la benefactora de esa Cuba "demasiado pobrecita", como aseguró Fidel Castro sarcásticamente, seguro de que su aliado incondicional compartiría con su gobierno la fortuna del país con las mayores reservas de petróleo del planeta y que no le negaría nada. Probablemente, la isla haya recibido más dinero del presupuesto nacional que cualquier estado venezolano, más que la propia capital, pero es prácticamente imposible determinarlo por la opacidad con que se han manejado la ayuda, los subsidios indirectos y los negocios.

Aparte de los envíos de petróleo, ambos países anunciaron la firma de más de dos mil acuerdos y proyectos —dos mil 52— entre 2000 y 2015. Eso arroja una revisión detallada de sus reuniones bilaterales, del Alba y Petrocaribe. El radio de acción abarca al menos 17 áreas: petroquímica, minería, siderurgia, agropecuaria, alimentación, transporte (puertos, aeropuertos, ferrocarriles y embarcaciones), construcción, documentación, comunicación, ambiente, meteorología, industrial, informática, energía eléctrica, eólica y solar; ciencia y tecnología, forestal y turismo. Algunos proyectos se repiten año tras año y no pocos han quedado en el papel.

La inyección de dinero ha llegado a Cuba por vía directa a través de donaciones y de inversiones en una serie de obras, anunciadas por Chávez con orgullo. Entre ellas, la reactivación de la refinería de Cienfuegos, a un costo total de 236 millones de dólares, un cable submarino de fibra óptica de 70 millones de dólares, acueductos, redes eléctricas, vialidades, petrocasas, fábricas y talleres que ya hubieran querido para su país los venezolanos.

La lista, incompleta, es larga y abrumadora: una planta de ferroníquel —700 millones de dólares—, otra de cal —31.9 millones de dólares la primera fase—, fábricas de cemento —al menos dos—, de pinturas, de pañales, de jeringuillas, de guantes, de envases plásticos, de leche en polvo, de llenado de bombonas de gas licuado, de baterías automotrices, de perfiles de aluminio, petroquímicas, de lubricantes y aceites, de producción de sal, cloro, monocloruro (MVC) y policloruro de vinilo, de nitrato de amonio; de materias primas para herbicidas y plantas termoeléctricas para distintos rincones de la isla: Santiago de Cuba, Camagüey, Artemisa, Cienfuegos, Holguín, Ciego de Ávila, Sagua la Grande, Nuevitas, Palo Alto, San Vicente. Ésta es apenas una muestra de los proyectos de dos años: 2007 y 2010.

El gobierno venezolano dispuso dinero para una fábrica de pañales desechables en Santiago de Cuba, pero no para una de toallas sanitarias en Venezuela, donde una televisora estatal enseñaba en 2013 cómo hacer paños reusables. Con alegría revolucionaria, se destacaba el valor agregado de evitar "el ciclo comercial del capitalismo salvaje". Había presupuesto para el asfaltado de vías en la isla mientras se multiplicaban los baches en las calles del país.

Chávez también destinó dinero para investigación y exploración de yacimientos de oro, cromo y zinc en la isla. Además, en esos dos años en concreto, el Fondo de Desarrollo Nacional (Fonden) y el Banco de Desarrollo Económico y Social de Venezuela (Bandes) dieron préstamos por cantidades no precisadas para proyectos como la rehabilitación de redes eléctricas de La Habana, termoeléctricas para Holguín y para la Unión de Ferrocarriles de Cuba, entre otros. El gobierno venezolano también se prestó como aval para créditos de Cuba con otros países como China.

Los recursos han fluido hacia la isla desde múltiples fuentes, lo que dificulta seguir la pista de los petrodólares y determinar el gasto total. Aparte de Petróleos de Venezuela, la gran financista, el intrincado laberinto incluye organismos del Estado, instituciones nacionales, regionales y locales, como alcaldías; empresas estatales, bancos públicos; fundaciones especiales y al menos 17 fondos nacionales e internacionales, como los del Alba-TCP y Petrocaribe.[10] Nunca se había visto un derrame de dinero semejante hacia otro país.

El chavismo ha mostrado su desprendimiento con el gobierno cubano hasta en las peores crisis de Venezuela. En 2010, un año de devaluación de la moneda nacional y contracción económica, el Fondo Autónomo de Cooperación Internacional del Fondo de Desarrollo Nacional (Fonden) otorgó a la isla más de mil 300 millones de dólares, de acuerdo con un reportaje del diario *El Universal*, con base en datos del Ministerio de Planificación y Finanzas.[11] Esa cantidad es 18 veces más de lo que costó el cable submarino hacia Cuba.

El año anterior en el presupuesto nacional no hubo recursos suficientes para hacer un par de puentes de concreto de apenas 22 metros sobre el río Guaire en Caracas, por lo que el Ministerio de Transporte colocó puentes de guerra metálicos. Las vías provisionales seguían allí en 2017 cuando, en medio de una depresión económica sin precedentes, el gobierno de Nicolás Maduro donó a Cuba la construcción de un viaducto de concreto de 225 metros sobre el río Toa, en Baracoa.

La Armada venezolana llevó todos los materiales —acero, tuberías, maquinarias, transformadores eléctricos— en seis viajes. Henry Javier Gamarra, capitán del buque *Tango 62*, declaró orgulloso que la carga tenía "un inmenso contenido revolucionario".[12] Los caraqueños no se enteraron de la construcción del puente de hormigón reforzado en el que trabajó una brigada "cívico militar" de 38 venezolanos. La prensa estatal se cuidó de no publicar la noticia mientras la de la isla reportaba continuamente los avances. Al menos se trataba de una obra tangible, que en 2018 había alcanzado 95% de su ejecución.

Los millones de dólares que se esfumaron con las estériles exploraciones de PDVSA en las aguas cubanas del Golfo de México tal vez habrían servido para construir puentes de oro sobre el río Guaire en Caracas. La petrolera estatal dedicó enormes recursos a Cuba en detrimento de inversiones necesarias para la industria. En 2005, por ejemplo, inauguró una filial de la empresa en La Habana con la intención de convertirla en un centro de almacenamiento y distribución de combustibles a Centroamérica y el Caribe, como si Venezuela, con más de dos mil kilómetros de costa en el mismo mar, estuviera demasiado lejos para encargarse de la distribución.

La Cuba "demasiado pobrecita" se ha llevado una buena tajada del dinero repartido mediante los mecanismos regionales creados por el dúo Chávez-Castro, con fondos aportados mayoritariamente por Venezuela. En 2009, fue la consentida del Banco del Alba, constituido un año antes durante la VI Cumbre de la alianza. Más de 97% de la cartera de proyectos en ejecución del banco estaba en la isla y apenas 2.7% se repartía entre Venezuela y Nicaragua, como se desprende de un informe de Clacso (Consejo Latinoamericano de Ciencias Sociales).[13]

A través de los organismos multilaterales se financiaron con recursos venezolanos obras como la construcción del acueducto de Baracoa. El dinero salió del Fondo Alba-TCP-Petrocaribe, cuyo capital inicial aportó Venezuela y que se nutre de un porcentaje de sus exportaciones petroleras a los países miembros, mientras la capital venezolana sufría constantes racionamientos de agua, por el deterioro del sistema y la falta de inversiones.[14]

* * *

Los cerdos cubanos entraron a Venezuela como si fueran canadienses. Desde la isla, les habían dado un largo paseo por el país norteamericano antes de llevarlos a su destino final: las granjas de la empresa mixta Porcinos del Alba S. A. Los venezolanos se enteraron de este insólito caso de suplantación de identidad a través de la periodista venezolana Sebastiana Barráez, quien denunció que la empresa binacional era un verdadero chiquero. "Venezuela le compraba supuestamente cerdos a Canadá, cuando en realidad había una triangulación porque era Cuba quien los vendía, los pasaba por Canadá y los traía a Venezuela",[15] escribió Barráez en su columna del semanario *Quinto Día* en 2015. No era la única trampa.

El sistema judicial venezolano también se hizo de la vista gorda con una denuncia realizada en 2009 contra funcionarios cubanos y venezolanos que usaron recursos para comprar unos vehículos que nunca llegaron a esa empresa. Para el momento de la negociación, nuevamente con dinero venezolano, el vicepresidente y el gerente de producción y comercialización eran cubanos. El caso pasó por seis fiscalías y ninguna se atrevió a actuar. "Nadie quiso investigar porque aparecieron involucrados los cubanos", precisó Barráez, que citó otras irregularidades de Porcinos del Alba S. A., como la compra de una granja con 100 cerdos, sin esa cantidad de animales y "sin acta de entrega". Agregó que cuando el Fides (Fondo Intergubernamental para la Descentralización) dio "una jugosa cantidad en dólares, los cubanos y venezolanos de la empresa se volvieron locos con ese dinero".

Curiosamente no hay referencias a la empresa mixta en las páginas de internet de la isla, como si hubieran colocado un filtro para vetar las palabras Porcinos del Alba, a pesar de que 49% de las acciones de la empresa mixta, creada en 2008 por decreto presidencial de Chávez, pertenecen a la estatal Grupo de Producción Porcina (Grupor) del Ministerio de Agricultura cubano.

Porcinos es parte de una treintena de empresas mixtas —en 2010 había 31— formadas por Cuba y Venezuela, muchas en el marco del Alba. La meta, fallida en la mayoría de los casos, era abastecer a Venezuela y a Cuba, y exportar los excedentes a los países de la alianza. A través de este tipo de asociación, el gobierno cubano se ha hecho con propiedades en el país. Las mayoría de las compañías mixtas operan en Venezuela, y están concentradas en sectores que han manejado miles de millones de dólares: petróleo, alimentación (producción, importación y comercialización), agropecuaria, pesca, construcción, transporte, siderurgia, minería, informática, comunicaciones, energía eléctrica, explotación forestal, reciclaje, administración de los puertos venezolanos y hotelería.[16]

Las primeras compañías apellidadas "del Alba" —de arroz, lácteos, leguminosas y avícola— se crearon en nombre de la "soberanía alimentaria". Sin embargo, han importado mucho más de lo que han llegado a producir y aumentaron aún más la dependencia. Las propias empresas son subsidiadas por el gobierno venezolano. Varias de ellas, como Arroz y Leguminosas del Alba, han sido objeto de denuncias de corrupción —arroz podrido en los silos, reventa de toneladas de frijoles— y demandas por incumplimiento de derechos laborales.

Otras asociaciones han fracasado estrepitosamente y operan muy por debajo de las metas establecidas. Pescalba, creada con la aspiración de exportar productos del mar a la región gracias a "la gran experiencia de los pescadores cubanos", como anunció el gobierno venezolano cuando se constituyó la empresa mixta, apenas logró producir 1.2% de la meta anual en 2014. Uno de sus buques atuneros, el *Simón Bolívar*, estuvo meses abandonado en un puerto peruano por deudas.

El gobierno de Chávez no sólo compartió con el cubano la flota pesquera. La isla también es copropietaria de buques petroleros comprados con recursos de Venezuela a través de la empresa mixta Transalba S. A., creada en 2007 por la filial de PDVSA en Cuba (49%) y la antillana Internacional Marítima S. A. (51%) para el transporte de mercancías e hidrocarburos de Petrocaribe. Venezuela invirtió 140 millones de dólares en los dos primeros cargueros, *Petion* y *Sandino*, con una capacidad de 72 mil toneladas, según el ministro de Petróleo, Rafael Ramírez.[17]

Claro que a la hora de los pagos, las empresas no suelen ser tan mixtas. Aunque Cuba posee la mayoría accionaria de Transalba, que tiene su sede principal en la isla, no puso un centavo. Dos años antes, el banco estatal venezolano Bandes otorgó un préstamo de 122 millones de dólares a Transalba Inc., presidida por un funcionario cubano, para la adquisición de los dos buques petroleros. A mediados de 2009, Chávez escuchó complacido al cubano Mario Colás, cuando informó que ya había llevado "aproximadamente un millón de barriles" de Venezuela a la refinería de Cienfuegos en el buque *Sandino*.

En la prensa abundan los reportes sobre los malos manejos en las empresas binacionales y las historias sobre una serie de descalabros cantados. Impermeables a las evidencias del fracaso de estas sociedades con Cuba —más allá de su éxito en el terreno ideológico y el control económico—, Chávez y sus colaboradores seguían exaltando a los eruditos hermanos Castro. Los cubanos siempre podían dar lecciones a los nativos. Incluso en áreas donde los venezolanos tienen una experiencia reconocida, como en el cultivo de uno de los cacaos más valorados del mundo.

Venezuela fue el primer exportador mundial de este producto durante la época colonial y se encuentra entre los 23 países exportadores de cacao fino, reconocidos por la Organización Internacional del Cacao, con sede en Londres, un cuadro donde no figura la isla. Entre 2006 y 2007, el país no sólo tenía granos de mayor calidad sino que producía mucho más que Cuba cuando el gobierno de Chávez trajo a un grupo de trabajadores de la "estación de Investigaciones de Café y Cacao de Baracoa" para que hicieran un "diagnóstico *in situ*" de las condiciones en las que se encontraba el cultivo. En 2007, la producción nacional fue de 18 mil 911 toneladas. La de Cuba, mil 379 toneladas.[18]

Chávez no acudió a los grandes productores de la región, como Brasil, con registros por encima de las 200 mil toneladas anuales, o Ecuador, por encima de las 100 mil. En cambio, contrató a los camaradas antillanos para que asesoraran un proyecto de desarrollo integral, en "transferencia de tecnología de propagación para recuperar las plantaciones, así como en la capacitación a obreros y productores".[19] Tampoco pensó en los hermanos dominicanos o en los haitianos, con una producción por debajo de la venezolana pero por encima de la cubana.

Sobre el terreno, en el teatro revolucionario, los campesinos que no tenían idea del desempeño de la isla en el sector, probablemente habrán escuchado a los maestros cubanos relatar sus esfuerzos para rescatar un producto "casi en franco abandono", como dijeron a Radio Baracoa, y las inefables arengas contra el capitalismo salvaje. Quién sabe si los propios maestros antillanos se creerían su discurso, no sólo por la propaganda castrista y su aislamiento del mundo, sino por la admiración que les mostraban los funcionarios chavistas encargados del programa.

En un video oficial sobre la Escuela de Chocolatería del Alba en Maracay, el vicepresidente Jorge Arreaza, entonces yerno de Chávez, elogió en 2012 la inmensa sapiencia castrista. "Hay que darles las gracias una vez más a Fidel, a Raúl, a Cuba, por haber colaborado en el diseño y construcción y en la formación de los primeros formadores que se incorporaron a esta escuela de chocolatería hace más de año y medio."[20] Fidel y Raúl ascendidos al panteón de chocolateros insignes por la gracias de la élite chavista, que no escatima alabanzas para justificar la incursión, y su dependencia, de los cubanos.

El gobierno de Chávez anunció la creación de la empresa cubano-venezolana Cacaos del Alba S. A. en 2009 y se asoció con La Habana para el manejo del complejo agroindustrial del mismo nombre, bajo un modelo de gestión socialista. En 2010 inauguró la sede de una planta de la "empresa de producción socialista" Cacao Oderí, en el estado Miranda, con consejos de trabajadores como en la isla, y dispuso la construcción de dos plantas chocolateras: una dentro del nuevo complejo, en el oriente del país, y otra en Cienfuegos.

Tres años después, mientras el caudillo venezolano yacía desahuciado en la isla, empleados del puerto de Paria, en el oriente del país, descargaron del buque *Apollo* "el primer embarque contentivo de maquinarias y equipos para la elaboración de chocolates, procedentes de la capital cubana". Eso anunciaba un locutor en *off*. Un sello impreso en las cajas de madera indicaba que la mercancía había sido importada desde Europa a "La Havana Port".[21]

Édgar Rivas, presidente la Corporación Socialista del Cacao Venezolano S. A. informó que se trataba de "una inversión que está haciendo Cuba en este caso de 17 millones de dólares, que es el valor de esta maquinaria". En 2012, el gobierno venezolano aprobó más de 52.9 millones de dólares para el complejo y 16.7 millones para la planta en Cienfuegos. Tratándose de una empresa mixta, cabe suponer que el gobierno cubano es propietario de la mitad de la procesadora.

"Este complejo es único en Suramérica, además lo estamos construyendo con un nuevo modelo de gestión civil y militar, como es la defensa y el progreso de la patria."[22] El ministro de Defensa, Henry Rangel Silva (2012), definió brevemente la "misión y visión" de las compañías binacionales durante una visita a la instalación. Con una capacidad instalada para procesar más de 25 mil toneladas de cacao, en 2018 todavía no había noticias de que hubiera procesado un solo grano.

* * *

Cuba se insertó en la economía venezolana como si fuera una potencia mundial, con una economía moderna, independiente y diversificada, no sólo con las empresas mixtas sino a través de un centenar de compañías estatales, que han operado como proveedores de mercancías y servicios para el país. Las *joint ventures* cubano-venezolanas, dependientes del boom petrolero, se convirtieron en aspiradoras de dinero y, salvo alguna excepción, sus éxitos se limitan al reclutamiento de seguidores para la causa entre empleados públicos, campesinos y obreros. Una de las asociaciones más descabelladas pasó por debajo de la mesa.

En 2005, durante una reunión con Fidel Castro en La Habana, Chávez acordó establecer una alianza estratégica "para el desarrollo siderúrgico de Venezuela", nada menos que la principal industria del país después del petróleo.[23] Cuba era un cero a la izquierda en la materia. El año anterior, su pequeña y obsoleta industria había estado seis meses paralizada por falta de materia prima. El país suramericano tenía el mayor complejo de la región andina. La Siderúrgica del Orinoco (Sidor) era entonces una de las tres principales empresas del sector en América Latina. En 2005, produjo 3.9 millones de toneladas métricas. En 2007, uno de sus mejores años, Cuba alcanzó a producir 163 mil 400.

En 2007, Chávez creó por decreto otro fracaso: la empresa mixta Aceros del Alba, con 49% de las acciones en manos de la estatal cubana Acinox, del Ministerio de la Industria Sideromecánica, y una inversión de mil 500 millones de dólares. Dos años después, el portal oficialista Aporrea denunciaba que la compañía de 17 empleados estaba a la deriva, y pidió investigar al ministro de Industrias venezolano.

Chávez estatizó Sidor en 2008, luego de pagar casi 2 mil millones de dólares a Ternium, del grupo italo-argentino Techint, que la operaba con 59.7% de las acciones. Desde entonces la empresa comenzó a deslizarse en la ruta del naufragio. En 20 años su producción pasó de 3.1 millones de toneladas (1996) a 0.31 millones (2016), según un reporte de Transparencia Venezuela, basado en información oficial.[24]

El gobierno venezolano también escogió a Cuba para ayudarlo a desarrollar el sistema ferroviario nacional como si la isla, con sus viejos trenes destartalados, fuera una referencia en la materia. En 2006 Chávez decretó la creación de la empresa mixta para la Infraestructura Ferroviaria Latinoamericana S. A. (Ferrolasa) con la cubana Solcar, de la Unión de Ferrocarriles de Cuba (49%). El equipo cubano, instalado de manera permanente en Venezuela, dirige el mantenimiento y se encarga de la capacitación al personal local.

Solcar participó en un megaproyecto para instalar más de 13 mil kilómetros de vías, con 15 líneas y 379 estaciones, en los próximos 25 años. El sistema incluyó un Gran Ferrocarril de Los Llanos, a un costo de más de 7 mil millones de dólares, que ejecutaría Ferrolasa y la empresa China Railway Corporation. En marzo de 2009, el ingeniero cubano encargado de la gerencia técnica estuvo presente en el acto para celebrar la colocación del "durmiente fundacional" para un ramal. El acto se transmitió en el programa dominical del presidente.[25]

—Aprobamos el primer tramo de inversiones para este ferrocarril, esta línea que hoy estamos comenzando a construir, que es la que va de Tinaco a Anaco, ese primer tramo de inversión sobrepasa los 800 millones de dólares. Ya están asignados [...] Bueno, aquí vamos caminando por donde va a pasar el ferrocarril, claro, nosotros vamos a cinco kilómetros por hora, por aquí pasaremos con el favor de Diosito lindo... ¿en qué mes, Diosdado, inauguraremos este tramo? —le pregunta Chávez a su ministro de Obras Públicas y Vivienda.

—Vamos a trabajar por tramo y esperamos nosotros que para el 2010, finales del 2010 nosotros podamos ya estar rodando... —responde Diosdado Cabello.

Se hizo el movimiento de tierra, el talud para los durmientes, viviendas para los ingenieros, pero en 2018, 800 millones de dólares después, el proyecto estaba completamente abandonado. Nada se movía en esa vía excepto unas vacas lánguidas. El tramo de 34 kilómetros en Barquisimeto-Yaritagua era otro ejemplo de la ineficacia de Ferrolasa. Iniciado en 2007 y prometido para 2009, se inauguró en enero de 2018. Al ritmo que avanzaba la red ferroviaria nacional, con suerte, tal vez podría culminar en 100 años.

El presidente Chávez también compartió, a partir de 2007, la administración de todos los puertos del país con el gobierno cubano, a través de la empresa Bolivariana de Puertos S. A. Dos años más tarde, Bolipuertos quedó en manos venezolanas pero los antillanos mantuvieron su presencia a través de una nueva empresa mixta creada por decreto presidencial: Puertos del Alba S. A., en la que Bolipuertos se asoció con Asport, del Ministerio de Transporte cubano, con 49% de las acciones. Justo dos días después, el mandatario ordenó la ocupación de todos los espacios portuarios y la estatización de las operaciones que realizaban compañías privadas.

Desde su posición privilegiada en los puertos del país, funcionarios cubanos han operado también como auditores en los muelles y aeropuertos del país. Varias compañías estatales han contratado a la empresa Cubacontrol S. A., del Ministerio de Comercio Exterior, para supervisar productos importados. Entre sus clientes figuran filiales de PDVSA (PDVAL, de alimentos, y Bariven), la Corporación de Abastecimiento y Servicios Agrícolas (CASA), Sidor y Fundelec, de la Corporación Eléctrica Nacional. La compañía que tiene una sucursal en Caracas audita suministros enviados desde la isla para el programa de salud Barrio Adentro. En este caso, el gobierno cubano se supervisó a sí mismo.

Todas las compañías cubanas pertenecen a ministerios. Uno de los que más factura es el de Comercio Exterior e Inversión Extranjera, que desde 2013 maneja el conglomerado Gecomex, con una docena de empresas. Otro es el Ministerio de las Fuerzas Armadas Revolucionarias (Minfar), que opera el poderoso Grupo de Administración Empresarial de las Fuerzas Armadas (Gaesa), con 18 empresas en las áreas más diversas: importación para actividades industriales y militares, ferreterías, supermercados en divisas, reparación de autos, transporte, turismo, agro, construcciones militares, inmobiliarias, cinematografía y otras.

Por si fuera poco con el envío de petróleo, la contratación de miles de trabajadores cubanos, el financiamiento de proyectos en la isla y los negocios conjuntos, el gobierno venezolano ha dado al cubano contratos de obras en otros países del Alba. Cuba se encargó, por ejemplo, de la construcción de 500 casas donadas a Haití, de la infraestructura para una planta eléctrica —74 millones de dólares— y del proyecto del aeropuerto de Cabo Haitiano, financiado por Venezuela a un costo de 57 millones de dólares, que se inauguró con el nombre de Hugo Chávez. Parte del material salió de la empresa de estructuras metálicas Comandante Paco Cabrera, en Las Tunas. El gobierno cubano también se hizo cargo del plan para cambiar focos en República Dominicana y de la construcción de una pista de aterrizaje en San Vicente y Las Granadinas.

La alianza va viento en popa cuando, en 2010, ambos gobiernos deciden pasar a una fase superior y sincronizar los planes económicos de los dos países. En abril de ese año, el presidente Raúl Castro asiste a una reunión del Alba en Caracas y se queda más tiempo para una visita. Entre los ministros que lo acompañan destaca su viejo amigo, el comandante Ramiro Valdés, procónsul de La Habana, enviado por Fidel a comienzos de año para ayudar a Chávez a solucionar la crisis eléctrica en el país. Castro asiste a la celebración del bicentenario de la firma del acta de independencia de Venezuela y celebra "ver pueblo puro y armado" durante el desfile conmemorativo. Vestido con uniforme militar de gala, el sucesor de Fidel recuerda que esa fecha, 19 de abril, coincide con el triunfo de los revolucionarios cubanos en la invasión de bahía de Cochinos hace 49 años, forzando las analogías históricas entre dos procesos tan distintos.

La frase de despedida de Raúl, en el aeropuerto, cae sobre Venezuela como una condena: "Me voy muy satisfecho porque se consolidan y avanzan las relaciones con nuestros hermanos venezolanos. Cada día somos más la misma cosa".[26] Es todo un augurio. "La misma cosa." Cualquiera diría que avizora el precipicio de estrechez y racionamientos, de ruina y estampida, de falta de libertades que le espera al país. Un mes después, Hugo Chávez, con ese acento mixto que ha adquirido de tanto intercambiar con sus asesores, médicos y guardaespaldas cubanos declara: "No sé por qué se empeñan en decir que aquí estamos haciendo el modelo cubano, ¡oye, están bien pelados, compadre!"

NOTAS

[1] Pérez, Y., "Jugaron con nuestros sueños", *Cubaencuentro*, Manaos, Brasil, 16 de abril de 2008, http://www.cubaencuentro.com/entrevistas/articulos/jugaron-con-nuestros-suenos-79093.

[2] Anuario estadístico de Cuba 2016, Sector Externo, edición 2017, Oficina Nacional de Estadística e Información, ONEI.

[3] Castro, F., "La doble traición de la Philips", 9 de septiembre de 2009, *Granma*, http://www.granma.cu/granmad/secciones/ref-fidel/art165.html.

[4] Total de centros de la Misión Barrio Adentro II, de acuerdo con cifras proporcionadas a principios a medios cubanos de 2018 por el jefe de la Misión Médica Cubana en Venezuela, Fernando González Isla.

[5] Ministerio de Salud, Memoria y Cuenta 2014.

6 Boon, L., "Una fundación importa remedios de Cuba a granel", *Últimas Noticias*, Caracas, 28 de mayo de 2013, http://www.ultimasnoticias.com.ve/noticias/ac tualidad/investigacion/una-fundacion-importa-remedios-de-cuba-a-granel.as px#ixzz2UeSOkVRP.

7 Clarembaux, P., "El fantasma que pone bloques en Barrio Adentro", *Tal Cual*, Caracas, 20 de junio de 2007.

8 "Constructora del Alba: aporte a la integración regional", *Prensa Latina*, La Habana, 31 de marzo de 2010, http://www.radiolaprimerisima.com/noticias/73698/constructora-del-alba-aporte-a-la-integracion-regional.

9 "La última entrevista de Chávez y Fidel", TV Pública Argentina, Visión 7, 6 de marzo de 2013, https://www.youtube.com/watch?v=ey_9pKSqROc.

10 Fondo Independencia 200, Fondo Bicentenario, Fonvis (Fondo Nacional de Inversión Social), Fondo de Eficiencia Socialista, Fondo Miranda, Fides (Fondo Intergubernamental para la Descentralización), Fondo Social Che, Fondo Petrobono, Fondo Especial para el Poder Popular, Fondo Simón Bolívar para la Reconstrucción, Fondo Social para las Empresas de Producción Socialista, Fondo Siembra, Fondo de Obras Públicas, Fondo para el Desarrollo Económico y Social del País (Fondespa), Fondo para la Cooperación Internacional (Faci) del Fonden, Fondo Alba-TCP-Caribe, Fondo Integrado Petrocaribe, Fondo de Inversión Solidaria Petrocaribe-Alba.

11 Peñaloza, P., "Ministerio de Energía y Petróleo manejó recursos de proyectos bilaterales", *El Universal*, Venezuela, 18 de mayo de 2011.

12 "En Cuba, ayuda de Venezuela para construir puente sobre el río Toa", *Cadena Agramonte,* Holguín, Cuba, 24 de febrero de 2017, http://www.cadenagramonte.cu/articulos/ver/67919:en-cuba-ayuda-de-venezuela-para-construir-puente-so bre-el-rio-toa.

13 Aponte, M., "El nuevo regionalismo estratégico. Los primeros 10 años del Alba-TCP", Clacso, Buenos Aires, 2014.

14 Venezuela aporta 0.5 dólares por cada barril de petróleo exportado, fuera de los convenios de cooperación, para el Fondo Integrado Petrocaribe.

15 Barráez, S., "No los toque, son cubanos", *Quinto Día*, Caracas, 21 de mayo de 2015, http://quintodia.net/los-toque-son-cubanos/.

16 En Venezuela: Arroz del Alba, Leguminosas del Alba, Lácteos del Alba, Pescalba, Avícola del Alba, Servicios Agroindustriales del Alba, Porcinos del Alba, Cacao del Alba, Chocolatería del Alba, Albalimentos, Constructora del Alba Bolivariana, Puertos del Alba, Transalba, Gestora Marítima del Alba, Forestal del Alba, Guardián del Alba, Mineralba, Ingeoalba, Telecomunicaciones Gran Caribe, Telecomunicaciones del Alba, Empresa Mixta Socialista del Alba para la Producción y Comercialización de Insumos y Servicios Asociados, Albaexim (importación y exportación), Aceros del Alba, Ferrola S. A., Vencupet (petróleo), Quality S. A. (ferroníquel), Hotelería del Alba, Recuvensa (reciclaje), Medidores del Alba. En Cuba: Cuvenpetrol, Cuvenpeq, Morteros Artemisa, Albasalud, Forroníquel Minera S. A.

[17] Intervención del comandante Hugo Chávez, VI Cumbre de Petrocaribe, San Cristóbal y Nieves, 12 de junio de 2009, *Todo Chávez en la web*. presidente-hugo-chavez-con-motivo-de-la-vi-cumbre-de-petrocaribe.

[18] Producción de grano de cacao, Actualix, World Atlas, https://es.actualitix.com/pais/wld/grano-de-cacao-paises-productores.php.

[19] Meléndez, M., "Baracoa aporta al desarrollo del cacao en Venezuela", *Radio Baracoa*, Cuba, 15 de noviembre de 2010, http://www.radiobaracoa.icrt.cu/es/noticias/24-noticias/item/2663-baracoa-aporta-al-desarrollo-del-cacao-en-venezuela.html.

[20] *Noticacao*, El Limón, Aragua, http://youtu.be/yA-qgMGA-k0.

[21] Complejo Industrial Cacao del Alba, 28 de enero de 2013, http://youtu.be/8_qovuXJrLg.

[22] "Venezuela relanza su programa de ayudas al sector agropecuario", FAO, 3 de abril de 2012, http://www.fao.org/in-action/agronoticias/detail/es/c/509442/.

[23] Declaración final de la primera reunión Cuba-Venezuela para la aplicación de la Alianza Bolivariana para los Pueblos de Nuestra América (Alba), La Habana, 28 de abril.

[24] "Sidor generó pérdidas que superan Bs. 9 mil millones en 2016", Transparencia Venezuela, Caracas, 2016, https://transparencia.org.ve/project/sidor-genero-perdidas-superan-bs-9-mil-millones-2016/.

[25] *Aló Presidente* Nº 328, Guárico, Venezuela, 22 de marzo 2009, *Todo Chávez en la web*, http://todochavez.gob.ve/todochavez/4196-alo-presidente-n-328.

[26] "Raúl Castro: Cuba y Venezuela cada día son más la misma cosa", *El Mundo*/EFE, Caracas, 21 de abril de 2010, http://www.elmundo.es/america/2010/04/21/noticias/1271862680.html.

IV

13

Agonía en La Habana

Gracias, Cuba querida, amada, tierra amada.
Prácticamente a mí me salvaron la vida en Cuba.
HUGO CHÁVEZ, 16 de febrero de 2012

"Yo no sólo soy cristiano, soy un revolucionario y también soy marxista. Y por primera vez asumo, y lo asumo. Yo, cuando asumo, asumo. Asumo el marxismo." Hugo Chávez es más que enfático el 15 de enero de 2010. Es repetitivo y redundante, como si quisiera borrar un pasado lleno de ambigüedades. El presidente venezolano deja caer la frase durante la presentación de su informe anual ante la Asamblea Nacional, cuando trae a colación una carta que Fidel Castro le dio cuando se vieron hace un mes en Cuba. El viejo "revolucionario" suele escribirle para que pueda revisitar sus palabras, como lo hace ahora.

"No traje la carta, pero en algunos de sus párrafos, Fidel honrándome con su atención, sus reflexiones, orientaciones y conceptos también, él entonces dice que cuando nos conocimos en La Habana hace 15 años, él, un marxista, coincidió con un cristiano, con Chávez cristiano..."[1] Las líneas de Castro lo han llevado a deducir que él también es marxista. A esas alturas del "proceso", 11 años después de haber asumido el poder, la declaración de Chávez no sorprende a nadie.

Ya en 2007 había planteado su intención de convertir a Venezuela en un Estado comunal. Y con la aprobación de la reelección ilimitada, lograda hace unos meses, en 2009, tal vez se siente libre ya de toda contención y cualquier disimulo. En todo caso, Hugo Chávez es un marxista muy peculiar, que desconoce la obra de Carlos Marx. "Yo confieso que nunca lo leí, he comenzado a leer *El Capital* [...] Marxista como soy, he estado estudiando y evaluando. A Fidel lo cosí a preguntas ahora que fui a visitarlo."

El Comandante-Presidente aspira a permanecer en el poder mucho tiempo, décadas, como Castro. Un mes después, celebra: "Cumplimos 11 añitos, es un niño todavía nuestro gobierno, es una niña todavía nuestra revolución, yo tengo 55 años de edad, es decir, he cumplido cinco veces 11 años, cinco por 11, 55. Dentro de 11 años yo tendré 66, Dios mediante, y tendré 22 de presidente. Si Dios quiere y ustedes lo quieren así."[2] Chávez se siente invulnerable. No sospecha que nunca tendrá 66 años, que ni siquiera llegará a los 60. El militar termina el discurso en el Teatro Teresa Carreño de Caracas con su consigna fidelista: "¡Hasta la victoria siempre! Patria, socialismo...", y hace una pausa para que sus fieles coreen al unísono: "¡o muerte!"

En los tres años que le quedan de vida, el mandatario "marxista" acelerará la integración con la dictadura cubana. Se reúne en febrero y en abril con los hermanos Castro en La Habana, donde acuerdan que sus delegaciones de alto nivel se reúnan con mayor frecuencia. Los ministros de los dos países se verán ahora trimestralmente, cuatro veces al año, sin contar las cumbres anuales del Alba y Petrocaribe. El estrecho intercambio que sostienen desde el año 2000 se profundiza todavía más. Pronto la alianza entrará en una fase superior, como lo anuncia Raúl Castro durante un curioso encuentro bilateral en Cayo Santa María, el 26 de julio de 2010.

"Concluimos la primera Cumbre Presidencial Cuba-Venezuela, con la cual se abre una nueva etapa en nuestras relaciones." ¿Por qué la llama cumbre presidencial si Chávez no ha podido asistir? En su lugar, al lado del gobernante cubano, está Rafael Ramírez, presidente de PDVSA y ministro de Petróleo, el hombre que maneja la chequera de petrodólares desde 2004 sin escatimar recursos para la isla. El ingeniero Ramírez preside la delegación venezolana durante la reunión de dos días.

Venezuela no está en su mejor momento. La economía entró en recesión en 2009, con una caída de 3.3% del PIB, pero eso no frena la voracidad del gobierno castrista. De los 370 proyectos evaluados, más de 80% (297) han sido propuestos por La Habana. El presidente de PDVSA, que ha revisado desde hace tres meses los acuerdos con Raúl Castro, rinde homenaje al "ya inmortal y siempre querido y respetado comandante Fidel Castro", antes de leer el acta de una reunión previa sostenida en Caracas.

En resumen, los dos gobiernos aprobaron 139 proyectos y definieron cinco esquemas de asociación: una empresa grannacional —en oposición al concepto de trasnacional y destinada a proyectos del Alba—, 31 mixtas, 39 morochas (gemelas), 51 de complementariedad y 17 de intercambio comercial. No proporcionan una lista específica de cada empresa, del costo estimado, ni de dónde saldrán los fondos. Sólo informan, de manera general, las áreas de acción y que los planes serán ejecutados por 13 ministerios de la isla y 11 venezolanos.[3]

Los cubanos han reclamado al gobierno venezolano mayor eficiencia en la ejecución de los acuerdos y presionan para que se concreten a tiempo. "Ahora se requiere un constante monitoreo y evaluación para que se cumpla todo lo acordado [...] logrando resultados tangibles, contrarrestando a tiempo los factores que puedan poner en peligro el cumplimiento de estas metas", advierte Raúl Castro, quien proclama de manera triunfal: "Nos encaminamos a la unión económica entre Cuba y Venezuela".

También han tomado una decisión de fondo, que no se anuncia en el momento, tal vez porque en dos meses habrá elecciones parlamentarias y la cercanía a Cuba no es un tema popular entre los venezolanos. Chávez ha dicho que espera que el 26 de septiembre su partido arrase "con mayoría aplastante". El acuerdo para sintonizar las agendas económicas de los dos países será anunciado por Raúl Castro después de los comicios.

El Partido Socialista Unido de Venezuela (PSUV), cuyos estatutos aprobados ese año incluyen "la creación del hombre y la mujer nueva", no arrasa. Obtiene 48.1% de la votación, pero gracias a una maniobra logra controlar junto a sus aliados la mayoría de los escaños (59.4%) de la Asamblea Nacional. Previamente, ha habido un rediseño de los circuitos electorales y el fenómeno de "sobrerrepresentación de los estados menos poblados", donde el chavismo tiene mayor ascendencia, sumado a "la eliminación de la proporcionalidad del sistema mixto", beneficia al gobierno, como explica un análisis de la Universidad Católica Andrés Bello.

Aunque el oficialismo mantiene el dominio del poder legislativo, el presidente venezolano no salta de alegría con los resultados, que evidencian el avance lento pero sostenido de la oposición, y el desgaste de su autodenominada Revolución bolivariana.

Hugo Chávez vuelve a reunirse con los Castro en agosto y regresa a La Habana en octubre para celebrar el décimo aniversario del pacto que salvó a la isla de otro periodo especial. El mandatario sostiene que el Convenio Integral de Cooperación Cuba-Venezuela, firmado en el año 2000, fue "como la piedra fundacional, que luego fue convirtiéndose en una columna". Y, aunque su actual periodo presidencial culmina en febrero de 2013, anuncia que ha "relanzado" el acuerdo hasta 2020.[4]

Confiado en su perpetuación, el caudillo venezolano asegura que los próximos 10 años serán "de grandes avances en la construcción del socialismo en Cuba, en Venezuela y en el más allá". Visto en retrospectiva, resulta curioso que se haya referido al "más allá", a donde lo conduce el destino. Raúl Castro, que alza el puño izquierdo de Chávez como si éste acabara de ganar algún título de boxeo, sostiene que han traspasado los límites del intercambio binacional y cita "la formación de cuadros" en la lista de los "sectores más favorecidos" por la cooperación bilateral.

"Nos encaminamos hacia la unión económica entre Cuba y Venezuela", repite el gobernante cubano. "Esta relación se ha fortalecido durante los últimos 10 años y deberá continuar su ascenso, teniendo en cuenta la planificación estratégica de ambos países, en el Plan Quinquenal de Cuba, en el Plan del Trienio de Venezuela, como quedó expresado en los documentos aprobados en la primera Cumbre Presidencial Cuba-Venezuela", realizada en julio.[5] Los venezolanos no han oído hablar del Plan del Trienio, pero el general Castro suele estar más enterado que ellos de los proyectos del gobierno de Chávez.

Durante el acto en el Palacio de las Convenciones de La Habana, el presidente venezolano hace un detallado recuento de las visitas del máximo líder cubano, narra anécdotas de su estrecha amistad y termina con un "¡Viva Fidel, carajo!" Al día siguiente se reunirá con él durante cuatro horas. En las fotos que difunden los órganos de propaganda de la isla, se ve al venezolano en ropa deportiva y al mayor de los Castro, de 84 años, vestido con una camisa manga corta a cuadros.

La Revolución cubana goza de buena salud, según datos oficiales. Su economía ha crecido 2.4% del PIB, gracias a la inyección de recursos de su generoso aliado. La isla recibe más de 100 mil barriles diarios de petróleo y el intercambio comercial supera los 3 mil 500 millones de dólares. Venezuela, en cambio, sigue en la senda de la recesión por segundo año con una caída del PIB de 1.48%. Los pronósticos económicos para el país no son demasiado optimistas.

* * *

El físico de Hugo Chávez ha cambiado desde que llegó a la presidencia en 1999. En 11 años, sus hombros y su espalda, su tórax y su cintura se han ensanchado notablemente. Varios centímetros, dos o tres tallas más. Ahora es un hombre robusto como un toro, que pesa más de 100 kilos, como llega a admitir en una ocasión. En las fotos de su reciente visita a La Habana luce rozagante y tan enérgico como siempre, pero en realidad no se ha sentido bien últimamente. Pocos lo saben. Apenas el equipo médico cubano que lo acompaña a todas partes y algunos colaboradores.

Su intensa agenda no para y sus intervenciones son tan prolongadas como de costumbre. En febrero de 2011, el mandatario hace su programa dominical *Aló Presidente* desde uno de sus proyectos más queridos: una "ciudad socialista" ubicada en las montañas entre Caracas y la costa del estado Vargas, a 15 minutos del aeropuerto internacional Simón Bolívar. El urbanismo, que realiza la empresa mixta Constructora del Alba, contará con 20 mil viviendas para una población estimada en 100 mil personas.

En un escritorio instalado al aire libre frente a unos edificios, Chávez festeja que ya están listos los primeros 602 apartamentos. "¡Cómo le han metido el pecho los cubanos a Ciudad Caribia, junto a los venezolanos, y ellos dando el ejemplo de desprendimiento, pido un reconocimiento especial para Cuba." La promoción de la autoestima de los trabajadores locales, el estímulo moral, no está entre sus prioridades cuando hay alguien de la isla cerca. El mandatario menciona a varios camaradas presentes: al jefe de las misiones en Venezuela, Roberto López, al director de la Constructora del Alba y a otros proyectistas e ingenieros: Pablo Capó, Heriberto Sardinha, Jesús Manuel Lleras.[6]

No lo dice entonces, y no lo informará su gobierno nunca, pero el diseño y la ejecución del proyecto están a cargo de la estatal cubana Empresa de Proyectos para Industrias Varias (Eproyiv), subcontratada por la Constructora del Alba. La compañía ha obtenido contratos para consultorios y centros de salud en el país desde 2005. La arquitecta cubana Katherine Hidalgo relata en una reseña que estudiaron "el modo de vida y convivencia de los venezolanos" para la "conformación de los planos". Las ingenieras María del Carmen Alameda y Marlene González, también cubanas, "proyectaron la ubicación de las redes para el agua, el gas y los hidrantes de la red contra incendios".[7]

Operario de una máquina buldócer, Reynaldo Montero, alias *Habana*, aunque es oriundo de Guanabacoa, relató a *Granma* cómo una noche, dos años antes, vio a Hugo Chávez de visita en la zona: "Nos contó cómo le surgía la idea de hacer este asentamiento aquí, cada vez que pasaba en un avión. Decía que quería demostrarle al mundo las posibilidades de una ciudad puramente socialista, y que siempre pensó en los cubanos para realizar el proyecto".[8]

De la isla vinieron trabajadores para limpiar el terreno y hacer el movimiento de tierra. También choferes para manejar las máquinas, como si no hubiera personal local capacitado y la tasa de desempleo en Venezuela estuviera en cero. La importación de mano de obra y técnicos resultaba más costosa, pero el caudillo petrolero no reparó en gastos.

Junto a Reynaldo llegaron otros como el chofer Reinier Gutiérrez, de Cienfuegos; Yunier Galera, de Bayamo; Juan Martínez, de Pinar del Río; Juan Emilio Cutiño, chofer de camión de Las Tunas, de 64 años; y los topógrafos José Breijo, Víctor Hugo, Pablo Nápoles, y muchos más como parte de las "brigadas" cubanas de la Constructora del Alba. También instructores para los obreros venezolanos y los colombianos, residenciados en el país.

"Si estamos aquí por solidaridad con Venezuela, los primeros solidarios somos nosotros entre nosotros mismos", comentó Yunier Galera a *Granma*. En realidad no eran los únicos trabajadores "importados" por el gobierno de Chávez. Para evitar contratar a las constructoras privadas del país, su gobierno dio importantes proyectos de la Misión Vivienda a empresas de China, que trajo miles de obreros; de Rusia, Bielorrusia, Irán, Uruguay y otros países aliados, sin exigir ninguna coherencia arquitectónica.

El líder de la Revolución bolivariana no se cansa de agradecer a los extranjeros, como lo hace ese día con los cubanos en su maratónico programa, por un trabajo que Venezuela paga. "Gracias, Fidel, gracias, Raúl, y gracias a todos ustedes, hermanos de Cuba, compañeros, trabajadores, que vienen aquí a darle su vida, su experiencia, su amor a la patria de Bolívar, que también es de ustedes." En esa tropa no hay una sola persona que trabaje voluntariamente. El amor a la patria de Bolívar tiene precio.

Por esos días, a comienzos de 2011, como se sabrá después, Chávez ya tenía varias semanas experimentando ciertos malestares y lo habían tenido que inyectar en la pierna izquierda por un dolor que "subía hacia la pelvis".[9] Él mismo lo revelará en una entrevista en agosto.

Venía con síntomas de unos dolores que iban *in crescendo*, luego la rodilla como que ayudó, la lesión en mi rodilla, porque los dolores eran en la zona pélvica, y eso desde el año pasado a finales de año. Ahora unos exámenes… y había un pequeño daño en un nervio, en un músculo, el ilíaco, y entonces era eso pues, y la rodilla después. Tú recordarás las inundaciones en esos días de diciembre, enero yo me fui y andaba con unos dolores y nadie sabe, sólo un equipo muy pequeño, que me paralizaban a veces.[10]

Su brigada médica cubana, que lo acompaña a todas partes, y su vicepresidente están al tanto. "Elías [Jaua] una vez estábamos caminando y yo le dije párate, y era que me paralicé y me temblaba la pierna, y Elías se asustó, y tuvieron que sacarme y acostarme, etcétera y una inyección."

La madrugada del 8 de junio de 2011, Hugo Chávez llega a Cuba para presidir una reunión en la que se revisarán centenares de acuerdos, pero terminó en un quirófano del Centro de Investigaciones Médico Quirúrgicas (Cimeq) de La Habana. ¿Cómo fue a parar allí? ¿Quién se dio cuenta de que estaba mal?

Fidel es como un Zaratustra, ¿eh? Fidel es como decía la señora, un santo, un san Fidel; Fidel es... Fidel, él me miraba, mira porque yo estaba conversando con Fidel el día que llegué y en verdad, iba a pasar aquí dos días, de trabajo con Raúl, con Fidel, estaba la Comisión Mixta; Nicolás está conmigo, aquí el canciller, para firmar un conjunto de más de... oye ya no recuerdo, creo que 500 [acuerdos] ¿no?

Esa tarde pues yo fui a ver a Fidel, y le dije: No, mi rodilla ya está bien, me van a hacer un chequeo mañana, pero ya estoy bien. Pero él comenzó a verme incómodo, de repente un dolor que me llegaba así de manera instantánea, y a veces muy fuerte, me obligó a ponerme de pie y él me miraba, ¿tú sabes? Él me miraba así como... yo recuerdo la mirada escrutadora de Fidel el día que nos conocimos, hace ya casi 20 años, me intimidaba, porque yo vine; tú sabes, recién salido de la cárcel, tú recuerdas, Randy [Alonso, de la TV cubana], 40 años y venía de la cárcel sin mucha experiencia política [...]

Bueno, esta reunión fue como aquella, yo no encontraba cómo quitarme de encima los ojos de águila de Fidel. ¿Qué te pasa? ¿Qué dolor es?, y empezó a preguntarme como... como un padre a un hijo pues, y yo incómodo, no, no, no un dolor, pero ¿dónde es que te duele? ¿Y por qué te duele?, y empezó a llamar médicos y opiniones, convirtió aquello, bueno, tomó el mando pues. Esa noche, bueno, ya yo estaba comenzando los exámenes que no estaban previstos. Si no es por Fidel, yo les juro que me hubiera ido a Caracas con esa dolencia [...] Si no es por Fidel, quién sabe dónde y en qué laberinto estaría yo en este momento, compañeros, compañeras, por el ojo de águila.[11]

Chávez relata los detalles tres semanas después en un contacto telefónico con el programa *Mesa Redonda* de Cubavisión. Según sus propias palabras, en ésa y otras entrevistas posteriores, llevaba ya más de seis meses experimentando dolores que lo paralizaban. ¿Por qué sus médicos de cabecera no tomaron acciones antes? ¿Había que esperar una orden de Fidel Castro?

* * *

El presidente venezolano tiene cáncer. Lo operan dos veces con un intervalo de 10 días. La primera, el 10 de junio, para extraer un "absceso pélvico" del tamaño de una pelota de béisbol. Mientras lo intervienen en el Cimeq, los negocios no se detienen. La XI Reunión de la Comisión Intergubernamental desarrolla su agenda como estaba prevista. Los ministros cubanos y venezolanos firman 100 contratos por mil 300 millones de dólares para ejecutar 116 proyectos.

Entre los planes, se encuentra la ampliación de las refinerías de Cienfuegos y Santiago de Cuba, la construcción de una nueva en Matanzas, una planta de gas licuado y un gasoducto en la isla. También la construcción de un gran complejo farmacéutico en Venezuela con tecnología cubana, que nunca se concretará, a pesar de que se aprobaron recursos, y que queda como tantos otros proyectos en la lista de obras fantasma en el país.[12]

El canciller Nicolás Maduro afirma que Chávez se recupera satisfactoriamente, pero el 20 de junio entra al pabellón en el Cimeq de nuevo. La enfermedad se maneja con hermetismo, como un secreto de Estado. Sin embargo, se filtra información. "Chávez tiene cáncer y puede que sea irreversible", sostiene el 25 de junio el veterano periodista Nelson Bocaranda, columnista del diario *El Universal*, en su blog *Runrun.es*.

Cuatro días después, el presidente venezolano se dirige a Venezuela "desde la patria grande", como señala él mismo al final. Suele llamar así a Cuba aunque el término es usado por algunos políticos de la región para referirse a toda América Latina. El caudillo luce como un hombre más, frágil y vulnerable, detrás de un rústico podio de madera, instalado entre un retrato de Simón Bolívar y una bandera de Venezuela. Pesa 15 kilos menos, y bajo la casaca negra que lleva puesta, sus hombros parecen haberse encogido. Muy serio y con el rostro demacrado, lee su mensaje —algo que no acostumbra— atento al papel.[13]

En la intervención de menos de cinco minutos de duración, el presidente hace un breve recuento de las dos intervenciones quirúrgicas y anuncia que una serie de estudios especiales "confirmaron la existencia de un tumor abscesado con presencia de células cancerígenas, lo cual hizo necesaria la realización de una segunda intervención quirúrgica que permitió la extracción total de dicho tumor".[14] Antes de llegar a la nuez del asunto, se refirió a Fidel como "aquel gigante que ya superó todos los tiempos y todos los lugares".

Fue Castro, y no el jefe del equipo médico o algún familiar quien le dio la noticia, como lo revelará dos meses después. "Ya yo estaba listo para venirme, y Fidel iba todos los días a visitarme. Esa tarde él llega y lo veo misterioso […] y se sienta aquel hombre y yo cuando le vi la cara dije: algo grave me va a decir Fidel, ¡lo conozco tanto!, y él comienza a decir, a aproximarse, hasta que me dice: Chávez, células malignas."[15]

Como cualquier enfermo, el gobernante se responsabiliza a sí mismo de no haberse cuidado. En el mensaje en que anunció al país su enfermedad, exculpó a sus médicos, sin decirlo expresamente. "A lo largo de toda mi vida, vine cometiendo uno de esos errores, que bien pudiera caber perfectamente en aquella categoría, a la que algún filósofo llamó errores fundamentales, descuidar la salud y además ser muy renuente a los chequeos y tratamientos médicos." ¿De qué le ha servido tener una brigada médica constantemente a su lado? La salud del presidente venezolano ha estado en manos de un equipo de especialistas cubanos desde hace siete años.

* * *

El plan de salud Barrio Adentro apenas comenzaba a desarrollarse en Caracas cuando Fidel Castro decidió enviar, sin previo aviso, un equipo de doctores a Hugo Chávez. La iniciativa sorpresa, que pudo haberse llamado Miraflores Adentro pero se denominó Misión Martí, habla de la enorme ascendencia del líder cubano sobre el jefe de Estado venezolano. El embajador cubano en Caracas, Germán Sánchez Otero ha relatado cómo llegaron los médicos a Miraflores.

Una noche de mayo de 2003, Sánchez Otero se acercó al palacio de gobierno a visitar al mandatario y lo encontró recostado en su hamaca. Tenía fiebre pero no era algo grave. De hecho, Chávez lo recibió y se quedaron conversando un par de horas. Sin embargo, cuando salió a medianoche, el embajador decidió comunicar la novedad al gobierno cubano.

"De inmediato pues, cumpliendo con sus funciones, reporta que yo estaba enfermo, tenía fiebre, tenía varios días echado", recordaría el presidente dos años más tarde. Enseguida, el Centro de Investigaciones Médico Quirúrgicas preparó un "aseguramiento médico de urgencia". En cuestión de horas, dos médicos y un técnico llegaron a Venezuela. El martes 6, Sánchez Otero volvió a Miraflores a mediodía con el equipo del Cimeq.

"Me asomo y veo a Germán y unos hombres que no conocía: 'Venimos a ver qué es lo que usted tiene. Traemos una orden: de aquí no nos podemos ir hasta que usted esté absoluta y completamente recuperado'. Desde entonces nació esta misión [Martí]. Bueno, a los pocos días estaba yo recuperado."

Chávez identificó a los hombres como los médicos del Cimeq, Alexis, Julio César y Moisés, aunque sugirió en 2009 que pudiera tratarse de seudónimos: "Ya yo no sé cuál es el nombre de ellos", señaló al referirse a la misión especial durante la despedida, en un acto privado, del embajador Sánchez Otero en junio de ese año.[16]

La amistad de Fidel Castro con el presidente venezolano era así: envolvente. Y Hugo Chávez estaba encantado de la dedicación que le dispensaba, de recibir del revolucionario mayor esa atención tan especial, como lo reconocía continuamente. El presidente tenía la más absoluta confianza en los hombres de Castro. Los médicos del Cimeq, todos militares, se quedaron desde entonces en Caracas y más nunca se separaron del mandatario.

Pronto, la Misión Martí se extendió a toda la familia presidencial. "¡Cuánta tranquilidad para mí, para todos!", exclamó Chávez, exaltado por los avances de la medicina cubana. El gobierno de Castro envió médicos a Barinas, para atender a sus padres y varios de sus hermanos, y a Barquisimeto, para que velaran por su hija menor, Rosinés. A él lo seguían a dondequiera que fuera. "Han recorrido con nosotros el país y el mundo, China, Moscú, Pekín, Buenos Aires…"

En 2008, el gobernante condecoró al reumatólogo Alfredo Hernández Martínez, entonces director de su inseparable equipo cubano, con la orden Simón Bolívar. Lo llamaba "mi médico jefe, mi hermano", como destaca el documental *Para el amigo sincero*, preparado por la Misión Martí y divulgado en mayo de 2013.[17] Hasta entonces pocos venezolanos sabían de la existencia del exclusivo programa, que se mantuvo en secreto.

Después de las dos operaciones en Cuba, Chávez fue sometido a cuatro ciclos de quimioterapia: tres en La Habana, a donde viaja constantemente, y uno en la suite presidencial en el último piso del hospital militar Carlos Arvelo de Caracas, acondicionada especialmente por los cubanos y donde hasta el personal de limpieza proviene de la isla. Cuando cumple 57 años, el 28 de julio, ya ha recibido el primer tratamiento y luce optimista durante la celebración en el palacio de Miraflores.

"Me atrevo a invitarlos desde hoy que celebremos dentro de 10 años mis 67 años", dice desde el balcón del pueblo al grupo que lo aclama en el patio. "Me atrevo a más, desde ya los invito a que celebremos mis 77, el número de la suerte, el 28 de julio de 2031." Ese día entierra formalmente su consigna "Patria, socialismo o muerte", como si con eso pudiera conjurar el cáncer. "También pido que pensemos esa palabra muerte", un término que ha repetido miles de veces para descartar cualquier opción política distinta a su proyecto. "Aquí no habrá muerte […] tenemos que vivir y tenemos que vencer. Por eso propongo otros lemas, aquí no hay muerte, aquí hay vida. ¡Patria socialista y victoria! ¡Viviremos y venceremos!"[18]

Pero Chávez está sentenciado. "La información que yo tengo de la familia es que él tiene un sarcoma, un tumor muy agresivo, de muy mal pronóstico y estoy casi seguro de que ésa es la realidad." Según el médico venezolano Salvador Navarrete, se trata de un sarcoma retroperitoneal. El cirujano advierte que "la expectativa de vida puede ser de hasta dos años" en una entrevista con el periodista salvadoreño Víctor Flores, publicada por la revista mexicana *Milenio Semanal* en octubre de 2011.[19]

De inmediato, el reconocido médico es lapidado por el oficialismo. El propio Chávez lo desmiente —"Navarrete es un gran mentiroso"— y la policía secreta no tarda en allanar su consultorio en una clínica privada de Caracas. Navarrete se ve obligado a huir del país, pero el tiempo le da la razón. El mandatario no sobrevivirá dos años. Desde el momento del diagnóstico, en junio de 2011, hasta el anuncio de su muerte, pasarán 21 meses. Más adelante, Bocaranda coincide en que, según sus fuentes, se trata de un sarcoma retroperitoneal.[20]

Nada de esto, sin embargo, impide que los negocios bilaterales sigan adelante. En diciembre se firman casi 50 acuerdos por mil 600 millones de dólares durante la XII Reunión de la Comisión Mixta Cuba-Venezuela, en La Habana. El ministro de Energía y Petróleo, Rafael Ramírez, quien preside la delegación venezolana, afirma que desde el año 2000 el intercambio comercial asciende a 11 mil millones de dólares.

* * *

El presidente presenta lo que será su último informe anual ante la Asamblea Nacional el 13 de enero de 2012 con un cierto aire de despedida, a pesar de su esfuerzo por aparentar normalidad y fortaleza. La movilización popular que lo sigue desde el palacio de Miraflores hasta el parlamento, la romería en los alrededores, las demostraciones de afecto, algunas lágrimas, sus mejillas y su papada infladas por los esteroides, todo, hasta la duración de su discurso es un primer adiós.

Hugo Chávez bate su propio récord hablando nueve horas y media de pie como si fuera el hombre más sano del mundo. Pero está enfermo y su fragilidad es inocultable. Él mismo no puede dejar de hacer referencia a la enfermedad. Repite por enésima vez que fue Fidel Castro quien encendió las alarmas y que puso a su disposición todas las atenciones en la isla.

> "Chávez, la opinión de los médicos, tú decides, pero aquí está la opinión… te puedes ir para allá, lo que tú quieras, y yo sé que la situación allá es difícil y tal, pero ésta es la realidad…" Y les dije, incluso empecé a preguntarles: ¿no tengo la opción de ir y volver? Si voy y vuelvo, ¿qué puede ocurrir?
>
> "Entre otras cosas, mientras más días pasen, tienes el riesgo de que eso sea regado, lo que llaman metástasis, si no se ha regado, se riegue." Porque además ya habían punzado el tumor, y estaban drenándolo pues, estaba roto el tumor, ¿ves?[21]

Y así prosigue reiterando cómo su salud y sus pasos dependen ahora de lo que le aconsejan en Cuba. Cada cuatro meses, a veces con mayor frecuencia, se hace exámenes en el Cimeq. Ese año viajará al menos 10 veces a La Habana y pasará más de 60 días en la isla.

Un par de semanas después, cuando cumple 13 años en la Presidencia, se realiza en Caracas la XI Cumbre del Alba. El 3 de febrero, recibe al presidente cubano Raúl Castro, y al volante de un coche alemán BMW, lo conduce a Ciudad Caribia, donde intercambian con trabajadores cubanos. Los negocios bilaterales continúan. El gobierno venezolano sigue derramando recursos hacia la isla y a los aliados del Alba y Petrocaribe.

Durante la cumbre, Chávez acoge una sugerencia de La Habana de reforzar el Banco del Alba.

> Me decía [Ricardo] Cabrisas, el vicepresidente cubano, Cabrisas: "Tiene que ser un banco pues y hacer convenios de financiamiento y financiar proyectos, y recuperar las inversiones" […] Aquí está propuesto que nosotros incorporemos apenas un puñito de nuestras

reservas [...] se propone ahí algo, bueno, si me hubieran preguntado, yo digo un poco más, pero para comenzar, 1% [...] cerca de 300, un poco menos de 300 millones de dólares.[22]

El presidente admite que el Alba, un mecanismo que ha sido alimentado mayoritariamente con recursos venezolanos y que, sobre todo, favorece a La Habana, "fue idea del genio de Fidel". En el acto de clausura, destaca la influencia castrista en su proyecto político: "¡Cuánto nos inspiramos nosotros en el *Granma*, en la Sierra Maestra, en fin, en la heroica Revolución cubana, para ir amasando aquí la Revolución bolivariana, que reventaría aquí un día como hoy hace 20 años!"[23] Es la última vez que festeja el fallido golpe de Estado del 4 de febrero de 1992, con el que incursionó en la política. Un ciclo redondo que comenzó con su intento de tomar el poder por la fuerza y terminó con el control de todas las instituciones y la afición a comandar batallas electorales desde la plataforma del Estado.

* * *

"Gracias, Cuba querida, amada, tierra amada, prácticamente a mí me salvaron la vida en Cuba", celebra Hugo Chávez el 16 de febrero.[24] ¿Lo cree realmente así, son los engañosos vaivenes del cáncer, o se trata de una declaración para la galería en un año electoralmente clave? La información fluye a cuentagotas de La Habana, nadie espera precisión del gobierno cubano ni del venezolano. Ninguno explica, ni explicará jamás, qué tipo de cáncer afecta al caudillo.

En todo caso, no resulta difícil deducir que las cosas no marchan tan bien como dicen, que no hay lugar para tanto optimismo. No hace falta ser demasiado sagaz. Una señal indica que el tiempo juega en contra del mandatario: el Consejo Nacional Electoral (CNE) decide adelantar los comicios presidenciales tres meses y fija la fecha para el 7 de octubre, cuando tradicionalmente, desde 1958, se realizan en la primera semana de diciembre. Pronto, el 21 de febrero de 2012, Chávez anuncia que estuvo en Cuba y que le han detectado una nueva lesión.

Cinco días más tarde, lo operan en el Cimeq —por tercera vez en ocho meses— para extraerle un tumor. Ante la recurrencia del cáncer, recibirá sesiones de radioterapia en la isla. El gobierno cubano sabe que el paciente no está en condiciones de emprender una campaña electoral. Lo saben sus colaboradores y su familia. Lo intuyen millones de venezolanos, a pesar de las declaraciones oficiales sobre su mejoría. ¿Pero quién puede impedir que Hugo Chávez se lance al ruedo? Sus seguidores se aferran a la versión oficial. El comandante es eterno.

Hugo Chávez ha soñado demasiado tiempo con la reelección ilimitada, con coronarse una y otra vez como ganador, como para renunciar a esa droga que es el poder. Visualiza la gloria de la proclamación para un tercer sexenio (2013-2019). Aunque ni siquiera tendrá fuerzas para juramentarse, pasará a la posteridad como el único venezolano ratificado en cuatro presidenciales (1998, 2000, 2006 y 2012). El caudillo se llevará los laureles al "más allá socialista", habiendo asegurado la continuidad del chavismo, a través del control de las instituciones del Estado, y de una casta política intocable.

El presidente se declara "totalmente libre" de cáncer el 9 de junio, después de 63 días en tratamiento en Cuba —entre marzo, abril y mayo—, a un año de su primera operación. Dos días más tarde inscribe su candidatura en el CNE, rodeado de una multitud eufórica, que lo aclama desde que salió del palacio de Miraflores en un camión que avanza lentamente entre la gente al estilo de las carrozas de carnaval. "Venceremos el 7 de octubre por nocaut: 10 millones por el buche para que respeten al pueblo, a la patria, los majunches [poca cosa]", exclama, refiriéndose a la oposición. Así se pone en marcha la multimillonaria campaña, "Chávez, corazón de mi patria", con el reto de tapar el sol con un dedo. El gobierno realiza "un gasto público extremo" para obtener la victoria, como señalará luego el propio ministro de Planificación y Finanzas Jorge Giordani.

La maquinaria propagandística activa una misión de engaño y autoengaño colectivo. La simulación traspasa fronteras. Decenas de invitados internacionales asisten al XVIII Encuentro del Foro de Sao Paulo en Caracas. Ramón Balaguer Cabrera, del Comité Central del Partido Comunista, preside la delegación cubana. En el evento de tres días de duración, participan varias celebridades de la izquierda, desde Ignacio Ramonet hasta el francés Jean-Luc Mélenchon y representantes de partidos de América Latina, Europa y Asia.

En el acto de clausura, presidido por Chávez, en el complejo cultural Teresa Carreño, Balaguer Cabrera advierte contra "los planes subversivos y contrarrevolucionarios del imperialismo y de las fuerzas de la reacción internacional contra la Revolución bolivariana". El secretario del foro, Valter Pomar, dirigente del Partido de los Trabajadores de Brasil, alerta "a la opinión pública mundial sobre el plan de la ultraderecha nacional e internacional dirigido a desconocer los resultados electorales del 7 de octubre con el fin de desestabilizar al proceso democrático y revolucionario de Venezuela".

Durante su largo discurso, el presidente venezolano repite una vieja frase como advertencia: "Esta revolución es pacífica pero no desarmada". Sostiene que en Venezuela hay un sistema "altamente democrático", pero defiende la perpetuación del chavismo con un argumento que no resiste el menor análisis.

> La principal respuesta para el que ande por ahí y le diga, no, pero mira, Bolívar dijo esto: "Nada es más peligroso de permitir que un solo individuo se mantenga en el poder por muchos años, porque él se acostumbra a mandar y el pueblo a obedecer..." ¡Ah, bueno! Eso es aplicable desde el punto de vista, así lo creo, de la visión burguesa del poder. Pero resulta que Hugo Chávez no está aquí para acumular el poder. No, yo más bien soy un redistribuidor del poder, para darle poder al pueblo, que el pueblo tenga cada día más poder. No se trata de un hombre en el poder, es un pueblo en el poder, un pueblo en el poder, ¿ves?[25]

En octubre, tras una agotadora campaña electoral, que mina sus fuerzas —en una ocasión, no pudo contener una mueca de dolor en el rostro y se vio obligado a acortar varios actos—, Hugo Chávez gana las elecciones con más de 8.1 millones de votos (55%), casi 11 puntos por encima del candidato de la oposición Henrique Capriles, que obtuvo 44.31% (más de 6.5 millones). Una gran victoria, sin duda, aunque no logró alcanzar su meta: los 10 millones de votos que aspiraba. El resultado evidencia una tendencia que se percibe en el ambiente más allá de su triunfo: el inexorable desgaste de la Revolución bolivariana y el crecimiento de la oposición.

Chávez perdió 7.83 puntos porcentuales en relación con las presidenciales de 2006, cuando arrasó con 62.84%, mientras que la oposición avanzó 7.41 puntos. En esos seis años, en los que la maquinaria estatal no ha dejado de promover el culto a la personalidad, el carismático militar logró conquistar 882 mil 052 votos nuevos y la oposición más del doble: 2 millones 298 mil 838. Más aún, en algunos sectores populares el desencanto ha comenzado a expresarse de manera rotunda en las urnas.

Tres días después de la elección, el reelegido nombra vicepresidente a su actual canciller, Nicolás Maduro. Es una señal. Extenuado por el esfuerzo, el mandatario reduce notablemente sus apariciones públicas y entra de lleno en el ocaso. De haberse mantenido el calendario electoral y los comicios hubieran sido en diciembre, Chávez difícilmente habría podido participar en la elección. A finales de noviembre, pide por escrito autorización a la Asamblea Nacional para viajar a Cuba.

> Cuando se cumplen seis meses de haber concluido la última terapia recibida, se me ha recomendado iniciar un tratamiento especial consistente en varias sesiones de oxigenación hiperbárica, que junto a la fisioterapia sigan consolidando el proceso de fortalecimiento de la salud que he venido experimentando.

La película de suspenso en la que se convirtió la enfermedad de Hugo Chávez lo eclipsa todo en Venezuela. El 29 de noviembre, Maduro —ahora vicepresidente y canciller al mismo tiempo— afirma que el mandatario está "muy bien".

El propio gobernante participa en el teatro de su supuesto "fortalecimiento" cuando regresa al país una semana después, pero muy pronto la realidad se impone. La madrugada del 7 de diciembre aterriza en el aeropuerto internacional Simón Bolívar, donde lo espera un pequeño grupo de colaboradores. La televisora estatal transmite en vivo su llegada. El mandatario desciende la escalerilla, vestido con ropa deportiva como la que ha usado durante su convalecencia en Cuba. Lo acompañan sus dos hijas mayores y Maduro.

Durante varios minutos, Chávez se interpreta a sí mismo. El enfermo representa, sin mayor éxito, el rol de hombre fuerte. Se detiene a conversar con varios colaboradores como si nada. Los saluda uno por uno. Hay muchas sonrisas, tal vez demasiadas, más de las acostumbradas. El zoom de la cámara sobre su rostro magnifica el tono cetrino de la piel. El presidente pregunta la hora: 2:55 a. m., y dice que no pensaba llegar tan tarde, pero que cuando ya estaba a punto de salir de La Habana, recibió una visita no programada.

> Fidel me agarró allá en el lobby aquel. Ahí nos sentamos un rato y entonces estábamos hablando... no sé por qué caímos en unos poemas. Yo le entré a poemas […] Duramos como dos horas echando cuentos […] ¿Y tú sabes cómo me despedí yo de Fidel, que se quedó ahí sentadito? Yo me monté ahí [en el avión], y le dije: "¡Fidel Castro, en mis manos llevo tu llamarada...!"

Chávez sigue hablando mientras todos, excepto sus hijas, sonríen y fingen normalidad.

Intentan sortear esa escena triste, en la que el enfermo repasa parte de su vida política con nostalgia y recuerda que se cumplen dos meses del triunfo de octubre y 14 años de la victoria del 6 de diciembre de 1998. "¿Qué hora es?", vuelve a preguntar. "¿Las tres?... Es la hora buena pa' la pachanga", ríe como si estuviera en condiciones de ir a bailar y ríen sus colaboradores. No trae buenas noticias de La Habana. Al día siguiente caerán las máscaras.

* * *

"Es absolutamente necesario, absolutamente imprescindible, someterme a una nueva intervención quirúrgica. Y eso debe ocurrir en los próximos días, incluso les digo que los médicos recomendaban que fuese a más tardar ayer o este fin de semana." El presidente venezolano anuncia que se han vuelto a detectar "células malignas" en el área donde le extrajeron el primer tumor, con una firmeza que a ratos bordea el enojo. "Fidel estuvo muy pendiente, Raúl, nos reunimos, evaluamos […] Yo decidí venir haciendo un esfuerzo adicional porque los dolores son de alguna importancia."[26] Es 8 de diciembre de 2012. Los venezolanos son testigos de su último mensaje oficial a la nación.

Hugo Chávez aparece sentado entre sus dos colaboradores más cercanos, todos vestidos de colores oscuros: el capitán Diosdado Cabello, jefe del parlamento, a su derecha, y Nicolás Maduro, su pupilo predilecto, y el favorito de los hermanos Castro, a su izquierda. En la mesa rectangular hay otros seis ministros. Ninguno sonríe. "Yo necesito… debo retornar a La Habana mañana para ir a enfrentar esta nueva batalla. Con el favor de Dios, como en las ocasiones anteriores, saldremos victoriosos." Saca un crucifijo del bolsillo y lo besa. Todo un metamensaje —su vida pende de un hilo— que confirma al designar sucesor.

El presidente señala que "toda operación de este tipo implica riesgos innegables", y advierte que si llegara a suceder algo que lo inhabilitara para ejercer el poder y asumir el nuevo periodo presidencial, "Nicolás Maduro no sólo en esa situación debe concluir, como manda la Constitución, el periodo, sino que mi opinión firme, plena como la luna llena, irrevocable, absoluta, total, es que en ese escenario que obligaría a convocar a elecciones presidenciales ustedes elijan a Nicolás Maduro como presidente. Yo se los pido de corazón".

En su discurso de 35 minutos, Chávez destaca las virtudes de su elegido para desarrollar el Plan de la Patria 2013-2019, y mantener la Revolución bolivariana en el rumbo que ha previsto.

El compañero Nicolás Maduro, un hombre revolucionario a carta cabal, de una gran experiencia a pesar de su juventud, de una dedicación al trabajo, de una gran capacidad, para el trabajo, para la conducción de grupos, para manejar las situaciones más difíciles… Lo he visto, lo hemos visto [...] ¿En cuántas circunstancias hemos visto a Nicolás, y yo en lo personal, acompañarme en esta difícil tarea y en distintos frentes de batalla?

El jefe de Estado tiene un gran afecto por el funcionario de 50 años y el único instante de sentimentalidad que se permite es cuando afirma que Maduro

> es uno de los líderes jóvenes de mayor capacidad para continuar, si es que yo no pudiera, Dios sabe lo que hace, si es que yo no pudiera, continuar con su mano firme, con su mirada, con su corazón de hombre del pueblo, con su don de gente, con su inteligencia, con su reconocimiento internacional que se ha ganado, con su liderazgo, al frente de la Presidencia de la República, junto al pueblo siempre y subordinado a los intereses del pueblo, los destinos de esta patria.

Canciller desde 2006, el ex chofer y sindicalista del metro de Caracas, Maduro fue su guardaespaldas en los noventa, antes de convertirse en diputado y jefe de la Asamblea Nacional (2005-2006). Su esposa, la abogada Cilia Flores, que también presidió el parlamento (2006-2011) y está al frente de la Procuraduría General de la República, es la mujer más poderosa dentro del oficialismo. "¡Hasta la victoria siempre!", Chávez invoca la famosa frase del Che Guevara, adoptada por el castrismo como consigna, antes de despedir el mensaje con su lema: "¡Independencia y patria socialista, viviremos y venceremos!"

El mandatario se queda otro día en el país para dar instrucciones al alto mando militar y realizar una reunión con dirigentes del PSUV, en la que destaca la importancia de su segundo delfín, el capitán Cabello, vicepresidente del partido oficial, y el rol que jugará en el futuro. "Mientras Nicolás esté al mando, todos unidos, unidos con Nicolás, con Diosdado, todo el equipo, una sola patria y un solo equipo, un solo mando." El sucesor del caudillo es, en realidad, una criatura bicéfala, compuesta por dos personajes que se complementan: uno civil y el otro, militar. Hay quienes piensan, sin mayor fundamento, como se encargará de demostrar el tiempo, que Cabello es anticastrista y no goza del favor de Cuba.

La madrugada del 10 de diciembre, a la 1:15 a. m., el "Comandante Presidente" viaja a la "patria grande". La televisión estatal muestra imágenes de la despedida en el aeropuerto Simón Bolívar. "¡Hasta la victoria siempre! ¡Hasta la vida siempre! ¡Viva la patria!", son sus últimas palabras en territorio venezolano. Después de más de mil 300 horas de transmisiones obligatorias o "cadenas", su voz callará para siempre. La última imagen animada del mediático caudillo es el abrazo con Raúl Castro, que lo recibe en la pista al llegar a La Habana.

A partir de entonces, el omnipresente Hugo Chávez desaparece para siempre de escena. Durante casi tres meses, se sabrá de él por comunicados oficiales, que avivan y apagan alternativamente las esperanzas de sus seguidores. Los mensajes tienen el sello inconfundible de Cuba, que controla toda la información. Los venezolanos navegarán en un mar de medias verdades y mentiras. El 11 de diciembre operan al mandatario por cuarta vez. Después de tanto luchar por la reelección ilimitada, Hugo Chávez no podrá asumir la Presidencia para un tercer sexenio.

La operación fue "compleja, difícil, delicada, lo cual nos dice que el proceso postoperatorio va a ser también un proceso complejo y duro". Abatido, el vicepresidente Maduro lee un comunicado, el cuarto, el 12 de diciembre. Tres días más tarde, Fidel Castro anticipa el final en una carta dirigida a Maduro. "Tengo la seguridad de que ustedes con él, y aun por dolorosa que fuese la ausencia de él, serían capaces de continuar su obra."[27]

El gobierno afirma que el mandatario ha hablado con su familia. Y, en Navidad, el futuro sucesor sostiene que conversó 20 minutos con él. Más aún asegura que el paciente "caminó e hizo ejercicios". El 29 de diciembre, Maduro viaja a Cuba. Se corre el rumor de que el presidente ha muerto y se cancelan todos los festejos de Año Nuevo. Hugo Chávez está ausente el 10 de enero, fecha prevista para la juramentación presidencial. No ha podido enviar un breve mensaje, oral o escrito, a quienes lo reeligieron.

Un mes más tarde, se exhibe una "prueba de vida" enviada desde La Habana. Venezolana de Televisión (VTV) divulga una foto para mostrar la supuesta recuperación del mandatario, pero la imagen produce el efecto contrario. Un Chávez demacrado, que parece de cera, lee un ejemplar del *Granma* del 14 de febrero de 2013, con una sonrisa forzada y los ojos prácticamente cerrados. A su lado, sus dos hijas mayores lucen sumamente interesadas en la última página del órgano oficial del Partido Comunista de Cuba.

Fidel Castro siembra vanas ilusiones sobre una mejoría con una carta firmada el 17 de febrero y divulgada al día siguiente.

> Me satisface que hayas podido regresar al pedazo de la tierra americana que tanto amas [...] fue necesaria una angustiosa espera, tu asombrosa resistencia física y la consagración total de los médicos como lo hicieron durante 10 años para obtener ese objetivo [...] Especial mención merece el aliento que el pueblo venezolano te brindó con sus muestras diarias de apoyo entusiasta e irreductible. A eso se debe un regreso feliz a Venezuela.

¡Feliz! Después de 70 días postrado en La Habana. ¿Cómo puede ser feliz el retorno de un hombre que ya no puede mantenerse en pie, un hombre desahuciado? "Todo debió llevarse a cabo con mucha discreción, para no darle oportunidad a los grupo fascistas de planear sus cínicas acciones contra el proceso revolucionario bolivariano."[28]

Los venezolanos giran en esa noria desquiciante hasta el 5 de marzo, cuando Maduro anuncia que Hugo Chávez ha muerto en el hospital militar de Caracas. Allí estuvo internado desde el 18 de febrero, según la versión oficial, que algunos ponen en duda. Ese día la televisora oficial VTV transmitió el testimonio de una enfermera del centro que aseguró haberlo visto entrar "caminando" y fuerte. "No llegó en camilla, no llegó en silla de ruedas, no llegó entubado, no llegó con ningún proceso invasivo", dijo Dubraska Mora.[29]

"Lo recordaremos siempre como militar patriota al servicio de Venezuela y de la Patria Grande", sostiene el gobierno de Raúl Castro en un comunicado publicado en *Granma* al día siguiente. "El pueblo cubano lo siente como uno de sus más destacados hijos y lo ha admirado, seguido y querido como propio. ¡Chávez es también cubano!"[30]

Dos semanas después, Nicolás Maduro condecora a cuatro médicos y tres licenciados de la Unidad Médica Especial Misión Martí, como si hubieran logrado algún triunfo, en un acto incomprensible para quienes todavía lloran la desaparición del mandatario. "Son un luminoso ejemplo del patriotismo y de convicción revolucionaria", señala en un decreto oficial.[31] El 4 de mayo, el sucesor repetirá el ritual de agradecimiento, al otorgar la orden Francisco de Miranda a ocho médicos del programa, entre ellos, dos ex jefes de la misión. Son siete hombres y una mujer, todos con rangos militares: capitanes, tenientes coroneles y mayores del Ejército de Cuba, que durante años siguieron los pasos de Chávez.[32] Su expediente médico, la verdadera historia de sus últimos días, queda bajo llave en la isla.

Entre el anuncio de la muerte del último caudillo venezolano y las condolencias públicas de Fidel Castro pasan seis días. "Falleció el mejor amigo que tuvo el pueblo cubano a lo largo de su historia", lamenta el anciano de 86 años, en una breve esquela, en la que admite: "Aunque conocíamos el estado crítico de su salud, la noticia nos golpeó con fuerza".[33] Su aliado providencial, el mayor benefactor personal que haya tenido la isla, ya no existe. Ha desaparecido. Sin embargo, la peculiar alianza que construyó con Cuba está viva y consolidada. Es parte de su legado. Y, en su ausencia, será aún más notoria la hegemonía de La Habana.

NOTAS

[1] "Presentación de Memoria y Cuenta 2010 ante la Asamblea Nacional por parte del Comandante Presidente Hugo Chávez", Caracas, 15 de enero de 2010, ante la Asamblea Nacional, http://todochavez.gob.ve/todochavez/437-presentacion-de-memoria-y-cuenta-ante-la-asamblea-nacional-por-parte-del-comandante-presidente-hugo-chavez.

[2] "Intervención del Comandante Presidente Hugo Chávez durante acto con motivo del XI aniversario del inicio del Gobierno Revolucionario", Caracas, 2 de

febrero de 2010, http://todochavez.gob.ve/todochavez/482-intervencion-del-co
mandante-presidente-hugo-chavez-durante-acto-con-motivo-del-xi-aniversa
rio-del-inicio-del-gobierno-revolucionario-y-juramentacion-del-vicepresiden
te-ejecutivo-de-la-republica-elias-jaua.

[3] Las áreas son: ciencia, tecnología e industrias intermedias; comercio exterior;
transporte y comunicaciones; salud; turismo; educación; deportes; vivienda, y
construcción; sideromecánica e industrias básicas; energía, petróleo y petroquímica, agricultura y minería.

[4] "Intervención del Comandante Presidente Hugo Chávez durante acto de conme-
moración de 10 aniversario del Convenio Integral de Cooperación Cuba-Venezuela", La Habana, 8 de noviembre de 2010, http://todochavez.gob.ve/todocha
vez/777-intervencion-del-comandante-presidente-hugo-chavez-durante-acto-
de-conmemoracion-del-10-aniversario-del-convenio-integral-de-cooperacion-
cuba-venezuela.

[5] "Diez años más para Convenio Cuba-Venezuela", *Cubadebate*, La Habana, 9 de
noviembre de 2010, http://www.cubadebate.cu/noticias/2010/11/09/diez-anos-
mas- para-convenio-cuba-venezuela-fotos/#.XNyMty-b40o.

[6] *Aló Presidente* N° 370, Ciudad Caribia, 13 de febrero de 2011, *Todo Chávez en la web*,
http://www.todochavezenlaweb.gob.ve/todochavez/4220-alo-presidente-n-370.

[7] Romeo, L., "La impronta de proyectistas cubanos en obras del Alba-TCP", Agencia Cubana de Noticias (ACN), La Habana, 13 de diciembre de 2014, http://www.
acn.cu/alba-tcp/5990-la-impronta-de-proyectistas-cubanos-en-obras-del-alba-
tcp-fotos.

[8] Reyes, D., "El sueño en construcción de un hombre grande", *Granma*, Ciudad
Caribia, 15 de octubre de 2015, http://www.granma.cu/mundo/2015-10-15/el-
sueno-en-construccion-de-un-hombre-grande.

[9] "Contacto telefónico del Comandante Presidente Hugo Chávez con el programa
Toda Venezuela de VTV", Caracas, 28 de julio de 2011, http://todochavez.gob.ve/
todochavez/530-contacto-telefonico-del-comandante-presidente-hugo-cha
vez-con-el-programa-toda-venezuela-de-vtv.

[10] "Entrevista al Comandante Presidente Hugo Chávez con el periodista José Vicente Rangel", Caracas, 7 de agosto de 2011, *Todo Chávez en la web*, http://todo-
chavez.gob.ve/todochavez/509-entrevista-al-comandante-presidente-hugo-cha
vez- con-el-periodista-jose-vicente-rangel.

[11] "Contacto telefónico del Comandante Presidente Hugo Chávez con el programa
Mesa Redonda de Cubavisión", La Habana, 1 de julio de 2011, http://todochavez.
gob.ve/todochavez/554-contacto-telefonico-del-comandante-presidente-hugo-
chavez-con-el-programa-mesa-redonda-de-cubavision.

[12] Paredes, A., "Cuba y Venezuela ratifican sus lazos de cooperación", *Juventud Rebelde*, La Habana, 11 de junio de 2011, http://www.radiorebelde.cu/noticia/cuba-
venezuela-ratifican-sus-lazos-cooperacion-20110611/.

[13] "Chávez anuncia que tiene cáncer", 30 de junio de 2011, https://www.youtube.
com/watch?v=uBbVyddWLSU.

14 "Mensaje a la nación del Comandante Presidente Hugo Chávez desde la República de Cuba", La Habana, 30 de junio de 2011, *Todo Chávez en la web*, http://todochavez.gob.ve/todochavez/416-mensaje-a-la-nacion-del-comandante-presidente-hugo-chavez-desde-la-republica-de-cuba.

15 "Entrevista al Comandante Presidente Hugo Chávez con el periodista José Vicente Rangel", Caracas, 7 de agosto de 2011, *Todo Chávez en la web*, http://todochavez.gob.ve/todochavez/509-entrevista-al-comandante-presidente-hugo-chavez-con-el-periodista-jose-vicente-rangel.

16 "Despedida al embajador saliente de Cuba en Venezuela Germán Sánchez Otero", Caracas, 25 de agosto de 2009, *Todo Chávez en la web*, http://todochavez.gob.ve/todochavez/1963-acto-de-reconocimiento-del-comandante-presidente-hugo-chavez-al-embajador-saliente-de-cuba-en-venezuela-german-sanchez-otero-y-al-coordinador-de-la-mision-medica-cubana-aldo-munoz.

17 "Venezuela reconoce y condecora con la Orden Francisco de Miranda a médicos cubanos de la Misión Martí", Multimedia VTV, 4 de mayo de 2013, https://youtu.be/z-ZxWQFNPIk.

18 "Intervención del Comandante Presidente con motivo de la celebración de su cumpleaños 57", Caracas, 28 de julio de 2011, http://todochavez.gob.ve/todochavez/577-intervencion-del-comandante-presidente-hugo-chavez-con-motivo-de-la-celebracion-de-su-cumpleanos-57.

19 "Salvador Navarrete, médico cirujano", *Milenio Semanal,* N° 728, México, 17 de octubre de 2011, https://www.reportero24.com/2011/10/16/milenio-semanal-salvador-navarrete-medico-cirujano/.

20 Bocaranda, N. y Arroyo D. (2015). *El poder de los secretos.* Bogotá: Planeta (ebook).

21 Memoria y Cuenta 2012, Caracas, 13 de enero de 2012, *Todo Chávez en la web*, http://todochavez.gob.ve/todochavez/12-presentacion-de-memoria-y-cuenta-ante-la-asamblea-nacional-por-parte-del-comandante-presidente-hugo-chavez.

22 "Instalación de la XI Cumbre de la Alianza Bolivariana de los Pueblos de Nuestra América-Tratado de Comercio de los Pueblos (Alba-TCP)", Caracas, 4 de febrero de 2012. *Todo Chávez en la web*, http://todochavez.gob.ve/todochavez/92-intervencion-del-comandante-presidente-hugo-chavez-durante-sesion-de-instalacion-de-la-xi-cumbre-de-la-alianza-bolivariana-de-los-pueblos-de-nuestra-america-tratado-de-comercio-de-los-pueblos-alba-tcp.

23 "Intervención del Comandante Presidente Hugo Chávez durante desfile cívico militar con motivo de la celebración del XX aniversario de la rebelión bolivariana del 4F y día de la dignidad nacional", Caracas, 4 de febrero de 2012, *Todo Chávez en la web*, http://todochavez.gob.ve/todochavez/327-intervencion-del-comandante-presidente-hugo-chavez-durante-reunion-extraordinaria-de-los-cancilleres-de-la-alianza-bolivariana-para-los-pueblos-de-nuestra-america-alba.

24 "Intervención del Comandante Presidente durante acto de graduación de la primera oleada de médicas y médicos integrales comunitarios, promoción Bicentenario Simón Bolívar", Vargas, Venezuela, 16 de febrero de 2012, *Todo Chávez en la web*, http://todochavez.gob.ve/todochavez/111-intervencion-del-comandante-

presidente-hugo-chavez-durante-acto-de-graduacion-de-la-primera-oleada-de-medicas-y-medicos-integrales-comunitarios-promocion-bicentenario-si mon-bolivar.

[25] "Clausura del XVIII Encuentro del Foro de Sao Paulo por parte del presidente Hugo Chávez", Caracas, 6 de julio de 2012, http://todochavez.gob.ve/todocha vez/252-clausura-del-xviii-encuentro-del-foro-de-sao-paulo-por-parte-del-co mandante-presidente-hugo-chavez.

[26] "Mensaje del presidente Hugo Chávez al pueblo venezolano", Caracas, 8 de diciembre de 2012, Partido PSUV, https://www.youtube.com/watch?v=BKmlHh-jMGP0.

[27] Castro, F., "El nombre de Hugo Chávez se admira y se respeta en el mundo", *Fidel, soldado de las ideas*, Cuba, 15 de diciembre de 2012, http://www.fidelcastro.cu/es/correspondencia/fidel-el-nombre-de-hugo-chavez-se-admira-y-respeta-en-el-mundo.

[28] Carta de Fidel al presidente Chávez, *Cubadebate/Aporrea*, La Habana, 18 de febrero de 2013, http://www.aporrea.org/actualidad/n223422.html.

[29] "Enfermera del hospital militar dice que Chávez llegó caminando", Venezolana de Televisión, Caracas, 18 de febrero de 2013, https://www.youtube.com/watch?v=SywtJi_P_qY.

[30] "¡Hasta siempre, comandante!", *Granma*, Cuba, 6 de marzo de 2013, http://www.granma.cu/granmad/2013/03/06/nacional/artic13.html.

[31] "Venezuela condecorará a médicos que atendieron a Hugo Chávez", *Excélsior*, Caracas, 19 de marzo de 2013. http://www.excelsior.com.mx/global/2013/03/19/889826.

[32] "Condecorados médicos cubanos que atendieron al comandante Chávez", Embajada de Cuba, Caracas, 4 de mayo de 2013, http://embacuba.com.ve/noticias/condecorados-medicos-cubanos-que-atendieron-al-comandante-chavezçfotos-y-videos.

[33] Castro, F., "Perdimos nuestro mejor amigo", *Cubadebate*, Cuba, 11 de marzo de 2013. http://www.cubadebate.cu/opinion/2013/03/11/perdimos-nuestro-mejor-amigo/#.XLRdhi1t-u4.

14

Un solo gobierno

EEUU debería entender de una vez que es imposible
seducir o comprar a Cuba ni intimidar a Venezuela.
Nuestra unidad es indestructible.
RAÚL CASTRO, marzo 2015

AÑO 20 DE LA REVOLUCIÓN BOLIVARIANA

Un bote zarpa de Güiria, en el estado Sucre, con 25 personas a bordo. Van apretados, en busca de un futuro. La nave se detiene a recoger ocho pasajeros más en Río Salado. Se dirigen a Trinidad y Tobago, a 130 kilómetros de la costa oriental de Venezuela, pero el destino de la mayoría es la muerte. Cuando están a punto de llegar la embarcación naufraga. Sólo nueve son rescatados con vida. El resto desaparece en las aguas del Caribe. Una de las sobrevivientes, Yusbreilys Merchán, de 22 años, asegura que se hundieron por sobrepeso, que no cabía un alma más en esa fuga.[1] No son los primeros balseros venezolanos que corren la suerte de tantos cubanos. Un año antes dos docenas de jóvenes que salieron desde el estado Falcón murieron ahogados cerca de Curazao. No serán los últimos.

Al occidente del país, centenares esperan cruzar a Colombia con una maleta o algún bulto sobre los hombros. Muchos van con sus niños en esa peregrinación forzada y triste, que se atasca en el embudo del puente fronterizo Simón Bolívar. Algunos se quedarán en Cúcuta, donde la agencia de Naciones Unidas para los refugiados, ACNUR, ha instalado campamentos para recibir a los migrantes. Parejas jóvenes y familias enteras seguirán a pie miles de kilómetros hasta llegar a Ecuador, Perú o Chile. En el sur, otros cruzan los hermosos paisajes que conducen a Brasil. Entre 500 y 800 venezolanos cruzan diariamente al estado de Roraima con la esperanza de obtener una visa.[2] Desde todos los puntos cardinales, hay gente huyendo del pantano en que se ha convertido la Revolución bolivariana.

Perdida toda esperanza en la capacidad del gobierno para sacar a Venezuela de la debacle económica, cancelada la ilusión de un cambio político, de una vida normal, de un mínimo respiro, miles activan su "plan B", mientras el conductor de ese tren sin frenos toma la Presidencia de la República el 10 de enero de 2019. Lo hace ante un Tribunal Supremo de Justicia (TSJ) incondicional y no, como correspondería a un mandatario elegido legítimamente, ante la Asamblea Nacional. El parlamento acusa a Nicolás Maduro de usurpar el poder mediante un fraude, en el que la mayoría de los electores se negaron a participar.

La Habana celebra la juramentación del camarada como un triunfo propio —el triunfo de imponerse a la voluntad popular— en esa fiesta con aires de funeral, avalada por el alto mando militar y un consejo electoral que no es árbitro sino parte. "En mi viaje a Venezuela me acompañó un discurso histórico que pronto cumplirá 60 años. 'A este pueblo que nos brinda aliento y apoyo moral, sólo podemos brindarle también aliento y apoyo moral, y podemos brindarle fe, podemos brindarle confianza en su destino'." El presidente cubano, Miguel Díaz-Canel, el nuevo rostro del viejo castrismo, no tiene nada diferente que decir y se limita a desempolvar un mensaje de 1959 en su cuenta de Twitter. Sus palabras, las de Fidel, se pierden en las cañerías de una revolución sexagenaria incapaz de brindarle aliento a los suyos.

Casi todos los países de América Latina, Estados Unidos, Canadá, la Unión Europea, Japón y otros Estados cuestionaron las elecciones presidenciales de 2018 y desconocen ese acto subrepticio, en el que el jefe del TSJ, Maikel Moreno, olvida algunas palabras del libreto mientras toma juramento a Maduro, con cierto nerviosismo. No es para menos. Moreno administra una extremaunción. Oficia, en el mismo instante, el entierro de los restos de lo que muchos, alguna vez, consideraron una revolución democrática y el bautizo formal de una dictadura.

La hiperinflación aumenta desbocadamente y ha traspasado la barrera de los seis dígitos. O siete, dependiendo de la fuente. Según las cifras oficiales, lo que hace un año se compraba con un bolívar ahora cuesta más de 130 mil bolívares. El Banco Central de Venezuela (BCV) admite en mayo que la inflación se disparó 130,060% en 2018, después de mantener ocultos los índices económicos durante cuatro años como quien intenta esconder la lluvia. Es bastante menos que el millón 698 mil estimado por la comisión de finanzas del parlamento. Y está muy lejos del pronóstico del Fondo Monetario Internacional (FMI) para 2019, una cumbre que da vértigo: 10,000,000 por ciento.[3]

Caracas es una ciudad desolada, de comercios quebrados y casas vacías en venta permanente; de padres sin hijos y abuelos con nietos de Skype; de autopistas sin tráfico y noches oscurísimas. En la capital venezolana es posible observar una desigualdad insuperable, de ricos burócratas que disfrutan una vida de lujo en dólares y niños que mueren de desnutrición en los hospitales. Las principales ciudades del país —sometidas a racionamiento de energía eléctrica, gas, agua y gasolina— se han convertido en conglomerados de miseria, de perros famélicos y viviendas descascaradas, bocetos de las ruinas de las calles malolientes de La Habana Vieja, por donde no pasan el papa Francisco ni los Rolling Stones.

El éxodo cobrará mayor velocidad. En promedio, 5 mil venezolanos huyen diariamente del destino impuesto por el chavismo y ligado íntimamente a Cuba, como si escaparan de la peste negra. Para junio de 2019, 4 millones de venezolanos, más de 10% de la población se habrá ido del país, de acuerdo con ACNUR.[4]

La gestión de Nicolás Maduro tiene el récord de haber arrasado en cinco años (2013-2018) con más de la mitad de la economía venezolana —52% del PIB, según cifras del Banco Central de Venezuela—. El hombre que Hugo Chávez eligió como el más capacitado entre todos sus discípulos, el gobernante que ha hundido al país en una debacle económica sin precedentes en América Latina promete prosperidad. La verosimilitud no tiene cabida en su discurso. Venezuela vive un "periodo especial" peor al de Cuba cuando Moscú decidió cortar el cordón umbilical. Aquí y allá las mismas colas. Por un pollo, una docena de huevos, un paquete de harina, un litro de aceite.

El 23 de enero, cuando se celebran 61 años del derrocamiento de la dictadura del general Marcos Pérez Jiménez con una protesta antigubernamental, el diputado Juan Guaidó, jefe de la Asamblea Nacional, se declara "presidente encargado". Con su llamado al "cese de la usurpación, un gobierno de transición y elecciones libres", el joven parlamentario de 35 años hace renacer las esperanzas. Miles realizan manifestaciones de apoyo a Guaidó en las principales ciudades y más de 50 países lo reconocen como mandatario interino. Por momentos, pareciera que la primavera venezolana está a la vuelta de la esquina. Pero no es así. Las fuerzas armadas, tan protagónicas en la historia de Venezuela, inclinarán la balanza a favor de Nicolás Maduro y de sí mismas. Son parte del régimen que la mayoría repudia, el sostén fundamental de la autoproclamada Revolución bolivariana devenida en otra dictadura.

La Revolución cubana ha cumplido 60 años y la venezolana, 20. La alianza de "dos países, un solo gobierno", de la que habló Hugo Chávez en 2007,[5] se manifiesta constantemente en grandes gestos y pequeños detalles.

"Rechazamos este movimiento golpista que pretende llenar de violencia al país. Los seudo líderes políticos que se han colocado al frente de este movimiento subversivo, han empleado tropas y policías con armas de guerra en una vía pública de la la [sic] ciudad para crear zozobra y terror", escribe el general Vladimir Padrino, ministro de Defensa de Venezuela, en su cuenta de Twitter @vladimirpadrino (5:51 – 30/04/19).

"Rechazamos este movimiento golpista que pretende llenar de violencia al país. Los traidores que se han colocado al frente de este movimiento subversivo, han empleado tropas y policías con armas de guerra en una vía pública de la la [sic] ciudad para crear zozobra y terror", escribe Miguel Díaz-Canel en su cuenta de Twitter @Diaz-CanelB (6:31 – 30/04/19).

¿Es posible una compenetración mayor? Donde el primero dice "seudo líderes políticos", el segundo dice "traidores". Salvo esa ligera variación, los mensajes del ministro de Defensa de Venezuela y del presidente de Cuba son idénticos. Cometen incluso el mismo error. ¿Telepatía, el mismo *community manager*, o un guiño intencional? Ambos reaccionan de manera exacta al alzamiento de un pequeño grupo de militares en Caracas, en el que participa uno de los funcionarios de mayor confianza de Maduro, el general Manuel Christopher Figuera, jefe del Servicio Bolivariano de Inteligencia (Sebin).

Esa madrugada se ha intentado poner en marcha un movimiento para deponer a Maduro. Rodeado de algunos oficiales del ejército frente a la base aérea La Carlota, Guaidó exhortó a las fuerzas armadas a "consolidar el fin de la usurpación". El parlamentario apareció, sorpresivamente, junto al preso político más conocido del país, el ex alcalde Leopoldo López y líder de su partido, Voluntad Popular (VP), recién liberado de su arresto domiciliario con la complicidad de sus custodios. El plan, denominado Operación Libertad, fracasa y se desata una razia contra los sospechosos de traición dentro de las fuerzas armadas. El general Padrino inicia una gira por los cuarteles de todo el país con Maduro, en la que preside demostraciones de respaldo. Los soldados gritan: "¡Leales siempre, traidores nunca!"

Seis años antes, cuando algunos pensaban que el vacío dejado por Hugo Chávez podría abrir una ventana para la recuperación de la alternancia democrática en Venezuela y el retorno a una república civil, La Habana se mostraba confiada en la perpetuación de la Revolución bolivariana. Tenía razones de peso para hacerlo.

* * *

"Yo regresé seguro, muy seguro de que los nuevos dirigentes van a tener éxito, como ellos mismos dijeron, y como dijo Maduro en la despedida del duelo. Fueron educados por Chávez…" Al llegar de Venezuela, donde asistió al extenso y multitudinario funeral del caudillo venezolano, Raúl Castro expresa su confianza en la permanencia del chavismo. "Puedo decir que regresamos satisfechos de ver cómo se va proyectando la continuidad de la gran obra de Chávez."[6]

Al régimen castrista le sobran razones para estar tranquilo. La autodenominada Revolución bolivariana ya ha vivido sus mejores momentos y, según los economistas, se avecina una tormenta. Pero las estructuras de control político y social —creadas y apuntaladas con asesoría cubana— están listas para enfrentar los retos de la transición. El difunto presidente venezolano se aseguró de dejar en su lugar a un incondicional del gobierno cubano.

Nicolás Maduro no sólo fue educado por Chávez. También fue educado por Cuba. Militante de la Liga Socialista, un pequeño grupo radical en Venezuela, el sucesor estudió en la Escuela de Formación Política "Ñico López" de La Habana, el centro de instrucción ideológica del Partido Comunista cubano.[7] Un compañero del curso 1986-1987, el colombiano Israel Silva Guarnizo, difundió varias fotografías que muestran al venezolano en esa época: Maduro montado en un arado tirado por bueyes, Maduro en una visita a una tabacalera, Maduro en una playa de Varadero.

"Una foto para el recuerdo de un espacio de la vida, en que los caminos se cruzaron, en el primer territorio donde la libertad le cagó la cara al imperialismo", escribió el joven Nicolás en el reverso de un retrato fechado el 23 de octubre de 1986, un mes antes de cumplir 24 años. Silva reveló esa etapa desconocida en la vida de Maduro durante una entrevista publicada en el *Diario del Huila* en 2013.[8] Allí el colombiano lo definió como una persona con "una posición bastante crítica, muy analítico, pero además, también era muy eufórico [...] Tengo una muy buena imagen y una muy buena referencia de sus posiciones ideológicas".

Nicolás estaba ganado para la causa cubana antes de que Hugo Chávez se diera a conocer con su fallido golpe de Estado en 1992. Sin embargo, pocos en el país conocían su paso por las aulas de la isla. En su biografía oficial, el presidente encargado y candidato Nicolás Maduro, ex chofer y sindicalista del metro de Caracas, ex diputado, ex presidente del parlamento y ex canciller, ha omitido ese episodio. Todavía, la dictadura cubana es un espejo en el que no quieren mirarse los venezolanos, un destino indeseable incluso para los chavistas menos radicales.

Pero la "continuidad de la gran obra de Chávez" no descansa sólo en los hombros de Maduro. El elenco que lo acompaña en lo que se ha dado en llamar Dirección Político-Militar de la Revolución bolivariana, está compuesto en su gran mayoría por devotos de Fidel Castro. Funcionarios civiles y militares que admiran su leyenda y su resistencia contra "el imperialismo yanqui" y, por sobre todas las cosas, la habilidad del régimen cubano para mantener controlado al rebaño y atornillarse en el poder bajo la mirada complaciente, o resignada, de gran parte del mundo.

La asesoría del régimen cubano, su experiencia en cercar y desmoralizar a la disidencia, su éxito en sembrar el miedo y la desesperanza, será muy valiosa cuando el chavismo pierda su encanto, cuando ya no genere optimismo sino desilusión y rechazo, cuando alcance ese destino inexorable, como está a punto de hacerlo. Hugo Chávez anticipó la utilidad de Cuba en ese escenario. Su amor por la isla era genuino. Su fascinación por la obra de los hermanos Castro, real. Pero en su alianza con la isla, también había un interés propio, menos utópico y más pragmático: garantizar la supervivencia de su proyecto político y el Poder, con mayúsculas.

El chavismo se desliza por una pendiente inevitable. La elección presidencial del 14 de abril de 2013, realizada 40 días después del anuncio de su muerte, es un preludio del ocaso. El duelo y la sacralización de la figura del "comandante eterno" no atrae una avalancha popular, el oficialismo no llegará a alcanzar nunca su quimera de los 10 millones de votos, como esperan sus herederos y los publicistas de una campaña centrada en estrujar el corazón de los seguidores del "comandante eterno". Por el contrario, la lucha es dura. Tanto que el sucesor casi pierde, en el límite de la duda.

Tras horas de tensión y denuncias de ventajismo, el Consejo Nacional Electoral (CNE) proclama a Nicolás Maduro vencedor con una diferencia de menos de 224 mil votos (1.49%) sobre Henrique Capriles, el candidato de la oposición y gobernador del estado Miranda (2008-2017). Maduro obtuvo 50.61% de los votos (7 millones

587 mil 579), de un universo de 18.9 millones de electores, y Capriles 49.12% (7 millones 363 mil 980). El estrecho margen da lugar a sospechas, reforzadas por la negativa del CNE a cotejar los resultados de la votación automatizada con los cuadernos electorales, como exige la oposición.

En todo caso, las cifras oficiales evidencian un acelerado desgaste del oficialismo. En seis meses, el gobierno ha perdido más de 600 mil votos, un promedio de 100 mil votos por mes entre la reelección de Chávez en octubre de 2012 y la elección de abril de 2013. En ese mismo periodo, la oposición ha conquistado, en cambio, casi 800 mil votos (772 mil 676). Capriles ganó en zonas pobres consideradas por mucho tiempo bastiones del gobierno. Es una tendencia sostenida que se confirmará en las elecciones parlamentarias de 2015.

La erosión que se observa desde los comicios legislativos de 2010 y se profundiza con la muerte del comandante será potenciada por su sucesor, un hombre carente de toda gracia y toda eficacia para la administración pública. Si Chávez tuvo la suerte de disfrutar de la mayor bonanza petrolera que haya vivido el país, a Maduro le tocará lo contrario. La caída de los precios del petróleo deja al desnudo los resultados de las políticas centralistas y estatizantes del "socialismo del siglo XXI".

Cuando el ex canciller asume el poder, Venezuela es más dependiente del petróleo, que genera 96% del ingreso de divisas, y de las importaciones que cuando Hugo Chávez comenzó a gobernar en 1999. La industria privada y la producción nacional se han reducido a la mitad. La bitácora de vuelo de Maduro es el Plan de la Patria 2013-2019, presentado por Hugo Chávez a mediados de 2012. El principal objetivo del programa: "garantizar la continuidad y consolidación de la Revolución bolivariana". Para ello, el máximo líder ha dejado un legado.

En su último mensaje a las fuerzas armadas, en una carta leída por Maduro a finales de 2012, el mandatario dejó claro: "Aquí hay una revolución militar en marcha, y debe ser permanente, no puede detenerse".[9] Es parte fundamental de su testamento político. El nuevo presidente, que no tiene un capital político propio y es visto con recelo dentro de algunos sectores del oficialismo, se escuda en las fuerzas armadas y satisface el apetito de los generales con mayores cuotas de poder económico. No tiene carisma, parece el hombre más torpe del mundo, pero es hábil y está asesorado por los cubanos.

Nicolás Maduro se apoya en los militares y los militares se sirven de Maduro. El alto mando garantiza su permanencia en el gobierno. Y, con ello, asegura su propio poder político y económico, en un modelo que, salvando las distancias, ha creado una casta militar empresarial semejante a la de Gaesa (Grupo de Administración Empresarial S. A.), el consorcio de las fuerzas armadas cubanas, que maneja sectores clave de la economía cubana. Maduro es la fachada civil —y el blanco del repudio popular— de un gobierno castrense alineado con La Habana.

Cuba es el centro de gravedad de la Revolución bolivariana. La primera visita de Nicolás Maduro como presidente es previsible. Catorce días después de las elecciones, viaja a La Habana para ratificar lo que define como "una alianza estratégica, histórica, que trasciende todos los tiempos". En cinco semanas, el presidente de la Asamblea Nacional, el capitán Diosdado Cabello, la figura más importante del partido de gobierno, también se traslada a la isla, donde conversa con Fidel Castro y luego con Raúl, además de reunirse con José Ramón Machado Ventura, segundo secretario del Partido Comunista, y José Ramón Balaguer Cabrera, miembro del secretariado del Comité Central y jefe de su Departamento de Relaciones Internacionales.

Apenas tres meses después de asumir la presidencia, Maduro ordena la creación de una serie de empresas para consolidar a las fuerzas armadas como una organización productiva. "Las generaciones de nuevos militares van a ser el corazón, el cerebro, el nervio y el músculo de una poderosa zona militar económica", afirma el mandatario.[10] La almirante Carmen Meléndez, su primera ministra de Defensa (2013-2014) y aliada incondicional, pone en marcha la corporación, que ampliará su sucesor, el general Vladimir Padrino, el hombre fuerte detrás de Maduro.

* * *

Hugo Chávez solía repetir: "La Revolución bolivariana es pacífica, pero está armada", uno de sus mantras bélicos favoritos. Efectivamente lo está. El comandante no tomó previsiones para los tiempos de las vacas flacas, pero heredó a sus sucesores la fortaleza de una estructura de defensa contra el enemigo externo y, más importante aún, contra el enemigo interno. Los dejó bien equipados para enfrentar el trance de la crisis que se avecina y el destino de toda revolución: la impopularidad y su imposición por la fuerza. El andamiaje para combatir a la contrarrevolución, una categoría en la que cabe cualquiera que no apoye al gobierno, incluye fuerzas de seguridad regulares y, también, irregulares.

El gobierno dispone de la Policía Nacional Bolivariana (PNB) y la Guardia Nacional para el control del orden público. Cuenta con la plataforma del Servicio Bolivariano de Inteligencia (Sebin) y la Dirección General de Contrainteligencia Militar (DGCIM) para el espionaje civil y militar, y la infiltración de la oposición. Tiene a su servicio un cuerpo de milicia ideologizada y clientelar, un "sistema de inteligencia popular", en el que participan miembros del partido en las comunidades pobres e integrantes de consejos comunales, y los "patriotas cooperantes" o delatores anónimos, una figura inspirada en los chivatos cubanos, cuya palabra es tomada como prueba para incriminar a enemigos comunes y corrientes como estudiantes o líderes sociales. Por si fuera poco, siembra el terror a través de bandas oficialistas armadas, conocidas con el eufemismo de "colectivos".

A esos batallones se suma un cuerpo de jueces civiles y militares que actúa en línea con el gobierno, ya sea por afinidad, obsecuencia, coacción o temor a represalias. La maquinaria represiva se pondrá a prueba antes de que Maduro cumpla un año en el gobierno. El estado policial que se ha venido construyendo con la asesoría cubana muestra su eficacia durante la ola de protestas que se inicia en febrero de 2014 y se extiende por varias semanas. Hay un derroche de bombas lacrimógenas nunca visto en la región, arrestos masivos de jóvenes —3 mil 770 detenidos—, más de 40 muertos, golpizas contra mujeres desarmadas, torturas y maltratos, crímenes ejecutados por policías, agentes encubiertos o paramilitares, documentados por la prensa y las principales ONG de derechos humanos.

Aumentan las acusaciones de terrorismo contra simples manifestantes, la incomunicación ilegal de detenidos, los allanamientos sin orden judicial en operaciones tipo comando de agentes con los rostros cubiertos, y el juicio a civiles en tribunales militares. Es entonces cuando se ordena el arresto de Leopoldo López, uno de los dirigentes opositores que encabezó las protestas, por cuatro delitos. Acusado de planificar y dirigir los disturbios, queda fuera de juego con una condena de 14 años, primero en una cárcel militar y luego, desde 2017, bajo arresto domiciliario.[11] La directiva de su partido Voluntad Popular será descabezada.

* * *

"Jamás me dejaré conducir por nadie en la política económica. La pienso, la estudio y las decisiones son mías", proclama Nicolás Maduro en junio de 2014, después de echar al ingeniero Jorge Giordani, el ministro de Planificación que heredó del último gabinete de Chávez.[12] Una semana después incluye en su locomotora económica a un funcionario enviado por La Habana. El ex guerrillero Orlando Borrego, cuya mayor credencial es haber sido compañero del Che Guevara, se convierte en asesor de un nuevo Consejo Económico, integrado por el geógrafo Ricardo Menéndez, sustituto de Giordani, y otros funcionarios locales. Tienen la misión de "hacer una revolución total y profunda en la administración pública".

Maduro se revelará como un gobernante implacable y desconfiado, que saca del camino a funcionarios que se creían intocables. El presidente aparta de su hábitat a Rafael Ramírez, quien estuvo al frente de la industria petrolera durante una década (2004-2014), y lo nombra canciller por tres meses. Famoso por la politización de Petróleos de Venezuela (PDVSA), Ramírez fue quien instrumentó el subsidio a La Habana desde la empresa. Encabeza las reuniones de Comisión Cuba-Venezuela desde hace una década y su firma está estampada en centenares de acuerdos bilaterales. Pero sus innumerables muestras de simpatía hacia la Revolución cubana, sus halagos a los hermanos Castro, no lo salvan de la purga.

Cuando se cumplen 20 años del primer encuentro de Hugo Chávez y Fidel Castro en Cuba en diciembre de 2014, Ramírez preside por última vez, ahora como canciller, la tradicional reunión de la Comisión Intergubernamental en La Habana. El ex zar del petróleo sostiene que, gracias a los acuerdos con Cuba, el gobierno ha "podido construir un sistema de salud pública de calidad en Venezuela".[13] El ingeniero que en 15 días será enviado al exterior, como embajador ante la ONU, se refiere a un sistema en franco deterioro destinado a los pobres y al que no acuden, ni para ponerse una vacuna, los jerarcas y funcionarios medios de la Revolución, ni los trabajadores de PDVSA, asegurados en las mejores clínicas privadas.

Los negocios bilaterales van viento en popa, especialmente para los antillanos. Ese año el intercambio comercial ha ascendido a 7 mil 300 millones de dólares. La economía cubana registró un crecimiento de 1.3% y un superávit de mil millones de dólares, mientras que la de su benefactora ha declinado. Venezuela entró en recesión, con una caída de 3.9% del producto interno bruto (PIB) y un índice de inflación de 68.5%, el más alto de la región.[14] A pesar de las crecientes necesidades internas y la escasez de bienes esenciales, ese año el gobierno venezolano envió al cubano más petróleo del necesario para satisfacer el consumo interno de la isla.

A finales de 2014, Cuba confirma que revendió en el mercado internacional parte del petróleo venezolano que recibió de PDVSA a precios subvencionados y con facilidades de pago, obteniendo fantásticas ganancias. El chavismo ha hecho el milagro de convertir, artificialmente, a la isla en un vendedor de crudo. El gobierno comunista es un *trader* más que obtiene materia prima barata y la negocia más cara en el mercado internacional. Lo confirma Marino Murillo, ministro de Planificación y Economía cubano, en el balance anual. "La re-exportación del crudo venezolano generó 765 millones de dólares."[15] Desde 2010, varios economistas han expresado sus sospechas sobre la existencia de esta modalidad de subsidio.

* * *

"Estados Unidos debería entender de una vez que es imposible seducir o comprar a Cuba ni intimidar a Venezuela. Nuestra unidad es indestructible." Raúl Castro alza su voz contra Washington por haber catalogado a Venezuela como una amenaza contra su seguridad, durante una cumbre del Alba en Caracas en marzo de 2015.[16] El gobernante cubano representa a la perfección su rol de guardián. El gobierno de Maduro es el principal financista de la isla y, a la vez, su protegido.

El tránsito entre Caracas y La Habana es intenso. En 2015 Maduro visita la isla cinco veces.[17] Y altos funcionarios cubanos viajan a Venezuela con frecuencia. A principios de año han estado en el país el ministro de la Construcción, René Mesa, y el de Industria, Salvador Pardo, para supervisar proyectos conjuntos. La peregrinación de funcionarios venezolanos al Palacio de la Revolución en La Habana también es continua. Ese año viajan, entre otros, el ministro de Defensa, Vladimir Padrino, el capitán Diosdado Cabello, el vicepresidente Jorge Arreaza y un grupo de seis magistrados del Tribunal Supremo de Justicia. Su presidenta Gladys Gutiérrez se reúne con su colega cubano, Rubén Remigio Ferrero, para renovar los acuerdos de cooperación que sostienen los dos órganos desde 2006.

Se vive un año decisivo: 2015 marca un antes y un después, el divorcio de las masas y el gobierno, un quiebre irreversible. Las elecciones legislativas mostrarán que la Revolución bolivariana ha perdido todo atractivo. Después de 16 años en el poder, se hunde en la impopularidad, no sólo por la desaparición del líder que desarrolló un proyecto personalista —"Yo no soy yo, yo soy el pueblo"—, sino por la ineficacia del gobierno y la corrupción más voraz que se haya visto en el país. El chavismo ya no encarna el futuro sino el pasado, el desencanto con lo que pudo haber sido y no fue.

A pesar de haber recibido miles de millones de dólares de renta petrolera, Venezuela va camino a convertirse en uno de los países más pobres de América Latina. El año cerrará con una caída de 5.7% del PIB y 180.9% de inflación, la mayor en la historia del país y la más alta del planeta. El malestar social se respira en el ambiente. El voto castigo que llevó a Chávez al poder a finales del siglo XX cambia de corriente y se vuelve contra el "socialismo del siglo XXI". El oficialismo sufre una derrota fulminante en las elecciones parlamentarias y la oposición obtiene amplios poderes con la mayoría calificada de dos terceras partes. No sólo pierde en 18 de 24 estados del país sino en todas las circunscripciones de Caracas, incluso en zonas antes consideradas baluartes del chavismo como la parroquia "23 de Enero".

Pasada la medianoche, el presidente Nicolás Maduro admite el fracaso, pero lo hace en tono desafiante: "En Venezuela no ha triunfado la oposición. En Venezuela, circunstancialmente, el día de hoy ha triunfado una contrarrevolución". A eso reduce ahora lo que antes, cuando el gobierno ganaba en las urnas, el chavismo glorificaba como la decisión del "pueblo soberano". Ahora, la voluntad popular es enemiga contrarrevolucionaria. Fidel Castro elogia a Maduro por su "brillante y valiente discurso".

Las cifras oficiales reflejan la decadencia. La oposición ganó 112 de los 167 escaños de la Asamblea Nacional con 56% de los votos (7 millones 707 mil 422) y el oficialismo los 55 restantes con 41% (5 millones 599 mil 025). En 20 meses, el chavismo quemó más de 2 millones de votos. En 2013, el gobierno obtuvo una ventaja de 1.4%. En 2015, la ventaja es para la oposición con 15 por ciento.

"Ganaron los malos, ganaron como ganan los malos, con la mentira, con el engaño, con la oferta engañosa, con la estafa", sostiene el presidente tres días después en su programa semanal *En contacto con Maduro*.[18] Su reacción anticipa el desconocimiento de las decisiones de la nueva Asamblea Nacional y, con ello, de la voluntad de casi 8 millones de ciudadanos. El poder judicial acepta la impugnación de tres diputados opositores, solicitada por el gobierno, y nunca resuelve el caso. Deja a todo un estado, Amazonas, sin representación en el parlamento. Nunca se repetirán las elecciones, como ordena la ley. El parlamento queda mutilado. Los escaños, que permitirían un equilibrio de poder real, vacíos.

La Revolución entra en el "punto de no retorno", en la deriva del autoritarismo a la dictadura. El juego electoral del chavismo acaba en 2015. Es la última vez que unas elecciones son reconocidas como válidas por ambas partes en Venezuela. El gobierno no volverá a exponerse a otra derrota. Nicolás Maduro afirma: "Lo agarramos como una bofetada para despertar". Ha decidido cruzar la raya roja. Lo hará con el respaldo del CNE —que ya ni siquiera respetará el calendario electoral—, el Poder Judicial y la cúpula de las fuerzas armadas.

A partir de entonces el voto se devalúa más que la moneda nacional. Sin explicaciones y para evitar la paliza que pronostican las encuestas, se decide bloquear el referendo revocatorio, solicitado por la oposición, y no realizar las elecciones de gobernadores en diciembre de 2016, como corresponde de acuerdo con la Constitución. Sin explicaciones, Tibisay Lucena, la presidenta del CNE, anuncia por escrito que las gobernaciones se renovarán a finales del primer semestre de 2017, llegado el momento, se postergarán aún más. Dos semanas antes, Maduro había dicho que realizar comicios no era una prioridad sino recuperar la economía. El gobierno atribuye la crisis a una "guerra económica". El chavismo sabe que ya no está en capacidad de ganar limpiamente.

La economía venezolana sigue en picada y sus habitantes vivirán en carne propia lo que padecieron los cubanos durante el "periodo especial". El año cierra con una caída del PIB de 18.6% y una inflación récord de 799.9%. El país no tiene capacidad para mantener la inyección de recursos a la isla en el mismo nivel. A mediados de 2016, Venezuela pasa a ser su segundo socio comercial, detrás de China, debido a la disminución en la importación de servicios profesionales y el recorte en el suministro de petróleo a 55 mil barriles diarios.[19]

El deshielo entre Estados Unidos y Cuba produce cierto nerviosismo en la cúpula chavista, aunque no hay nada que temer. Se trata de algo efímero, que acabará con el triunfo del republicano Donald Trump. Maduro visita la isla en la víspera de la llegada del presidente Barack Obama que reabrirá la embajada estadounidense en La Habana. Firma proyectos conjuntos por más de mil 400 millones de dólares y ofrece a los cubanos incorporarlos en la explotación del Arco Minero, una extensión del tamaño de la isla, rica en oro, diamantes y coltán, entre otros minerales. También suscribe los "documentos rectores" de las relaciones económicas con su aliado hasta 2030, violentando los límites de su periodo de gobierno, que concluye en 2019.

El presidente venezolano, que vive rodeado de cubanos en el palacio de Miraflores y cuyo "primer anillo" de seguridad está en manos del gobierno antillano, viajará constantemente a su nave nodriza. Oficialmente, visita seis veces Cuba en 2016. El 13 de agosto, cuando Fidel cumple 90 años, organiza una costosa gira para rendirle homenaje, con una comitiva de un centenar de personas, que incluye grupos musicales. El festival de alabanzas al gran Dios de la Revolución bolivariana es una despedida anticipada. Tres meses después, cuando el máximo ícono de la Revolución cubana fallece, Raúl Castro sienta a Maduro a su lado durante los funerales.

A finales de año y como ya es tradición, las delegaciones de los dos gobiernos se reúnen el 14 de diciembre, en memoria del primer encuentro entre los "comandantes eternos": Hugo Chávez y Fidel. En su discurso, Nicolás Maduro llama a Raúl "hermano mayor". No pudo hallar un término más adecuado. El *Big Brother* lleva las riendas de la alianza. Una semana más tarde, los dos países trabajan en el acoplamiento del Plan de Desarrollo Económico de Cuba con la Agenda Económica Bolivariana. Arrobada por los camaradas, Delcy Rodríguez, la jefa de la ANC destaca el éxito de la XVII Comisión mixta en Caracas. "Agradecemos, de verdad, a estos invasores del amor porque a ellos les debemos parte del desarrollo y la felicidad del pueblo de Venezuela".[20] El aporte cubano es innegable. Nada como la alegría de compartir con el prójimo las colas para comprar pan o una bombona de gas, nada como la felicidad de ver las estrellas en medio de un apagón, o de una ducha apurada durante el racionamiento de 30 minutos de agua.

* * *

Raúl Castro visita Caracas durante una cumbre del Alba en honor a Hugo Chávez, cuando se cumplen cuatro años del anuncio de su muerte. "En Venezuela se libra hoy la batalla decisiva por la soberanía, la emancipación, la integración y el desarrollo de nuestra América."[21] Ajeno a la realidad de un país que ha perdido toda influencia en la región, el anciano gobernante vive anclado en la lógica propagandística de la Guerra Fría. No deja de asombrar su capacidad de interpretar el papel de triunfador y dictar cátedra cuando preside una isla atrapada desde hace seis décadas en una economía parasitaria, "muy dependiente del exterior" y que importa casi 70% de los alimentos que consume.[22] Desde su púlpito, el sucesor de Fidel dicta cátedra: "Chávez siempre nos explicó la complejidad de lanzar la Revolución en un país petrolero, dependiente de un único mercado, con una oligarquía financiera corrupta, una población a la que le impusieron hábitos consumistas insostenibles y una economía neoliberal rentista, que llevó al país a la quiebra".

Lo dice como si hablara de una etapa superada gracias a las recetas del marxismo y las lecciones del castrismo, como si Venezuela fuera un país boyante y no una nación monoproductora, mucho más dependiente de la renta petrolera que a finales del siglo XX. Sumido en una profunda crisis, el país con las mayores reservas de petróleo del mundo acumula ya tres años seguidos de recesión y está en vías de arruinar su principal industria. La producción de PDVSA se reduce cada día más. En 2017 cae a 2 millones 72 mil barriles diarios, "bajando a su menor nivel en 28 años", según datos de la Organización de Países Exportadores de Petróleo (OPEP).[23] La contracción entre 1998 y 2017 es de 41 por ciento.

La situación es crítica. En 2016, Venezuela recortó más de la mitad (52%) de las importaciones. El país está en ebullición y la tensión social se percibe en cualquier esquina. Se ven dolorosas escenas de hambre, antes impensables en el país. La comida se ha vuelto un lujo inaccesible para los más pobres, que dependen cada vez más de la ración de alimentos que vende el gobierno a precios subsidiados, a través de los consejos comunales. Han perdido la libertad de comprar por su cuenta. En los supermercados de las zonas de clase media, no es extraño ver profesionales que devuelven productos en la caja —un ramillete de perejil, dos tomates, una cabeza de ajo— porque no les alcanza el dinero para pagar la cuenta.

La degradación se acelera y no se vislumbra la menor señal de mejoría. Por el contrario, el gobierno de Maduro se prepara para cerrar los pocos espacios autónomos que quedan, potenciando el control de la población y sembrando el miedo, con la participación de asesores cubanos. A principios de año designó al jefe del Servicio de Inteligencia (Sebin), el general Gustavo González López, como coordinador del Sistema de Inteligencia Popular. Y nombró como presidente del Tribunal Supremo de Justicia (TSJ) a Maikel Moreno, un ex agente del Sebin, con antecedentes penales. Apenas tres semanas después de la visita de Raúl Castro, el TSJ decide asumir las funciones de la Asamblea Nacional y les retira la inmunidad a los diputados, saltándose todas las leyes, las formas y los procedimientos.

La estocada contra el poder legislativo encenderá una prolongada ola de protestas en el país. La fiscal general de la República, Luisa Ortega Díaz, designada por el chavismo con la bendición de su pontífice en 2007, denuncia que se ha producido un golpe: "Se evidencian varias violaciones del orden constitucional y el desconocimiento del modelo de Estado consagrado en nuestra Constitución". Su inesperada reacción sorprende a los venezolanos y, muy probablemente, al propio gobierno, con el que subterráneamente ha venido teniendo diferencias.

Aunque los magistrados revierten la decisión, las protestas populares se prolongarán por más de 100 días, en los que la maquinaria represiva vuelve a entrar implacablemente en acción. En plena crisis, Nicolás Maduro viaja a Cuba el 10 abril para asistir a un consejo político del Alba. Luce la misma vestimenta que llevan Raúl Castro y sus ministros: pantalón negro y guayabera blanca manga larga. En la fotografía de Estudios Revolución, se ve cómo el "hermano mayor" lo toma por el puño y, con una amplia sonrisa, alza la mano a su camarada. No deja de ser curioso que Maduro exalte "la Constitución más democrática y de mayor carácter popular de toda la historia de Venezuela" justamente cuando está a punto de llamar a una Asamblea Nacional Constituyente (ANC) para reformarla.[24] En realidad, se trata de otro golpe contra el poder legislativo.

El 1 de mayo, Maduro decreta la convocatoria para la elección de los 545 miembros de la ANC, sin reparar en los mecanismos legales. "No una constituyente de partidos ni élites, una constituyente ciudadana, obrera, comunal, campesina, una constituyente feminista, de la juventud, de los estudiantes." Es decir, una constituyente chavista, controlada por organizaciones que han sido moldeadas a semejanza de las cubanas. El mandatario habla de paz y diálogo pero no oculta que la medida va dirigida contra el parlamento. "Necesitamos transformar el Estado, sobre todo esa Asamblea Nacional podrida que está ahí."[25] La fiscal general demanda la nulidad del decreto presidencial, por no ajustarse a las leyes y a la Constitución, y es objeto de una persecución. El Tribunal Supremo le dicta prohibición de salida del país, congela sus cuentas bancarias y la policía allana su residencia.

Ortega y su esposo, elegido diputado por el oficialismo en 2015, huyen del país en lancha mientras en las calles continúan cayendo las víctimas de la represión más brutal que se haya visto en la historia del país. En los 100 días de protesta, entre abril y junio, se reportan 120 muertos, más de mil 400 heridos y más de 5 mil detenidos.

El domingo 30 de julio, el gobierno obtendrá una muestra de su menguante capacidad de convocatoria. La mayoría de los centros de votación lucen vacíos durante la elección de la Asamblea Constituyente, en la que el chavismo compite solo. Se trata de los comicios más violentos del país. El saldo de las protestas de ese fin de semana es de 16 muertos y un centenar de detenidos. La oposición estima que la abstención supera 80%. El Consejo Nacional Electoral (CNE) asegura que más de ocho millones de personas (41.3% del total de electores) asistieron a votar.

Aunque la situación económica es mucho peor que en 2015 y la impopularidad de Maduro es patente en las calles, los resultados oficiales hablan de un supuesto repunte. El gobierno habría cosechado más de 2 millones de votos en el último año y medio. Todo un fenómeno: 450 mil por mes, casi 15 mil diarios. Ni Hugo Chávez en sus mejores momentos. La Revolución practica la multiplicación de los votos. Lo denuncia Smartmatic, nada menos que la compañía encargada del sistema electoral automatizado. Antes de declarar que el CNE ha manipulado las cifras, la empresa tomó la previsión de sacar a todos sus empleados del país para evitar represalias.

Así avanza la Revolución. A contracorriente. Raúl Castro manifiesta su "inmenso júbilo revolucionario" por esa victoria cantada, en la que el escenario de la derrota era completamente imposible. "Sin dudas, este proceso representa una valiosa lección, que hace de Venezuela todo un símbolo para nuestro continente, como afirmara Fidel con su meridiana claridad." Efectivamente, Venezuela se ha convertido en un símbolo. La gran mayoría de los países de la región desconoce la legitimidad de los comicios y de la ANC. También la Unión Europea y otras naciones. El sucesor de Fidel Castro anticipa que "vendrán días de fuerte lucha, de acoso internacional, de bloqueos, de limitaciones" y afirma que los cubanos estarán "en la primera fila de la solidaridad militante y más comprometida con su causa".[26] Una causa como la castrista, apartada del pueblo.

El camino hacia una dictadura tutelada por La Habana está lleno de ironías. Como el *hands off* del canciller cubano Bruno Rodríguez durante una de las tantas reuniones del Alba, en agosto de 2017: "Saquen las manos de Venezuela todos aquellos que hacen injerencia, intervención y proclaman propósitos cínicos o hipócritas".[27] Lo reclama como quien habla de un protectorado de Cuba. Y tal vez ésa sea la figura más apropiada para caracterizar la relación de dependencia, la sujeción voluntaria, establecida por el gobierno venezolano con Cuba. Por esos días, la isla toma una decisión que deja claro su dominio en la relación y que se mantendrá oculta hasta finales de año.

Extinguida cualquier credibilidad en el árbitro electoral, para nadie será una sorpresa que, en un par de meses, se anuncie otra victoria del oficialismo. Según el CNE, el gobierno "arrasa" en las elecciones regionales, realizadas finalmente en octubre de 2017 y en las que la coalición opositora decidió participar con un pañuelo en la nariz. El gobierno se lleva 18 de las 23 gobernaciones en juego y, además, anula de un manotazo el triunfo de un candidato de la oposición en Zulia, el estado más poblado del país, bajo el argumento de que el ganador se niega a juramentarse ante la ANC, un requisito impuesto por el chavismo y que no existe en la ley.

Desde La Habana, el hermano mayor envía un mensaje a su fiel Nicolás Maduro a través de la cuenta de Twitter de la cancillería cubana: "#Venezuela ha dado otra gran lección de paz, vocación democrática, coraje y dignidad. #VenezuelaNoEstáSola".[28] El término "vocación democrática" suena como un erizo atragantado en la garganta del general de generales Raúl Castro, una ficción irónica y punzante. La misma magia revolucionaria logrará, en diciembre, que el gobierno "conquiste" 308 de las 335 alcaldías del país (92%) en los comicios municipales.

A finales de noviembre, Nicolás Maduro entrega la petrolera estatal a los militares, una decisión polémica incluso al interior del chavismo. Diez días después de reunirse en Miraflores con el ministro cubano de Economía, Ricardo Cabrisas, y con el de Comercio Exterior e Inversión Extranjera, Rodrigo Malmierca, para "fortalecer la cooperación bilateral", el mandatario venezolano designa presidente de PDVSA al mayor general Manuel Quevedo. El oficial de la Guardia Nacional, que participó activamente en la represión de las protestas de 2014,[29] no tiene la menor experiencia en la materia, pero cuenta con la bendición de La Habana.

Desde el Ministerio de Vivienda ha tenido trato con funcionarios como René Mesa, ministro de Construcción de la isla desde 2011. Apenas un mes antes fue el anfitrión del funcionario cubano cuando visitó la planta de "petrocasas" en el estado Carabobo para evaluar la creación de la división internacional de esa empresa en la isla. Una de las primeras acciones de Quevedo como presidente de PDVSA es una misa en la que pide a Dios ayuda para incrementar la producción, que ya se encuentra por debajo de los 2 millones de barriles diarios. El Señor ignora sus ruegos.

La hegemonía cubana es implacable. Una cosa es el discurso revolucionario, la retórica de la solidaridad, y otra, los negocios. La Habana no repara en las penurias de su aliado, en el acelerado empobrecimiento de los venezolanos, a la hora de cobrar por sus servicios. Y poco le importa que la reactivación de la refinería de Cienfuegos haya sido posible gracias a Venezuela a la hora de confiscar la participación de PDVSA (49%) en la planta. El gobierno de Maduro ha mantenido el más dócil de los silencios durante semanas. La toma no se conocerá hasta finales de año, cuando La Habana decide revelarlo.

"Tras el retiro de la compañía venezolana PDVSA de la empresa mixta Cuvenpetrol, desde agosto de 2017, la refinería de petróleo de Cienfuegos opera como entidad estatal plenamente cubana." Reuters cita la información divulgada en neolengua castrista por el *Granma*. Un ex funcionario, consultado por la agencia de noticias, señala que "la decisión se tomó para saldar deudas pendientes de Venezuela con Cuba, incluyendo servicios profesionales y renta de tanqueros petroleros a PDVSA". Después de derramar miles de millones sobre Cuba, Venezuela le debe dinero a Cuba. El pez chico se ha comido al pez grande, el deudor al financista.

Raúl Castro tuvo un gesto especial. Eligió una fecha significativa para la divulgación de la noticia: el 14 de diciembre, cuando se celebra un nuevo aniversario del primer encuentro entre Fidel y Chávez y las delegaciones de los dos países firman nuevos proyectos en La Habana. El gobierno venezolano mantiene la boca cerrada. El canciller Jorge Arreaza afirma "no tener detalles" sobre el tema. Las decisiones de la patria grande no se cuestionan ni se explican a los venezolanos, sumidos por cuarto año consecutivo en la depresión económica más profunda que haya vivido el país. El 2017 cierra con una caída de 9.5% del PIB. Mientras, Cuba siguió recibiendo 55 mil barriles de petróleo venezolano y creció 0.5 por ciento.

* * *

Empeñado en reescribir la historia y vaciar de significado las conmemoraciones de la democracia en Venezuela, el chavismo decide poner en marcha el teatro electoral que consagrará definitivamente la dictadura el 23 de enero de 2018. Ese día, la Asamblea Nacional Constituyente (ANC), que opera de manera paralela al parlamento en la misma sede del capitolio, solicita adelantar los comicios presidenciales. Se anticipa el golpe final.

Con una aprobación que no supera 20% en el mejor de los casos, Nicolás Maduro está tan seguro de ganar que celebra la decisión que recorta un año su sexenio (2013-2019). Tanto que, al visitar La Habana en abril, de nuevo hace planes a largo plazo, esta vez con el nuevo presidente de Cuba, Miguel Díaz-Canel. El único posible sucesor de Raúl Castro, impuesto por Raúl Castro y la gerontocracia del partido comunista, no tiene ni 24 horas en la cumbre —inició su gestión el 19 de abril— cuando recibe al presidente venezolano.

> Venimos a renovar la esperanza, a renovar los sueños y apuntar hacia el futuro, sobre todo visualizar 10 años adelante, ver qué más se puede hacer […] qué más hay que hacer para echar bases profundas de la unión política, espiritual, moral y sobre todo de la unión económica. A eso vamos a apuntar con el compañero [Miguel] Díaz-Canel, con el compañero Raúl, que sigue al frente de la vanguardia dirigiendo la batalla.[30]

Así es. Raúl Castro sigue al frente.

Apenas tres días después, el ministro de Energía y Petróleo, el general Manuel Quevedo, que acompañó a Maduro en su visita a la isla, acoge en la sede de central de PDVSA a una delegación de funcionarios cubanos: Ricardo Cabrisas, vicepresidente del Consejo de Estado; Rodrigo Malmierca, ministro de Comercio e Inversión Extranjera; y Raúl García Barreiro, viceministro de Energía y Minas. No trasciende de qué hablan. Pero pronto se sabrá el extremo de sumisión al que está dispuesto a llegar el gobierno venezolano para complacer a los cubanos y contar con su protección.

El país que llegó a ser el primer exportador de petróleo del mundo ya no produce lo suficiente para cumplir sus compromisos internacionales, de manera que decide importarlo en el mercado internacional para cubrir la cuota prometida a La Habana. "PDVSA ha comprado este año cerca de 440 millones de dólares de crudo extranjero y lo ha enviado a Cuba a un precio más bajo y en condiciones flexibles de crédito, que a menudo implicaron pérdidas", revela Reuters.[31] Según documentos obtenidos por la agencia, la petrolera pagó "hasta 12 dólares por barril más caro", a pesar de "su gran necesidad de divisas para sostener su economía e importar alimentos y medicinas en medio de una escasez generalizada".

Como acostumbra, Nicolás Maduro, que está en plena campaña electoral para las presidenciales, no da explicaciones. El 20 de mayo de 2018, el mandatario se alza con un triunfo asegurado de antemano. Con la excepción de un disidente del chavismo, el ex gobernador Henri Falcón, que inscribió su candidatura, la oposición se ha negado a seguir un juego tan turbio como las aguas del río Guaire, donde fluyen las cañerías de Caracas. Los principales partidos de la coalición opositora están impedidos de participar y muchos de sus líderes han sido inhabilitados políticamente, como Henrique Capriles, están presos como Leopoldo López o en el exilio.

Tras otra jornada de centros electorales desiertos, se anuncia lo que todos los venezolanos saben antes de que se emita el primer voto: que Nicolás Maduro no puede perder, que es el ganador. El CNE afirma que ha sido reelegido con 67.8% de los votos (6.1 millones).[32] Toda una proeza, aunque más de la mitad del total de los electores (20.5 millones de electores) se quedaron en sus casas. De acuerdo con las cuentas oficiales, Maduro habría superado en términos porcentuales a su mentor, Hugo Chávez, que logró un máximo de 62.4% estando en la cúspide de su popularidad en 2006. Más aún, habría obtenido 12 puntos más que el caudillo, reelegido en 2012 con 55 por ciento.

Desde el patio del palacio de Miraflores, un Maduro de ojeras profundas celebra en una tribuna, donde abundan los colaboradores y escasean las sonrisas. "Gracias por acompañarme en tantos combates y gracias por hacerme presidente de la República Bolivariana de Venezuela para el periodo 2019-2025."[33] Nadie que observe el video de ese instante sin escuchar el sonido, diría que ese sujeto de rostro serio y abatido festeja una "victoria popular", como proclama el favorito del difunto Chávez. Pero ya se sabe que los dictadores tienen debilidad por "legitimarse" en las urnas. Más de 50 países desconocen la validez de la elección, por carecer de las mínimas garantías democráticas. Sólo un puñado de países, en su mayoría presididos por líderes autoritarios, avala este relato carente de verosimilitud y lo felicita.

"Cuba sintió como propia la victoria de Maduro", sostiene Miguel Díaz-Canel 10 días después en Caracas, durante su primera visita al extranjero como presidente de la isla. Los constituyentes le dedican una sesión espacial a este revolucionario de apellido compuesto y maneras de aristócrata. La jefa de la ANC, Delcy Rodríguez, destaca el honor que significa recibir al "joven" líder, de 58 años, "que expresa cómo una semilla germinada en revolución, es hoy lo que es: un germen que expresa lo mejor del pueblo cubano". La funcionaria agrega que, en cada voto, "está el ejemplo que ustedes han sembrado en la patria grande".[34] No cabe duda.

La dirigencia chavista no se cansa de invocar la Revolución cubana y alabar el castrismo. Y cada vez que tiene oportunidad, es decir, con harta frecuencia, Cuba se pavonea de su influencia en Venezuela. Como si fuera el resultado de una conquista y no de una entrega, de un gran esfuerzo y no de un vasallaje voluntario. Pero ese país rico que durante los últimos 20 años ha mantenido a flote la economía cubana es una sombra de lo que fue, un barco que naufraga y arrastra a la isla consigo de vuelta al pasado.

* * *

El socialismo del siglo XXI reedita el "periodo especial" de finales del siglo XX, esta vez por partida doble. Aunque las causas de la catástrofe económica en Venezuela son distintas y su impacto es mucho más profundo y estruendoso —ha caído desde la altura de la mayor bonanza petrolera de su historia—, Cuba no puede evitar sentir los efectos de la crisis que atraviesa su principal y único benefactor desde el año 2000. El suministro de petróleo cae a la mitad, el intercambio económico entre los dos países se reduce a una cuarta parte de lo que fue en 2012 y la exportación de servicios profesionales ha disminuido al menos 50% en 2019.

El gobierno cubano se ve obligado a hacer ajustes y en la isla revive el fantasma del desabastecimiento. Cuando se recorta el número de páginas del *Granma*, el órgano oficial del Partido Comunista, y otras publicaciones oficiales, el diario digital *14ymedio* reseña:

> Esta reducción de tamaño en la prensa ya se produjo durante el Periodo Especial. Esto, sumado al desabastecimiento de fármacos, que se recrudeció durante el pasado año, y la carestía de alimentos básicos como huevo, aceite, pollo y harina hacen temer a muchos un regreso a aquel momento posterior a la caída de la Unión Soviética.[35]

Cuba raciona el combustible y la energía eléctrica, y disminuye las importaciones, entre otras medidas de austeridad, como detalla un estudio realizado por los economistas cubanos en el exilio Carmelo Mesa-Lago y Pavel Vidal para el Instituto Elcano. El efecto no ha sido mayor porque el gobierno de Maduro todavía mantiene a más de 20 mil colaboradores en los programas sociales y garantiza que la isla reciba al menos 55 mil barriles de petróleo diarios, a pesar del colapso de la industria y el sacrificio que implica para los venezolanos. De acuerdo con el análisis, "la pérdida del suministro directo o indirecto de petróleo venezolano, aun con la merma experimentada en 2017, le costaría a Cuba mil 838 millones de dólares".[36]

Pero un periodo especial como el que padecieron los cubanos en los noventa parece irrepetible. La crisis no sería tan brutal aunque Venezuela rompiera toda relación con La Habana. El peso de la ayuda soviética en la economía cubana llegó a ser 67% del PIB de la isla. El de la ayuda venezolana, de acuerdo con el estudio de Mesa-Lago y Vidal, "ha pasado de representar el 43.7%" del PIB de Cuba en 2012 "al 19% en 2017 [último año con cifras de la isla]".

La crisis humanitaria deja pálido al periodo especial cubano. Entre 1990 y 1994, Cuba sufrió una caída del 35% del PIB. La pesadilla en Venezuela es mucho peor: entre 2013 y 2018, la caída del PIB es de 52% y, aun así, el chavismo sigue subsidiando a la isla. A medida que la producción de petróleo ha ido disminuyendo, la carga de la cuota cubana se ha hecho cada vez más pesada. En el año 2000, Venezuela extrajo un promedio de 3.45 millones de barriles diarios, 18 años después se ha reducido a 1.9 millones de barriles diarios. Aún así, en marzo de 2019, el gobierno venezolano envió a Cuba 65 mil 520 barriles diarios (según datos de la OPEP), más que en el año 2000, a pesar de que la producción se desplomó ese mes a 960 mil barriles diarios.[37]

Venezuela está muy lejos de la Unión Soviética, aquella federación de 15 repúblicas que producía 11 millones de barriles de petróleo diarios y era la tercera economía del mundo cuando colapsó y Moscú decidió suspender la ayuda económica a los Castro. Ese "país relativamente pequeño de la dividida América", como una vez lo definió Fidel, no puede hacer lo mismo. La Revolución bolivariana no puede librarse de la rémora cubana como lo hicieron los rusos. No tiene la supremacía ni la autonomía para hacerlo. Su supervivencia, la de la corporación cívico-militar que domina Venezuela, depende en gran medida de La Habana. No puede soltar la muleta sin caerse.

Manuel Cristopher Figuera, jefe del servicio de inteligencia Sebin hasta el 30 de abril de 2019, declaró que Raúl Castro asesora directamente a Maduro durante una entrevista con el diario *The Washington Post*, realizada en junio. "Si estaba en cualquier reunión, (ésta) podía ser interrumpida si Castro llamaba." Desde Colombia, el general relató que él y otros oficiales estaban reunidos con el gobernante cuando recibió una llamada de Castro. "Maduro agarró el teléfono y se fue a una esquina del cuarto para hablar con el ex presidente de Cuba. Cuando terminó la llamada, Figuera dijo, Maduro parecía aliviado. Castro había prometido enviar un equipo de técnicos cubanos para ayudar a resolver el problema (un apagón)."[38]

Según el oficial, los cubanos controlan la agenda del jefe del chavismo. "Cuando [Figuera] solicitó una reunión privada con él este año, entendió que tenía que pasar por 'Aldo', un cubano. 'Y yo dije, «¿ya va cómo?». Yo soy su jefe de inteligencia y tengo que pasar por un cubano para poderme reunir con él?'." El general agregó que la seguridad personal del sucesor de Chávez está en manos de un grupo de 15 a 20 cubanos. "Algunos eran guardias militares. Pero tres cubanos, 'los psicólogos', eran asesores especiales que analizaban los discursos y su impacto en el público."

Meses antes, el mayor general, Alexis López Ramírez, ex comandante del ejército (2013-2014), había hecho una grave denuncia: "Los cubanos hacen el trabajo de los estados mayores (de las fuerzas armadas)".[39] Nada menos. "Consciente del riesgo que corro debo decir lo siguiente: demasiadas evidencias de torturas y malos tratos al personal militar detenido en la DGCIM (Dirección General de Contrainteligencia Militar). Sin duda que esas malas prácticas las trajo de vuelta la asesoría cubana", escribió López en su cuenta de Twitter el 20 de marzo.[40] A mediados de 2017, el oficial renunció a la secretaría del Consejo Nacional de Defensa (Codena) por estar en desacuerdo con la convocatoria de la Asamblea Constituyente.

También Hugo Carvajal, el hombre al que Chávez confió el organismo de inteligencia y contrainteligencia militar durante casi una década, se refirió, en términos duros, a la interferencia del gobierno cubano a través de su cuenta de Twitter:

La mayoría de la FAN (Fuerza Armada Nacional) quiere devolver la libertad a Venezuela, pero están secuestrados por este sistema de tortura y terror. Cuando dije que el control es más férreo de lo que imaginan, era en serio. Si no acabamos con los cubanos la FAN no podrá cumplir con sus deberes.[41]

El general se había referido a "la plaga cubana" un mes antes, al señalar que "el objetivo primordial" del gobierno "legítimo" de Juan Guaidó era tomar el control de las fuerzas armadas. "Para eso, habría que desmontar el aparato de inteligencia cubana y los mecanismos de control que mantienen en la estructura gubernamental de nuestro país."[42] Elegido diputado por el partido oficial en 2015, Carvajal fue arrestado en mayo de 2019 por la policía española, en respuesta a una petición de Estados Unidos, que lo acusa de narcotráfico. Desde Madrid, el general denunció que un ex oficial del servicio de inteligencia Sebin, miembro de la Junta Nacional Electoral y que "tiene acceso total y directo a los resultados electorales", instrumentó el fraude de las elecciones presidenciales de 2018.[43]

Otro militar cercano a Chávez, el general del ejército Carlos Rotondaro, ex director del Instituto Venezolano de Seguros Sociales (2007-2009 y 2010-2017) y ex ministro de Salud (2009-2010), manifestó que "hay mucha doctrina cubana por la influencia y manejo de oficiales cubanos, que ha disminuido porque se ha desarrollado un sistema propio por asesoría cubana; ahora hay mayor asesoría en la parte de inteligencia".[44] Después de años de silencio, Rotondaro habló desde Colombia, donde pidió asilo, y atribuyó a la negligencia del gobierno de Maduro la muerte de casi 5 mil pacientes de diálisis. Tantos como para llenar todo un cementerio.

Hay un factor común en la mayoría de los testimonios de los últimos disidentes del oficialismo, civiles o militares: la exculpación de Hugo Chávez. La idea subyacente de que "el mejor amigo de los cubanos", como lo llamó Fidel, no tuvo nada que ver con la penetración consensuada en Venezuela, que Chávez no los dejó llegar tan lejos. Como si el castrismo, repentinamente, hubiera cobrado influencia durante el gobierno de Nicolás Maduro a partir de 2013. Como si fuera una historia reciente y no una línea continua.

* * *

Desvanecido cualquier posible beneficio que Cuba haya exportado a Venezuela durante los años de bonanza petrolera, en medio de la catástrofe económica y humanitaria en el país, destaca como único fruto de la alianza —el más importante para el régimen y el menos tangible— un sofisticado sistema de control político y social, a través de un Estado policial carente de todo escrúpulo y cualquier límite. La Revolución bolivariana se sostiene por la fuerza. Nada nuevo en el universo. Lo inédito es que un país como Venezuela se haya anclado a una isla como Cuba.

Amnistía Internacional ha sido enfática y minuciosa en sus denuncias. "Las ejecuciones extrajudiciales selectivas, detenciones arbitrarias y muertes y lesiones por uso excesivo de la fuerza que ha utilizado el gobierno de Nicolás Maduro de forma sistemática y generalizada desde al menos 2017, pueden constituir crímenes de lesa humanidad."[45] En su informe sobre la violación de derechos humanos durante las manifestaciones de enero de 2019, la ONG condenó la criminalización de las protestas y reportó que "al menos 33 personas" fueron asesinadas por "agentes de las fuerzas del Estado en cinco días [entre el 21 y el 25 de ese mes] y se produjo la detención arbitraria de 900 manifestantes". La política del terror es sistemática y masiva. Amnistía reportó que entre 2015 y 2017 hubo más de 8 mil ejecuciones extrajudiciales, una masacre en cámara lenta.

La ONU ha denunciado la "paulatina militarización de las instituciones del Estado durante la última década (2009-2019)" y la puesta en marcha, especialmente desde 2016, de una estrategia "orientada a neutralizar, reprimir y criminalizar a la oposición política y a quienes critican al gobierno". La ex presidenta Michelle Bachelet, alta comisionada de la organización para los derechos humanos (AC-NUDH), dio detalles del régimen de terror: "ejecuciones extrajudiciales, detenciones arbitrarias, malos tratos y torturas a críticos del gobierno y a sus familiares, violencia sexual y de género perpetrada durante los periodos de detención y las visitas, y el uso excesivo de la fuerza durante las manifestaciones".[46]

Al presentar su informe el 4 de julio de 2019, luego de visitar el país en junio y reunirse con distintos sectores, Bachelet pidió al régimen de Maduro "adoptar de inmediato medidas específicas para detener y remediar las graves vulneraciones de derechos económicos, sociales, civiles, políticos y culturales que se han documentado". El reporte cuestiona la actuación de los grupos armados civiles o colectivos en el deterioro de la situación, "al imponer el control social y ayudar a reprimir las manifestaciones. La oficina dirigida por Bachelet ha documentado 66 muertes durante las protestas realizadas de enero a mayo de 2019, de las cuales 52 son atribuibles a las fuerzas de seguridad del gobierno o a los *colectivos*".

La ACNUDH demandó la disolución de las Fuerzas de Acciones Especiales (Faes) de la Policía Nacional Bolivariana, a las que se responsabiliza de la mayoría de las 5 mil 287 ejecuciones extrajudiciales registradas en 2018, supuestamente por "resistencia a la autoridad". "Entre el 1 de enero y el 19 de mayo, otras mil 569 personas fueron asesinadas, según las estadísticas del propio gobierno. Otras fuentes apuntan que las cifras podrían ser muy superiores." Según el informe, hasta mayo, había "793 personas privadas arbitrariamente de libertad", y en lo que va del año "22 diputados de la Asamblea Nacional, incluido su presidente, han sido despojados de su inmunidad parlamentaria".

La ex presidenta chilena describió la era de oscurantismo que atraviesa la prensa en Venezuela, donde "el gobierno ha tratado de imponer una hegemonía comunicacional". Y detalló las continuas violaciones contra la libertad de expresión: el cierre de medios de comunicación, el acoso y detención de periodistas nacionales y extranjeros, el exilio de "centenares", el acceso limitado a la información y el bloqueo de las redes sociales. Ya en su primer reporte, presentado en marzo, Bachelet había denunciado el uso arbitrario de la "Ley contra el odio", aprobada en 2017, "para imputar a periodistas, dirigentes de la oposición y a cualquiera que exprese opiniones disidentes".

La alta comisionada alertó, además, que la situación sanitaria del país es grave. "Los hospitales carecen de personal, suministros, medicamentos y electricidad. De noviembre de 2018 a febrero de 2019, hubo mil 557 fallecimientos por falta de suministros." Y destacó que la "escasez creciente de alimentos y su precio cada vez más alto" —además de la discriminación política en la venta de productos subsidiados— inciden en elevados niveles de desnutrición y dificultades para obtener comida. "El Estado incumple su obligación de garantizar el derecho a la alimentación y la atención sanitaria." Bachelet advirtió que si la situación no mejora, "continuará el éxodo sin precedentes de emigrantes y refugiados que abandonan el país, y empeorarán las condiciones de vida de quienes permanecen en él."

Después de haber gastado miles de millones de dólares en importar programas sociales de Cuba y traer al país a más de 220 mil trabajadores de la isla, los avances en salud, alimentación y educación exaltados por el chavismo como un logro permanente del "socialismo del siglo XXI" se han revertido de manera dramática devolviendo al país a principios del siglo XX. La crisis humanitaria que sufren los venezolanos es la más severa que se haya registrado en la región. Ya en 2017, la ONG Cáritas alertaba sobre la gravedad de la situación. "Semanalmente, mueren entre cinco y seis niños por desnutrición."[47] Susana Raffalli, representante de la organización en el país, describió una situación impensable en lo que fue la nación más rica de América Latina: "La desnutrición infantil grave ha llegado al 15% en el pasado mes de agosto, por lo que declaramos la emergencia humanitaria. Y el 33% de la población infantil ya presenta retardo en el crecimiento. Este daño, tanto físico como mental, los acompañará toda su vida, es irreversible".[48]

El salario mínimo se ha hundido a su nivel más bajo, con una caída de más de 300 dólares mensuales en 1998 a seis dólares mensuales en 2019, muy por debajo de la ex potencia petrolera de Cuba (36 dólares). Venezuela es ahora el cuarto país más pobre de América Latina, superado sólo por Honduras, Nicaragua y Haití, de acuerdo con una evaluación del Fondo Monetario Internacional.[49] Los reportes sobre la tragedia venezolana abundan. La pobreza se ha duplicado de 48% en 1998 a 84% en 2019, según la última encuesta de condiciones de vida en Venezuela (Encovi), realizada por investigadores de tres de las principales universidades del país.[50]

* * *

Finalmente, la Revolución bolivariana ha terminado por cumplir su promesa de igualar a los venezolanos. Hay quienes sostienen que la destrucción es parte del libreto revolucionario para someter a la población, como el académico Javier Corrales, profesor de ciencia política en Amherst College y estudioso del país: "Maduro prefiere la devastación económica a la recuperación porque la miseria destruye a la sociedad civil y, con ella, toda posibilidad de resistir la tiranía".[51]

Si ha sido intencional, no cabe duda de que el éxito de Maduro—y el de sus colaboradores— ha sido rotundo. Después de haber recibido más de un millón de millones de dólares por ingresos petroleros —960 mil 589 millones entre 1999 y 2014—, el país con las mayores reservas de petróleo del planeta está arruinado y no tiene cómo extraerlas. A finales de 2018 sus reservas internacionales (8 mil

527 millones de dólares) eran inferiores a las de Cuba (10 mil 953 millones de dólares), pero seguía enviando petróleo subsidiado a la isla.

Ni las duras sanciones económicas, iniciadas desde finales de 2017 por Estados Unidos, que califica a Nicolás Maduro de "marioneta cubana", ni las gestiones diplomáticas de países como Canadá o Noruega, que reconocen a Cuba como parte del problema, han tenido efecto hasta mediados de 2019. ¿Acaso es posible persuadir a la dictadura más antigua del continente de que ayude a facilitar una solución democrática, a través de la realización de elecciones libres en Venezuela?

No sólo se trata de un asunto material. El juego de poder va más allá de las penurias de los dos pueblos. El gobierno cubano ha dejado claro que no tiene intenciones de abandonar su más grande y, fácil, conquista geopolítica. La única. En una declaración oficial, el 6 de junio de 2019, La Habana sostuvo que "la solidaridad de Cuba con el presidente constitucional Nicolás Maduro Moros, la Revolución bolivariana y chavista y la unión cívico-militar de su pueblo no es negociable".[52]

Desnudo el viejo proyecto de dominación militar, tan común en el siglo XX latinoamericano, vacía la hermosa retórica revolucionaria, ese viejo canto de sirena que ha hecho naufragar tantos barcos, los venezolanos viven sometidos no a una sino a dos dictaduras. Lejos de la independencia y la soberanía prometida por el comandante Hugo Chávez, son hoy más dependientes que nunca antes. Atados al régimen más intervencionista en la historia contemporánea de la región después de Estados Unidos, miles siguen huyendo de ese destino común. "América Latina nunca había experimentado un éxodo de esta dimensión." De acuerdo con ACNUR, la estampida "es de la escala de la crisis de Siria".[53]

Dos días después de que el gobierno cubano sentenciara que su respaldo a Venezuela es innegociable, seis cadáveres aparecen flotando cerca de las costas del estado Falcón. Son parte de un grupo de 32 personas que habían abordado una embarcación rumbo a Curazao. Sólo cinco sobreviven. ¿Qué son unos balseros más, unos balseros menos para la Revolución? De acuerdo con cifras de la ONU, en los primeros seis meses de 2019 han desaparecido 80 en las aguas del Caribe. "Estos desafortunados incidentes resaltan las medidas desesperadas que los venezolanos están dispuestos a tomar para llegar a sus destinos", advierte Marcelo Pisani, director regional de la Organización Internacional para las Migraciones.[54] De los 4 millones de refugiados y migrantes venezolanos que han huido del país desde 2015 hasta junio de 2019, "más de 110 mil se encuentran residiendo en el Caribe". Ninguno se ha dirigido a Cuba. La isla está muy lejos —a más de 2 mil kilómetros de distancia— y demasiado cerca.

NOTAS

[1] "Temor por venezolanos desparecidos por un naufragio en el Caribe", ACNUR, 26 de abril de 2019, https://www.acnur.org/noticias/briefing/2019/4/5cc2f3934/temor-por-los-venezolanos-desaparecidos-en-un-naufragio-en-el-caribe.html.

[2] Saconne, V., "El gobierno de Brasil interviene para frenar una crisis humanitaria por el éxodo venezolano", *France24*, Brasil, 29 de agosto de 2018, https://www.france24.com/es/20180829-brasil-crisis-humanitaria-roraima-venezolanos.

[3] Salmerón, V., "El BCV confirmó la debacle de la economía: ¿qué dicen las cifras?", *Prodavinci.com*, Caracas, 29 de mayo de 2019, https://prodavinci.com/el-bcv-con firmo-la-debacle-de-la-economia-que-dicen-las-cifras-oficiales/.

[4] "Refugiados y migranes de Venezuela superaron los 4 millones". Informe "Situación de Venezuela", ACNUR, Plataforma de Coordinación para Refugiados y Migrantes de Venezuela, 6 de junio de 2019, https://r4v.info/es/situations/platform.

[5] "Chávez insiste en que Venezuela y Cuba son una sola nación", EFE, La Habana, 23 de diciembre de 2007, https://www.elmundo.es/elmundo/2007/12/23/inter nacional/1198384789.html.

[6] "Regresamos satisfechos de ver cómo se va proyectando la continuidad de la gran obra de Chávez", Embajada de Cuba en Caracas, 10 de marzo de 2013, http://www.embajadacuba.com.ve/noticias/chavez-un-continuador-de-la-obra-de-bo livar/.

[7] Escuela Superior del Partido "Ñico López", creada en 1960.

[8] Manrique, F., *Diario del Huila*, Neiva, Colombia, 19 de marzo de 2013 (el enlace está inactivo). Puede verse una reproducción en: La nota

[9] "Mensaje de fin de año del presidente Chávez: FANB debe seguir consolidando unidad cívico-militar", 28 de diciembre de 2012, *psuv.org.ve*, http://www.psuv.org.ve/portada/mensaje-fin-ano-presidente-chavez-fanb-debe-seguir-consoli dando-unidad-civico-militar/.

[10] "Jefe del gobierno solicitó mayor nivel de compromiso a nuevas generaciones militares", 9 de julio de 2013, *NicolasMaduro.org.ve*, http://www.nicolasmaduro. org.ve/presidente/presidente-nicolas-maduro-encabeza-actos-de-graduacion-de-oficiales-tecnicos-de-las-fanb/#.XRBNBi3SGqA.

[11] López fue sentenciado por asociación para delinquir, instigación pública, determinador de daños y de incendio.

[12] "Maduro: la izquierda trasnochada no va a maniatarme", *El Nacional,* Caracas, 25 de junio de 2014, http://www.el-nacional.com/noticias/politica/maduro-izquierda-trasnochada-maniatarme_110278.

[13] "Clausurada XV Comisión mixta del Convenio Cuba-Venezuela", Ministerio de Comunicación e Información, La Habana, 13 de diciembre de 2014, http://www.minci.gob.ve/clausurada-xv-comision-mixta-del-convenio-cuba-venezuela/.

[14] Cifras del Banco Central de Venezuela (BCV).

[15] "Cuba divulga cifras económicas en busca de inversiones y créditos", *El Mundo*/ Reuters, Caracas, 25 de diciembre de 2014, http://www.elmundo.com.ve/noticias/economia/internacional/cuba-divulga-cifras-economicas-en-busqueda-de-inve.aspx#ixzz3N3U1Buyo.

[16] "Raúl Castro: Nuestra unidad es indestructible", *Nicolasmaduro.org.ve*, Caracas, 17 de marzo de 2015, http://www.nicolasmaduro.org.ve/noticias/raul-castro-nuestra-unidad-es-indestructible/#.XKVADi_SFp8.

[17] En febrero, abril, mayo, agosto y octubre.

[18] *Contacto con Maduro,* 9 de diciembre de 2015, https://www.libertaddigital.com/internacional/latinoamerica/2015-12-09/maduro-no-supera-la-derrota-ganaron-los-malos-1276563338/.

[19] El intercambio comercial entre Cuba y Venezuela es de 2 mil 224 millones de dólares, superado por China con 2 mil 585 millones de dólares en 2016.

[20] "Delcy Rodríguez: 'Cooperación Cuba-Venezuela está en el corazón de nuestro pueblo'", Ministerio de Comunicación, Caracas, 22 de diciembre de 2016, http://www.minci.gob.ve/delcy-rodriguez-cooperacion-cuba-venezuela-estaen- el-corazon-de-nuestro-pueblo/.

[21] "En Venezuela se libra hoy la batalla decisiva por la soberanía, la emancipación, la integración y el desarrollo de nuestra América", Embajada de Cuba en Venezuela, Caracas, 5 de marzo de 2017, http://www.embajadacuba.com.ve/noticias/en-venezuela-se-libra-hoy-la-batalla-decisiva-por-la-soberania-la-emancipacion-la-integracion-y-el-desarrollo-de-nuestra-america-video/.

[22] "Informe económico y comercial. Cuba", Oficina Económica y Comercial de España en La Habana, marzo de 2019, https://www.icex.es/icex/GetContentGestor?dDocName=486048.

[23] Parraga, M. y Ulmer, A., "Producción petrolera en Venezuela se derrumba en 2017 a menor nivel en décadas", Reuters, Houston, 18 de enero de 2018, https://lta.reuters.com/articulo/petroleo-venezuela-produccion-idLTAKBN1F72JZ-OUSLT.

24 "Maduro en Cuba: Venezuela no se va a rendir", *Escambray*, La Habana, 11 de abril de 2017, http://www.escambray.cu/2017/maduro-en-cuba-venezuela-no-se-va-a-rendir/.

25 "Presidente Nicolás Maduro firmó decreto para convocar a una Constituyente popular y democrática para la paz", *Correo del Orinoco*, Caracas, 2 de mayo de 2017, http://www.correodelorinoco.gob.ve/presidente-nicolas-maduro-firmo-decreto-para-convocar-a-una-constituyente-popular-y-democratica-para-la-paz/.

26 "Raúl Castro felicita la Asamblea Constituyente de Venezuela", *Telesur*, 9 de agosto de 2017, https://www.telesurtv.net/news/Raul-Castro-felicita-la-Asamblea-Constituyente-de-Venezuela-20170809-0069.html.

27 "Canciller cubano exige fin de injerencia contra Venezuela", VI Reunión extraordinaria del Consejo Político del Alba-TCP), *Sputnik*, La Habana, 9 de agosto de 2017, https://mundo.sputniknews.com/america-latina/201708091071427280-caracas-reunion-alba/.

28 @CubaMINREX, https://twitter.com/CubaMINREX/status/920014183583887363.

29 El general Manuel Quevedo, de la Guardia Nacional, fue el jefe del Comando Regional N° 5 de Caracas hasta mayo de 2014.

30 "Presidentes de Cuba y Venezuela apuestan por nueva era de cooperación económica", Reuters, La Habana, 21 de abril de 2018, https://lta.reuters.com/articulo/cuba-venezuela-idLTAKBN1HS0NJ-OUSLT.

31 Parraga, M. y Liendo, J., "https://lta.reuters.com/articulo/idLTAKCN1IG1XE-OUSLW", Reuters, Houston, 15 de mayo de 2018, https://lta.reuters.com/article/topNews/idLTAKCN1IG1XE-OUSTLT.

32 "Divulgación de resultados elecciones 2018", CNE, Caracas, 28 de mayo de 2018, http://www4.cne.gob.ve/ResultadosElecciones2018/.

33 "Elecciones en Venezuela: Nicolás Maduro gana las presidenciales según el Consejo Nacional Electoral y Henri Falcón cuestiona el resultado", BBC Mundo, Caracas, 21 de mayo de 2018, https://www.bbc.com/mundo/noti cias- america-la-tina-44192065.

34 "Presidenta de constituyente venezolana: Cuba es un ejemplo de resistencia", *Sputnik*, Caracas, 30 de mayo de 2018.

35 "La prensa oficial reduce su tamaño por falta de papel", *14ymedio.com*, La Habana, 4 de abril de 2019, https://www.14ymedio.com/nacional/prensa-oficial-reduce-tamano-papel_0_2631336846.html.

36 Mesa-Lago, C. y Vidal, P., "El impacto en la economía cubana de la crisis venezolana y de las políticas de Donald Trump", Real Instituto Elcano, mayo de 2019, http://www.realinstitutoelcano.org/wps/wcm/connect/9dea63c4-1e64-4a85-9b17-ec27934bd86d/DT9-2019-MesaLago-VidalAlejandro-impacto-economia-cubana-crisis-venezolana-politicas-donald-trump.pdf?MOD=AJPERES&-CACHEID=9dea63c4-1e64-4a85-9b17-ec27934bd86d.

[37] "Venezuela reporta desplome en suministro de crudo en marzo, mercado global de ajusta: OPEP", Reuters, Londres, 10 de abril de 2019, https://lta.reuters.com/articulo/petroleo-opep-reporte-idLTAKCN1RM1DH-OUSLT.

[38] Faiola, A., "El ex jefe de inteligencia de Maduro llega a EE. UU. con acusaciones en contra del gobierno venezolano", *The Washington Post*, Bogotá, 24 de junio de 2019, https://www.washingtonpost.com/world/the_americas/el-exjefe-de-inteligencia-de-maduro-llega-a-eeuu-con-acusaciones-en-contra-del-gobierno-venezolano/2019/06/24/497f40ca-96d2-11e9-9a16-dc551ea5a43b_story.html?utm_term=.4e92d4d36aa8.

[39] @AlexisALopezR.

[40] "Máximo órgano de consulta para la planificación y asesoramiento del Poder Público en los asuntos relacionados con la defensa integral de la nación", el Codena está integrado por el presidente, el vicepresidente del Ejecutivo, el presidente de la Asamblea Nacional, el del Tribunal Supremo, el del Consejo Moral Republicano (Fiscalía, Defensoría y Procuraduría) y los ministros de Defensa, Interior, Relaciones Exteriores, Planificación, y "otros cuya participación se considere pertinente", de acuerdo con el Artículo 323 de la Constitución. El gobierno ha excluido al jefe del parlamento desde que perdió la mayoría.

[41] @hugocarvajal4f, 20 de marzo de 2019.

[42] @hugocarvajal4f, 27 de febrero de 2019.

[43] "Carta a los diputados, al pueblo de Venezuela y a la comunidad internacional", Madrid, 21 de mayo de 2019.

[44] "Rotondaro: Maduro no tiene moral ni capacidad para ser comandante en jefe de la FAN", NTN24, Venezuela, 18 de marzo de 2019, https://www.youtube.com/watch?v=PiwYuAM-TtQ.

[45] "Hambre de justicia: crímenes de lesa humanidad en Venezuela", Amnistía Internacional, mayo de 2019, https://www.amnesty.org/es/latest/news/2019/05/venezuela-crimes-against-humanity-require-response-from-international-justice-system/.

[46] "Informe de la Oficina de las Naciones Unidas para los Derechos Humanos sobre Venezuela insta a adoptar de inmediato medidas para detener y remediar graves violaciones de derechos", ACNUDH, Ginebra, 4 de julio de 2019, https://www.ohchr.org/SP/NewsEvents/Pages/DisplayNews.aspx?NewsID=24788&LangID=S.

[47] Vinogradoff, L., "En Venezuela mueren seis bebés cada semana por desnutrición y falta de atención médica", *ABC*, Madrid, 5 de octubre de 2017, https://www.abc.es/internacional/abci-mueren-seis-bebes-semanales-desnutricion-y-falta-atencion-medica-venezuela-201710042327_noticia.html.

[48] "Cerca de 300 mil niños podrían morir por desnutrición en Venezuela", Deutsche Welle, https://www.dw.com/es/cerca-de-300-mil-niños-podr%C3%ADan-morir-por-desnutrición-en-venezuela/a-41103577.

[49] "Venezuela cae 18 puestos y ya es el cuarto país más pobre de América Latina", *El País-Cinco Días*, Madrid, 10 de abril de 2019, https://cincodias.elpais.com/cinco-

dias/2019/04/09/economia/1554825625_887125.html. (El reporte no incluye a Cuba.)

[50] "Se incrementa la pobreza en Venezuela según resultados preliminares de Encovi 2018", *El Ucabista*, Caracas, 30 de noviembre de 2018, http://elucabista.com/20 18/11/30/se-incrementa-la-pobreza-venezuela-segun-resultados-preliminares-encovi-2018/.

[51] Corrales, J., "Por qué Maduro prefiere la crisis y el caos", *The New York Times*, Amherst, 16 de septiembre de 2018, https://www.nytimes.com/es/2018/09/16/opinion-corrales-crisis-venezuela/.

[52] "La solidaridad de Cuba con la Revolución bolivariana no es negociable", Embajada de Cuba en Caracas, 6 de junio de 2019, http://www.embajadacuba.com.ve/noti cias/la-solidaridad-de-cuba-con-la-revolucion-bolivariana-no-es-negociable/.

[53] Pineda, J., "Crisis de migración de Venezuela está en la escala de Siria, alerta ACNUR". *EfectoCocuyo.com*, 20 de septiembre de 2018, http://efectococuyo.com/principales/crisis-migratoria-de-venezuela-esta-en-la-escala-de-siria-aler.

[54] "La OIM lamenta el naufragio de embarcaciones y la desaparición de más de 80 venezolanos en el Caribe", ONU-Migración (OIM), Curazao, 18 de junio de 2019, https://www.iom.int/es/news/la-oim-lamenta-el-naufragio-de-embarcaciones-y-la-desaparicion-de-mas-de-80-venezolanos-en-el.

Agradecimientos

A todos aquellos que accedieron a brindarnos información, *on the record* o bajo la protección del anonimato; a M.B. por su valiosa colaboración durante parte de la investigación en Venezuela, a los entrevistados y a todos los periodistas que, desde 1999, han investigado un tema tan controversial. Sin ellos habría sido imposible la realización de este libro. Por último, a Penguin Random House que asumió el reto de publicarlo.

En el transcurso de esta investigación ha quedado claro el temor que produce hablar sobre la inserción y el poder de los cubanos en el país o revelar aspectos desconocidos de la simbiosis entre los gobiernos de Cuba y Venezuela, un temor fundamentado y de fácil contagio.

Diego G. Maldonado

La invasión consentida de Diego G. Maldonado
se terminó de imprimir en el mes de octubre de 2019
en los talleres de
Diversidad Gráfica S.A. de C.V.
Privada de Av. 11 #4-5 Col. El Vergel, Iztapalapa,
C.P. 09880, Ciudad de México.